SRI AUROBINDO UND MUTTER

Sri Aurobindo und Mutter

*Einblicke in ihre Erfahrungen,
Experimente und
Verwirklichungen*

Kireet Joshi

Vertrieb in Indien:

Auroville Press, Aspiration, Auroville, Tamil Nadu

deutsche Übersetzung: Janna Imhoff

Alle Bilder Copyright © Sri Aurobindo Ashram Trust

Copyright © 2005 The Mother's Institute of Research

2. Auflage 2013

ISBN 978-3-910083-22-6

Für Sri Aurobindo und Mutter

Bilderverzeichnis

Sri Aurobindo in London, ca. 1884 (zwölfjährig)	14
Mirra	38
Mutter in Tokio, 1916	76
Sri Aurobindo in Pondicherry, ca. 1918-1920	82
Sri Aurobindo und Mutter am Darshantag, 24. April 1950	115
Mutter mit Premierminister Nehru, Shri Kamraj Nadar, Indira Gandhi und Lal Baladur Shastri (1955)	127
Sri Aurobindo in seinem Zimmer, April 1950	211
Mutter, ca. 1969	223

Inhalt

Vorwort	10
Einleitung	11
1. Sri Aurobindo	15
2. Mutter	37
3. Mutter trifft Sri Aurobindo	64
4. Sri Aurobindo und Mutter	83
5. Mutter setzt Sri Aurobindos Werk fort	128
6. Das ist die Arbeit, die Sri Aurobindo mir aufgetragen hat	212
7. Auf dem Weg zu einem transformierten Körper	219
Anhang I: Einige Gedichte von Sri Aurobindo	250
Anhang II: Glossar	264
Anhang III	268
Anhang IV	275
Anmerkungen	295

Vorwort

Je mehr man sich mit Sri Aurobindo und Mutter befaßt, desto verblüffter ist man über den atemberaubenden Schwung ihrer Forschung und ihrer siegreichen Errungenschaften. Es ist unmöglich auch nur andeutungsweise eine Idee der ungeheuren Bedeutung ihrer Verwirklichungen für die sich ausdehnenden Horizonte des Wissens, die Möglichkeiten der Evolution und der Mutation der menschlichen Spezies darzustellen. In diesem Buch wird versucht, wenigstens einige Einblicke zu vermitteln.

Es ist nützlich einige der wichtigen Ausdrücke zu erklären, die Sri Aurobindo und die Mutter verwendeten, um ihre Erfahrungen und Realisationen zu beschreiben. In einem kurzen Bericht, im Anhang IV, wird die yogische Psychologie von Sri Aurobindo und Mutter erklärt.

Ich möchte Sir C.P.N. Singh, dem früheren Gouverneur von Punjap und Uttar Pradesh, und Professor D.P. Chattopadhyaya, dem Vorsitzenden des indischen Rates der philosophischen Forschung, meinen Dank aussprechen für die Ermutigung, die sie mir gaben, meine Forschungsarbeit durchzuführen. Vor allem bin ich Satprem zutiefst dankbar, dessen Bücher über Sri Aurobindo und die Mutter mir wertvolle Einsicht in ihre Werke gaben.

Kireet Joshi

Einleitung

Sri Aurobindo wurde am 15. August 1872 in Kalkutta geboren. Im frühen Alter von sieben Jahren wurde er zusammen mit seinen älteren Brüdern zur Erziehung nach England gebracht, da sein Vater nicht wollte, daß indischer Einfluß seine Weltanschauung und seine Person prägte. Und obwohl Sri Aurobindo in hohem Maße das Beste an europäischer Kultur in sich aufnahm, kehrte er 1893 nach Indien zurück mit dem brennenden Verlangen, für Indiens Befreiung von Fremdherrschaft zu arbeiten. Während seines Aufenthaltes in England legte Sri Aurobindo die I.C.S. [Indian Civil Service] Prüfung ab, dennoch fühlte er sich nicht zu dieser Laufbahn berufen; so ließ er sich disqualifizieren, indem er der Reitprüfung fernblieb. Der Gaekwar von Baroda hielt sich zu dieser Zeit gerade in England auf, und Sri Aurobindo nahm den Vorschlag an, sein Privatsekretär zu werden, und kehrte mit ihm nach Indien zurück.

Kurz darauf wechselte Sri Aurobindo jedoch zur Universität von Baroda als Professor für Französisch und dann für Englisch, und als er 1906 von dort nach Bengalen abreiste, war er amtierender Präsident der Universität. Während der Zeit in Baroda nahm er den Geist und die Kultur Indiens in sich auf und bereitete sich für seine zukünftige politische und spirituelle Arbeit vor. Tatsächlich hatte seine politische Arbeit schon in Baroda begonnen, allerdings im Verborgenen; seine Tätigkeit bestand vor allem darin, eine bewaffnete Revolution für die Befreiung Indiens vorzubereiten.

Sri Aurobindo war der erste unter den indischen Führern, der die vollständige Unabhängigkeit Indiens zum Ziel erklärte und dafür arbeitete. 1905 wurde Bengalen geteilt, und Sri Aurobindo verließ Baroda. Eingeladen von den nationalistischen Führern, schloß er sich in Kalkutta dem neu eröffneten Nationalen College an und wurde sein erster Präsident. Hier arbeitete Sri Aurobindo, während er heimlich für die Revolution tätig war, auch einen Plan für Aktionen aus. Dieser Plan bestand aus einem Programm von passivem Widerstand, Boykott und Swadeshi, das später als Taktik für den Freiheitskampf übernommen wurde. Auch hier schrieb Sri Aurobindo machtvoll und mutig für die Zeitschrift *Bande Maram* und später für *Karma Yogin*; durch seine Schriften begeisterte er das Land und erfüllte die Leute mit neuer Energie, was Indien letztlich zu seiner Freiheit führte. Deshalb ist es bedeutsam, daß Indien am 15. August, Sri Aurobindos Geburtstag, seine Freiheit erlangte.

Die Pionierarbeit, die Sri Aurobindo für die Befreiung Indiens leistete, war offensichtlich Teil seines größeren Werkes für die gesamte Menschheit und die ganze Erde. Für ihn war die Befreiung Indiens ein unerläßlicher Teil der neuen Weltordnung. Zusätzlich führte ihn die Ausübung des Yoga, den er 1902 begonnen hatte, obwohl er mitten in intensiver politischer und literarischer Aktivität steckte, zu einer größeren Verwirklichung des Schweigens, des Brahman, zum Nirvana, und auch zu der universalen dynamischen Gegenwart des Göttlichen. Als er 1908 während seines Prozesses unter der Anklage von Volksaufwieglung im Gefängnis von Alipore war, erhielt er in zahlreichen Erfahrungen und Erkenntnissen die Verheißung der Befreiung des Landes und auch das Wissen über die ersten Richtlinien, nach denen sein eigenes zukünftiges Werk fortschreiten würde. Denn er sah, daß auch auf dem Gebiet des Yogas etwas fehlte, etwas Radikales, das allein helfen würde, die Probleme der Welt zu lösen, und die Menschheit zur nächsten evolutiven Stufe bringen würde. So zog er sich 1910, bald nach seiner Entlassung aus dem Gefängnis, nach Pondicherry zurück, um sich auf diese neue Forschungsarbeit zu konzentrieren, einen neuen, noch unbegangenen Weg zu erschließen. Es wurde eine sehr dynamische Arbeit, mit der ganzen Welt als zentralem Arbeitsfeld. Im Verlauf dieser Arbeit erklärte Sri Aurobindo, daß das Supramental die Wahrheit ist, und daß dessen Herabkunft auf die Erde unvermeidlich ist. Dieses supramentale Bewußtsein und diese supramentale Kraft herabzubringen, war das zentrale Werk Sri Aurobindos.

Sri Aurobindo hat die Art dieser Arbeit, die Natur des Supramentals, die Notwendigkeit seiner Herabkunft, den Vorgang dieser Herabkunft und die dynamische Folgen dieser Herabkunft zur Lösung der Probleme der Menschheit, in seinen umfangreichen Schriften erklärt, von denen der größte Teil in Fortsetzungen in der monatlichen philosophischen Zeitschrift Arya erschien, die 1914 begonnen wurde, sofort nach Mutters erster Ankunft von Frankreich in Pondicherry. Einige der wichtigsten Schriften sind: *das Göttliche Leben, die Synthese des Yoga, das Ideal einer geeinten Menschheit, Zyklus der menschlichen Entwicklung, Grundlagen der indischen Kultur, Essays über die Gita, das Geheimnis des Veda, die Upanishaden, die Dichtung der Zukunft, die Offenbarung des Supramentals* und das Epos *Savitri*.

Einleitung

Als sich Sri Aurobindo 1926 endgültig in sein Zimmer zurückzog, um sich ganz auf den „Supramentalen Yoga" zu konzentrieren, organisierte und entwickelte Mutter seinen Ashram. 1943 wurde eine Schule für die Erziehung von Kindern eröffnet, und nach dem Fortgang Sri Aurobindos 1950, entwickelte Mutter diese Schule zum Internationalen Universitätszentrum, an dem zahlreiche und mutige Experimente der Erziehung unter ihrer Leitung durchgeführt wurden. Die Erziehungsarbeit war Teil des Supramentalen Yoga, und wir haben einzigartige Einblicke über Erziehung und Yoga in den Bänden mit dem Titel *Fragen und Antworten*, die Gespräche mit Mutter während ihrer Unterrichtsstunden enthalten. 1958 zog sich Mutter auf ihr Zimmer zurück, um mit der Erforschung der Probleme zu beginnen, die sich bei der supramentalen Transformation des physischen Bewußtseins auf der zellularen Ebene stellen. 1968 gründete Mutter Auroville, eine internationale Stadt, als kollektives Feld der materiellen und spirituellen Forschungen, die zur Realisation menschlicher Einheit, als Teil der supramentalen Aktion auf Erden erforderlich sind.

Mutters Forschungsreise in das Körperbewußtsein und ihre Entdeckung des „Mentals der Zellen", das fähig ist, die Natur des Körpers neu zu strukturieren, ist in einem Dokument von mehr als 6000 Seiten enthalten, veröffentlicht in 13 Bänden. Dies ist *Mutters Agenda*, ein Bericht ihrer außerordentlichen Erfahrungen, die in Gesprächen zwischen Mutter und Satprem[1] wiedergegeben werden. Er umfaßt einen Zeitraum von mehr als zwanzig Jahren, währenddessen Mutter langsam den „Großen Übergang" zur nächsten Spezies durch die supramentale Transformation des physischen Bewußtseins entdeckte und das Werk vollendete, das Sri Aurobindo ihr übergeben hatte.

Sri Aurobindo in London, ca. 1884 (zwölfjährig)

1.
Sri Aurobindo

Es ist wohlbekannt, daß Sri Aurobindo eine gründliche westliche Erziehung erhielt und eine Periode agnostischer Verneinung durchmachte. Aber von dem Augenblick an, wo er auf yogische Phänomene schaute, konnte er nie wieder eine Haltung des Zweifels und Unglaubens annehmen, die so lange in Europa in Mode war. Anomale oder metaphysische Erfahrungen und Kräfte, okkulte oder yogische, erschienen ihm immer als etwas völlig Natürliches und Glaubwürdiges.

Nach einem langen Aufenthalt in Indien, in Baroda, wandte Sri Aurobindo sich 1904 entschlossen dem Yoga zu. Er hatte jedoch schon in seiner voryogischen Periode einige wenige spirituelle Erfahrungen. Die erste 1892 in London, im Jahre seiner Abreise aus England. Die nächste Erfahrung hatte Sri Aurobindo, als er indischen Boden betrat, auf dem Apollo Bunder, Bombay, bei seiner Rückkehr aus England. Ein weite Ruhe stieg auf ihn nieder, umgab ihn und blieb für Monate bei ihm. Dann hatte er im ersten Jahr seines Aufenthaltes in Baroda, 1893, eine Erfahrung in dem Augenblick, als seinem Gefährt ein Unfall drohte. Diese Erfahrung beschrieb er später in dem Gedicht „Die Gottheit", das hier wiedergegeben ist:

Die Gottheit

Ich saß hinterm Hufetanz der Gefahr – im Lärm
einer Straße, die futuristische Laune schien
und fühlte jäh, übersteigend starre Natur,
in mir und mich umgebend den Leib von Ihm.

Über meinem Kopf war mächtiges Haupt zu sehn,
ein Antlitz voller Ruh der Unsterblichkeit
und ein allvermögender Blick, der den Schauplatz hielt,
im weiten Umkreis seiner höchsten Gewalt.

Sein Haar war vermengt mit der Sonne und dem Wind;
die Welt war in Seinem Herzen und Er war ich:
des Immerwährenden Friedens barg ich in mir,
die Stärke Eines, dessen Substanz nie stirbt.

Der Moment verging, und alles war wie zuvor,
Nur trug ich todlose Erinnerung.²

The Godhead

*I sat behind the dance of Danger's hooves
In the shouting street that seemed a futurist's whim,
And suddenly felt, exceeding Nature's grooves,
In me, enveloping me the body of Him.*

*Above my head a mighty head was seen,
A face with the calm of immortality
And an omnipotent gaze that held the scene
In the vast circle of its sovereignty.*

*His hair was mingled with the sun and breeze;
The world was in His heart and He was I:
I housed in me the Everlasting's peace,
The strength of One whose substance cannot die.*

*The moment passed and all was as before;
Only that deathless memory I bore.*³

Während seines Aufenthaltes in Baroda hatte Sri Aurobindo folgende Vision:

> Einst, als Sri Aurobindo auf einem Besuch in Chandod war, ging er zu einem Kalitempel am Ufer der Narmada seiner Begleitung zuliebe. Er hatte sich niemals von Bilder-Anbetung angezogen gefühlt, im Gegenteil, er war ihr eher abgeneigt. Als er jetzt zum Tempel ging, fühlte er eine Gegenwart im Abbild. Er erhielt einen direkten Beweis der Wahrheit, die hinter Bilder-Verehrung stehen kann.

Sri Aurobindo scheint in einem viel später geschriebenen Brief auf diese Erfahrung mit folgenden Worten Bezug zu nehmen:

> Oder du stehst vor einem Kalitempel neben einem heiligen Fluß und siehst was? – eine Skulptur, ein anmutiges Stück Architektur, aber in einem Augenblick ist dort statt dessen auf mysteriöse Weise und unerwartet eine Gegenwart, eine Macht, ein Gesicht, das in deines blickt, eine innere Schau in Dir sah die Welt-Mutter.⁴

1. Sri Aurobindo

Er beschrieb diese Erfahrung auch in dem Gedicht „Die Steingöttin":

Die Steingöttin

In kleinem Heiligtum götterreicher Stadt
sah aus gemeißeltem Leib die Gottheit mich an –
unsterblich, himmlisch, lebendige Gegenwart,
eine Form, die behauste alle Unendlichkeit.

Die große Weltmutter und ihr Wille der Macht
bewohnte der Erde abgründig tiefen Schlaf,
verschwiegen, allgewaltig, geheimnisvoll,
stumm in der Wüste, im Meer und am Firmament.

Nun west sie vom Geist verschleiert und spricht kein Wort,
verschwiegen, allwissend, geheimnisvoll, sich verbergend,
bis unsre Seele gesehen hat und vernommen
den Sinn der wunderreichen Verkörperung –

dieselbe im Beter und im reglosen Bild,
Mysterium und Schönheit, in Fleisch gehüllt oder Stein.[5]

The Stone Goddess

In a town of gods, housed in a little shrine,
From sculptured limbs the Godhead looked at me, –
A living Presence deathless and divine,
  A form that harboured all Infinity.

The great World-Mother and her mighty will
Inhabited the earth's abysmal sleep,
Voiceless, omnipotent, inscrutable,
Mute in the desert and the sky and deep.

Now veiled with mind she dwells and speaks no word,
Voiceless, inscrutable, omniscient,
Hiding until our soul has seen, has heard
The secret of her strange embodiment,

One in the worshipper and the immobile shape,
A beauty and mystery flesh or stone can drape. [6]

1901 war Sri Aurobindo Zeuge einiger okkulter Phänomene als sein jüngerer Bruder Barin Experimente mit der Planchette unternahm. Es gab auch Experimente mit automatischem Schreiben. Er erhielt einen direkten Beweis yogischer Macht als ein Naga Sadhu seinen Bruder Barin durch ein Mantra vom Bergfieber heilte. Der Sadhu nahm ein Glas Wasser, schnitt das Wasser kreuzweise mit einem Messer, während er das Mantra wiederholte. Dann trug er Barin auf es zu trinken, indem er sagte, er könne am nächsten Tag kein Fieber mehr haben. Und das Fieber verließ ihn.

Im April 1903 befand sich Sri Aurobindo auf einer Reise durch Kaschmir und besuchte den Hügel von Shankaracharya (auch bekannt als Takht-I-Suleman, Sitz Salomons). Dort erfuhr er das leere Unendliche auf sehr greifbare Weise. Er beschrieb die Erfahrung in seinem Gedicht „Adwaita":

Adwaita

Ich ging auf hohen Wegen am Salomonssitz,
wo Schankaratscharjas winziger Tempel steht,
am Rand der Zeit vorm Unendlichen, allein
auf dem bloßen Grat, wo abbricht die Erdenmär.

Um mich herum war formlose Ödigkeit:
Ein seltsam Unnennbares war alles nun,
ein ungeboren Wirkliches, weltentlöst,
gipfellos, bodenlos, für immer still.

Ein Schweigen, welches des Seins ureinziges Wort,
der unbekannte Beginn, der lautlose Schluss,
vernichtend, was Augenblick gesehn und gehört,
herrschte schroff auf unmitteilsamem First,

unwandelbar leerer Friede, einsame Ruh
auf dem stummen Kamm der Rätsel dieser Natur.[7]

Advaita

I walked on the high-wayed Seat of Solomon
Where Shankaracharya's tiny temple stands
Facing Infinity from Time's edge, alone
On the bare ridge ending earth's vain romance.

Around me was a formless solitude:

1. Sri Aurobindo

All had become one strange Unnamable,
An unborn sole Reality world-nude,
Topless and fathomless, for ever still.

A Silence that was Being's only word,
The unknown beginning and the voiceless and
Abolishing all things moment-seen or heard,
On an incommunicable summit reigned,

A lonely Calm and void unchanging Peace
On the dumb crest of Nature's mysteries. [8]

1904 begann Sri Aurobindo, seinen Yoga in eigener Verantwortung auszuüben, beginnend mit *Pranayama*, wie es ihm von einem Freund, einem Schüler von Brahmananda, erklärt wurde. Der Zweck dieser Yogaübung war, die spirituelle Stärke zu finden, die ihn unterstützen und seinen Weg erleuchten sollte.

Die Ergebnisse dieser Übung erklärend, schrieb Sri Aurobindo:

> Ich praktizierte vier oder fünf Stunden täglich *pranayama* ... Der Strom der Dichtung kam herab, während ich *pranayama* machte, nicht erst einige Jahre später. Der Strom der Erfahrungen jedoch kam nach einigen Jahren, nachdem ich *pranayama* seit langer Zeit eingestellt hatte und nichts tat und nicht wußte, was zu tun war oder wohin ich mich wenden sollte, nachdem all meine Anstrengungen fehlgeschlagen waren. [9]

> Nach vier Jahren *pranayama* und anderen Übungen auf eigene Faust, mit keinem anderen Ergebnis als verbesserter Gesundheit und einem Ausströmen von Energie, einigen psycho-physischen Phänomenen, einem großen Strom von poetischem Schaffen, einer begrenzten Fähigkeit von subtiler Sicht (leuchtende Muster und Figuren usw.), meistens mit wachem Auge, erfuhr ich einen völligen Stillstand und wußte nicht mehr weiter.[10]

In einem anderen Brief erklärte Sri Aurobindo einen interessanten Aspekt der Erfahrungen subtilen Sehens:

> Ich erinnere mich, als ich zuerst innerlich (und auch äußerlich mit dem offenen Auge) zu sehen begann, da pflegte ein Freund von mir, ein Naturwissenschaftler, von Nachbildern zu sprechen

– „dies sind nur Nachbilder". Ich fragte ihn, ob Nachbilder jeweils zwei Minuten lang vor dem Auge blieben – er sagte „nein", seines Wissens nur für ein paar Sekunden; ich fragte ihn auch, ob man Nach-Empfindungen von Dingen bekommen könnte, die nicht um einen herum sind oder gar nicht auf dieser Erde existieren, da sie andere Formen hätten, einen anderen Charakter, andere Farben, Konturen und eine ganz andere Dynamik, ganz andere Lebensregungen und Werte – er konnte dies nicht bejahen. Auf diese Weise fallen jene sogenannten wissenschaftlichen Erklärungen in sich zusammen, sobald man sie aus ihrem Traumland mentaler Theorie herausnimmt und mit den tatsächlichen Phänomenen konfrontiert, deren Entschlüsselung sie vorgeben.

19-2-1932[11]

Die erste entscheidende Wende und Erfahrung trat 1907 für Sri Aurobindo ein, als er nach einem Weg tastete. An dieser Wegscheide sollte er einen Yogi aus Maharaschtra, Lele, treffen, der ihm den Weg zeigte, das Mental zum Schweigen zu bringen. Durch Meditation mit ihm in Baroda, erlangte Sri Aurobindo innerhalb von drei Tagen vollkommenes Schweigen des Denkens und Fühlens und aller gewöhnlichen Bewußtseinsregungen.

Diese Meditation und Erfahrung beschrieb Sri Aurobindo in einem seiner Briefe:

> Es war Leles großes Verdienst, mir dies zu zeigen. „Sitze in der Meditation", sagte er, „aber denke nicht, betrachte nur dein Mental; Du wirst sehen, wie Gedanken *in es hereinkommen*; bevor sie eintreten können, weise diese von Deinem Mental ab, bis es zu völliger Stille fähig ist." Ich hatte nie zuvor gehört, daß Gedanken sichtbar von außen in das Mental eintreten, aber mir kam es nicht in den Sinn, diese Wahrheit oder Möglichkeit in Frage zu stellen, ich setzte mich einfach hin und tat es. Im selben Augenblick wurde mein Mental still wie windlose Luft auf einem hohen Berggipfel, und dann sah ich, wie ein Gedanke und dann ein anderer in konkreter Weise von außen eintraten; ich wies sie zurück, bevor sie eintreten und sich des Gehirns bemächtigen konnten, und in drei Tagen war ich frei. Seit jenem Augenblick wurde das mentale Wesen in mir zu einer freien Intelligenz, einem universalen Mental, nicht begrenzt auf den engen Kreis persönlichen Denkens oder eines Arbeiters in einer Gedankenfabrik, sondern ein Empfänger

1. Sri Aurobindo

von Wissen aus all den hundert Bereichen des Seins und frei, zu wählen, was er wollte in diesem weiten Reich der Schau und des Denkens ... [12]

Die gleiche Erfahrung erläuterte Sri Aurobindo weiter in einem anderen Brief:

> Es trat eine vollständige Stille des Denkens und Fühlens und all der gewöhnlichen Bewußtseinsregungen ein, außer dem Wahrnehmen und Erkennen von Dingen um mich herum, ohne jedes begleitende Konzept oder andere Reaktion. Das Ego-Gefühl verschwand, und die Regungen des gewöhnlichen Lebens, ebenso wie Sprache und Handlung, wurden von einer gewohnheitsmäßigen Tätigkeit der Prakriti allein weitergeführt, die nicht als einem selbst zugehörig empfunden wurde. Aber die Wahrnehmung, die blieb, sah alle Dinge als äußerst unwirklich; dieses Gefühl der Unwirklichkeit war überwältigend und universal. Nur eine undefinierbare *Wirklichkeit* wurde als wahr empfunden, die jenseits von Raum und Zeit war und unverknüpft mit jeglicher kosmischen Aktivität, aber doch gegenwärtig, wo immer man sich hinwandte. Dieser Zustand blieb mehrere Monate unbeeinträchtigt, und selbst als das Gefühl der Unwirklichkeit verschwand und die Rückkehr zur Teilnahme am Weltbewußtsein erfolgte, blieben der innere Frieden und die Freiheit, die aus dieser Verwirklichung resultierten, ständig hinter allen Oberflächenregungen, und die Essenz der Verwirklichung selbst ging nicht verloren ... [13]

In seinem Gedicht „Nirvana" haben wir eine lebendige Beschreibung dieser Erfahrung:

Nirvana

Im stumm Alleinen ist alles ausgelöscht.
Der Geist, vom Denken befreit, das Herz vom Weh,
sind unvorstellbar nicht mehr vorhanden jetzt;
kein Ich mehr, noch Natur, noch Bekannt-Unbekannt.
Die Stadt, ein Schattenbild ohne Tönungen,
schwebt, zitternd unwirklich; Formen, die abgeflacht,
gleiten filmgleich; versinkend wie ein Riff
in uferlosen Schlünden, entwird die Welt.

Das unbegrenzbar Dauernde nur ist hier.

Ein Friede, ungeheuer, gestaltlos, still,
löst alles ab, – in Dem, was einst war ich,
bloß schweigende namenlose Leere, bereit,
entweder zu vergehen im Unkennbarn
Oder hell zu beben in des Unendlichen Meer.[14]

Nirvana

All is abolished but the mute Alone.
The mind from thought released, the heart from grief
Grow inexistent now beyond belief;
There is no I, no Nature, known-unknown.
The city, a shadow picture without tone,
Floats, quivers unreal; forms without relief
Flow, a cinema's vacant shapes; like a reef
Foundering in shoreless gulfs the world is done.

Only the illimitable Permanent
Is here. A Peace stupendous, featureless, still,
Replaces all, – what once was I, in It
A silent unnamed emptiness content
Either to fade in the Unknowable
Or thrill with the luminous seas of the Infinite. [15]

Diese Erfahrung und Realisation der vollkommensten Wirklichkeit des Brahman und die Unwirklichkeit der Welt ist ein anerkannter Höhepunkt des klassischen Weges der Erkenntnis und Adwaitic Mayavada [adwaitischen Mayaveda][16]. Für Sri Aurobindo hingegen zeigte es sich, daß dies nur eine der grundlegenden Erfahrungen war, und erst eine weitere Folge von spirituellen Erfahrungen und Verwirklichungen[17] führte Sri Aurobindo zu neuer Erforschung und Entdeckung. So erklärte er es in einem seiner Briefe:

Nun war das Erreichen von Nirvana das erste radikale Resultat meines eigenen Yogas. Es erhob mich plötzlich in einen Zustand jenseits des Denkens und frei von ihm, unbeeinträchtigt von jeder mentalen oder vitalen Regung; da war kein Ego, keine wirkliche Welt – nur wenn man durch die unbeweglichen Sinne schaute, so nahm etwas wahr oder trug auf seiner reinen Stille eine Welt leerer Formen, materialisierte Schatten ohne wahre Substanz. Es gab kein Eines oder gar Viele, nur schlicht absolut Jenes, form-

1. Sri Aurobindo

los, beziehungslos, rein, unbeschreibbar, undenkbar, absolut, und doch höchst wirklich und einzig wirklich. Dies war keine mentale Verwirklichung und auch nicht etwas, das irgendwo oben erblickt wurde, keine Abstraktion – es war positiv, die einzige positive Realität – obgleich nicht eine räumliche physische Welt, indem es diesen Anschein einer physischen Welt durchdrang, einnahm oder vielmehr überflutete und durchtränkte, keinen Platz oder Raum ließ für irgendeine Wirklichkeit außer sich selbst, nicht zuließ, daß irgend etwas anderes tatsächlich, wirklich oder substantiell erschien. Ich kann nicht sagen, daß in der Erfahrung irgend etwas Anregendes oder Verzückendes war, so wie sie sich damals bei mir einstellte – (den unsagbaren Ananda hatte ich Jahre später) –, was sie mir jedoch brachte, war ein unsagbarer Frieden, eine gewaltige Stille, eine Unendlichkeit der Erlösung und Freiheit. Ich lebte in jenem Nirvana Tag und Nacht, bevor es andere Dinge in sich einzulassen begann oder sich überhaupt veränderte, und der innere Kern der Erfahrung, die ständige Erinnerung an sie und ihre Kraft, wiederzukehren, blieb, bis sie am Ende in einem größeren Überbewußtsein von oben aufzugehen begann. Unterdessen kam Verwirklichung nach Verwirklichung und verschmolz mit dieser ursprünglichen Erfahrung. In einem frühen Stadium machte der Aspekt einer illusionären Welt einer Erfahrung Platz, worin Illusion[18] nur ein kleines Oberflächenphänomen ist mit einer immensen göttlichen Realität dahinter und einer höchsten göttlichen Realität darüber und einer intensiven göttlichen Realität im Herzen aller Dinge, was zunächst nur wie ein Leinwandbild oder Leinwandschatten erschien. Und dies war kein neues Eingeschlossenwerden in den Sinnen, keine Verminderung höchster Erfahrung oder Abfallen von ihr, es war vielmehr ein ständiges Erhöhen und Weiten der Wahrheit; es war der Geist, nicht die Sinne, der Gegenstände sah, und der Friede, die Stille, die Freiheit in der Unendlichkeit blieben stets, wobei die Welt oder alle Welten nur ein kontinuierliches Ereignis in der zeitlosen Ewigkeit des Göttlichen waren.

Das ist also das ganze Problem in meiner Annäherung an Mayavada. Nirvana erwies sich in meinem befreiten Bewußtsein als der Anfang meiner Realisation, als ein erster Schritt zur Vollkommenheit, nicht die einzige Verwirklichung, die möglich ist, und auch nicht ein krönender Abschluß.[19]

Von der nächsten größeren Realisation erfahren wir aus Sri Aurobindos Uttarpara Rede, in der er eine seelenbewegende Beschreibung der Erfahrung im Alipore Gefängnis gab, in dem er im Mai 1908 unter Anklage der Volksaufwiegelung festgehalten wurde, bis er im Mai 1909 freigesprochen wurde. Im Gefängnis verbrachte Sri Aurobindo fast seine ganze Zeit mit der Lektüre der Gita und der Upanischaden und in intensiver Meditation und der Ausübung des Yoga. Hier nahm ihn die Realisation, die ständig an Größe und Universalität zugenommen hatte und einen großen Raum einnahm, völlig in Anspruch. Sein Werk wurde Teil und Ergebnis der Realisation und ging im übrigen weit über den Dienst für das Vaterland und seine Befreiung hinaus. Sein Ziel, das vorher nur flüchtig erspäht, in seiner Bedeutung weltweit war, betraf die ganze Zukunft der Menschheit.

Die wichtigste Realisation, die er hier hatte, war die der universellen Gegenwart des Göttlichen. Wie er sagt:

Ich schaute auf das Gefängnis, das mich von den Menschen trennte, und ich war nicht mehr in seinen hohen Mauern gefangen; nein, es war Vasudeva, der mich umgab. Ich erging mich unter den Zweigen des Baumes meiner Zelle gegenüber; aber es war nicht der Baum: ich erkannte Vasudeva, es war Sri Krishna, den ich dort stehen und mir seinen Schatten spenden sah. Ich schaute auf die Gitterstäbe meiner Zelle, das Gitterwerk, das eine Tür darstellen sollte: und wieder sah ich Vasudeva. Es war Narayana, der mich beschützte und bewachte. Oder ich lag auf den rauhen Decken, die man mir als Lagerstätte gegeben hatte: und ich fühlte die Arme Sri Krishnas um mich, die Arme meines Freundes, meines Geliebten.

Dies war die erste Nutzanwendung der tieferen Vision, die Er mir gab. Ich schaute auf die Inhaftierten im Gefängnis, die Diebe, Mörder und Betrüger, doch als ich sie ansah, erblickte ich Vasudeva: es war Narayana, den ich in diesen verfinsterten Seelen und mißhandelten Körpern fand.

Als der Prozeß vor dem Gerichtshof eröffnet wurde, und wir dem Richter vorgeführt wurden, war ich von der gleichen Einsicht begleitet. ER sagte zu mir: „Als Du ins Gefängnis geworfen wurdest, stockte dir da nicht das Herz und riefst du mich nicht an: „Wo ist Dein Schutz?" Sieh dir jetzt den Richter an, schau dir jetzt den Vertreter der Anklage an." Ich schaute hin, und es war nicht der Richter, den ich wahrnahm: es war Vasudeva, es war Narayana, der dort auf der Bank saß. Ich schaute auf den Staatsanwalt, und

1. Sri Aurobindo

es war nicht der Anwalt, den ich wahrnahm: es war Sri Krishna, der dort saß, es war mein Freund und Geliebter, der dort saß und lächelte.[20]

Auch die zwei folgenden interessanten Erfahrungen im Alipore Gefängnis seien erwähnt:

> Ich wußte etwas über Bildhauerei, verstand aber nichts von Malerei, bevor ich Yoga begann. Die Erleuchtung eines Augenblicks im Gefängnis von Alipore öffnete meine Schau, und seitdem habe ich mit der intuitiven Wahrnehmung und Schau verstanden. Ich kenne natürlich nicht die Technik [der Malerei], aber ich kann sie sogleich erfassen, wenn jemand, der sich auskennt, davon spricht. Das wäre vorher unmöglich gewesen.[21]

Eine andere Erfahrung, die der Levitation, beschrieb er wie folgt:

> Ich gab mich damals einer intensiven Yoga-Disziplin auf der vitalen Ebene hin; ich war sehr konzentriert und fragte mich: Existieren die yogischen Kräfte, wie etwa die Levitation, wirklich? – als ich mich plötzlich in einer Haltung über den Boden erhoben befand, die ich durch keine Muskelanstrengung hätte erreichen können. Nur ein kleiner Teil meines Körpers berührte die Erde, während der Rest gegen die Mauer hin zur Decke hochgehoben war. Ich hätte mich normalerweise nichts so halten können, selbst wenn ich es gewollt hätte, und ich stellt fest, daß mein Körper sich ohne irgendeine Anstrengung über dem Boden hielt ... [22]

Während seines Aufenthaltes im Gefängnis in Alipore, befand sich Sri Aurobindo auch in seinen Meditationen auf dem Weg zu zwei anderen Realisationen, der der höchsten Wirklichkeit mit dem statischen und dynamischen Brahman als seinen zwei Aspekten und der der höheren Bewußtseinsebenen, die über das Mental hinaus zum Supramental führen. Damals erhielt Sri Aurobindo Hilfe von Vivekananda, um den Übergang zu einigen Ebenen oberhalb des Mentals zu erreichen.
Mit Sri Aurobindos Worten:

> Es ist eine Tatsache, daß ich vierzehn Tage lang ständig die Stimme Vivekanandas in meiner einsamen Meditation im Gefäng-

nis zu mir sprechen hörte und seine Gegenwart fühlte ... Die Stimme sprach nur über ein spezielles und begrenztes, aber sehr wichtiges Feld spiritueller Erfahrung, und sie verstummte, sobald sie alles gesagt hatte, was zu jenem Thema zu sagen war.[23]

Ebenfalls im Gefängnis zu Alipore erhielt Sri Aurobindo die Botschaften von Sri Krishna, die ihm den Weg zu einem neuen Werk eröffneten. Sri Aurobindo folgte dieser Richtung nach seiner Entlassung aus dem Gefängnis im Mai 1909, als er Anfang 1910 den göttlichen adesh (Auftrag) bekam nach Chandernagore zu gehen, und später einen anderen adesh nach Pondicherry zu gehen, wo er am 4. April 1910 eintraf.

Wie das neue Werk beschaffen war, kann aus einem 1911 geschriebenen Brief Sri Aurobindos ersehen werden:

Ich benötige einen Ort der Zuflucht, wo ich meinen Yoga ungestört zum Abschluß bringen und andere Seelen in meiner Gesellschaft fördern kann. Ich glaube, daß Pondicherry der Ort ist, der von den Jenseitigen festgesetzt wurde, aber Du weißt, wieviel Anstrengung notwendig ist, um die Sache, die auf der materiellen Ebene vorgesehen ist, fest zu begründen.

Ganz deutlich erkenne ich, daß das Hauptanliegen meines Yogas darin besteht, jede mögliche Quelle des Irrtums und der Ineffizienz absolut und vollständig zu beseitigen – jene des Irrtums, damit die Wahrheit, die ich letztlich den Menschen zeige, vollkommen sei, und jene der Ineffizienz, damit das Werk der Umwandlung der Welt, soweit ich es zu unterstützen habe, uneingeschränkt erfolgreich und unwiderstehlich sei. Aus diesem Grund habe ich mich so lange einer Disziplin unterzogen und wurden mir die brillanteren und machtvollen Ergebnisse des Yogas solange vorenthalten. Ich war ganz damit ausgelastet, das Fundament zu legen – eine harte und schmerzhafte Arbeit. Erst jetzt beginnt das Gebäude sich auf dieser sicheren und vollkommenen Grundlage zu erheben.[24]

In Chandernagore lebte Sri Aurobindo in tiefer Meditation. In seinem hinabsteigenden Prozeß des Yoga hatte er die letzten Stufen des physischen Unterbewußten erreicht. Gleichzeitig hatte er in seiner aufsteigenden Bewegung des Yoga die äußerste Grenze des Übermentals erreicht. Dann traf er eines Tages, als er herabstieg, auf alle Unreinheiten, eine nach der anderen. Die Linie des Unterbewuß-

1. Sri Aurobindo

ten schien sich weiter abwärts in einer immer festeren Konzentration zu vertiefen, das Bild der Konzentration nach oben umgekehrt widerspiegelnd. Dann fand sich Sri Aurobindo unversehens und ohne Übergang auf dem Boden dieses „Unbewußten" und in den dunklen Zellen des Körpers, ohne in ekstatische Trance zu fallen, ohne den Verlust des Individuums, ohne kosmische Auflösung und mit weit geöffneten Augen, in das höchste Licht geschleudert. Er hatte das Supramental berührt. Später sollte Sri Aurobindo entdecken, daß das Supramental das verlorene Geheimnis der Veda war und das der vielen nach Vervollkommnung Suchenden. Die vedischen Rishis hatten ihre Entdeckung des Supramentals, die Entdeckung des „großen Übergangs" genannt, mahas panthah, die Welt des „ungebrochenen Lichts", Swar, auf dem Grund des Felsens des Unbewußten.

Nach seiner Ankunft in Pondicherry begann Sri Aurobindo das Studium des Veda und entdeckte darin die Bestätigung vieler seiner Erfahrungen. Er fand viele Anhaltspunkte in der Rig-Veda, basierend auf seinen eigenen Erfahrungen, und er entdeckte, daß die vedischen Rishis „den großen Übergang" auf individueller Ebene öffnen konnten, und daß dies eine Art Versprechen einer zukünftigen Realisation auf der kollektiven Ebene war. Eine neue Erkenntnis war noch nötig, ein neues Experiment war erforderlich, und es war dieses Abenteuer des Bewußtseins, das Sri Aurobindo unternahm.

Um die Natur des Supramentals zu erklären, bezog sich Sri Aurobindo jedoch oft auf die kryptischen Verse des Veda. Wie er sagt:

> Hier helfen uns die geheimnisvollen Verse des Veda, denn sie enthalten, wenn auch verborgen, die Botschaft vom göttlichen und unsterblichen Supramental, und durch die Verhüllung kommen einige erleuchtende Strahlen zu uns. Hinter diesen Äußerungen können wir den Begriff dieses Supramentals erkennen als unermeßliche Weite jenseits der gewöhnlichen Horizonte unseres Bewußtseins, in denen die Wahrheit des Wesens in lichtvoller Weise eins ist mit allem, das sie zum Ausdruck bringt, und unausweichlich sicherstellt die Wahrheit von Schau, Formulierung, Anordnung, Wort, Tat und Bewegung und darum auch die Wahrheit des Ergebnisses der Bewegung, des Ergebnisses von Aktion und Ausdruck, unfehlbarer Anordnung oder Gesetz. Unbegrenztes Allumgreifendsein, lichtvolle Wahrheit und Harmonie des Seienden in dieser Unendlichkeit, nicht vages Chaos oder selbst-verlorene Finsternis, Wahrheit von Gesetz, Wirken und Erkenntnis, die diese

harmonische Wahrheit des Seienden zum Ausdruck bringen: das scheinen die wesentlichen Begriffe der Beschreibung im Veda zu sein. Die Götter sind in ihrer höchsten geheimen Wesensart Mächte dieses Supramentals, aus ihm geboren, in ihm thronend als in ihrem eigentlichen Heim, in ihrem Wissen „Wahrheitsbewußt" und bei ihrem Handeln im Besitz des „Seher-Willens". Ihre bewußte Kraft, dem Wirken und Erschaffen zugewandt, ist im Besitz und wird gelenkt von einem vollkommenen und unmittelbaren Wissen dessen, das getan werden muß, von dessen Wesen und Gesetz, – einem Wissen, das eine vollwirksame Willens-Macht bestimmt, die in ihrem Verfahren oder in ihrem Ergebnis nicht abirrt oder schwankt, sondern spontan und unumgänglich das im Wirken zum Ausdruck und zur Erfüllung bringt, was in der Vision geschaut wurde. Hier ist Licht geeint mit Kraft, die Schwingungen des Erkennens mit dem Rhythmus des Wollens, und beide sind vollkommen ohne Suchen, Tasten oder Bemühen, eins mit dem gesicherten Ergebnis. Diese göttliche Natur hat eine doppelte Macht, eine spontane Selbst-Formulierung und Selbst-Anordnung, die in natürlichster Weise aus der Wesenhaftigkeit der geoffenbarten Sache strömt und ihre ursprüngliche Wahrheit ausdrückt, sowie eine Selbst-Kraft von Licht, die der Sache selbst angeboren und die Quelle ihrer spontanen, unbeirrbaren Selbst-Anordnung ist.

Hier gibt es untergeordnete, aber wichtige Einzelheiten. Die vedischen Seher scheinen von zwei ursprünglichen Fähigkeiten der „wahrheitsbewußten" Seele zu sprechen. Das sind Sehen und Hören, womit unmittelbare Betätigungen eines angeborenen Wissens gemeint sind, die als Wahrheits-Schau und Wahrheits-Hören beschrieben werden und von weit her in unserer Mentalität durch die Fähigkeiten der Offenbarung und Eingebung reflektiert werden. Außerdem scheint in den Wirkensweisen des Supramentals unterschieden zu werden zwischen einem Wissen durch ein verstehendes und durchdringendes Bewußtsein, das der subjektiven Erkenntnis durch Identität sehr nahekommt, und einem Wissen durch projizierendes, gegenüberstellendes und wahrnehmendes Bewußtsein, das der Anfang objektiver Kenntnisnahme ist. Das sind die vedischen Andeutungen. Aus dieser alten Erfahrung können wir den Hilfsbegriff „Wahrheits-Bewußtsein" übernehmen, um den Begriffsinhalt des elastischeren Ausdrucks Supramental abzugrenzen.[25]

1. Sri Aurobindo

In seinen Schriften hat Sri Aurobindo ausführlich über das Supramental geschrieben. Wir mögen hier aber nur noch eine Feststellung aus seinem Buch „Die Offenbarung des Supramentals auf Erden" wiedergeben:[26]

Das Supramental ist seinem eigentlichen Wesen nach ein Wahrheitsbewußtsein, ein Bewußtsein, das immer frei von jener Unwissenheit ist, die in unserem gegenwärtigen natürlichen oder evolutionären Dasein das Fundament bildet, von dem aus die Natur in uns zu Selbstwissen und Welt-Wissen, zu einem richtigen Bewußtsein und dem richtigen Nutzen unseres Daseins im Weltall zu gelangen versucht. Dem Supramental wohnt dieses Wissen und diese Macht des wahren Daseins inne, weil es ein Wahrheitsbewußtsein ist, sein Weg geht geradeaus, es kommt unmittelbar zu seinem Ziel, sein Feld ist weit und kann sogar unbegrenzbar gemacht werden. Denn seine wahre Natur ist Wissen: Es braucht nicht Wissen zu erwerben, sondern besitzt dieses aus sich heraus; es geht nicht von Nicht-Wissen oder Unwissen zu irgendeinem unvollkommenen Licht hin, sondern von Wahrheit zu größerer Wahrheit, von richtiger Wahrnehmung zu profunderer Wahrnehmung, von Intuition zu weiterer Intuition, von Erleuchtung zu äußerstem, grenzenlosen Lichterfülltsein, von wachsender Weite zu äußersten Weiten und der Unendlichkeit selbst. Auf seinen Gipfeln besitzt es das göttliche Allwissen und die göttliche Allmacht, aber sogar im Entfaltungsprozeß seiner eigenen gradweisen Selbstoffenbarung, durch den es dann im Laufe der Zeit seine eigenen höchsten Höhen enthüllt, muß es seiner wahren Natur gemäß von Unwissen und Irrtum wesentlich frei sein. Es geht von Wahrheit und Licht aus und bewegt sich immer in Wahrheit und Licht. So wie sein Wissen immer der Wahrheit entspricht, so auch sein Wille; es geht nicht tölpelhaft mit den Dingen um und strauchelt nicht auf seinem Weg. In diesem Supramental geben auch die Gefühle und Emotionen des Herzens nichts von ihrer Wahrheit auf, lassen sich nicht gehen oder machen keine Fehltritte, weichen nicht vom Richtigen und Wirklichen ab und können weder Schönheit noch Wonne mißbrauchen, noch ihre göttliche Geradheit verdrehen. Im Supramentalen können auch die Sinne nicht in die Irre führen oder in das Grobsinnliche abgleiten, woraus sich hier ihre natürlichen Unvollkommenheiten ergeben und Ursache sind für die Vorwürfe, das Mißtrauen und den Mißbrauch seitens

unserer Unwissenheit. Sogar eine unvollständige Darlegung durch
das Supramental stellt eine Wahrheit dar, die zu weiterer Wahrheit
führt, und auch ein unvollkommenes Wirken ist schon ein Schritt
zur Vollkommenheit. Die Führung, das ganze Leben und Wirken
des Supramentals werden, dessen eigentlicher Natur gemäß, vor
den Irrtümern und Ungewißheiten bewahrt, die unser Los sind.
Es bewegt sich sicher seiner Vollendung zu. Sobald das Wahrheits-
bewußtsein hier einmal sein eigenes, sicheres Fundament gelegt
hat, wird die Entwicklung des göttlichen Lebens ein Wachsen in
Seligkeit sein, ein Aufbruch durch Licht zu Ananda.[27]

Bald nach seiner Ankunft in Pondicherry „empfing" Sri Aurobindo
ein Programm seines eigenen Yoga in der Form von Sanskrit Mantras, die ein System von „Sapta Chatushthaya" (sieben Tetraden) darstellten. Dieses Programm bezog sich auf die Arbeit der Herabkunft
und der Manifestation des Supramentals im physischen Leben. Wir
finden Bezugnahme auf dieses System in seinem Bericht des Yoga[28],
der ein exakter und wissenschaftlicher Bericht von Tatsache und
Erfahrung ist.

Jedes der Chatushthayas legte die Höhepunkte der Realisation dar
und bezog sich auf einen Aspekt der Sadhana. Die Intensität und
Geschwindigkeit in der Sri Aurobindo diese Höhepunkte[29] eroberte
sind offensichtlich, auch wenn wir nur einen flüchtigen Blick auf
seinen Bericht des Yoga werfen. Laßt uns einige beliebige Beispiele
auswählen:

13. Januar 1912
10:15 Uhr

> ... Ananda hat sich voll gefestigt im Feld der indriyas [Sinnesor-
> gane]. Alles Sehen, Töne, Gerüche, alle Arten des Geschmacks, alle
> Berührungen, Bewegungen, Handlungen sind jetzt angenehm oder
> bereiten Vergnügen; alle bergen in sich rasagrahana [Annahme des
> rasa, Besitz des Prinzips des Entzückens] oder Wertschätzung der
> Schönheit der gunas [Qualitäten], die sie ausdrücken, die Freude
> des vijnana [Erkenntnis] in ihnen (die Basis von chidghana ananda
> [bewußtem ananda]), die Freude des Herzens in ihnen (die Basis
> von premananda [Wonne der Liebe]), die Freude des Körpers in
> ihnen (die Basis von kamananda [Wonne der Leidenschaft]), die

1. Sri Aurobindo

Freude des Mental als indriya in ihnen (die Basis des ahaituka [ohne ichhaftes Interesse] ananda) ... Experimente, die mit dem Körper gemacht wurden, zeigen, daß unterhalb einer gewissen Intensität jeder Schmerz ananda des bhoga [Genießens] während der Dauer des Schmerzempfindens gibt, und Schmerz jenseits dieses Grades bringt es, sobald die augenblickliche Akutheit des Schmerzes vorbei ist ...

Die Weiterentwicklung des Ananda wird sich nun selbst überlassen und eine andere Siddhi aufgegriffen, die Beziehungen des Jiva (dasyam) [froher Dienst für den göttlichen Geliebten] zu dem Meister des Yoga und denen, die er erwählt hat. Jede Einschränkung durch das Mental oder irgend eines anderen Organs, benützt vom Jiva, muß vollkommen aufgegeben werden.

Nächster Tag 10:20

... Die wichtigste siddhi [yogische Perfektion] war die Vervollkommnung des klaren Gedankens, der schnell alle Charakteristiken des perfekten vijnanamaya [weisen] Gedanken annahm – prakasha [mentales Licht], asu [Atem, Leben], nishaya [Gewißheit], Unvermeidlichkeit (gleichwertig, wirksam und wirksam erleuchtend) des vak [Wort], Wahrheit der Substanz, nihshabdata [Stille]. Diese alle wurden vervollkommnet und befreit von Verstoß oder Zwang, außer nishabdata [Stille], die noch verfolgt wird von shabda [Laut] durch die annamaya devatas [körperliche Gottheiten]; aber der Gedanke kann nicht länger stark gehindert oder aufgegeben werden durch das Eingreifen von annamaya, nur in der Geschwindigkeit aufgehalten werden. Flüssigkeit wurde erreicht, Schnelligkeit vorbereitet und um 8:02 Uhr morgens für erreicht erklärt.

14. Januar

... Jetzt, da die Periode von ununterbrochener Siddhi [Vervollkommnung] begonnen hat, wird es kein Nachlassen von karma und siddhi geben; das karma wartet nur auf die Wirksamkeit der Kraft, Siddhi vervollkommnet seine Kraft, während tapas im Körper anwächst. Heute die typische Perfektion der verbleibenden Elemente des jinanam [höchstes Selbstwissen] in seiner ganzen Reichweite, das Wachsen des lipi [Schreibens] und drishti [spirituelle Schau], die ständige Realisation des Ishwara, die Vorwärtsbewegung der anderen Siddhis ...

16. Januar

... Der Ishwara ist jetzt Meister aller gedanklichen Wahrnehmungen oder im System ausgedrückter Gedanken; er legt sich über alle Gefühle und Empfindungen ...

... Die Macht von aisvaryam [Herrschaft] ist sehr angewachsen in Angelegenheiten der siddhi und ruft einen viel schnelleren und spontaneren Effekt hervor, sogar in physischen Dingen, als jemals zuvor ... Das Meistern des Systems durch den Ishwara ist jetzt fast vollendet, obwohl noch von gemäßigter Intensität und Kraft. Das zweite Chatushtaya [Vierer] und die Natur und Verwirklichung des Shakti Jiva [Seele], gezeichnet von der Erscheinung des lipi 11 (kali) wachsen abgerundeter und dauerhaft real im Bewußtsein ...

Stehen und Gehen, 6:35 bis 7:35 und wieder von 9:20 bis 11:20, insgesamt 12 Stunden von 16.

Schlaf von 3:10 bis 6:40. Ananda in allen äußeren Dingen und das gefestigte Empfinden der einen Persönlichkeit in allen. Gewisse Fehler in der Gedanken-Wahrnehmung traten am Tagesende auf. Sicherheit wurde in der trikaladrishti bestätigt, nicht durch Ereignisse.

27. Januar

... Jnanam nimmt an Kraft und Genauigkeit zu. Der Stil des vak [Wortes] hebt sich zu inspirierter Erleuchtung und ist auf seinem niedrigstem Niveau wirksam. Die Gedanken-Wahrnehmung hat sich fast aller falscher vijnanam [Kenntnis] entledigt in ihrem Material, aber nicht in der Anordnung ihres Materials. Nichtsdestoweniger wächst die Genauigkeit der Zeitwahrnehmung, die Genauigkeit der Ortswahrnehmung hat begonnen, hauptsächlich ist die Genauigkeit der Wahrnehmung der Umstände fehlerhaft – all das in trikaladrishti.

Prakamya und Vyapti [waches Interesse des Mental und Kommunikation] sind stark und stetiger, weniger von Irrtum durchwachsen. Die inneren Bewegungen von Tieren und in geringerem Grad von Menschen, die auf sie einwirkenden Kräfte, das ananda und tapas von oben, sogar klare Gedanken werden mehr und mehr beobachtet und werden gewöhnlich bestätigt von der begleitenden oder anschließenden Handlung. Die Siddhis der Macht arbeiten gut und vollkommen in Harmonie mit trikaladrishti, nicht so gut, wenn getrennt von ihr. Der physische Tonus des Systems erlangt seine Elastizität wieder und damit beleben sich elementares utthapana [Erhebung] und bhautasiddhi [Lebenskraft]. Samadhi verbessert sich ständig, aber wird durch Schlaf sehr gehindert, der während der letzten drei oder vier Tage seine Kraft wiederbelebt hat.

1. Juli 1912

Im August 1912 wird das siebte Jahr der Ausübung meines Yoga erreicht. Es dauerte so lange, ein umfangreiches Register von Wanderungen, Straucheln, Tasten, Versuchen zu vollenden – für die Natur, die im Dunklen beginnt den Weg zum Licht zu ertasten – jetzt ein sicherer, aber noch kein voller Glanz – für den Meister des Yoga, den ruhelosen individuellen Willen zu beruhigen und die voreingenommene individuelle Intelligenz, so daß die Wahrheit sich selbst von menschlichen Möglichkeiten und Suchen befreien, und die Macht aus den menschlichen Schwächen und Begrenzungen hervorkommen möge. Die Nacht vom 30. gezeichnet durch eine Kommunikation von Sahasradala (tausendblättriger Lotos), vom alten Typ, sruti [Inspiration], aber gereinigt von den alten Konfusionen, die gewöhnlich um die höheren Befehle aufzusteigen pflegten. Deutlich sprach Purushottama, und Shakti erhielt den Befehl. Schon hatte die lipi am 1. Juli Warnzeichen eines neu beginnenden Lebens gegeben, – eines neuen Lebens, das heißt, einer neuen Art von Aktion, beginnend mit einer zeitweiligen völligen Realisation einer neuen Persönlichkeit und dem endgültigen unvermeidlichen Siegel auf den dasyabhava [Gesinnung des Dienens]. Nicht, daß irgend etwas abrupt getan worden wäre. In diesem Yoga wurde wenigstens nichts abrupt getan, außer den Anfängen, – die Vollendungen wurden immer erst nach langer Vorbereitung und Entwicklung erreicht, ständige Ebbe und Flut, endloser Kampf, Fallen und Sicherheben – ein Fortschritt von Unvollkommenheit durch Unvollkommenheiten zu unvollkommenen und unsicheren Vollkommenheiten und nur zuletzt eine absolute Endgültigkeit und Sicherheit. ...

Früher erfuhr ich den unpersönlichen Gott, Brahma oder Sadchidan(an)dam, getrennt vom Persönlichen, Ishwara oder

Ishwara Sadchidananda. Brahma wurde von Grund auf erfahren in seiner absoluten Unendlichkeit und als die materielle und informierende Gegenwart in der Welt, und allem, was sie enthält, yat kincha jagatyam jagat. Aber das Empfinden des Einen konnte nicht völlig und ständig angewandt werden – es gab Lücken im vereinigenden Bewußtsein, teilweise da die Persönlichkeit nicht ebenso gründlich oder als eins mit dem Unpersönlichen verwirklicht worden war. Das Mental, auf dem Paratman [höchster Spirit] ausharrend, wenn immer der Jivatman [individuelle Seele] sich in dem sarvam Brahma [alles ist Brahma] manifestierte, war unfähig sich der vorherrschenden Realisation anzupassen, und ein Element des Dwaitabhava [Empfindung von Dualität], – des Visishtavaita [qualifizierter Avaita Ramanujas, der Brahma und Prakriti als identische und wirkliche Wesenheiten betrachtet] trat in seine Wahrnehmungen ein. Sogar, wenn die Assimilation teilweise bewirkt ist, wird der Jiva als individuelle und örtliche Manifestation des unpersönlichen Chaitanya (supremer Spirit) gefühlt und nicht als die individuelle Manifestation des Chaitanya als universelle Persönlichkeit. Andrerseits wurde der universale Sri Krishna oder Krishna-Kali in allen beseelten und unbeseelten Dingen völlig realisiert, aber nicht mit ausreichender Beständigkeit und neuerdings mit geringer Häufigkeit. Das Heilmittel ist, die beiden Realisationen zu vereinen, und ich fühle, wie sich die Shakti auf diese Vollendung zubewegt ...

3. Juli

Das Hindernis, das sich in der annamaya prakriti [physische Natur] gegen die ganze endgültige Erfüllung der vijnana - chatushthaya (die siddhi des Wissens und der Macht, zusammentreffend mit dem Öffnen der idealen Möglichkeit) erhob, hat schließlich nachgegeben ...

16. Juli

Dasyam [Dienst] stärker bestätigt durch den Nachdruck, daß alle Handlungen für Srikrishnas ananda und bhoga geschehen, nicht für die der Shakti und durch passive Akzeptanz der Wahrheit der vani [Sprache, Eingebung] als höher gegenüber der offensichtlichen Erfahrung des Augenblicks. Wissen durch shruti begann bewiesen und angenommen zu werden. Der Prozeß, endlich trikaldrishti in entfernten Dingen zu manifestieren, hat begonnen, die automatische, nicht gesuchte Erkenntnis erweist sich immer als wahrer als die mentalen Meinungen, Schlüsse usw. Die vermehrte Kraft des kamachakra [Chakra des Begehrens] letzte Nacht geprüft, hat den Test so weit ausgehalten. Visrishti [Entladung] am Morgen, aber die bhautic [körperlichen] Symptome waren leicht.

Programm

1. Trikaldrishti (Schau der drei Zeiten) bestätigt und ausgeweitet; trailokyadrishti (Schau der drei Welten) und rupadrishti (Schau der Formen).
2. Kräfte gestärkt
3. Samadhi[yogische Trance] weitgehend entwickelt
4. Utthapana [Levitation] und Gesundheit verbessert
5. Ananda in intensiverer Bewegung etabliert
6. Madhurabhava (Empfindung der Süße) der Kali Krishna
7. Karma (Handeln) und Kama (Leidenschaft) gekräftigt ...

22. Juli

Die ständige Verwirklichung des vierfältigen Brahman ist endgültig. Die Tätigkeit der shuddhi [Reinigung], mukti [Befreiung], bhukti [Freude] ist jetzt endgültig in allen ihren Teilen, jedoch noch nicht vollkommen, nur siddhi bleibt, und das wird schnell vorwärts gebracht. Es wird noch hauptsächlich im karma, der Mahakali zugehörig, gehindert und in der äußeren Erfüllung des kama.

10. November

... Samata siddhi [Vervollkommnung], sraddha [Glaube], virya [spirituelle Kraft], shakti sind vollkommen, außer einem fehlerhafte Punkt in der Shraddha, durch den die asiddhi noch eintreten kann.

In einem Brief von 1913 beschrieb Sri Aurobindo, was er zu erreichen suchte. Er schrieb:

Ich versuche vorallem das normale Arbeiten der Siddhis [Fähigkeiten oder Kräfte] im Leben zu festigen, d.h. die Wahrnehmung der Gedanken, Gefühle und Ereignisse anderer Wesen und an anderen Orten in der ganzen Welt, ohne den Gebrauch von Informationen durch Sprache oder andere Data; zweitens, die Vermittlung von mir ausgewählter Ideen und Gefühle an andere (Individuen, Gruppen, Nationen) durch bloße Übertragung von Willenskraft; drittens, der schweigende Druck auf sie, entsprechend dieser übermittelten Ideen und Gefühle zu handeln; viertens, das Festlegen von Ereignissen, Handlungen und Ergebnissen von Handlungen in der ganzen Welt durch bloße schweigende Willenskraft ... bei den ersten, zweiten und dritten bin ich weitgehend erfolgreich, wenn auch die Handlung dieser Kräfte noch nicht perfekt organisiert ist. Nur beim vierten fühle ich ernsthaften Widerstand ... [30]

Daraus ist zu entnehmen, daß der Zeitabschnitt zwischen 1910 und 1914 für Sri Aurobindo eine Zeit intensiven Suchens und Forschens war.

Am 29. März 1914 kam Mutter nach Pondicherry und traf Sri Aurobindo.

2.
Mutter

Mutter (Mirra Alfassa) wurde am 21. Februar 1878 in Paris geboren. Ihre Mutter war Ägypterin und ihr Vater Türke – beide waren vollkommene Materialisten. Infolgedessen war Mirra, obwohl sie schon von Kindheit an innere Erfahrungen hatte, sogar die der göttlichen Gegenwart, bis ins Erwachsenenalter in ihrem äußeren Leben Atheistin. In jungen Jahren bekam sie eine umfassende Ausbildung in Musik (Klavier), Malerei und höherer Mathematik. Gleichzeitig pflegte sie spontane Erfahrungen zu haben, einschließlich der, ihren Körper verlassen zu können, um innere Wirklichkeiten zu entdecken, ohne aber deren Bedeutung wirklich zu verstehen.

Einige dieser Erfahrungen sollen mit ihren eigenen Worten wiedergegeben werden:

> Jede Nacht zur selben Stunde, als das ganze Haus schön ruhig war, verließ ich meinen Körper und hatte die verschiedensten Erfahrungen. Allmählich wurde mein Körper dann somnambul (das heißt, das Bindeglied blieb fest bestehen und das Bewußtsein der Form war immer bewußter geworden), ich begann regelmäßig aufzustehen – aber nicht auf die Art gewöhnlicher Schlafwandler: ich stand auf, öffnete meinen Schreibtisch, nahm ein Papier und schrieb Gedichte ... ich, die nichts von einem Poeten in mir hatte! Ja, Gedichte! Ich notierte Dinge. Sehr bewußt legte ich alles wieder zurück in die Schublade und verschloß sie sehr sorgfältig, bevor ich mich wieder ins Bett legte. Eines Tages vergaß ich es aus irgend einem Grund: ich ließ sie offen. Meine Mutter kam ... (Meine Mutter weckte mich immer, denn in Frankreich verschließen sie einem die Fenster mit dicken Vorhängen. Sie kam morgens, riß heftig die Vorhänge auf und weckte mich, brrm! ohne Vorwarnung. Ich war nur schon daran gewöhnt und war bereit aufzuwachen, sonst wäre es nicht sehr gut gewesen!) Jedenfalls kam sie und rief mich mit ihrer unantastbaren Autorität, als sie den offenen Schreibtisch und das Papier darauf sah: „Was ist das!..." Sie riß es an sich: „Was machst du?" Ich weiß nicht, was ich antwortete, aber sie suchte einen Arzt auf: „Meine Tochter ist eine Schlafwandlerin geworden! Sie müssen ihr eine Medizin geben."[31]

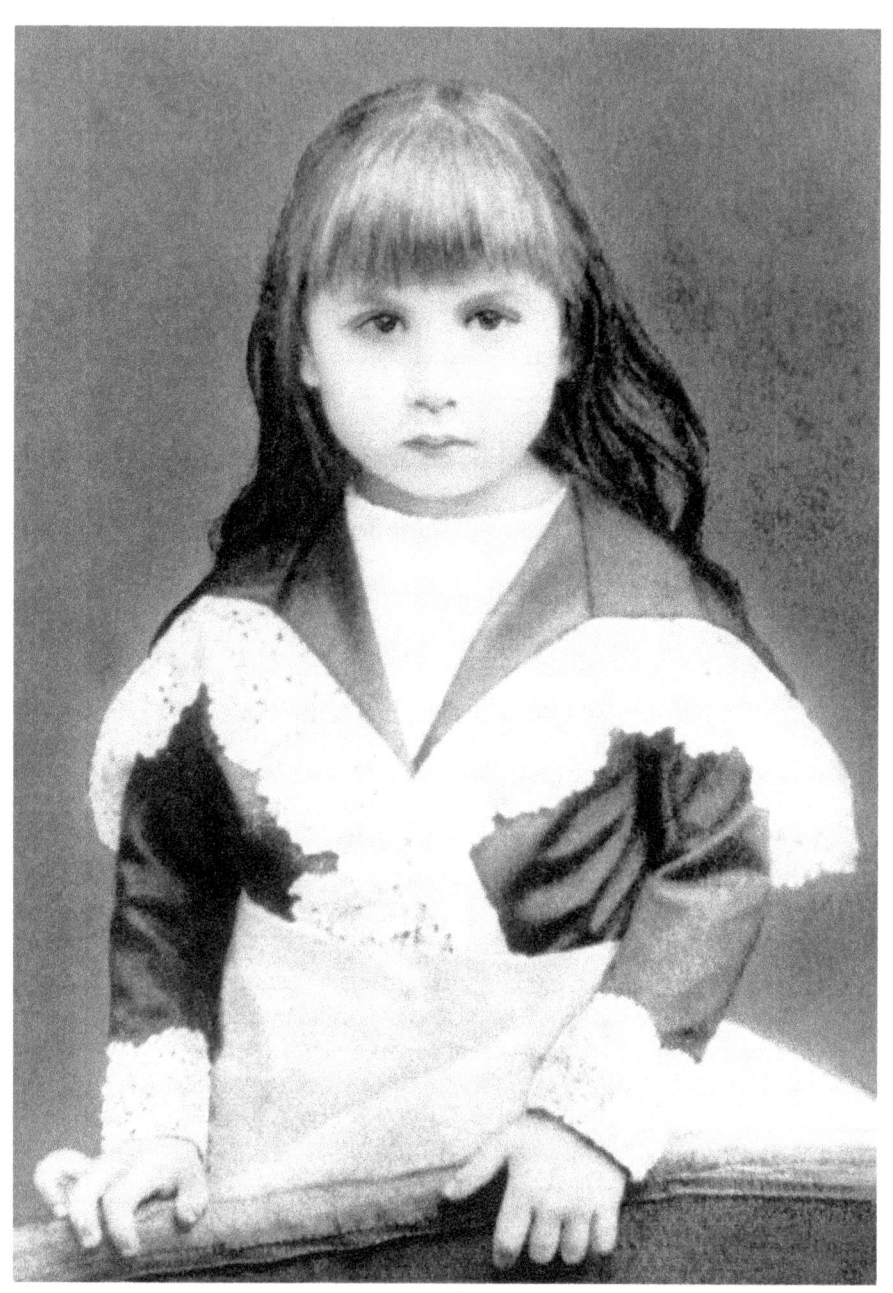

Mirra

2. Mutter

Als ich ungefähr dreizehn war, schien es mir für ungefähr ein Jahr so, als verließe ich jede Nacht, sobald ich ins Bett gegangen war, meinen Körper und erhöbe mich gerade über das Haus, dann über die Stadt, sehr hoch darüber. Dann sah ich mich gewöhnlich in eine wunderbare goldene Robe gekleidet, viel länger als ich selbst, und als ich höher aufstieg, dehnte sich die Robe, bildete einen Kreis um mich und formte eine Art von ungeheurem Dach über der Stadt. Dann sah ich Männer, Frauen, Kinder, alte Männer, Kranke und Unglückliche von allen Seiten hervorkommen. Sie versammelten sich unter der ausgebreiteten Robe, um Hilfe bittend, ihr Unglück erzählend, ihre Leiden, ihre Schwierigkeiten. Als Antwort erstreckte sich die elastische und lebendige Robe zu jedem einzelnen von ihnen aus, und sobald sie sie berührt hatten, waren sie getröstet oder geheilt, und sie kehrten in ihre Körper glücklicher und stärker zurück als sie sie verlassen hatten. Nichts schien mir schöner, nichts konnte mich glücklicher machen; und alle Tätigkeiten des Tages schienen langweilig und farblos und ohne richtiges Leben neben dieser nächtlichen Beschäftigung, die für mich das wahre Leben war.[32]

Die jüdischen Tempel in Paris haben eine so schöne Musik! Welch schöne Musik! In einem Tempel hatte ich eine meiner ersten Erfahrungen. Es war bei einer Hochzeit, und die Musik war wunderbar. Später sagte man mir, es wäre ein Stück von Saint-Saëns, Orgelmusik (die zweitbeste Orgel in Paris, wunderbar!). Diese Musik spielte, ich saß mit meiner Mutter oben auf der Galerie (ich war 14), dort waren bleigefaßte Glasfenster – weiße Fenster, ohne Bilder. Ich betrachtete eines dieser Fenster und fühlte mich wirklich von dieser Musik getragen, da kam plötzlich etwas wie ein Blitzschlag durch das Fenster und drang hier ein *(Mutter klopft auf ihre Brust)*, ich sah ihn eindringen und ... ich hatte das Gefühl, unermeßlich und allmächtig zu werden ... Das blieb mehrere Tage.

Aber meine Mutter war, Gott sei Dank, eine so hartgesottene Materialistin, so daß man mit ihr nicht über unsichtbare Dinge sprechen konnte – für sie waren dies Anzeichen von Geistesstörung! (Nichts zählte außer dem, was man berühren und sehen konnte.) Aber das war ein Segen Gottes: ich hatte keine Möglichkeiten zu reden. Ich behielt meine Erfahrung für mich. Doch dies war eine meiner ersten Berührungen mit ... Später erfuhr ich, daß es eine vergangene Wesenheit war, die in mich eindrang, durch die Aspiration, die die Musik hervorrief. [33]

Ich erinnere mich, als ich achtzehn war, hatte ich ein sehr intensives Bedürfnis ZU WISSEN ... Denn diese Erfahrungen hatte ich – die verschiedensten Erfahrungen –, aber aufgrund meines Milieus hatte ich keine Gelegenheit intellektuelles Wissen zu bekommen, das mir den Sinn von all dem gedeutet hätte: ich konnte mit niemandem darüber sprechen. Ich hatte Erfahrungen über Erfahrungen ...

Jahrelang hatte ich nachts Erfahrungen (ich hütete mich darüber zu sprechen!), die verschiedensten Erinnerungen an vergangene Leben, alle möglichen Dinge, aber ohne jede intellektuelle Wissensgrundlage. (Das hatte natürlich den Vorteil, daß meine Erfahrungen keine mentalen Fabrikationen, sondern völlig spontan waren.) Aber ich hatte eine solches BEDÜRFNIS zu wissen!... Ich erinnere mich, wir wohnten in einem Wohnhaus (eins dieser Häuser mit vielen Wohnungen), und in der Wohnung neben an lebten junge Leute, die sehr katholisch waren und einen sehr überzeugten Glauben hatten. Ich sah das, und eines Tages, als ich gerade meine Haare richtete, sagte ich mir: „Haben die Leute Glück, die in eine Religion geboren werden und daran glauben, ohne Fragen zu stellen! Wie leicht ist das doch! Man braucht nur noch zu glauben, und alles ist einfach." Ich spürte das, und als ich merkte, daß ich so dachte, schimpfte ich mich aus: „Du bist ein Faulpelz!"

Wissen-wissen-WISSEN!... Denn ich wußte überhaupt nichts, nur die Dinge des alltäglichen Lebens: das äußere Wissen. Ich hatte alles gelernt, wozu mir Gelegenheit gegeben wurde: nicht nur das, was man mir beibrachte, sondern auch was mein Bruder lernte, höhere Mathematik und all das! Ich lernte und lernte und lernte – aber das war NICHTS.

Nichts konnte mir die Dinge erklären – nichts. Ich konnte nichts begreifen!

Wissen!...

Das kam später – zwei Jahre danach, als ich jemandem begegnete, der mir von Theons Lehren erzählte.

Als man mir sagte, das Göttliche sei im Inneren (die Lehre der Gita, aber in Worten, die für westliche Menschen verständlich sind), daß es die innere Gegenwart gibt, daß man das Göttliche in sich trägt, oh!... Das war eine Offenbarung! In wenigen Minuten verstand ich plötzlich alles. Alles war verstanden. Das vermittelte den augenblicklichen Kontakt.[34]

Im Alter zwischen achtzehn und zwanzig Jahren erlangte ich die bewußte und ständige Vereinigung mit der Göttlichen Gegenwart, und ich erreichte das GANZ ALLEINE, ohne daß IRGEND JEMAND mir half, nicht einmal ein Buch. Als ich (ein wenig später) den *Radhja-Yoga* von Vivekananda in die Hände bekam, fand ich es so wunderbar, daß mir jemand etwas erklären konnte!... Es half mir, in einigen Monaten das zu erreichen, wozu ich sonst vielleicht Jahre gebraucht hätte.

Als ich zwanzig oder einundzwanzig war, begegnete ich einem Inder, der nach Europa gekommen war und mir von der *Gita* erzählte. Es gab eine französische Übersetzung (die übrigens recht schlecht war), und er riet mir sie zu lesen, und gab mir den Schlüssel – seinen Schlüssel, es war sein Schlüssel. Er sagte mir: „Lesen Sie die Gita!..." (Diese Übersetzung der Gita, die nicht viel taugte, aber schließlich war es die einzige damals in Französisch und zu der Zeit hätte ich keine anderen Sprachen verstanden; die englischen Übersetzungen waren übrigens genauso schlecht, und ich hatte nicht ... Sri Aurobindo hatte seine noch nicht geschrieben!) er sagte: „Lesen Sie die Gita, und betrachten Sie Krishna als Symbol für den immanenten Gott, den inneren Gott." Das war alles, was er mir sagte. „Lesen Sie dies mit diesem Wissen, daß Krishna in der Gita den immanenten Gott darstellt, den Gott, der in Ihrem Inneren ist." In einem Monat war die Arbeit getan![35]

Ihr Wissensdrang führte sie in zwei Richtungen. Die erste war die Welt der Malerei. Sie war schon der Schule der Schönen Künste in Paris beigetreten. Sie ging unter die Künstler in dem Bedürfnis, ihren Horizont zu erweitern. Es war die Zeit der Impressionisten; es war die Ära von Manet, eine brillante Ära, in der wunderschöne Dinge geschaffen wurden. Sogar große Meister der Literatur wie Hugo, Baudelaire und Zola wurden bedeutende Vertreter des Impressionismus.

Aber trotz ihres engen Kontakts mit führenden Künstlern, blieb sie unbefriedigt. Sie fand den Horizont der Künstler begrenzt. Sie entdeckte, daß sogar die Besten unter ihnen unfähig oder unwillig waren, ihren Horizont zu erweitern.

Gleichzeitig setzten sich ihre inneren Erfahrungen unvermindert fort; aber sie brauchte Erklärungen für diese Erfahrungen im Licht von intellektuellem oder weiterem Wissen. Das war der zweite Bereich, dem sie sich zuwandte.

Zu diesem Zeitpunkt sprach ein junger Mann, Themanlys, ein Freund ihres Bruders (Matteo Alfassa), zu ihr über Theon und seine Lehre. Sie begann mit ihm zu arbeiten (Themanlys), und gerade zu dieser Zeit begann sie eine Reihe von Visionen zu haben.

Als ich zu arbeiten begann (nicht mit Theon persönlich, sondern in Frankreich mit einem seiner Bekannten, der mit meinem Bruder befreundet war[36]), da hatte ich eine Reihe von Visionen ... (du mußt wissen, daß ich zu der Zeit wie fast alle Europäer überhaupt nichts über Indien wußte: das ist „ein Land mit seltsamen Bräuchen und Religionen", einer verworrenen Geschichte, wo viele „außergewöhnliche Dinge geschahen, von denen geredet wird" – das heißt, ich wußte nichts), in diesen Visionen sah ich Sri Aurobindo, so wie er physisch war, aber verherrlicht, das heißt derselbe Mann, wie ich ihn später zum ersten Mal sah, beinahe mager, von golden-bronzenem Teint, mit einem etwas scharfen Profil, einem wirren Bart, langen Haaren, in einen Dhoti gekleidet, dessen eines Ende über die Schulter des entblößten Oberkörpers geworfen war, barfüßig. Damals glaubte ich, es sei ein „Visionsgewand"! – du siehst, ich wußte nichts über Indien und hatte noch nie Inder in indischer Kleidung gesehen.

Ich sah ihn also, und es waren zugleich symbolische Visionen und spirituelle Tatsachen: die absolut entscheidende spirituelle Erfahrung und Tatsache der Begegnung und der gemeinsamen Erkenntnis des zu vollendenden Werks. In diesen Visionen tat ich etwas, das ich physisch nie zuvor getan hatte: ich warf mich auf Hindu Art zu seinen Füßen nieder. All das ohne jegliches Verständnis des kleinen Gehirns (das heißt ich wußte nicht, was ich tat oder warum). Ich tat es, und gleichzeitig fragte sich das äußere Wesen: „Was bedeutet das alles?"

Diese Vision notierte ich (oder notierte sie später), sprach aber mit niemandem darüber (solche Dinge erzählt man natürlich nicht). Ich hatte bloß den Eindruck einer Vorankündigung, daß eines Tages etwas derartiges eintreten würde. Es blieb im Hintergrund des Bewußtseins, das heißt es war gegenwärtig, nicht aktiv, aber beständig.[37]

2. Mutter

Das war um 1904. Kurz darauf ging sie nach Tlemcen in Algerien, wo Max Theon und seine Frau Madame Theon lebten. Theon war Europäer, entweder Pole oder Russe, aber wahrscheinlicher Russe, von jüdischer Abstammung. Als sie ihn sah, erkannte sie in ihm ein Wesen großer Macht.

In gewisser Weise ähnelte er Sri Aurobindo: Theon hatte etwa dieselbe Größe (kein großer Mann, mittelgroß) und dünn, schlank, mit einem recht ähnlichen Profil. Aber als ich Theon traf, sah ich (oder eher fühlte ich), daß er nicht der Mann aus meiner Vision war, denn ... er hatte nicht diese Schwingung. Dennoch war er es, der mich zuerst Dinge lehrte, und ich ging und arbeitet in Tlemcen für zwei aufeinanderfolgende Jahre.[38]

Mutter wird Sri Aurobindo 1914 treffen. Bis dahin wird sie nicht wissen, wer Sri Aurobindo ist, kennt nicht einmal seinen Namen. Die Vision, die sie von Sri Aurobindo hatte, blieb für mehrere Jahre eine Art Mysterium, wenn sie ihr auch eine Vorahnung von dem gab, was in Zukunft geschehen würde. Theon, mit dem sie zwei Jahre in Tlemcen arbeitete, war sehr bewandert in der Rig-Veda, und er sprach von einer noch älteren Tradition, die der Ursprung von sowohl der Kabbala und der Veden war. Diese Tradition, sagte er, war der Ansicht, daß der Höhepunkt der Evolution die Vergöttlichung von allem Geschaffenen sei. Theon hatte allerlei geschrieben – nichts Philosophisches: alle möglichen Geschichten, phantastische Geschichten, um diese Ansicht zu erklären. Theon gab Mutter als erster die Idee, daß „die Erde symbolisch und repräsentativ sei – eine symbolische Konzentration des universellen Handelns, um den göttlichen Kräften zu erlauben, sich zu inkarnieren und konkret zu arbeiten."[39]

Theon hatte seine Initiation in Indien erhalten. Nachdem er mit Blavatsky gearbeitet hatte und in Agypten eine okkulte Gesellschaft gegründet hatte, ging er nach Algerien, wo er sich zuerst „Aia Aziz" nannte (ein Wort von arabischem Ursprung, das „der Geliebte" bedeutet). Dann begann er seine „kosmische Gruppe" aufzustellen und die „Kosmische Revue". Zu der Zeit nannte er sich Max Theon, was „Höchster Gott" bedeutet!

Er hatte eine englische Frau. Sie war eine außergewöhnliche Okkultistin mit unglaublichen Fähigkeiten. Mutter erzählte mehrere Geschichten über sie (Madame Theon). Einige können hier erzählt werden. Diese Geschichten spielten sich in Tlemcen ab.

Jemand wollte Kiefern pflanzen, Föhren glaube ich. Aber statt der Kiefern bestellte er versehentlich norwegische Tannen! Stell dir vor, es fing an zu schneien!... Es hatte dort noch nie geschneit (verständlich, einige Kilometer von der Sahara, eine Hitze! im Sommer 45° im Schatten, 56° in der Sonne). Eines nachts, als Madame Theon in ihrem Bett schlief, wurde sie von einem kleinen Wesen geweckt: wie ein Gnom, ein norwegischer Gnom! Mit Zipfelmütze und Schuhen mit hochgebogenen Spitzen, und er war bedeckt mit Schnee, der im Zimmer zu schmelzen begann und auf den Boden tropfte!

Sie sah ihn an: „Was machst du denn hier? Du bist ja ganz naß und verdirbst meinen Parkettboden!"

„Ich komme, um dir zu sagen, daß man uns gerufen hat und daß wir auf dem Berg sind."

„Und wer bist du?"

„Ich bin der Herr des Schnees."

„Gut," sagte Madame Theon, „ich werde mich darum kümmern, wenn ich aufstehe; jetzt geh, du machst mein Zimmer naß."

Und der Kleine verschwand.

Aber als sie aufwachte, war eine Wasserpfütze auf dem Boden! Sie hatte nicht geträumt: die Pfütze war noch da. Sie schaute aus dem Fenster: die Hügel waren mit Schnee bedeckt!

Es war das erste Mal (sie lebten schon seit Jahren dort und hatten nie Schnee gesehen).

Und seitdem schneit es jeden Winter.[40]

Das sah ich bei Madame Theon. Sie bewirkte mit ihrem Willen, daß etwas zu ihr kam, anstatt es selber zu holen: wenn sie ihre Sandalen brauchte, ließ sie sie zu sich kommen, anstatt sie zu holen, und sie tat es durch ihre Fähigkeit, ihre eigene Materie auszustrahlen – sie besaß einen Willen über diese Materie –, ihr zentraler Wille wirkte auf diese Materie, wo immer es ihr beliebte, weil sie selber DORT war. Doch jetzt sah ich diese Macht aus einer methodischen, geordneten Sicht: nicht etwas Zufälliges oder Sporadisches wie bei einem Medium, sondern eine Organisation der Materie.[41]

Der tiefere Sinn der Zahlen ... Es gibt eine Fülle von Überlieferungen und Schriften ... ich habe mich immer gehütet, ihnen zu folgen. Den tieferen Sinn der Zahlen begriff ich in Tlemcen im Übermental. Ich weiß nicht mehr, wie Theon all diese Welten nannte, aber in Sri Aurobindos Terminologie entsprach dies dem höchsten und leuchtendsten Bereich des *overmind* [Übermental]. Es lag unmittelbar über der Region der Götter und stand im Einklang mit der Schöpfung des Übermentals – mit der Erde unter dem Einfluß der Götter. Damit nahmen die Zahlen eine lebendige Bedeutung für mich an – keine mentale Sache: eine lebendige Bedeutung. Dort hatte mich Madame Theon erkannt, weil sie eine Anordnung von 12 Perlen über meinem Kopf sah. Sie sagte mir: „Sie sind Das, weil sie dies haben! Nur Das kann dies haben!" *(Mutter lacht)* Dies war Gott sei Dank überhaupt nicht meine Denkweise.[42]

Sie verließ ihren Körper, dann war sie in der vitalen Welt bewußt (mit vielen Zwischenstadien, aber das war der Vorgang, wenn wir Untersuchungen anstellen wollten). Vom Vital gingen wir ins Mental (verließen den vitalen Körper bewußt, ließen ihn bewußt zurück – man konnte ihn sehen). Dann verließen wir den mentalen Körper und kamen ... Sie benutzte andere Worte, eine andere Klassifizierung, an die ich mich nicht mehr erinnere, aber die Erfahrung ist identisch. So verließ sie ihren Körper der Reihe nach zwölfmal – zwölf Körper, einen nach dem anderen. Sie verließ einen Körper und betrat das Bewußtsein der nächsten Ebene, auf der sie sich befand (sie war äußerst gut „geformt", das heißt individualisiert und organisiert), dort erlebte sie die Umgebung und alles, was sich dort befand, und sie konnte es beschreiben – und das zwölfmal hintereinander.

Ich tat dasselbe. Es gelang mir sogar mit viel Geschicklichkeit: ich konnte auf jeder beliebigen Ebene stehenbleiben, tun, was ich dort zu tun hatte, umhergehen, sehen, untersuchen, und berichten, notieren, was ich sah. Als letztes erreichte ich das Stadium kurz vor dem Formlosen (Theons Terminologie glich der jüdischen: das Höchste ohne Form, er nannte es das „Formlose"). Von dort gelangt man ins Formlose, das heißt es gibt keinen Körper mehr, aus dem man sich exteriorisieren könnte: man steht außerhalb aller Formen, sogar aller Gedankenformen – das Ende aller möglichen Formen. Das nannte Theon „den Pathetismus" [ein von Theon erfundenes Wort, das sich ungefähr mit „das Erhabene" übersetzen ließe] – ein sehr barbarisches Wort, aber sehr aussagekräftig. In diesem Bereich erlebt man die vollkommene Einheit – die Einheit in etwas wie die Essenz der Liebe. Die Manifestation der Liebe war ... er sagte immer „dichter" (es gibt viele verschiedene Dichtigkeiten, und die Liebe ist ein dichterer Ausdruck von Dem). Dort herrscht das Gefühl der vollkommenen Einheit – die vollkommene Einheit, Einigkeit – und Das besitzt keinerlei Formen mehr, die den niedrigeren Welten entsprächen. Das ist ein Licht! Ein beinahe vollkommen weißes Licht, aber leicht getönt mit etwas Rosa-Goldenem (die Worte sind schwerfällig). Dieses Licht und diese Erfahrung ist wahrhaft wunderbar – nicht mit Worten zu beschreiben.

Theon sagte, man dürfe nicht über diese Schwelle gehen, weil man nicht mehr zurückfände, aber nachdem ich dort war, wollte ich auf die andere Seite treten, und dort befand ich mich völlig überwältigend und unerwartet in der Gegenwart dessen, was man als das „Prinzip" bezeichnen könnte, das Prinzip der menschlichen Form: es gleicht der Menschengestalt nicht, insofern als es keine der uns gewohnten Merkmale trug, aber es war eine aufrechte Form, gerade an der Grenze zwischen der Welt der Formen und dem Formlosen, es war wie ein Modell. [Mit „Modell" meint Mutter eine Art Archetypus oder Prototyp.] Zu dem Zeitpunkt hatte ich noch nie davon gehört und Madame Theon hatte es nie gesehen – niemand hatte es zuvor gesehen und davon berichtet. Aber ich fühlte, daß ich einem Geheimnis auf der Spur war.

Als ich dann Sri Aurobindo kennenlernte, erzählte ich ihm davon, und er meinte: „Das ist sicherlich der Prototyp der supramentalen Form." Dies wurde bestätigt, denn später sah ich es noch mehrere Male.

Aber du verstehst, wenn man die Grenze einmal überquert hat, gibt es keinen „Aufstieg" und „Abstieg" mehr. Nur zu Beginn, wenn man das irdische Bewußtsein verläßt, bis zum höheren Mental, hat man das Gefühl aufzusteigen. Sobald man das hinter sich läßt, gibt es diesen Begriff des Aufstiegs nicht mehr: dann sind es innere Transformationen.

Von dort kam ich wieder herab und nahm meine Körper der Reihe nach wieder an – man spürt wirklich die Reibung beim Wiedereintritt in den Körper.

Während man ganz oben ist, befindet sich der Körper in kataleptischer Trance.

Diese Erfahrung hatte ich ungefähr 1904 (ich glaube, es war in diesem Jahr). Als ich hierher kam, war all das folglich eine bereits vollendete Arbeit und bekanntes Gebiet, und als es darum ging, das Supramental zu finden, brauchte ich nur meine Erfahrung zu wiederholen: ich war es gewohnt, ich hatte gelernt, es willentlich durch aufeinanderfolgende Exteriorisationen zu tun. Es war ein willentlicher Vorgang.[43]

Mutters Leben in Tlemcen war sehr interessant, und Theon und Madame Theon lehrten sie vieles.

> Theon lehrte mich auch einen Blitz abzulenken ... Oh *(lachend)* er hatte eine ungeheure Kraft. Theon hatte ein ungeheure Kraft ... An einem stürmischen Tag (dort gab es schreckliche Gewitter), stieg er auf die oberste Terrasse, über dem Wohnzimmer. Ich sagte ihm: „Das ist nicht gerade der beste Moment, um da hinaus zu gehen!" Er lachte und antwortete: „Kommen Sie, haben Sie keine Angst." Ich ging mit ihm. Oben fing er an, Beschwörungen auszusprechen, und ich sah ganz deutlich einen Blitzstrahl auf uns zukommen, der dann UNTERWEGS abwich. Man würde meinen, das ist unmöglich, aber ich sah es mit eigenen Augen. Er schlug in einen Baum weiter weg ein. Ich fragte Theon: „Haben Sie das getan?" Er nickte.
> Ach, dieser Mann war schrecklich – er hatte eine schreckliche Kraft. Aber eine recht gute äußere Erscheinung![44]

Theon und Madame Theon sprachen von „neuen Himmeln und einer neuen Erde", ein Satz, den sie dem neuen Testament entnommen hatten. Er enthält auch das Ideal, von dem der Veda spricht. Die Frage hatte darin bestanden, wie dieses Ideal zu verwirklichen sei, und das wurde durch verschiedene Experimente im Bewußtsein studiert. Eine Vision, die Mutter in diesem Zusammenhang hatte, und die sie in Theons *Cosmic Review* 1906 beschrieb, gibt uns die Tiefe ihrer Erfahrung wieder. Über diese Vision sagt sie:

> Ich hatte die Erfahrung, in gewisser Weise „entsandt" zu werden, und zwar in einer Form von Liebe verbunden mit Bewußtsein – die Göttliche Liebe in ihrer höchsten Reinheit, das Göttliche Bewußtsein in seiner höchsten Reinheit –, DIREKT entsandt, ohne durch all die Zwischenstadien zu gehen: direkt in die tiefsten Tiefen des Unbewußten. Dort hatte ich den Eindruck, ein symbolisches Wesen in einem tiefen Schlaf zu sein oder besser gesagt, ihm zu begegnen, und ... man könnte sagen, es war so sehr ver-

schleiert, daß es fast unsichtbar war. Durch die Begegnung zerriß der Schleier gleichsam, und ohne daß es erwachte, begann sich eine Art Strahlung auszubreiten ... Ich sehe meine Vision noch.[45]

In seinem Buch *Die Tradition* erzählt Theon seine Geschichte der Schöpfung, die den Prozeß von Involution und Evolution des Bewußtseins zu erklären versuchte: den Ursprung des Unbewußten und den Prozeß des Hinabstiegs des göttlichen Wesens in das Unbewußte. Wie Mutter erklärte, formulierte Theon die ganze Geschichte auf biblische Art mit psychologischem Wissen, gekleidet in Symbole und Formen.

In Theons Geschichte verlief das so: Zuerst gibt es die Universelle Mutter, und sie ist mit der Schöpfung beauftragt (er nannte sie nicht universelle Mutter, das ist Sri Aurobindos Begriff). Zur Schöpfung erzeugt sie vier Emanationen: das Bewußtsein oder Licht, das Leben, die Liebe oder Glückseligkeit und ... *(Mutter sucht vergeblich)* ... Ich glaube, heute leide ich an Gedächtnisschwund! In Indien ist nur von dreien die Rede: Sat-Chit-Ananda (Sat ist Sein, das sich durch das Leben ausdrückt, Chit ist Bewußtsein, das sich durch Macht ausdrückt, und Ananda ist Wonne oder Glückseligkeit, gleichbedeutend mit Liebe). Aber nach Theon gab es vier (ich kannte sie auswendig). Theon erzählte das in einer auch für Nicht-Philosophen und kindliche Gemüter verständlichen Form: Diese Emanationen wurden sich ihrer Macht bewußt und lösten sich von ihrem Ursprung, das heißt anstatt gänzlich dem Höchsten Willen untergeben zu sein und nur die Höchste Wahrheit auszudrücken ... (Ach, die Vierte war die Wahrheit!) Anstatt nur nach dem Höchsten Willen zu handeln, bekamen sie sozusagen das Gefühl ihrer persönlichen Macht (sie waren wie Persönlichkeiten: universelle Persönlichkeiten, die jeweils eine Seinsweise darstellten), und anstatt verbunden zu bleiben, trennten sie sich – handelten eigenmächtig, um es noch verständlicher auszudrücken. Da wurde das Licht natürlich zur Dunkelheit, das Leben wurde Tod, die Glückseligkeit wurde Leiden, und die Wahrheit wurde Lüge. Dies sind die vier großen Asuras: der Asura der Unbewußtheit, der Asura der Lüge, der Asura des Leidens und der Asura des Todes.

Nachdem all dies passierte, wandte sich das Göttliche Bewußtsein an den Höchsten und sagte ihm *(Mutter lacht belustigt)*: „Sieh, was passiert ist! Was nun?" Da kam vom Göttlichen eine Emanation der Liebe (in der ursprünglichen Emanation war es nicht die Liebe, sondern das Ananda: die Glückseligkeit, die Freude am Sein, die zum Leiden wurde). Aus dem Höchsten ging die Liebe hervor und drang in diesen Bereich des Unbewußten, der aus der Schöpfung der Erstentsandten resultierte – Bewußtsein und Licht, die zu Unbewußtheit und Dunkelheit geworden waren. Die Liebe ging direkt vom Höchsten dorthinein, das heißt Er erzeugte eine neue Emanation, und zwar ohne durch die dazwischenliegenden Welten zu gehen. (Denn in der Geschichte hatte die universelle Mutter zunächst alle die Götter geschaffen, die diesmal die Verbindung mit dem Höchsten bewahrten, als sie hinabstiegen und die alle die anderen Wesen schufen, um diesem Sturz entgegenzuwirken – das ist die alte Geschichte vom „Sturz", dem Sturz in die Unbewußtheit. Aber das genügt nicht). Gleichzeitig mit der Schöpfung der Götter ging also diese direkte Herabkunft der Liebe unmittelbar in die Materie, ohne durch all die dazwischenliegenden Welten zu gehen. So lautet die Geschichte. Das ist die Geschichte der Herabkunft[46]

In Tlemcen stürmte Mutter wie ein Zyklon durch eine Vielzahl von Erfahrungen. Unter diesen Erfahrungen hatte sie auch die Erfahrung des Todes. Was ist Leben? Was ist Tod? Sind sie einander entgegengestellt? Oder ist Tod ein Prozeß des Lebens? Gibt es etwas wie Oberleben, in dem Leben und Tod, so wie wir sie verstehen, überschritten werden? Diese und ähnliche Fragen sind im wesentlichen der Kern des Werkes, für das sich die Mutter vorbereitete.

Einmal entdeckte Mutter während ihrer Arbeit in Trance den Ort des „Mantras des Lebens" – das Mantra, das die Kraft hat Leben zu schaffen (und es gleichzeitig zu entziehen). Während ihrer Trancen war sie fähig etwas über ihre Erfahrungen zu berichten; so verlangte Theon von Mutter bei dieser Gelegenheit ihm dieses Mantra zu wiederholen. Mutter lehnte ab, da es ihr innerlich angezeigt wurde, daß es nur für sie gemeint sei und Theon nicht übermittelt werden sollte. Theon wurde fuchsteufelswild und das Verbindungsglied, das Mutter mit ihrem Körper verband, wurde durchtrennt. Als er merkte, welche Katastrophe sein Ärger hervorgerufen hatte, wurde Theon sehr ängstlich (denn er wußte, wer Mutter war) und machte Gebrauch von all seiner Macht, und mit Mutters aktiver Hilfe von oben wurde das Wiedereintreten in ihren Körper bewirkt.

Mutter berichtete über ihre Erfahrung wie folgt:

Mein Körper war in einem kataleptischen Zustand, und ich war in einer bewußten Trance ... aber es war ein besonderer kataleptischer Zustand in der Hinsicht, daß mein Körper sprach: ich konnte sprechen (sehr langsam, aber ich sprach. Theon hatte es mir beigebracht). Das ist so, weil das Leben der Form bestehen bleibt – dieses „Leben der Form" ist der Teil, der den Körper erst nach sieben Tagen verläßt. Wenn man das Leben der Form trainiert, ist es sogar fähig, den Körper zu bewegen, das heißt, das Wesen ist nicht mehr da, aber das Leben der Form kann den Körper bewegen (kann ihn jedenfalls Worte sprechen lassen). Nun, aus irgendeinem Grund – ich erinnere mich nicht mehr, aber es war offensichtlich eine Nachlässigkeit Theons, denn Theon war da, um zu wachen: dieser Zustand ist nicht ganz ungefährlich, und der Beweis ist, während ich arbeitete, wurde das Band (ich weiß nicht, wie ich es nennen soll), das Bindeglied, pfft! abgetrennt durch einen bösen Willen.[47] Als ich dann zurückkehren wollte, als es Zeit war zurückzukehren, konnte ich nicht mehr eintreten. Aber ich konnte ihn warnen – ich warnte ihn: „Das Band ist gerissen." Da setzte er seine Macht und seine Kenntnis ein, um mich zurückkehren zu lassen – aber das war kein Vergnügen! Es war sehr schwierig.

Bei dieser Gelegenheit konnte ich die Erfahrung der zwei verschiedenen Zustände machen, denn der Teil der herausgegangen war, war jetzt ohne die Unterstützung des Körpers: die Verbindung war gebrochen. So wußte ich es. Ich war natürlich in einem besonderen Zustand, denn ich verrichtete gerade bei vollem Bewußtsein mit all der vitalen Kraft eine Arbeit. Ich beherrschte nicht nur meine Umgebung sondern ... Verstehst du, das ist wie ein Umkehrung des Bewußtseins: man beginnt einer anderen Welt anzugehören. Das fühlt man sehr deutlich. Er sagte mit sofort, ich solle mich konzentrieren. (Mich interessierte das alles – Mutter lacht – denn ich machte Experimente, ich wollte umherwandern! Aber er hatte schreckliche Angst, daß ich durch ihn sterben würde!) Er flehte mich an, mich zu konzentrieren, so konzentrierte ich mich auf meinen Körper.

Als ich zurückkam, tat es furchtbar weh. Furchtbar. Ein schrecklicher scharfer Schmerz, schrecklich, als ob man eine Hölle beträte.[48]

Einige Monate später sprach Mutter wieder über diese obige Erfahrung und sagte:

Jedenfalls führte Theon mich dazu, das „Mantra des Lebens" zu finden – das Mantra, mit dem man Leben geben kann –, und er wollte, daß ich es ihm sage, er wollte es besitzen. Etwas Ungeheures! Dieses Mantra wurde an einem Ort aufbewahrt[49]. Es war das Mantra, das das Leben gibt (es kann jeden wieder leben lassen, aber das ist nur ein kleiner Teil seiner Macht). Es war verschlossen und versiegelt, mit meinem Namen in Sanskrit darauf. Ich kannte das Sanskrit damals nicht, aber er verstand es. Er führte mich zu diesem Ort, und ich sagte ihm: „Da ist eine Art Diagramm, es muß Sanskrit sein" (denn ich wußte, daß die Schriftzeichen so aussahen). Er forderte mich auf zu reproduzieren, was ich sah, und ich tat es. Es war mein Name, Mirra, auf Sanskrit: es war für mich bestimmt, und nur ich konnte es öffnen. All das geschah, während ich mich in einer kataleptischen Trance befand, und er sagte mir: „Öffnen Sie es und sagen Sie mir, was dort geschrieben steht!" Augenblicklich WUSSTE etwas in mir, daß ich es nicht tun durfte, und ich sagte: „Nein." Ich las es ihm nicht vor.

Später, als ich bei Sri Aurobindo war, fand ich es wieder und gab es ihm.

Aber das ist wieder eine andere Geschichte ... [50]

Mutters Erfahrung des Todes durch den heftigen Zorn Theons war bedeutend. Denn Theon war, wie Mutter viel später 1961 erzählte, eine Emanation oder ein „*Vibhuti*" des Asuras des Todes. In der Tat erklärte Mutter:

> Es war keine Wahl, sondern eine Entscheidung des Höchsten, daß ich allen vier Asuras begegnete. Den ersten nennen die Religionen Satan (der Asura des Bewußtseins): er bekehrte sich und arbeitet noch immer. Der zweite (der Asura des Leidens) löste sich im Höchsten auf. Der dritte war der Herr des Todes (das war Theon). Der vierte, der Meister der Welt, war der Herr der Falschheit, und Richard war eine Emanation von ihm (was in Indien *vibhuti*[51] genannt wird).
>
> Theon war der Vibhuti des Herrn des Todes.
>
> Das ist eine erstaunliche Geschichte, weißt du, eines Tages kann man sie vielleicht erzählen ... wenn es keine Asuras mehr gibt. Dann kann man darüber sprechen.[52]

Als Teil von Mutters Arbeit an der Transformation mußte sie in enge Beziehung mit jedem dieser Gegner kommen und versuchen, sie zu bekehren.

Mutters Treffen mit Theon war Teil ihres Kampfes mit einem der gewaltigsten Probleme, die die Welt betreffen. Sogar nach ihrer Rückkehr von Algerien fuhr sie fort, sich Theons „kosmischer Revue" zu widmen. Fünf Jahre in der Tat. Sie übersetzte sogar die Erfahrungen, die Madame Theon, während sie in Trance war, ihrer englischen Sekretärin diktiert hatte. Schließlich sollte Theon eines Tages so mysteriös verschwinden, wie er erschienen war, ohne eine Spur zu hinterlassen. Madame Theon wurde auf den Felsen zerschmettert auf der Insel Wight, während sie in Trance den Kliffs entlang wanderte. Vielleicht hatte sie realisiert, daß Theon nicht die „neue Welt" herabbringen würde, von der er gesprochen hatte, und sie hatte keinen Grund mehr zu leben.

Durch ihren Tod verlor Theon seine Basis, und es gibt keine Aufzeichnung darüber, was nachher mit ihm geschah. Später sagte Sri Aurobindo über Theon: „Er wußte, daß er nicht dazu bestimmt war, Erfolg zu haben, sondern nur gekommen war, um den Weg bis zu einem gewissen Ausmaß vorzubereiten.[53]

* * *

In ihrer Kindheit und Jugend hatte Mutter Bewußtsein durch innere Erfahrungen entwickelt. Sie entdeckte, wie sie mit Pflanzen und Tieren verkehren konnte; sie hatte die großen farbigen Wellen gefunden, die schöpferischen Schwingungen, den Ton von oben; sie hatte viel Klavier gespielt und malte. Sie kannte die Bewußtseinsebenen, verließ ihren Körper, ging überall herum. Sie bewegte sich sogar recht leicht auf der Ebene der höheren Mathematik. Dann erlangte sie mit Theons Hilfe ein Wissen, das ihre inneren Erfahrungen erklären konnte und lernte einen großen Bereich des Okkultismus. Sie kam in Kontakt mit großen Künstlern und Denkern wie Rouault, Rodin, Matisse, Anatole France. Sie hatte viele Bücher gelesen, – tatsächlich ganze Bibliotheken. Aber sie hatte bis jetzt weder die „mentale" Gymnastik der Metaphysik kennengelernt, noch vergleichende religionswissenschaftliche Studien und Systeme von Recht und Soziologie erkundet. Und wenn Mutter mit Theon den Tod berührt hatte, berührte sie mit Paul Richard die Welt der Falschheit. 1908 traf Mutter Paul Richard in Montmorency im Haus der Schwestern des Künstlers Henri Morisset (den sie 1897 geheiratet hatte). Diesen

2. Mutter

Schwestern hatte sie ihren Sohn André anvertraut, der 1898 geboren worden war. 1908 wurde sie von Henri Morisset geschieden.

Paul Richard war Theologe und Philosoph. Er war auch Rechtsanwalt und ein hervorragender Redner. In Mutters Worten:

> Ungefähr zehn Jahre lang war er Pastor in Lille, in Frankreich, gewesen – war lange praktizierender Christ –, aber all das ließ er hinter sich, sobald er den Okkultismus zu studieren begann. Zuerst hatte er für die Prüfungen, um Pastor zu werden, theologische Philosophie und alle modernen europäischen Philosophien studiert (er hatte einen ziemlich bemerkenswerten Kopf für Metaphysik). Dann begegnete ich ihm in Zusammenhang mit Theon und der Revue Cosmique, und ich war es, die ihn mit dem okkulten Wissen vertraut machte. Danach passierten etliche uninteressante Geschichten ... Während wir uns kannten, wurde er Rechtsanwalt (ich lernte die Rechtswissenschaften mit ihm – ich hätte die Prüfung bestehen können!). Dann kamen die Geschichten mit der Scheidung: er ließ sich von seiner Frau scheiden und er wollte das Fürsorgerecht für seine drei Kinder bekommen, deshalb brauchte er einen geregelten legalen Ehestand und fragte mich, ob wir heiraten könnten. Ich willigte ein. Alle diese Angelegenheiten waren mir immer vollkommen gleichgültig. Aber als ich ihm begegnete, wußte ich, wer er war, und beschloß, ihn zu bekehren – so kam es. Darum geht es in dieser ganzen Geschichte.
>
> Die Bücher, die er verfaßte (vor allem das erste *L'Ether Vivant* – „Der Lebende Äther"), bestanden im wesentlichen aus meinem Wissen, das er in gutes Französisch setzte (wirklich sehr schönes Französisch, muß ich sagen). Ich erklärte ihm meine Erfahrungen, und er schrieb sie auf. Danach verfaßte er *Les Dieux* [„Die Götter"] – es war unvollständig: es beschrieb nur einen Aspekt. Dann wurde er Rechtsanwalt und beschäftigte sich mit Politik (er war ein erstklassiger Redner, der sein Publikum begeistern konnte), und so entsandte man ihn hierher, nach Indien, um einem bestimmten Mann im Wahlkampf zu helfen[54], der es alleine nicht schaffte. Weil er sich für Okkultismus und Spiritualität interessierte, benutzte er die Gelegenheit, um hier zu suchen – er suchte einen „Meister", einen Yogin. Sobald er hier ankam, sagte er als erstes, anstatt sich um seine Politik zu kümmern: „Ich suche einen Yogin." Da antwortete man ihm: „Sie haben unglaubliches Glück (!), denn der Yogin ist gerade eingetroffen." Sri Aurobindo war

gerade in Pondicherry angekommen. Sie fragten Sri Aurobindo: „Hier ist ein Franzose, der Sie besuchen will..." Sri Aurobindo war nicht gerade begeistert, aber die zeitliche Übereinstimmung erweckte sein Interesse, und er empfing ihn. Das war 1910.

Als Richard seine politische Aufgabe abgeschlossen hatte, kehrte er mit einem schlechten Foto von Sri Aurobindo und einem sehr oberflächlichen Eindruck nach Frankreich zurück, aber er spürte dennoch, daß Sri Aurobindo WUSSTE (den Menschen Sri Aurobindo verstand er überhaupt nicht, er merkte nicht, daß er ein Avatar ist, aber er spürte, daß Sri Aurobindo das Wissen besaß). Ich glaube auch, daß er diese Meinung beibehielt, denn er sagte immer, Sri Aurobindo wäre ein einzigartiger intellektueller Riese, hätte aber spirituell keine besonderen Erkenntnisse erlangt! Irgend so eine Dummheit (dieselbe Dummheit wie Romain Rolland). Verstehst du, meine Beziehung mit ihm lag auf einer okkulten Ebene, die schwer zu erfassen ist. Jedenfalls geschahen dort viel aufregendere Dinge als in allen Romanen, die man sich vorstellen kann.[55]

Diese zehn Jahre, von 1910 bis 1920, waren für Mutter eine Zeit intensiver mentaler Studien. Das bedeutete eine mentale Entwicklung in ihrem ganzen Umfang: Das Studium aller Philosophien, das Jonglieren all dieser Ideen bis ins kleinste Detail – in Systeme eintreten und sie verstehen. Sie vertiefte sich mit ganzem Herzen in Philosophie, so wie zuvor in Malerei, Musik, Okkultismus oder die Wahrheit der Existenz. Sie kam zu der Erkenntnis, daß alle Ideen wahr waren, daß eine Synthese gemacht werden mußte, und daß etwas Leuchtendes und Wahres ÜBER DIESE SYNTHESE HINAUS BESTEHT.

Mutter unternahm auch eine systematische und detaillierte Studie der vergleichenden Religionsgeschichte. Aber ihre Studie beschränkte sich nicht auf Religion; politische und soziale Systeme wurden im Detail überprüft, Philosophie jeder Farbe, Übungen und Disziplinen jeder Spiritualität – mit anderen Worten, die höheren Stufen des Verstandes. Fast jeden Abend empfing sie Madame David-Neel zuhause, die gerade von ihrer ersten Reise in den Fernen Osten zurückgekehrt war. Mutter hörte von Bahaismus, Taoismus, studierte die Disziplinen der Meditation, buddhistisches *dhyana*, buddhistische Entsagung. Aber sie suchte nach etwas anderem. In Tlemcen hatte sie eine Welt von völlig anderem höherem Bewußtsein gesehen, eine Welt, die Sri Aurobindo „supramental" nennen wird. Ihre Frage war, ob man diese

2. Mutter

Welt herabbringen konnte, und wenn ja, wie man sie in die Materie eindringen lassen konnte.

1911 begann Mutter ein Tagebuch[56] zu führen, um ihre Erfahrungen niederzuschreiben, ihre Hoffnungen und ihre Gebete für die Zukunft – sie schien nur an die Zukunft zu denken.

Mutter versammelte mehrere Gruppen während dieser Zeit (eine von ihnen war *idea* benannt). Sie versuchte diesen Gruppen ihre erste Vision der Zukunft zu übermitteln. Sie sagte, das allgemeine Ziel sei, die Ankunft der universalen Harmonie, die Verwirklichung menschlicher Einheit und das Errichten einer idealen Gesellschaft an einem Platz herbeizuführen, der das Erblühen der neuen Rasse begünstige, die Erde in Kontakt zu bringen mit einer oder mehreren Quellen der universalen Kraft, die ihr noch versiegelt seien. Das war 1912.

Auf ihrer Reise hatte Mutter den Punkt erreicht, wo die mentale Herrschaft der Intelligenz durch die supramentale Leitung des Bewußtseins ersetzt werden mußte. Sie wurde sich intensiv der Bewegung der irdischen Transformation bewußt.

Früher hatte sie schon die Erfahrung von, wie es in dem Veda heißt, Agni (Feuer), mitten in der Behausung des Menschen. Sri Aurobindo wird es psychisches Wesen nennen, das Unsterbliche im Sterblichen, das ewig reine Feuer, das in der tiefen Höhle des Herzens brennt. Wie Mutter sagt: „Ich dachte an nichts anderes – diese Konzentration, als säße man vor einer verschlossenen Tür, und der Druck schmerzt, schmerzt physisch!" Sie trug es mit sich bei ihren Wanderungen, ging den Boulevard St. Michel damit rauf und runter, wurde fast von einer Straßenbahn überfahren auf dem Weg zum Jardin du Luxembourg – hörte nichts, sah nichts. Sie drückte und drückte gegen die „bronzene Tür" des Oberflächenwesens, immer stärker und mit wachsender Energie.

> Und dann plötzlich, ohne offensichtlichen Grund – ich war weder mehr konzentriert noch weniger – vloom! öffnete es sich! Und dann ... es hielt nicht Stunden, sondern Monate an, mein Kind, es sollte mich nie mehr verlassen: dieses Licht, dieses Strahlen, dieses Leuchten und diese Weite! Und das Gefühl, daß es Das ist, was will, was weiß, was das ganze Leben leitet, was alles führt – das verließ mich nie mehr. Nicht für eine einzige Minute von diesem Augenblick an. Und wann immer ich eine Entscheidung zu treffen hatte, würde ich immer eine Minute anhalten und eine Antwort von dort erhalten.

Eine totale Umkehr. Und dies kehrte niemals in die alte Stellung zurück ... Das Gefühl eine andere Person zu werden.

Aber das war erst ein Teil der Reise. Für sie war der Sieg in der inneren Welt nicht genug; sie arbeitete auch für den Triumpf in den materiellsten Welten. Ohne Sri Aurobindo oder seine Lehre zu kennen, war sie schon zu derselben Aspiration und Vision gekommen, die sie bald bei ihm finden sollte.

Laßt uns hier einige ihrer Gebete und Meditationen niederschreiben, die uns Einblicke in die Tiefe, Weite und Höhe ihrer Erfahrung geben, bevor Mutter Sri Aurobindo traf.

2. November 1912

Auch wenn Dir grundsätzlich mein ganzes Wesen gewidmet ist, o Höchster Meister, Du der Du Leben, Licht und Liebe aller Dinge bist, finde ich es noch schwer diese Weihung im Einzelnen zu vollziehen. Es dauerte mehrere Wochen bis ich erkannte, daß der Sinn und die Berechtigung dieser geschriebenen Meditationen, darin liegt, sie täglich an Dich zu richten. Auf diese Weise werde ich jeden Tag etwas von dem mit Dir so oft geführten Gespräch in materielle Form bringen; ich werde Dir mein Geständnis so gut es geht machen; nicht, weil ich denke, daß ich Dich etwas lehren könnte – denn Du selbst bist alles, sondern da Dir unser künstlicher und äußerlicher Weg des Sehens und Verstehens, wenn ich so sagen darf, fremd und deiner Natur entgegengesetzt ist. Dennoch, indem ich mich Dir zuwende, indem ich in diesem Augenblick, wenn ich diese Dinge erwäge, in Dein Licht tauche, werde ich sie allmählich so sehen, wie sie wirklich sind – bis zu dem Tag, an dem ich mit Dir durch Identität eins geworden bin, und nichts mehr zu Dir zu sagen habe, da ich Du geworden bin. Das ist das Ziel, das ich erreichen möchte; auf diesen Sieg werden sich alle meine Anstrengungen mehr und mehr richten. Ich sehne mich nach dem Tag, an dem ich nicht mehr „Ich" sagen kann, da ich Du bin. Wie oft handle ich am Tag, ohne daß mein Handeln Dir gewidmet ist; ich bemerke es sofort durch ein unerklärliches Unbehagen, das sich durch Beklemmung in meinem Körper ausdrückt und durch einen Schmerz in meinem Herzen. Dann objektiviere ich meine Handlung und sie scheint lächerlich, kindisch und schmählich; ich bedaure sie, einen Augenblick lang bin ich traurig, bis ich in Dich eintauche, mich dort mit dem Vertrauen eines Kindes verliere, von Dir Inspiration und Kraft erwarte, die nötig sind, den Irrtum in mir und um mich zu berichtigen, – zwei Dinge, die eins sind; denn ich habe jetzt eine beständige und genaue Wahrnehmung der universalen Einheit, eine absolute Wechselbeziehung aller Handlungen bestimmend. [57]

19. November 1912

Gestern sagte ich zu dem jungen Engländer, der Dich mit so aufrichtiger Sehnsucht sucht, daß ich dich endgültig gefunden hätte, daß die Verbindung beständig sei. Das ist tatsächlich der mir bewußte Zustand. Alle meine Gedanken richten sich auf Dich, alle meine Handlungen sind dir geweiht; Deine Gegenwart ist für mich eine absolute, unverrückbare und unveränderliche Tatsache, und Dein Friede wohnt ständig in meinem Herzen. Dennoch weiß ich, daß dieser Zustand der Vereinigung arm und unsicher ist, im Vergleich zu dem, der mir morgen zu realisieren möglich ist, und daß ich noch so weit entfernt bin, zweifellos sehr weit entfernt, von der Einswerdung, in der ich ganz den Begriff des „Ichs" verlieren werde, von diesem „Ich", das ich noch anwende, um mich auszudrücken, aber das jedes Mal eine Verlegenheit ist, wie ein Ausdruck, der ungeeignet ist, den Gedanken auszudrücken, der nach Ausdruck sucht … [58]

25. November 1913

Der größte Feind einer stillen Dir zugewandten Kontemplation ist sicherlich diese ständige unterbewußte Aufzeichnung der Vielzahl von Phänomenen, mit denen wir in Kontakt kommen. So lange wir verstandesmäßig aktiv sind, verschleiert unser bewußter Gedanke für uns diese Überaktivität unserer unbewußten Aufnahmefähigkeit; ein ganzer Teil unserer Sensibilität und vielleicht nicht der kleinste, handelt wie eine Filmkamera ohne unser Wissen und tatsächlich zu unserem Schaden. Nur wenn wir unseren aktiven Gedanken zum Schweigen bringen, was relativ leicht ist, können wir diese Vielzahl von kleinen, unterbewußten Wahrnehmungen sehen, die von allen Seiten auftauchen und uns nachher durch ihre überströmende Flut ertränken …

Was ist das Heilmittel? Auf ihre übereinfache Weise empfehlen einige asketische Disziplinen Einsamkeit und Untätigkeit: das

Unbewußte vor jeder Möglichkeit irgendeiner Aufzeichnung zu schützen, erscheint mir ein kindisches Heilmittel, denn es liefert den Asketen dem ersten Überraschungsangriff aus; und wenn er eines Tages, darauf vertrauend sich vollkommen zu meistern, wünscht, zu seinen Mitmenschen zurückzukehren, um ihnen zu helfen, wird sein Unbewußtes, so lange seiner Aktivität der Aufnahme beraubt, sich sicherlich darin völlig aufgeben mit größerer Intensität als je zuvor, sobald es die kleinste Gelegenheit dazu bekommt.

Sicherlich gibt es ein anderes Heilmittel. Welches? Zweifellos müssen wir lernen unser Unbewußtes zu kontrollieren wie unser bewußtes Denken. Es gibt eine Vielzahl von Mitteln dort hin zu gelangen. Eine regelmäßige Innenschau auf buddhistische Weise und eine systematische Analyse seiner Träume – fast immer gebildet durch diese unbewußte Registration – bilden Teil dieser zu entdeckenden Methode. Aber da gibt es gewiß etwas schneller Wirksames....

O Herr, ewiger Meister, Du selbst wirst der Lehrer, der Begeisternde sein; Du, der mich lehren wird, was zu tun ist; so daß ich nach einer unerläßlichen Anwendung auf meinen eigenen Fall, andere von dem profitieren lasse, was Du mich gelehrt hast ... [59]

8. Januar 1914

Laßt uns die Wege vermeiden, die zu leicht und mühelos sind, diese Pfade, die in uns die Illusion erwecken, angelangt zu sein; laßt uns die Nachlässigkeit vermeiden, die die Tür zu jedem Niederfall öffnet; laßt uns die selbstzufriedene Selbstbewunderung meiden, die zu jedem Abgrund führt.

Wir müssen lernen, daß, was immer unsere Anstrengungen, was immer unsere Kämpfe, was immer unsere Siege sind, der schon zurückgelegte Weg nichts ist im Vergleich zu dem, der noch vor uns liegt, und daß alles gleich ist – winzige Staubkörnchen oder die identischen Sterne – im Angesicht der Ewigkeit.

Aber Du bist der Überwinder aller Hindernisse, das Licht, das Unwissenheit erhellt, die Liebe, die allen Stolz überwindet. Und kein Irrtum kann vor Dir bestehen.

2. Mutter

22. Februar 1914

Viele Male tagsüber und nachts scheint es mir, daß ich – oder vielmehr mein Bewußtsein – völlig gesammelt in meinem Herzen bin, daß es kein Organ mehr gibt, nicht einmal ein Gefühl, sondern unpersönliche, ewige göttliche Liebe; diese Liebe seiend, fühle ich wie ich im Zentrum von allem auf der ganzen Erde lebe, und gleichzeitig scheine ich unermeßliche, unendliche Arme auszubreiten und mit grenzenloser Zärtlichkeit alle Wesen zu umarmen, die sich auf meiner Brust scharen, zusammendrängen und kuscheln, die weiter ist als das Weltall ... Worte sind arm und ungeschickt, o göttlicher Meister, mentale Übersetzungen sind immer kindisch ... Aber meine Sehnsucht nach dir ist beständig und, um die Wahrheit zu sagen, bist es oft Du und Du allein, der in diesem Körper lebt, einem unvollkommenen Mittel Dich zu offenbaren.

Mögen alle Wesen glücklich sein im Frieden Deiner Erleuchtung![60]

In einem anderen Zusammenhang gab Mutter folgenden Bericht über ihr Leben von der frühen Kindheit bis zu dem Zeitpunkt, als sie zu Sri Aurobindo kam.

Als ich fünf war (ich muß vorher begonnen haben, aber die Erinnerung ist etwas vage, es gibt nichts Präzises), aber von fünf Jahren an habe ich im Bewußtsein ... keine mentale Erinnerung, aber wie soll ich sagen? Es ist vermerkt, einen Vermerk. Ich begann mit dem Bewußtsein. Ohne überhaupt zu wissen, was es war, wohlverstanden. Die erste Erfahrung war die des Bewußtseins hier *(Geste über dem Kopf)*, ich spürte es dort wie ein Licht und eine Kraft *(dieselbe Geste)*, mit fünf Jahren.

Es war eine sehr angenehme Empfindung: Ich setzte mich auf einen kleinen Stuhl, der eigens für mich angefertigt worden war, ich war ganz allein im Zimmer ... und (ich wußte nicht, was es war, überhaupt nichts, verstandesmäßig null) ich hatte eine SEHR ANGENEHME Empfindung von etwas sehr Starkem und Lichtvollem. Es war dort (über dem Kopf): das Bewußtsein. Der Eindruck war: Das muß ich leben, das muß ich sein – natürlich nicht mit all diesen Worten, aber ... *(Mutter macht eine Bewegung der Aspiration nach oben)* und dann zog ich es herab, denn das bedeutete den wirklichen Seinsgrund für mich.

Das ist meine erste Erinnerung: mit fünf. Es wirkte mehr in ethischem als in intellektuellem Sinn. Aber auch in intellektueller Weise, denn zum Beispiel ... Äußerlich war ich ein Kind wie alle anderen, außer daß ich, wie es schien, schwierig war – schwierig, das heißt: nicht interessiert am Essen, nicht interessiert an gewöhnlichen Spielen. Ich wollte nicht zu Freunden gehen, um zu naschen, denn ich war ganz und gar nicht daran interessiert, Kuchen zu essen. Es war unmöglich, mich zu bestrafen, denn es war mir völlig egal: Wenn man mir den Nachtisch versagte, war es eher eine Erleichterung. Aber ich lehnte es völlig ab, Lesen zu lernen, ich weigerte mich zu lernen. Auch was das Waschen angeht, denn ich war in den Händen einer Engländerin. Sie wollte mir kalte Bäder geben, die mein Bruder akzeptierte, aber ich schrie! Später erwies es sich – denn der Arzt sagte es –, daß es nicht gut für mich sei, aber das war viel später. So sah es also aus.

Aber wenn mit Verwandten, mit Kameraden, mit Freunden Schwierigkeiten auftraten und ich all die Gemeinheit oder den bösen Willen fühlte – vielerlei mißliche Dinge, die hervortraten –, so war ich recht empfindlich, hauptsächlich weil ich instinktiv ein Ideal von Schönheit und Harmonie in mir trug, das von all den Dingen des Lebens erschüttert wurde. Wenn ich dann Kummer hatte, hütete ich mich wohl, über irgend etwas zu meiner Mutter oder meinem Vater zu sprechen, denn meinem Vater war es völlig egal und meine Mutter schalt mich – das war immer das erste, was sie tat. So ging ich in mein Zimmer und setzte mich auf meinen kleinen Stuhl. Dort konzentrierte ich mich und versuchte zu verstehen – auf meine Art. Ich erinnere mich, daß nach einigen wahrscheinlich unfruchtbaren Versuchen das Ergebnis folgendermaßen war. Ich sprach oft zu mir selbst (ich weiß nicht wie und warum, aber ich sprach immer zu mir selbst, wie ich zu anderen sprach), und ich sagte mir: „Also gut, du hast Kummer, weil jemand dir etwas wirklich Abscheuliches gesagt hat. Warum bringt dich das zum Weinen? Warum hast du Kummer? Er tat doch etwas Unrechtes, er sollte weinen. Du hast ihm nichts Böses getan ... Hast du ihm etwas Gemeines gesagt? Hast du dich mit ihr geschlagen? oder mit ihm? – Nein, du hast doch nichts getan, oder? Also gut, da du nichts getan hast, mußt du keinen Kummer haben. Nur wenn du etwas Schlechtes getan hättest, müßtest du Kummer haben, aber ..." Das wirkte sehr gut: ich weinte niemals. Mit einer ganz kleinen Bewegung dort innen oder mit diesem

2. Mutter

kleinen Etwas, das sagte: „Du hast nicht Schlechtes getan", gab es keinen Kummer.

Das Gegenstück war auch da: der gleiche „Jemand" war in zunehmendem Maße gegenwärtig, beobachtete mich und sprach zu mir, sobald ich ein Wort zuviel sagte, eine Geste zuviel machte oder einen kleinen falschen Gedanken hatte oder meinen Bruder hänselte oder egal was, beim geringsten Anlaß: „Siehst du, paß auf!" *(Mutter nimmt einen ernsten Tonfall an)*. Zuerst jammerte ich, dann lehrte es mich: „Man soll nicht klagen, sondern in Ordnung bringen, wiedergutmachen." Wenn es wiedergutzumachen war, tat ich es, und fast immer war es wiedergutzumachen – all das im Ausmaß der Intelligenz eines Kindes von fünf bis sieben Jahren.

Folglich war es das Bewußtsein.

Danach folgte die ganze Phase, in der man lernt und sich entwickelt, aber all das auf der gewöhnlichen mentalen Ebene, das heißt die Studien[61]. Aus Neugier wollte ich lesen lernen. Vielleicht habe ich dir schon erzählt, wie es sich ereignete?... Mein Bruder kam von der Schule zurück (ich muß ungefähr sieben oder etwas jünger als sieben gewesen sein – er war anderthalb Jahre älter als ich), er kam mit diesen großen Bildern zurück, die man noch heute benützt (weißt du, Zeichnungen für Kinder, darunter steht etwas Kurzes geschrieben). Er kam zurück und gab mir eins. Ich fragte ihn: „Was ist da geschrieben?" Er antwortete: „Lies doch!" Ich erwiderte: „Kann ich nicht." – „Lern es!" Ich antwortete ihm: „Gut, gib mir die Buchstaben". Er brachte mir ein Buch mit Buchstaben, um das Alphabet zu lernen. In zwei Tagen kannte ich sie, und am dritten Tag begann ich zu lesen. So lernte ich es. „Ach!" sagten sie mir, „das Kind ist zurückgeblieben. Sieben Jahre, und sie kann noch nicht lesen, wie empörend!" Die ganze Familie beklagte sich. Aber es traf sich, daß ich innerhalb von acht Tagen alles wußte, das zu lernen ich sonst Jahre gebraucht hätte – das gab ihnen etwas zum Nachdenken.

Danach die Studien. Ich war immer eine sehr aufgeweckte Schülerin – aus demselben Grund: ich wollte verstehen. Da, wo die anderen auswendig lernten, interessierte es mich nicht – ich wollte verstehen. Und ich hatte ein Gedächtnis! Ein hervorragendes Gedächtnis für Laute und Bilder. Es genügte, daß ich am Abend ein Gedicht laut las: am Morgen wußte ich es noch. Wenn ich ein Buch studierte oder las und man mich danach fragte, sagte ich: „Oh, ja! Das steht auf dieser Seite" – ich fand die Seite wieder. Es war noch nicht verblaßt, es war noch klar. Aber das ist ja auch das normale Lernalter.

Dann fing ich sehr früh an zu malen (um die acht, zehn Jahre herum) – ich setzte meine Studien fort und begann zu malen. Mit zwölf Jahren malte ich bereits Gemälde: Porträts. Ich hatte eine große Wißbegierde und großes Interesse für alle Dinge der Kunst, der Schönheit: aber besonders für Musik, Malerei. In diesem Abschnitt meines Lebens fand eine intensive Entwicklung des Vitals statt, aber eine Entwicklung im selben Sinn wie zu der Zeit, als ich sehr klein war, mit einer Art innerem Lehrer. Alles war ein Studium: Erforschung der Empfindungen, Erforschung der Beobachtungen, Erforschung der Ausführungen, Vergleiche usw. und sogar Erforschung des Geschmacks, des Geruchs, des Gehörs, mit einem ganzen Spektrum von Beobachtungen. Das heißt eine Art Klassifikation der Erfahrungen. Das setzte sich bei allen Ereignissen des Lebens fort, bei allen Erfahrungen, die das Leben geben kann, alles, alles, all die Erfahrungen – Unglück, Freuden, Schwierigkeiten, Leiden, alles, alles – ach, ein breites Feld! Aber immer mit „Dem" darinnen, das beurteilt, entscheidet, einordnet, organisiert und eine Art System einrichtet.

Dann setzte durch die Begegnung mit Theon plötzlich der bewußte Yoga ein, da war ich wohl einundzwanzig. Das bedeutete eine Veränderung der Lebensausrichtung, eine ganze Reihe von Erfahrungen mit interessanten okkulten Ergebnissen der vitalen Entwicklung.

Dann folgte die intensive Entwicklung des Mentals, die vollständigste nur mögliche Entwicklung des Mentals: Studium aller Philosophien, aller Ideenspiele, bis ins geringste Detail – die Systeme durchdringen, sie verstehen. So vergingen zehn Jahre intensiver mentaler Studien, und sie führten mich zu ... Sri Aurobindo.

Ich hatte also diese ganze Vorbereitung. Ich erzähle dir diese Details, um dir zu sagen, daß es mit dem Bewußtsein begann – ich wußte sehr genau, was das Bewußtsein war, sogar bevor ich Worte oder Ideen hatte, es zu erklären –, das Bewußtsein und seine Macht: seine Handlungsmacht, seine Wirkungsmacht. Danach eine detaillierte und gründliche Entwicklung des Vitals, mit sehr detaillierten Studien. Dann die Entwicklung des Mentals bis zu seinen äußersten Grenzen, hoch oben, wo man mit allen Ideen jongliert, das heißt eine mentale Entwicklung, wo man bereits verstanden hat, daß alle Ideen wahr sind und eine Synthese zu machen ist und daß es etwas Leuchtendes und Wahres jenseits der Synthese gibt. Hinter all dem setzte sich das Bewußtsein fort. In diesem Zustand kam ich hier an: mit einer Welt von Erfahrungen und bereits mit der bewußten Vereinigung mit dem Göttlichen oben und innen – all das war bewußt verwirklicht und notiert, als ich zu Sri Aurobindo kam.[62]

3.
Mutter trifft Sri Aurobindo

Am 7. März 1914 segelt Mutter an Bord der Kaga Maru in Richtung Pondicherry.
„Er, den wir gestern sahen, ist auf Erden."
So schrieb Mutter am 29. März 1914 in ihren „Gebeten und Meditationen" über ihre Begegnung mit Sri Aurobindo. „Genau meine Vision" – erzählte sie viel später. Der, den sie seit 1904 in ihrer Vision sah, stimmte genau mit Sri Aurobindo überein. Mit ihren eigenen Worten:

> Dann kam ich hierher ... Etwas in mir verspürte das Verlangen, Sri Aurobindo beim ersten Mal ganz alleine zu treffen. Richard besuchte ihn morgens, und meine Verabredung war für den Nachmittag. Er wohnte in dem Haus, wo jetzt der Schlafsaal ist (der zweite), das frühere Guest House [Rue Francois Martin]. Ich stieg die Treppe hinauf, und er erwartete mich stehend, am oberen Treppenabsatz ... Haargenau meine Vision! In derselben Kleidung, mit derselben Haltung, im Profil, den Kopf erhoben. Er kehrte mir den Kopf zu ... und ich sah in seinen Augen, daß er es war. Die beiden Dinge trafen mit einem Schlag zusammen! *(Geste des plötzlichen Zusammentreffens)* Die innere Erfahrung verband sich augenblicklich mit der äußeren, und sie verschmolzen. Es war der entscheidende Stoß.
>
> Doch das war nur der Anfang meiner Vision gewesen, und erst nach einer Folge von Erfahrungen, einem zehnmonatigen Aufenthalt in Pondicherry, fünf Jahren der Trennung und schließlich der Rückkehr nach Pondicherry und der Wiederbegegnung im selben Haus und auf dieselbe Weise, trat das ENDE meiner Vision ein. In dem Augenblick stand ich dicht neben ihm – mein Kopf war nicht direkt auf seiner Schulter sondern an der Stelle seiner Schulter (ich weiß nicht, wie ich es beschreiben soll), physisch bestand so gut wie kein Kontakt –, wir standen so nebeneinander und schauten durch das offene Fenster, als wir GEMEINSAM spürten: „Jetzt wird die Verwirklichung stattfinden." Die Sache war besiegelt und die

3. Mutter trifft Sri Aurobindo

Verwirklichung würde geschehen. Ich spürte Das wie eine Masse in mich herabkommen: die Gewißheit (dieselbe Gewißheit, die ich in meiner Vision empfunden hatte, fühlte ich an diesem Tag). Von diesem Punkt an brauchten wir keine Worte mehr auszutauschen – wir wußten, es war DAS.[63]

Mutter traf Sri Aurobindo am nächsten Tag (30.3.1914) wieder. Aber diesmal war Richard dort. Mutter berichtete über das Treffen mit folgenden Worten:

> Ich setzte mich dort auf die Veranda; vor ihm stand ein Tisch und ihm gegenüber saß Richard. Sie begannen zu reden. Ich setzte mich zu seinen Füßen, machte mich ganz klein. Der Tisch stand vor mir, auf Stirnhöhe, und gab mir etwas Deckung ... Ich sagte nichts, dachte nichts, versuchte nichts, wollte nichts – setzte mich einfach in seine Nähe. Als ich eine halbe Stunde später aufstand, hatte er Schweigen in meinen Kopf gebracht. Das war alles, ohne daß ich auch nur darum gebeten hätte – vielleicht sogar, ohne daß er es versuchte!
>
> Ich hatte es versucht – oh! Jahrelang hatte ich versucht, das Schweigen im Kopf zu erlangen ... Es war mir nie gelungen. Ich konnte davon Abstand nehmen, aber es lief weiter ... Jetzt waren alle mentalen Konstruktionen, alle mentale, spekulative Organisation, all das war weg – ein großes Loch.
>
> Und ein so friedliches, leuchtendes Loch!
>
> Ich gab große Acht, daß nichts es störe. Ich sprach nicht, vor allem paßte ich sehr auf, nicht zu denken, und drückte das fest, fest an mich – sagte mir: hoffentlich bleibt es, wenn es nur so bliebe, wenn es nur so bliebe, wenn es nur so bliebe ...
>
> Jahrelang, von 1912 bis 1914, hatte ich Übungen über Übungen gemacht, alles nur Mögliche, sogar Pranayama [Atemübungen] – damit es schweige! Daß es wirklich schweige!... Ich konnte es verlassen (verlassen war nicht schwierig), aber innen lief es weiter!
>
> Das dauerte ungefähr eine halbe Stunde. Ich blieb ruhig sitzen – ich hörte die Geräusche ihrer Unterhaltung, hörte aber nicht zu. Und als ich dann aufstand, wußte ich nichts mehr, dachte nichts mehr, besaß keine einzige mentale Konstruktion mehr – alles weg, vollkommen weg, weiß! Als wäre ich gerade geboren worden.[64]

Sich darauf beziehend hatte sie auch folgendes gesagt:

Diese Art Umkehrung des Bewußtseins, von der ich neulich abend sprach, das heißt der erste Kontakt mit dem höheren Göttlichen, hatte ich 1910, und es hat mein Leben völlig verändert.

Von diesem Augenblick an hatte ich das Bewußtsein, daß alles, was wir tun, der Ausdruck des göttlichen Willens in uns ist. Aber es ist der göttliche Wille in unserem ZENTRUM, und eine Zeitlang war eine Tätigkeit des physischen Mentals geblieben. Doch zwei oder drei Tage nachdem ich Sri Aurobindo 1914 zum ersten Mal gesehen hatte, hörte das auf, und es hat nie wieder eingesetzt. Es war das Schweigen. Und das Bewußtsein richtete sich über dem Kopf ein.

In der ersten Erfahrung (1910) festigte sich das Bewußtsein in den psychischen Tiefen des Wesens, und von dort kam das Gefühl, nur noch das zu tun, was das Göttliche wollte – es war das Bewußtsein der Allmächtigkeit des göttlichen Willens, daß es keinen persönlichen Willen mehr gab, aber es blieb noch eine mentale Tätigkeit, und alles mußte schweigen. 1914 kam das Schweigen, und das Bewußtsein festigte sich über dem Kopf. Hier (Herz) und hier (über dem Kopf) besteht immer eine Verbindung.[65]

Es würde sich lohnen durch ihre Aufzeichnungen „Gebete und Meditationen" zu gehen, um eine genaue Vorstellung davon zu bekommen, was Mutter in diesen Tagen der ersten Begegnungen mit Sri Aurobindo fühlte und erfuhr. Wir wollen hier einige dieser Gebete und Meditationen zitieren:

30. März 1914

Wie sehr erkenne ich in der Gegenwart derer, die ganzheitlich Deine Diener sind, derer, die das vollkommene Bewußtsein Deiner Gegenwart erreicht haben, wie weit entfernt, wie sehr weit entfernt ich noch bin, von dem, das ich verwirklichen möchte; und ich weiß, daß das, was ich als das Höchste, Nobelste und Reinste wahrnehme, noch dunkel und unwissend ist im Vergleich zu dem, was ich wahrzunehmen habe. Aber diese Wahrnehmung, weit davon entfernt niederdrückend zu sein, regt an und kräftigt meine Aspiration, meine Energie, meinen Willen über alle Hindernisse zu triumphieren, damit ich endlich mit Dir, Deinem Gesetz und Deinem Werk identifiziert bin.

3. Mutter trifft Sri Aurobindo

Allmählich zeichnet sich der Horizont ab, der Weg wird klar, und wir schreiten fort zu einer größeren Gewißheit.

Es schadet nicht, wenn Tausende von Wesen in dichteste Unwissenheit getaucht sind. Er, den wir gestern trafen, ist auf Erden: Seine Gegenwart beweist ausreichend, daß ein Tag kommen wird, wenn Dunkelheit in Licht gewandelt wird, wenn Dein Reich tatsächlich auf der Erde errichtet sein wird.

O Herr, Göttlicher Erbauer dieses Wunders, mein Herz fließt über von Freude und Dankbarkeit, wenn ich daran denke, und meine Hoffnung ist grenzenlos.

Meine Anbetung überschreitet alle Worte, und Meine Ehrerbietung ist schweigend.[66]

1. April 1914

Es scheint mir, daß wir das Innerste Deines Heiligtums betreten haben und Deinen Willen selbst wahrgenommen haben. Eine große Freude, ein tiefer Friede herrschen in mir, und doch sind alle meine inneren Aufbauten verschwunden wie ein leerer Traum, und ich finde mich jetzt vor Deiner Unermeßlichkeit ohne irgend einen Rahmen oder System, wie ein noch nicht individualisiertes Wesen. Die ganze Vergangenheit scheint mir in ihrer äußeren Form lächerlich willkürlich, und dennoch weiß ich, daß sie zu ihrer Zeit nützlich war.

Aber jetzt hat sich alles geändert: ein neuer Zustand hat begonnen.[67]

3. April 1914

Es scheint mir, als würde ich in ein neues Leben geboren und alle Methoden und Gewohnheiten der Vergangenheit können nicht mehr von Nutzen sein. Es scheint mir, daß das, was ich einst für ein Ergebnis hielt, jetzt nur Vorbereitung ist. Ich fühle, als ob ich noch nichts getan hätte, noch kein spirituelles Leben geführt hätte, als beträte ich nur den Weg, der dorthin führt; es scheint mir, als ob ich nichts wüßte, daß ich unfähig bin, irgend etwas zu formulieren, daß die ganze Erfahrung erst beginnen muß. Es ist, als wäre ich all meiner Vergangenheit, meiner Irrtümer so wohl wie meiner Errungenschaften entblößt, als wäre all das verschwunden, um einem neugeborenen Kind Raum zu schaffen, dessen Existenz erst Form annehmen muß, das kein Karma hat, keine Erfahrung, aus der es Nutzen ziehen kann, aber auch keinen Irrtum, den es berichtigen muß. Mein Kopf ist leer von allem Wissen und aller Gewißheit, aber auch aller nichtiger Gedanken. Ich fühle, daß sich neue Möglichkeiten vor mir eröffnen werden, wenn ich mich ohne Widerstand diesem neuen Zustand unterwerfen kann, wenn ich nicht danach trachte zu wissen oder zu verstehen, wenn ich vollkommen zustimme, ein unwissendes und liebes Kind zu sein. Ich weiß, daß ich mich jetzt endgültig aufgeben und wie eine völlig leere Seite sein muß, auf der Dein Gedanke, Dein Wille, o Herr, frei und ohne alle Verformung eingeschrieben werden können.

Eine ungeheure Dankbarkeit steigt aus meinem Herzen auf, ich scheine endlich an der Schwelle, die ich so lange gesucht habe, angelangt zu sein.

Gewähre, o Herr, daß ich rein genug bin, unpersönlich genug, ausreichend belebt durch Deine Göttliche Liebe, um fähig zu sein, sie endgültig zu überqueren.

Dir anzugehören, ohne jede Dunkelheit oder Einschränkung![68]

7. April 1914

O Herr, alle Gedanken scheinen tot in mir ... Ich suche nach meinem bewußten Geist und finde ihn nicht mehr; ich suche nach meiner Individualität und entdecke sie nirgends; ich suche nach meinem persönlichen Willen und er ist abwesend. Ich suche nach Dir, und es kommen keine Worte von Dir ... Schweigen, nur Schweigen. Ich scheine nun Deine Stimme zu hören: „Niemals konntest du integral sterben. Immer wollte etwas in dir wissen, sehen, verstehen, unterwerfe dich ganz, lerne zu verschwinden, durchbreche den letzten Damm, der dich von mir trennt; vollbringe ohne Einschränkung deinen Akt der Unterwerfung." Alas, o Herr, seit wie lange wollte ich es tun, aber war unfähig. Willst Du mir jetzt die Macht geben, es zu tun?

O Herr, mein süßer, ewiger Meister, breche diesen Widerstand, der mich mit Angst erfüllt ... befreie mich von mir selbst![69]

10. April 1914

Plötzlich ist der Schleier zerrissen, der Horizont klärte sich. Vor der klaren Schau warf sich mein ganzes Wesen zu Deinen Füßen in einem großen Ausbruch von Dankbarkeit. Aber trotz dieser tiefen und integralen Freude war alles ruhig, alles friedlich in dem Frieden der Ewigkeit.

Ich scheine keine Grenzen mehr zu haben; es besteht keine Wahrnehmung des Körpers mehr; keine Empfindungen, kein Gefühl, keine Gedanken ... Eine klare, reine, ruhige Unermeßlichkeit, durchdrungen von Liebe und Licht, angefüllt von unaussprechlicher Wonne, ist alles, was da ist, und das alles scheint nun ich selbst zu sein, und dieses „ich selbst" ist so wenig das frühere selbstsüchtige und begrenzte Ich, daß ich nicht sagen kann, ob ich es bin oder Du es bist, o Herr, höchster Meister unserer Bestimmungen.

Alles scheint Energie, Mut, Kraft, Wille, unendliche Süße, unvergleichliches Mitleid zu sein.

Stärker noch als in den letzten Tagen ist die Vergangenheit tot und wie begraben unter den Strahlen eines neuen Lebens. Der letzte Blick, den ich gerade zurückwarf, als ich ein paar Seiten dieses Buches las, überzeugte mich endgültig von ihrem Tod, und von einem großen Gewicht erleichtert, biete ich mich Dir dar, o mein göttlicher Meister, mit all der Einfachheit, all der Nacktheit eines Kindes ... Und dennoch nehme ich als einziges diese Ruhe und reine Unermeßlichkeit wahr. ...

Herr, Du hast meine Gebete beantwortet, Du hast mir gewährt, um was ich Dich gebeten habe; das „Ich" ist verschwunden, da ist nur noch ein unterwürfiges Instrument, das Dir zu Diensten steht, ein Zentrum an Konzentration und Manifestation Deiner unendlichen und ewigen Strahlen; Du hast mein Leben genommen und es zu Deinem gemacht; Du hast meinen Willen genommen und ihn mit deinem vereinigt; Du hast meine Liebe genommen und sie mit Deiner identifiziert, Du hast meinen Gedanken genommen und ihn durch Dein absolutes Bewußtsein ersetzt.

Der staunende Körper beugt seine Stirn im Staub in stummer, hingegebener Anbetung.

Nichts anderes besteht als Du allein im Glanz Deines unveränderlichen Friedens.[70]

16. Mai 1914

Nun verstehe ich deutlich, daß die Vereinigung mit Dir kein anzustrebendes Ziel ist, so weit es diese gegenwärtige Individualität betrifft; sie ist seit langem eine vollendete Tatsache. Und deshalb scheinst Du mir immer zu sagen: „Schwelge nicht in ekstatischer Kontemplation dieser Einigung, erfülle die Mission, die ich dir auf Erden anvertraut habe."[71]

25. Mai 1914

O göttlicher Meister von Liebe und Reinheit, gewähre, daß dieses Instrument, das Dir würdig dienen will, in seinen geringsten Etappen, in seinen kleinsten Handlungen frei sei von allem Egoismus, von jedem Irrtum, aller Dunkelheit, so daß nichts in ihm Deine Handlung hindert, verformt oder aufhält. Wie viele Schlupfwinkel sind noch im Schatten, weitentfernt von der Helle Deiner Erleuchtung! Für sie erbitte ich das höchste Glück der Erleuchtung.

Ein reiner Kristall sein ohne Flecken, der Deinen göttlichen Strahl hindurchdringen läßt, ohne ihn zu verdunkeln, zu verfärben oder zu verformen! Nicht aus dem Verlangen nach Vervollkommnung, sondern damit Dein Werk so perfekt wie möglich vollbracht wird.

Und wenn ich Dich dies frage, ist das „Ich", das zu Dir spricht, die ganze Erde, danach strebend der reine Diamant zu sein, eine vollkommene Widerspieglung Deines Göttlichen Lichtes. Die Herzen aller Menschen schlagen in meinem Herzen, alle ihre Gedanken vibrieren in meinen Gedanken, die geringste Aspiration eines gehorsamen Tieres oder einer bescheidenen Pflanze schließt sich meiner gewaltigen Aspiration an, und all das erhebt sich zu Dir, zur Eroberung Deiner Liebe und Deines Lichts, die Höhepunkte des Seins ersteigend, um Dich zu erreichen, Dich Deiner unbeweglichen Schönheit zu entreißen und Dich in die Schatten des Leidens eindringen zu lassen, um es in göttliche Freude zu verwandeln, in erhabenen Frieden. Und diese Heftigkeit ist von unendlicher Liebe, die sich selbst gibt, und von vertrauensvoller Heiterkeit, die in der Gewißheit Deiner vollkommenen Einheit lächelt.

O mein süßer Meister, Du bist der Triumphator und der Triumph, der Sieger und der Sieg.[72]

13. Juni 1914

Zuerst müssen wir das Wissen erlangen, das heißt Dich zu kennen, sich mit Dir zu vereinen, und alle Mittel sind gut und können angewandt werden, um dieses Ziel zu erreichen. Aber es wäre ein

3. Mutter trifft Sri Aurobindo

großer Fehler, zu glauben, daß alles getan sei, wenn dieses Ziel erreicht ist. Alles ist im Prinzip getan, der Sieg ist theoretisch errungen, und diejenigen, die als Beweggrund nur die egoistische Aspiration für ihr eigenes Heil haben, können zufrieden sein, und mögen nur in und für diese Vereinigung leben, ohne sich überhaupt um Deine Manifestation zu kümmern.

Aber die von Dir als Deine Repräsentanten auf Erden Bestimmten, können sich mit diesem erzielten Ergebnis nicht zufrieden geben. Dich zuerst und vor allem zu erkennen, ja; aber ist einmal Deine Kenntnis erlangt, bleibt die ganze Arbeit deiner Manifestation zu tun. Die Qualität, die Kraft, die Komplexität und die Perfektion dieser Manifestation greifen ein. Recht häufig begnügen sich die, die Dich erkannt haben, geblendet und von Ekstase fortgetragen durch diese Kenntnis, damit, Dich für sich selbst zu sehen und Dich recht und schlecht in ihrem äußersten Wesen auszudrücken. Derjenige, der vollkommen in Deiner Manifestation sein will, kann sich nicht damit begnügen; er muß Dich auf allen Ebenen manifestieren, in allen Zuständen des Seins, und muß so aus der erlangten Kenntnis den größtmöglichen Vorteil für das gesamte Universum ziehen.

Vor der Ungeheuerlichkeit des Programms jauchzt das ganze Wesen und singt Dir eine Hymne der Freude.

Die ganze Natur, in voller bewußter Tätigkeit, ganz von Deinen erhabenen Kräften vibrierend, antwortet auf ihre Inspiration und will sich durch sie erleuchten und verwandeln lassen ...

Du bist der Meister der Welt, die einzige Realität.[73]

Am 15. August 1914 gab Sri Aurobindo die erste Ausgabe der monatlichen Zeitschrift „Arya" heraus, der Synthese des Wissens gewidmet. In den nächsten sieben Jahren wird Sri Aurobindo Tag für Tag in einer mächtigen Woge fast alle seine Werke schreiben. Er begann drei Bücher gleichzeitig zu schreiben „Das Geheimnis des Veda", „Das Göttliche Leben" und „Die Synthese des Yoga". Dann begann er fünf, sogar sechs Bücher gleichzeitig zu schreiben – eine höchst außergewöhnliche Leistung! Mutter erklärte das Geheimnis dieser Leistung:

Sri Aurobindos Bewußtsein war darüber, im Supramental, aber was die Worte formte, war das Bewußtsein IN SEINEN HÄNDEN. Er wurde sich der Worte nur bewußt, wenn sie ausgedrückt waren.[74]

Sri Aurobindo war vollkommen schweigend und transparent; das Wissen von oben wurde direkt durch das schweigende Mental in das Bewußtsein in seinen Händen übermittelt, das die ganze Arbeit tat. Wieder erklärt Mutter: „Er stellte Schweigen in seinem Kopf her, er setzte sich an seine Schreibmaschine, und von oben, von den höheren Regionen kam alles, was geschrieben werden sollte, herab, fertig verfaßt, und er mußte nur seine Finger auf der Maschine bewegen, auf die es übertragen wurde."

Während der Zeit von 1914, als sie in Pondicherry war, sah Mutter Sri Aurobindo jeden Nachmittag; sie lernte Sanskrit von ihm. Sie bildete auch eine kleine Gruppe mit den jungen Leuten, die um Sri Aurobindo waren, und ein paar Fußballspielern vom „Sport Klub, Pondicherry". Diese Gruppe wurde von ihr „L'Idee Nouvelle" benannt. Schon 1913 hatte Sri Aurobindo seine kleine Gruppe in einem Brief als ein Samenbeet, ein Labor, benannt. Er hatte geschrieben:

> Ich habe also den zweiten Teil meines Werkes begonnen, der darin besteht Männer für ein neues Zeitalter zu formen, indem ich, was immer ich an siddhi (yogische Vervollkommnung) bekomme, den Auserwählten mitteile. In dieser Hinsicht ist unsere kleine Kolonie hier eine Art Samenbeet, ein Labor. Dinge, die ich in ihr ausarbeite, werden dann nach außen hin ausgedehnt.[75]

Mutter gab der Idee eines „Labors" eine konkrete Form durch „L'Idee Nouvelle".[76]

Inzwischen brach jedoch am 1. August 1914 der Weltkrieg aus. Paul Richard wurde in den Krieg gerufen, und das war der äußere Grund für die Abfahrt von Pondicherry. Während sie an Bord der Kamo Maru war, beschrieb sie ihren schrecklichen Zustand in einer Zeile, „Einsamkeit, eine intensive Einsamkeit ... kopfüber in eine Hölle der Finsternis geworfen."[77] Sie hätte an Sri Aurobindos Seite in Pondicherry bleiben können, aber was Richard darstellte, mußte besiegt und transformiert werden. Eine große Anstrengung mußte unternommen werden. So wie sie niederschrieb: „Keine Flucht aus der Welt! Die Last ihrer Dunkelheit und Häßlichkeit muß bis zum Ende getragen werden."[78]

Sie erkrankte ernsthaft an einer Art allgemeiner Neuritis gerade nachdem sie den Suez Kanal durchquert hatte. In der Tat ging sie in den nächsten fünf Jahren unerschrocken und unbeirrbar durch eine tödliche Krankheit nach der anderen.

3. Mutter trifft Sri Aurobindo

Mutter verbrachte ein Jahr in Frankreich und fand genug Kraft, um für die Verwundeten zu sorgen. Dann gelang es Paul Richard, aus dem Wehrdienst entlassen und nach Japan versetzt zu werden. Auch in Japan machte Mutter während ihres vierjährigen Aufenthaltes tödliche Krankheiten durch.

Sie nahm auf ihren Körper die erste Kriegsepidemie in Japan, die Hunderttausende von Toten verursachte. Sie war mit einer Straßenbahn durch Tokio gefahren, kam mit der Krankheit zurück, und kämpfte in ihrem Körper bis sie die Krankheit an ihrer Wurzel heilen konnte. Mutter erzählte die Geschichte wie folgt:

> Es wütete eine Grippeepidemie, die vom Krieg herrührte (vom Ersten Weltkrieg) und die meistens tödlich endete. Innerhalb von drei Tagen bekamen die Leute eine Lungenentzündung und aus war's! In Japan gab es sonst nie Epidemien, es traf die Leute also völlig ahnungslos, und die Krankheit stieß auf ein günstiges, völlig unvorbereitetes Gebiet. Es war schrecklich: die Leute starben täglich zu Tausenden, unglaublich. Ein allgemeines Entsetzen verbreitete sich, man wagte sich nicht mehr ohne Maske vor dem Mund hinaus. Jemand, den ich nicht nennen will, sagte mir *(Mutter nimmt einen schroffen Ton an)*: „Was bedeutet das?" Ich antwortete ihm: „Es ist besser, nicht darüber nachzudenken." – „Warum nicht? Das ist doch sehr interessant! Man muß es erfahren, und Sie sind doch dazu fähig: Was ist es also?" Dumm wie ich war, mußte ich gerade ausgehen. Ich mußte ein Mädchen am anderen Ende von Tokio besuchen. Tokio ist die größte Stadt der Welt, sie zu durchqueren dauert lange, und ich war keine reiche Frau, die es sich leisten konnte, im Auto herumzufahren: ich fuhr also mit der Straßenbahn ... Was für eine Atmosphäre! Eine Atmosphäre der Panik in der ganzen Stadt! Wir wohnten in einem Haus in einem großen Park, völlig isoliert, aber die Atmosphäre der Stadt war fürchterlich. Dann die Frage: „Was bedeutet das?", die mich natürlich damit in Kontakt brachte – ich kam mit der Infektion zurück. Es mußte so kommen! *(lachend)* Ich kam mit der Krankheit zurück.
>
> Als hätte man mir einen Schlag auf den Kopf versetzt, ich war völlig benommen. Ein Arzt wurde gerufen. Es gab keine Medikamente mehr in der Stadt – es gab nicht genug Arzneimittel für alle Leute, aber wir wurden als wichtige Leute angesehen (!), und so brachte mir der Arzt zwei Tabletten. Ich sagte ihm *(lachend)*:

„Doktor, ich nehme nie Medikamente." – „Wie bitte! Dabei sind sie so schwer erhältlich!" Ich antwortete: „Eben, sie sind sehr gut für andere!" Aber ... Ich lag mit hohem Fieber im Bett, und plötzlich fiel ich in Trance – eine wirkliche Trance, die einen aus dem Körper reißt –, und ich wußte Bescheid. Ich wußte: „Das ist das Ende. Wenn ich mich dem nicht widersetze, ist es aus." Ich sah mir das an und erkannte, daß ich es mit einem Wesen zu tun hatte, dessen eine Kopfhälfte von einer Bombe weggerissen worden war. Es wußte nicht, daß es tot war, und klammerte sich an den Erstbesten, um ihm das Leben auszusaugen. Es war einer von den zahllosen Toten. Ein solches Wesen war gerade im Begriff, sein „Werk" an mir zu verrichten. Jedes dieser Wesen war von einer äußerst krankhaften und intensiven Atmosphäre menschlicher Zersetzung umgeben, und diese ganze Atmosphäre verursachte die Krankheit. Wenn es nur das war, konnte man genesen, aber sobald eines der Wesen mit nur einem halben Kopf oder einem halben Körper, das heißt ein Wesen, das so brutal getötet worden war, daß es nichts von seinem Tod wußte und das versuchte, wieder einen Körper zu finden, um weiterleben zu können (die Atmosphäre übertrug die Krankheit täglich auf Tausende von Menschen, es wimmelte von Kranken, eine regelrechte Seuche), wenn sich so ein Wesen an einen heftete, dann starb man. In drei Tagen war es um einen geschehen – sogar schneller: manchmal passierte es innerhalb eines Tages. Als ich das sah und verstand, sammelte ich meine ganze okkulte Energie, meine ganze okkulte Kraft und ... *(Mutter schlägt mit der Faust nach unten, wie um gewaltsam in ihren Körper zurückzukehren).* Ich fand mich wieder zurück in meinem Bett, wachte auf, und es war vorbei. Darüber hinaus blieb ich sehr ruhig und begann, in der Atmosphäre zu arbeiten ... Mein Kind, von jenem Tag an gab es keine neuen Fälle mehr! Das war so außergewöhnlich, daß die japanischen Zeitschriften sogar davon berichteten. Sie kannten den Grund dafür nicht, aber von jenem Tag und jener Nacht an gab es keinen neuen Fall mehr. Langsam wurden die Leute wieder gesund.

Ich erzählte dies unserem japanischen Freund, in dessen Haus wir wohnten. Ich sagte ihm: „Jetzt verstehst du, worum es sich bei dieser Krankheit handelt. Es ist ein Produkt des Krieges und verhält sich folgendermaßen: so und so ... und dieses Wesen mußte für seinen Versuch bezahlen!" Natürlich hat die Tatsache, daß ich seinen Einfluß abwendete, indem ich mich stellte und kämpfte ...

[die Formation aufgelöst]. Aber welche Kraft es dafür brauchte! Unglaublich!

Er erzählte es Freunden, die es ihrerseits weitererzählten, und schließlich wurde die Geschichte bekannt. Es gab sogar eine Art kollektive Danksagung der Stadt für mein Eingreifen ... Aber alles rührte daher: „Was bedeutet diese Krankheit? Sie können es doch erfahren, nicht wahr?" *(Lachend)* Stecken Sie sich doch an!

Das Gefühl, dieser Sache völlig gelähmt ausgeliefert zu sein – völlig gelähmt, unmöglich ... Du bist nicht mehr in deinem Körper, du kannst nicht mehr auf ihn einwirken. Dann das Gefühl der Befreiung, wenn man sich wieder bewegen kann.

Ich hatte ein furchtbares Fieber, das nun natürlich allmählich sank – nach ein paar Tagen war ich völlig geheilt. Ich wurde sehr schnell wieder gesund.[79]

Während ihres Aufenthaltes in Japan hatte sie Tuberkulose, von der sie erst nach ihrer Rückkehr zu Sri Aurobindo nach Pondicherry geheilt wurde. Nebenbei möge erwähnt werden, daß Rabindranath Tagore, der zufällig zu der Zeit in Japan war, Mutter kennenlernte und beeindruckt war von der Klarheit ihrer Vision. Er lud sie ein zu kommen und das Erziehungswesen in seinem Ashram in Santiniketan in Bengalen zu organisieren. Aber Mutter hatte schon etwas anderes im Sinn. Während ihres Aufenthaltes in Japan versuchte Mutter auch etwas Bewußtsein in die Frauen und Männer von Japan zu bringen. Etwas von dieser Bemühung können wir in der Rede finden, die sie für die Frauen von Japan hielt. Sie hatte bemerkt: „Daß der Übermensch von Frauen geboren werden wird, ist eine feststehende Tatsache!... der wahre Bereich der Frauen ist spirituell. Wir vergessen es nur zu oft."[80]

„Wende dich der Erde zu" – so hieß die ständige Botschaft, die sie zu hören schien. Doch fragte sie sich, was ihre Bestimmung war. In ihren Meditationen lag eine ständige Betonung auf Schweigen, auf Kampf und auf der Identifikation mit der Erde. Andrerseits gab Japan ihr die Herrlichkeit der Landschaften und des göttlichen Lächelns von Blumen. In ihrem Gebet vom 1. April 1917 schrieb sie:

Mutter in Tokio, 1916

Du zeigtest meiner stummen und erwartungsvollen Seele all die Pracht der feenhaften Landschaften: Bäume im Festgewand und verlassene Pfade, die in den Himmel zu steigen scheinen.

Aber von meiner Bestimmung hast Du nicht gesprochen. Muß sie mir so verschleiert sein?...

Noch einmal sehe ich überall Kirschbäume; Du hast eine magische Kraft in diese Blüten gelegt: sie scheinen von Deiner alleinigen Gegenwart zu sprechen; sie bringen das Lächeln Gottes mit sich.

Mein Körper befindet sich in Ruhe, und meine Seele blüht in Deinem Licht: Welche Art von Zauber hast Du in diese blühenden Bäume gelegt?

O Japan, dies ist dein Festschmuck, Deinen guten Willen ausdrückend, es ist die reinste Darbietung, es ist das Pfand Deiner Treue; es ist Deine Art zu sagen, daß du den Himmel wiederspiegelst.

Und hier ist jetzt ein wunderbares Land, mit hohen Bergen, alle bedeckt mit Tannen und reich bebaute Täler. Und all die kleinen rosa Rosen, die dieser Chinese bringt, sind sie ein Versprechen der nahen Zukunft?[81]

Und hier beschreibt Mutter am 7. April 1917 eine erleuchtende Erfahrung von der Identifikation mit Kirschblüten:

Eine tiefe Konzentration ergriff mich, und ich nahm wahr, daß ich mit einer Kirschblüte eins wurde; dann über diese Blüte mit allen Blüten; dann, noch tiefer in das Bewußtsein steigend, einem blauen Kraftstrom folgend, wurde ich plötzlich der Kirschbaum selbst, der seine unzähligen Äste, beladen mit ihrer blütenbeladenen Opfergabe, dem Himmel entgegenstreckte, gleich vielen Armen. Daraufhin hörte ich deutlich diesen Satz:

„So bist du mit der Seele des Kirschbaums eins geworden und so kannst du feststellen, daß das Göttliche selbst dem Himmel diese Blumen Gebete darbringt."

Sobald ich es niederschrieb, verblaßte alles; aber jetzt fließt das Blut des Kirschbaums in meinen Adern, und mit ihm ein unvergleichlicher Friede und Kraft; welchen Unterschied gibt es zwischen einem menschlichen Körper und dem Körper eines Baumes? Wirklich keinen, und das Bewußtsein, das sie belebt, ist identisch dasselbe.

Dann flüsterte der Kirschbaum mir ins Ohr:

„In der Kirschblüte liegt das Heilmittel für die Krankheit des Frühlings."

Japan ist das Land Buddhas, und eine von Mutters aufschlußreichsten Erfahrungen in Japan war die Mitteilung, die sie eines Abends von Sakyamuni empfing. Mutter notierte diese Erfahrung wie folgt:

20. Dezember 1916

(Mitteilung erhalten um halb sechs abends nach einer Meditation)

Da du über mich kontemplierst, spreche ich heute abend zu dir. Ich sehe in deinem Herzen einen von goldenem Licht umgebenen Diamanten. Er ist gleichzeitig rein und warm, fähig die unpersönliche Liebe zu offenbaren; aber warum hältst du diesen Schatz in diesem dunklen, purpurgefütterten Kästchen verschlossen? Die äußerste Umhüllung ist von dunklem Blau ohne Licht, ein wirklicher Mantel der Finsternis. Man könnte sagen, du fürchtest deine Pracht zu zeigen. Lerne auszustrahlen und fürchte den Sturm nicht: der Wind trägt uns weit weg von den Ufern, aber läßt uns die Welt sehen. Sparst du mit Zärtlichkeit? Aber die Quelle der Liebe ist grenzenlos. Fürchtest du, nicht verstanden zu werden? Aber wo hast du gesehen, daß der Mensch das Göttliche versteht? Und wenn die ewige Wahrheit die Möglichkeit sieht, sich in dir zu manifestieren, welche Bedeutung hat das Übrige? Du gleichst einem Pilger, der sein Heiligtum verläßt; aufrecht auf der Schwelle stehend, der Menge ins Gesicht blickend, zögert er, sein wertvolles Geheimnis zu offenbaren, das der höchsten Entdeckung. Höre, auch ich zögerte tagelang, denn ich konnte beides voraussehen, meine Predigten und ihre Folgen: die Unvollkommenheit des Ausdrucks und die noch größere Unvollkommenheit des Verständnisses. Und dennoch wandte ich mich der Erde und den Menschen zu und brachte ihnen meine Botschaft. „Wende dich den Menschen und der Erde zu", ist das nicht das Gebot, das du immer in deinem Herzen hörst: in deinem Herzen, denn es selbst trägt eine gesegnete Botschaft für die nach Erbarmen Dürstenden. Nichts kann von jetzt an den Diamanten angreifen. Er ist unangreifbar in seiner vollkommenen Verfassung und die sanfte Ausstrahlung, die von ihm ausgeht, kann die Dinge recht wohl in den Herzen der

Menschen ändern. Du zweifelst an deiner Macht und fürchtest deine Unwissenheit? Gerade das umgibt deine Macht mit diesem dunklen Mantel der sternenlosen Nacht. Du zögerst und zitterst wie auf der Schwelle eines Mysteriums, denn jetzt erscheint dir das Mysterium der Manifestation schrecklicher und unergründlicher als das des ewigen Grundes. Aber du mußt wieder Mut fassen und der tiefen Anordnung gehorchen. Ich selbst sage es dir, denn ich kenne und liebe dich, wie du mich einst kanntest und liebtest. Ich bin klar vor Deinem Blick erschienen, damit du in keiner Weise meine Worte anzweifelst. Und ich lasse deine Augen auch dein Herz sehen, damit du auch wissen kannst, was die höchste Wahrheit geschehen lassen wollte, damit du in ihm das Gesetz deines Wesens erkennst. Die Angelegenheit scheint dir noch recht schwierig: ein Tag wird kommen, wo du dich fragst, wie es so lange anders sein konnte."

Sakyamuni.[82]

Die Erde lag in Schmerzen, vom Krieg erschüttert. Und sich der Erde zuwenden, hieß, sich dem Krieg zuzuwenden. Als sie sich in späteren Jahren an die innere Erfahrung des Krieges erinnerte, sagt Mutter:

> Ich erinnere mich sehr gut, daß beim Ausbruch des Krieges – des ersten Krieges – jeder Teil meines Körpers, einer nach dem anderen *[Mutter berührt ihre Beine, Arme, Brust]*, oder manchmal derselbe Teil mehrmals, Schlachtfelder repräsentierten – ich sah, fühlte und LEBTE es. Jedes Mal war es ... recht eigenartig, ich brauchte nur sitzen zu bleiben und zu schauen: ich sah alles in meinem Körper hier, da, dort – alles, was sich ereignete. Während es stattfand, konzentrierte ich die göttliche Kraft darauf, damit alles (all dieser Schmerz, all dieses Leid, all das) die Vorbereitung der Erde beschleunigte – im Grunde die Herabkunft der Kraft.[83]

Der eigentliche Grund für Mutters Reise mit Paul Richard nach Frankreich und Japan war, ihn zu bekehren, and diese Aufgabe war auch sehr schwierig. Wie Mutter viel später erklärte:

> Du weißt, ich hatte den Versuch unternommen, den Herrn der Lüge zu bekehren; ich versuchte es durch eine in einem physischen Wesen verkörperte Emanation zu tun [Richard – siehe Gespräch

vom 5. November 1961], und die größte Anstrengung fand während dieses vierjährigen Aufenthaltes in Japan statt. Jetzt nahmen die vier Jahre ihr Ende mit der absoluten inneren Gewißheit, daß nichts zu machen war, daß es nicht möglich war – nicht auf diese Weise –, es war hoffnungslos. So verharrte ich sehr konzentriert und fragte den Herrn: „Ich schwor dir, das zu tun, ich hatte gesagt: ‚Selbst wenn ich in die Hölle hinabsteigen müßte, so würde ich es tun ...'. Jetzt sage mir, was ich zu tun habe." ... Die Macht war offenbar zugegen, und plötzlich wurde alles in mir unbewegt – das ganze äußere Wesen wurde vollkommen reglos – und ich hatte eine Vision des Höchsten ... schöner als die der Gita. Eine Vision des Höchsten. Dann nahm mich diese Vision buchstäblich in ihre Arme, wandte sich gen Westen, das heißt nach Indien, und bot mich dar. Ich sah, daß am anderen Ende Sri Aurobindo war ... Ich spürte ihn physisch. Meine Augen waren geschlossen, aber ich sah ihn ... unbeschreiblich (diese Vision des Höchsten hatte ich zweimal: das erste Mal dort und das zweite Mal hier, viel später). Es war, als verringerte sich diese Unermeßlichkeit zur Größe eines ziemlich riesigen Wesens, das mich wie einen Strohhalm emporhob und darbot – kein Wort, nichts anderes, nur das.

Dann verschwand alles.

Am nächsten Tag begannen wir unsere Vorbereitungen für die Abreise zurück nach Indien.[84]

1920 machte Mutter auf ihrer Rückreise nach Indien einen Zwischenstopp in China. Am 24. April 1920, kehrte Mutter nach Pondicherry zurück. Noch einmal traf sie Sri Aurobindo nach ihrer Ankunft. Wie wir früher anmerkten, hatte sie ihn 16 Jahre früher zum ersten Mal in ihrer Vision gesehen, und diese Vision erschien ihr weiter während all dieser Jahre. Aber erst jetzt, nach diesem Treffen 1920, kam diese Vision zu einem Ende. Wie schon früher in Mutters Worten erwähnt:

Doch das war nur der Anfang meiner Vision gewesen, und erst nach einer langen Folge von Erfahrungen, einem zehnmonatigen Aufenthalt in Pondicherry, nach fünf Jahren der Trennung und schließlich der Rückkehr nach Pondicherry und der Wiederbegegnung im selben Haus und auf dieselbe Weise trat das ENDE meiner Vision ein. In dem Augenblick stand ich dicht neben ihm – mein Kopf war nicht direkt auf seiner Schulter sondern an der Stelle seiner Schulter (ich weiß nicht, wie ich es beschreiben soll), physisch bestand so gut wie kein Kontakt –, wir standen so nebeneinander und schauten durch das offene Fenster, als wir im selben Augenblick spürten: „Jetzt wird die Verwirklichung stattfinden." Die Sache war besiegelt und die Verwirklichung würde geschehen. Ich spürte Das wie eine Masse in mich herabkommen: die Gewißheit (dieselbe Gewißheit, die ich in meiner Vision empfunden hatte, fühlte ich an diesem Tag). Von diesem Punkt an brauchten wir keine Worte mehr auszutauschen – wir wußten, es war DAS.[85]

Sri Aurobindo in Pondicherry, ca. 1918-1920

4.
Sri Aurobindo und Mutter

Ein Ozean an Wissen wurde von Sri Aurobindo in seine monatliche Zeitschrift Arya gegossen. Bis 1920, als Mutter nach Pondicherry zurückkehrte, hatte Sri Aurobindo auf den Seiten der „Arya" schon viel seiner Studien erklärt, die sich nicht nur auf Philosophie und spirituelles Wissen beschränkten, sondern sich auch auf Literatur, Psychologie, soziales und politisches Denken ausdehnten. Die allumfassende Idee war jedoch die der spirituellen Evolution, die in sich tiefstes physikalisches und biologisches Wissen barg. Der Kämpfer und Held der indischen Unabhängigkeit hatte jetzt hohe Gipfel der Kenntnis und Kraft erstiegen und eine noch nie dagewesene Revolution der gesamten Menschheit in Gang gesetzt. Der Freiheitskampf für Indien war jetzt nur Teil eines größeren Kampfes für die Menschheit. Sri Aurobindo hatte entdeckt, daß die Menschheit durch eine Krise ging, daß diese Krise nicht nur ökonomisch, sozial oder politisch war, sondern von evolutionärem Charakter, und daß die Probleme, mit denen die Menschheit konfrontiert war, nur gelöst werden konnten, indem man die evolutionären Bedürfnisse der menschlichen Rasse ausarbeitete. Wie Sri Aurobindo schrieb:

> Im Augenblick macht die Menschheit eine Krisis ihrer Evolution durch, in der sich eine Entscheidung über ihr Schicksal verbirgt. Denn sie hat eine Stufe erreicht, auf der das menschliche Mental in gewissen Richtungen eine enorme Entwicklung vollzogen hat. In anderen bleibt sie verwirrt stehen und kann ihren Weg nicht mehr finden ... So hat der Mensch ein System der Zivilisation errichtet, das zu groß geworden ist, als daß er es mit seinem beschränkten mentalen Vermögen und Verständnis und seinen noch mehr begrenzten spirituellen und moralischen Fähigkeiten verwenden und handhaben könnte. Er ist ein allzu gefährlicher Knecht seines stümperhaften Ichs und seiner Gelüste geworden. Denn in seinem Bewußtsein ist noch kein höheres schauendes Mental und keine intuitive Seele des Wissens hervorgetreten, die aus einer solchen Lebensfülle an der Basis die Voraussetzung schaffen könnte für

das freie Wachsen von etwas, das mehr ist als das Mental ... In der Vergangenheit hat der Mensch das Leben dadurch harmonisiert, daß er es durch die Bildung von Ideen und die Festsetzung von Grenzen organisierte. Er hat Gesellschaften geschaffen, die sich auf feste Vorstellungen und Gebräuche gründeten, auf ein bestimmtes kulturelles System oder auf ein organisches Lebens-System, von denen jedes seine eigene Ordnung besaß. All das wird in den Schmelzkessel eines sich immer mehr vermischenden Lebens geworfen. Immer neue Ideen strömen ein. Motive, Tatsachen und Möglichkeiten verlangen ein neues höheres Bewußtsein, um dieser potentiellen Seins-Kräfte Herr zu werden, sie in Einklang zu bringen. Vernunft und Wissenschaft können nur dadurch helfen, daß sie allgemeine Normen aufstellen, daß sie alles in einer künstlich arrangierten und mechanisierten Einheit des materiellen Lebens festlegen. Ein größeres Ganzheits-Wesen, Ganzheits-Wissen, mehr Ganzheits-Macht ist notwendig, um alles in die größere Einheit eines Ganzheits-Lebens zusammenzuschweißen.[86]

Die Frage war, auf welchen Wegen und mit welchen Mitteln dieses größere Ganzheits-Wesen, dieses Ganzheits-Wissen und diese Ganzheits-Macht erlangt werden können. Sri Aurobindo fand, und das war auch Mutters Entdeckung, daß das durch Prozesse des Yoga erreicht werden konnte, von denen viele bekannt waren und von denen noch viele entdeckt, geschaffen, gebaut und vervollkommnet werden mußten, so daß sie die Bedürfnisse der Aufwärts-Evolution des Menschen erfüllen konnten.

Mit dieser Aufgabe befaßte sich Sri Aurobindo während der Jahre seitdem er nach Pondicherry gekommen war. An dieser Aufgabe nahm auch Mutter teil. Das Ergebnis war, was als Synthese des Yoga, integraler Yoga oder Supramentaler Yoga bekannt wurde. Dieser Yoga wurde gemeinsam von Sri Aurobindo und der Mutter entwickelt.

In einem seiner Briefe schrieb Sri Aurobindo folgendes:

Mutter übte Yoga aus schon, bevor sie Sri Aurobindo kannte oder traf; aber ihre Sadhana nahmen unabhängig voneinander denselben Verlauf. Als sie sich begegneten, halfen sie einander, ihre Sadhana zu vervollkommnen. Was als Sri Aurobindos Yoga bekannt ist, ist die gemeinsame Schöpfung von Sri Aurobindo und der Mutter ... [87]

4. Sri Aurobindo und Mutter

Die Neuheit des Ziels und der Methode des Yogas betonend, schrieb Sri Aurobindo in einem seiner Briefe:

> Es ist die Herabkunft des neuen Bewußtseins, erlangt durch den Aufstieg, welches der Stempel und das Siegel der Sadhana ist ... Eine Methode wurde empfohlen, um diesen Zweck zu erfüllen, die ebenso vollständig und integral ist wie das Ziel, das ihr gesetzt ist, d.h. der vollständige und integrale Wandel des Bewußtseins und der Natur, wobei alte Methoden herangezogen werden, jedoch nur als Teileffekt und gegebene Unterstützung für andere, die spezifisch sind. Ich konnte diese Methode (als Ganzes) oder irgend etwas Ähnliches in den alten Yogas weder theoretisch noch praktisch vorfinden. Andernfalls hätte ich nicht meine Zeit verschwendet, um in dreißig Jahren Suche und innerer Schöpfung einen Weg zu erarbeiten, sondern mein Ziel sicher erreichen können in leichtem Galopp über Pfade, die bereits erschlossen, perfekt verzeichnet, planiert, gesichert und veröffentlicht sind. Unser Yoga ist nicht ein Neubeschreiten alter Wege, sondern ein spirituelles Abenteuer.
>
> *5-10-1935*[88]

Die Schwierigkeiten des Freilegens eines neuen Yoga Pfades beschrieb Sri Aurobindo in einem seiner Briefe an einen Schüler:

> Was die Mutter und mich betrifft, so mußten wir alle Wege ausprobieren, allen Methoden folgen, ganze Berge von Schwierigkeiten überwinden, eine weit schwerere Last tragen als Du und jeder andere im Ashram oder außerhalb, weit schwierigere Bedingungen erfüllen, Schlachten kämpfen, Wunden hinnehmen, uns Wege bahnen durch undurchdringlichen Sumpf, Wüste und Gehölz, feindliche Massen erobern – ein Werk, so wie es – da bin ich sicher – niemand anders vor uns zu leisten hatte. Denn der Führer des Weges bei einem Werk wie dem unsrigen muß nicht nur das Göttliche herabbringen, repräsentieren und verkörpern, sondern muß auch das aufstrebende Element in der Menschheit darstellen, die Last der Menschheit voll tragen und in bitterem Ernst, nicht in einem bloßen Spiel oder Lila, all die Hindernisse, Schwierigkeiten, Widerstände, die ganze vereitelte, behinderte,

nur allmählich siegreiche Arbeit erfahren, die auf dem Pfad möglich sind.[89]

Sri Aurobindo hatte Yoga als eine Methode der Beschleunigung des evolutionären Prozesses entdeckt. Er fand allerdings, daß jedes System des Yoga eine Spezialisierung auf einem mehr oder weniger begrenzten Gebiet der Vollendung war und deshalb keines von ihnen für die totale Bewegung der Evolution ausreichte. In seiner Analyse der Systeme des Yoga zeigt er, wie ein integrierendes Prinzip des Yoga entdeckt werden und auf der Basis dieses Prinzips eine Synthese des Yogas so erreicht werden könnte, daß der Yoga die totalen Forderungen der evolutionären Bewegung erfüllen könnte. Er zeigt wie die evolutionäre Bewegung selbst ein geheimer Yoga ist, der Yoga der Natur, und wie dieses Geheimnis als ein Schlüssel zu einer bewußten integralen Methode gebraucht werden könnte, in unserer Anstrengung, die Natur so schnell und vollkommen wie möglich zu ihrer nächsten bedeutungsvollen evolutionären Stufe zu führen, das heißt, die radikale und vollkommene Transmutation des Menschen, das Auftauchen einer neuen Art. Alles Leben ist Yoga, erklärt Sri Aurobindo, aber alles Leben ist bisher ein unbewußter Yoga der Natur gewesen. Aber wir können die Natur bewußt studieren und wissenschaftlich das innere Arbeiten der Natur für unsere eigene Evolution anwenden, und wir können bewußt alles Leben zu einem bewußten Yoga machen. Sri Aurobindo sagt:

> Das wahre und ganze Ziel des Yoga, sein wahrer und ganzer Nutzen kann nur dann voll erfüllt werden, wenn der bewußte Yoga im Menschen ebenso wie der unbewußte Yoga in der Natur sich nach außen hin mit dem Leben trifft. Dann können wir wieder, im Blick auf den Weg und auf den Erfolg, in einem vollkommeneren, erleuchteteren Sinn sagen: „Alles Leben ist Yoga."[90]

Jedes System des Yoga wählt gewisse Aktivitäten der Natur aus, reinigt sie, entwickelt sie, vervollkommnet sie und erreicht einen Kontakt, eine Vereinigung mit dem Objekt, das an der Quelle dieser Aktivitäten steht. Jedes System wählt ein Instrument in unserem psychologischen Komplex, über das mit den auserwählten Aktivitäten umgegangen werden kann. Die Essenz eines jeden Systems ist die Methode der *Konzentration* auf das angeschaute Objekt; und durch diese Konzentration wird eine bewußte Beschleunigung der Evolution der Natur erreicht. So wählt Hatha Yoga den Körper und die vitalen Abläufe als sein Instrument der Perfektion und Realisation aus. Die Methode ist eine Konzentration und Anstrengung von Energie, freigesetzt durch *Asana* und *Pranayama* im äußeren und inneren Körper für ein Ziel der physischen Perfektion. Raja Yoga wählt das mentale Wesen in verschiedenen Teilen als seine Hebelkraft. Er bewirkt eine Veränderung im gewöhnlichen fließenden Mental durch den Prozeß von *Yama, Niyama, Asana, Pranayama, Pratyahara, Dharana, Dhyana* und *Samadhi*, so daß es ständig in einem festen Gleichgewicht wohnen kann und die Leuchtkraft des von ihm verfolgten Objektes ausstrahlen kann. Der dreifache Weg der Arbeit, der Liebe und des Wissens benützt einige Teile des mentalen Wesens, Willens, Herzens und Intellektes als Ausgangspunkt und sucht durch ihre Reinigung, Entwicklung und Vervollkommnung, befreiende Wahrheit, Schönheit und Unendlichkeit. Seine Methode ist ein direkter Umgang, ein direkter Kontakt, eine direkte Konzentration des menschlichen Individuums oder Purusha im individuellen Körper mit dem Göttlichen – der Purusha, der in jedem Körper wohnt und dennoch jede Form und jeden Namen überschreitet.

Die Analyse der Systeme des Yoga weist auf eine Lösung des Problems ihrer Synthese hin. Die Synthese, wie Sri Aurobindo erklärt, kann nicht durch eine Kombination dieser Systeme in Masse erreicht werden. Das ist weder möglich, noch wünschenswert, noch notwendig. Wie Sri Aurobindo aufzeigt, bedeutet Synthese auch nicht eine aufeinanderfolgende Ausübung verschiedener Systeme. Sie wird bewirkt, indem man über die Formen und das Äußere der yogischen Disziplinen hinwegsieht und eher das zentrale Prinzip, das allen gemeinsam ist, ergreift, und ihre besonderen Prinzipien auf dem richtigen Platz und in ihrer richtigen Proportion nützt. Während jedes System ein besonderer Prozeß der Konzentration ist, ist die Synthese des Yoga ein integraler Prozeß von *integraler Konzentration*; während jedes System eine Auswahl trifft unter den Tätigkeiten der Natur zur Reinigung und Vervollkommnung, ließe der integrale Yoga alle Aktivitäten der Natur zu für ihre Transformation und Perfektion; während jedes System auf ein spezielles Objekt oder Gleichgewicht oder Aspekt der Realität des Göttlichen ausgerichtet ist, wäre das Objekt des integralen Yoga eine Realisation des Integralen Göttlichen. Eine integrale Konzentration auf das integrale Göttliche durch das Ganze unseres Wesens für eine vollkommene Perfektion durch eine Vereinigung mit dem Göttlichen und seine Manifestation, das wäre die natürliche Formel des integralen Yoga. Mit Sri Aurobindos Worten:

> Die Methode, die wir anzuwenden haben, besteht also darin, unser ganzes bewußtes Wesen in Beziehung und in Kontakt mit dem Göttlichen Wesen zu bringen, und Gott anzurufen, daß Er unser ganzes Wesen in das Seinige umwandelt So wird in einem gewissen Sinne Gott selbst, die wahre Person in uns, zum sadhaka unserer sadhana[91] und bleibt doch auch der Meister des Yoga, der die niedrige Person in uns als Mittelpunkt für eine göttliche Umgestaltung und als Instrument für seine eigene Vervollkommnung verwendet.[92]

Im integralen Yoga benützt die Göttliche Macht in uns das ganze Leben als das Mittel für unsere Aufwärts-Evolution. Jede Erfahrung und jeder äußerer oder innere Kontakt mit unserer Welt-Umgebung, wie belanglos oder verheerend auch immer, wird als Gelegenheit oder Möglichkeit für das yogische Werk genutzt, und jede Erfahrung wird zu einem Schritt auf dem Weg zur Vervollkommnung.

So erkennen wir dann in uns selbst mit offenen Augen die Methode Gottes, wie Er mit der Welt umgeht: Seine Absicht, Licht zu schaffen, in dem, was verfinstert, Kraft in dem, was schwach und gefallen, und Seligkeit in dem, was leidvoll und elend ist. Wir erkennen, daß die göttliche Methode im niederen und höheren Wirken dieselbe ist. Nur wird sie in dem ersteren vom Unterbewußten in der Natur zögernd und im Dunkel durchgeführt, während sie im letzteren rasch und selbstbewußt wird, wenn das Instrument sich zur Hand des Meisters bekennt. Das ganze Leben ist ein Yoga der Natur, die Gott in ihrem eigenen Innern zu offenbaren sucht. Der Yoga stellt die Stufe dar, auf der dieses Bemühen im Individuum seiner selbst innewird und darum richtig zur Erfüllung kommen kann. Alle Vorgänge und Abläufe, die in der niederen Evolution verstreut und nur lose miteinander kombiniert sind, werden in der höheren gesammelt und konzentriert.[93]

In dieser integralen Methode wird eine integrale Realisation und Vervollkommnung vorgeschlagen: nicht nur die Realisation der Einheit im Selbst, sondern auch der Einheit in der unendlichen Verschiedenheit der Beschäftigungen, der Welt und Kreaturen, die

4. Sri Aurobindo und Mutter

vollkommene Harmonie der Ergebnisse der Erkenntnis, Liebe und Arbeit, die Vollkommenheit von Freiheit, Reinheit, Seligkeit und die Vollkommenheit von Geist und Seele.

Der integrale Yoga zielt auf eine integrale Transformation. Das Wort „Transformation" hat eine besondere Bedeutung in Sri Aurobindos Yoga. Es bedeutet weder etwas, das als Bekehrung in der Psychologie des religiösen Glaubens bekannt ist; noch bedeutet es eine innere Bekehrung, die als innerer Wandel zur Heiligkeit oder ethischen Vervollkommnung auftritt. Sogar das, was als yogische Siddhis der spirituellen Erfahrungen oder Realisationen wie Mukti oder Nirvana bekannt ist, bedeutet keine „Transformation". Wie Sri Aurobindo es in einem seiner Briefe erklärt:

> „Transformation" ist ein Wort, das ich selbst eingeführt habe (ebenso wie „Supramental"), um gewisse spirituelle Begriffe und spirituelle Fakten des integralen Yogas auszudrücken. Läuterung der Natur durch den „Einfluß" des Geistes ist nicht, was ich unter Transformation verstehe; Läuterung ist nur Teil eines psychischen Wandels oder eines psycho-spirituellen Wandels – zudem hat das Wort viele Bedeutungen und erhält sehr häufig eine moralische oder ethische Bedeutung, die meinem Zweck fern liegt. Was ich unter spiritueller Transformation verstehe, ist etwas Dynamisches (nicht bloß Befreiung des Selbstes oder Verwirklichung des Einen, was man sehr gut auch ohne jede Herabkunft erlangen kann). Es ist ein Annehmen des spirituellen, dynamischen ebenso wie statischen Bewußtseins in jedem Teil des Wesens bis herab zum Unterbewußten. Das läßt sich nicht durch den Einfluß des Selbstes vollbringen, das das Bewußtsein im wesentlichen beläßt, wie es ist, wobei nur die Läuterung, Erleuchtung von Mental und Herz und Stillung des Vitals erfolgen. Es bedeutet ein Herabbringen des göttlichen, statischen und dynamischen Bewußtseins in all diese Teile und das vollständige Ersetzen des gegenwärtigen Bewußtseins durch jenes. Dies finden wir unverhüllt und unvermischt oberhalb von Geist, Leben und Körper. Es ist die unleugbare Erfahrung vieler, daß dies herabkommen kann, und es ist meine Erfahrung, daß nichts weniger als seine *volle* Herabkunft den Schleier und die Mischung gründlich beseitigen und die volle spirituelle Transformation vollbringen kann ... Ich möchte hinzufügen, daß Transformation nicht das zentrale Anliegen anderer Pfade ist wie bei diesem Yoga – nur so viel Läuterung und Wandel

wird von denen gefordert, wie notwendig ist, um zur Befreiung und zum jenseitigen Leben zu gelangen.[94]

Die Transformation, nach der in Sri Aurobindos und Mutters Yoga gesucht wird, ist die der Natur oder Prakriti. Der Geist, der sich selbst offenbar ist, muß in der Natur manifestiert werden. Pakriti oder die Natur von *sattva*, *rajas* und *tamas* muß völlig durch die göttliche Natur, die supramentale Natur, transformiert werden, so daß die Natur selbst von ihren Begrenzungen befreit wird und der direkte und volle Ausdruck des göttlichen Supramentals ist. In der supramentalen Transformation der Natur geschieht nicht nur die Transzendierung der drei *gunas* der Natur (*sattva*, *rajas* und *tamas*), sondern die drei *gunas* selbst werden gereinigt, verfeinert und in ihre göttlichen Äquivalente gewandelt; *sattva* wird *jyoti*, das authentische spirituelle Licht; rajas wird tapas, die ruhig intensive, göttliche Kraft; *tamas* wird *shama*, göttliche Ruhe, Rast, Friede. Aber dies kann, Sir Aurobindo zufolge, in seiner Fülle im Physischen nur getan werden, wenn das physische Leben endgültig durch die supramentale Kraft transformiert ist.

Eine der ersten Fragen, die aufkamen, als Mutter Sri Aurobindo traf, war, ob sie Yoga betreiben und geradewegs bis zum Ende gehen sollten, ohne die anderen miteinzubeziehen, und sich nachher um sie zu kümmern, oder passende Individuen zu sich kommen zu lassen und sie mit auf das Abenteuer des Yoga zu nehmen. Wie sie viel später erklärte:

> Ehrlich gesagt, war es die erste Frage, die aufkam, als ich Sri Aurobindo traf: sollten wir den Yoga ausüben und geradewegs bis zum Ende gehen, und uns dann nachher um die anderen kümmern, oder sollten wir sofort alle, die eine identische Aspiration haben, zu uns kommen lassen und gemeinsam zum Ziel gehen?... Beide Möglichkeiten waren da: entweder eine intensive individuelle Sadhana auszuüben, indem wir uns von der Welt zurückzögen und keinen Kontakt mehr mit den anderen hätten, oder aber sich eine Gruppe auf natürliche und spontane Weise formen zu lassen, ohne sie davon abzuhalten sich zu formen, und sich dann alle zusammen auf den Weg zu machen.[95]

Aber das Ziel des Yoga war kein individuelles Heil; das Ziel war allumfassend, sogar kosmisch. Und wie Mutter Jahre später erklärte, kein Individuum, so groß es auch sein mag, kann allein eine kollektive Realisation erreichen. Eine repräsentative Kollektivität ist – mindestens – nötig. Hier handelte es sich um einen Yoga der bewußten Evolution, und es wurde ein evolutionäres Labor gebraucht. So, wie früher erwähnt, wurde damit begonnen ein Ashram zu bilden aus einem Nukleus von wenigen, die sich schon Sri Aurobindo seit seiner Ankunft in Pondicherry angeschlossen hatten. Später schlossen sich Hunderte an, und so baute man eine kleine repräsentative Welt, bestehend aus Exemplaren jeden Typs des menschlichen Bewußtseins und menschlicher Entwicklung. Diese kollektive Formation war eine Art spontane Entwicklung. Mit Mutters Worten:

> Die Entscheidung war keineswegs eine mentale Wahl; sie kam spontan. Die Umstände waren so, daß es keine Wahl gab; mit anderen Worten, die Gruppe bildete sich sehr natürlich und spontan als eine zwingende Notwendigkeit.
> Und wenn es in dieser Richtung beginnt, steht es außer Frage umzukehren – du mußt geradewegs bis zum Ende gehen.[96]

Der Yoga von Sri Aurobindo und der Mutter ist in der Tat ein Programm des yogischen Forschens. So soll es auch sein. Denn Yoga ist kein geschlossenes Buch. Er ist keine Sammlung von Offenbarungen, die ein für alle Mal gemacht wurden, nicht nachprüfbar und unübertrefflich. Er ist keine Religion; er ist eine fortschreitende Wissenschaft, mit ihrem sich immer erweiternden Suchen; seine Methoden sind nicht nur intuitiv, sondern schließen auch mutiges Experimentieren und rigorose Verifizierung mit ein durch Mittel von *beständiger Erfahrung* und zum Schluß sogar von physischer Wandlung und Transformation. Mit dieser Geisteshaltung erprobten Sri Aurobindo und Mutter Tag und Nacht über Jahrzehnte ihre Erfahrungen und Ergebnisse. Ihr Programm von yogischem Forschen umfaßte alle Lebensbereiche, alle Kulturaspekte und gelangte zu einer Synthese des Yoga, die auf der Entdeckung des Supramentals basierte, und zu einer immer wachsenden methodischen Disziplin der Umwandlung des Menschen und der eventuellen Transformation in eine neue Art führte.

Gerade diese Entdeckung bildet die Basis für die Behauptung, daß „spirituelle Befreiung" oder Mukti nicht das höchste Ziel für den Menschen auf Erden ist, und daß von der verborgenen Absicht der „evolutionären Natur" zwingend ein weiteres Ziel verlangt wird.

Nicht nur die Befreiung des Geistes von der Natur, sondern auch die Befreiung der Natur selbst von ihren Begrenzungen durch eine radikale Transformation; keine Flucht in die akosmische statische Realität eines gestaltlosen Nirvanas oder in überirdische Ebenen himmlischer Existenz, sondern die Errichtung des Königreiches des Geistes auf Erden; nicht nur eine individuelle Errungenschaft, sondern eine kollektive auf Erden; nicht nur die Realisation des Göttlichen, sondern die Realisation des integralen Göttlichen und seine integrale Manifestation im physischen Leben – das ist das Ziel, das nach Sri Aurobindo und der Mutter von uns verlangt wird, und das nur erfüllt werden kann durch den Herabstieg und die Manifestation des Supramentals.

In der Tat gibt es einen aufsteigenden Weg, der uns durch verschiedene Prozesse oder durch die Kombination von verschiedenen Prozessen zu immer höheren Ebenen des Bewußtseins bringt. Dann gibt es den herabsteigenden Weg, um die höheren Bewußtseinsebenen, inbegriffen das Supramental, auf die niederen Ebenen der Materie geradewegs zum Niedrigsten, zum Unbewußten, herabzubringen, um die Transformation herbeizuführen. Über diese Wege sprechend sagt Mutter:

> Solange man auf dem aufsteigenden Weg bleibt, ist die Arbeit relativ leicht. Diesen Weg hatte ich bereits zu Beginn des Jahrhunderts durchlaufen und eine ständige Beziehung zum Höchsten geschaffen, zu Dem, was jenseits des Persönlichen, jenseits der Götter und allen äußeren Ausdrucksweisen des Göttlichen, aber auch jenseits des Absoluten Unpersönlichen liegt. Das kann man aber nicht beschreiben: man muß die Erfahrung selber machen. Und genau das muß in die Materie herabgebracht werden. Darin besteht der absteigende Weg, der, den ich mit Sri Aurobindo begann; und dort ist die Arbeit immens.
>
> Bis zu den mentalen und vitalen Ebenen kann man es noch herabbringen (obwohl Sri Aurobindo sagte, bereits beim Mental würde es Tausende Leben benötigen, wenn man nicht eine vollkommene Hingabe praktiziert. Mit Sri Aurobindo drangen wir bis unterhalb der Materie hinab, bis ins Unterbewußte und sogar ins Unbewußte. Doch nach dem Hinabstieg kommt die Transformation, und wenn es an den Körper geht, wenn man ihn auch nur einen Schritt voranbringen will – nicht einmal einen ganzen

Schritt, nur einen winzigen Schritt! –, dann knirscht alles: es ist als setzte man den Fuß in einen Ameisenhaufen ...
Der Weg ist schwer.
Diese Arbeit am Körper hätte ich schon vor dreißig Jahren beginnen können, doch ich wurde ständig in das aufreibende Ashramleben verwickelt ... Man kann nicht sagen, ich hätte dreißig Jahre verloren, denn vor dreißig Jahren, selbst wenn ich es gekonnt hätte, wäre diese Arbeit wahrscheinlich verfrüht gewesen. Auch das Bewußtsein der anderen mußte sich entwickeln – die beiden Fortschritte hängen zusammen, der individuelle Fortschritt und der kollektive Fortschritt, der eine kann nicht vorankommen, wenn der andere nicht vorangeht.[97]

Die Worte „Aufstieg" und „Abstieg" haben eine relative Bedeutung – relativ zu unserer gegenwärtigen Verfassung und unserem Bewußtseinszustand. Aber wie Mutter erklärt:

Wenn die Grenze einmal überschritten ist, gibt es keinen „Aufstieg" und „Abstieg" mehr. Nur zu Beginn, wenn man das irdische Bewußtsein verläßt und in das höhere Mental aufsteigt, hat man das Gefühl aufzusteigen. Sobald man das hinter sich läßt, gibt es diesen Begriff des Aufstiegs nicht mehr: man hat statt dessen das Empfinden einer Art innerer Transformation.[98]

* * * In seinem magnum opus, *Das Göttliche Leben* erklärte Sri Aurobindo ausführlich die Philosophie des Aufsteigens und Absteigens im Zusammenhang mit spiritueller Evolution und lieferte eine detaillierte Darlegung des ganzen Prozesses der integralen Transformation, bestehend aus einer dreifachen Transformation, der psychischen, der spirituellen und der supramentalen.

Sri Aurobindo verwendet das Wort „psychisch" im griechischen Sinn, in dem es nicht nur die inneren psychologischen Kräfte bezeichnet, sondern für die innerste Seele steht. Das psychische Wesen ist nach Sri Aurobindo die wahre Seele, die heimlich in uns verborgen liegt, abgeschirmt von Körper, Leben und Geist, und ihre Gegenwart brennt im Tempel des innersten Herzens. Es ist die Flamme Gottes, immer angezündet in uns, unauslöschlich, sogar von dem dichten Unbewußten, das unsere äußere Natur verdüstert. Gerade diese psychische Wesenheit bringt allmählich eine psychische Persönlichkeit in den Vordergrund, die sich verwandelt, wächst und sich entwickelt. Zuerst kann das psychische Wesen nur eine verborgene, teilweise und indirekte Aktion durch das Mental, das Leben und den Körper ausüben, denn es erlaubt diesen Teilen der Natur sich als Instrumente seines Selbstausdruckes zu entwickeln. Aber zu gegebener Zeit kann es in den Vordergrund treten und unser ganzes Wachstum leiten, innerlich wie äußerlich. Mit Sri Aurobindos Worten:

> Diese verborgene psychische Wesenheit ist das wahre ursprüngliche Gewissen in uns, tiefer als das konstruierte und konventionelle Gewissen des Moralisten, denn dieses allein weist stets hin auf Wahrheit, Recht und Schönheit, auf Liebe und Harmonie, auf alles, was göttliche Möglichkeit in uns ist. Es wirkt fort, bis uns diese Dinge zum Hauptbedürfnis unserer Natur werden. Die psychische Personalität blüht in uns auf als der Heilige, der Weise, der Seher. Wenn sie ihre stärkste Entfaltung erreicht, wendet sie das Wesen der Erkenntnis des Selbst und des Göttlichen Wesens zu, der höchsten Wahrheit, dem erhabenen Guten, der äußersten Schönheit, Liebe und Wonne, den göttlichen Höhen und Weiten. Sie öffnet uns für die unmittelbare Erfahrung spiritueller Sympathie, Universalität, Einheit.[99]

Das Aktivwerden der psychischen Person ist eine wichtige Stufe in Sri Aurobindos Yoga. Dann beginnt sie offen und gänzlich unsere äußere Natur des Geistes, Lebens und Körpers zu leiten, und diese können zu manifestierten Seelenbilder des Wahren, Richtigen und Schönen werden, und schließlich kann die ganze Natur dem wirklichen Ziel des Lebens zugewendet werden, dem Höchsten Sieg. Eine Transformation von Geist, Leben und Körper wird durch die Gegenwart und die Mächte des psychischen Wesens bewirkt. Der Prozeß kann schnell oder langsam sein, entsprechend dem Widerstand unserer entwickelten Natur. Aber letztlich wird jeder Teil des Wesens durch die immer größere Infusion des psychischen Lichts beseelt. Wie Sri Aurobindo es beschreibt:

> Jeder Bereich des Wesens, jeder Winkel, jede Ecke wird mit dem irrtumsfreien psychischen Licht aufgehellt, jede Bewegung, Gestaltung, Richtung, Neigung von Denken und Wollen, Gefühl und Empfindung, Wirkung und Gegenwirkung, Motiv und Planung, Neigung und Begehren, Gewohnheit des bewußten und unterbewußten Physischen, selbst das, was am meisten verborgen, getarnt, stumm und entlegen ist. Ihre Verwirrungen werden

zerstreut, ihre Verstrickungen aufgelöst, ihre Unklarheiten, Täuschungen und Selbst-Täuschungen genau aufgezeigt und beseitigt. Alles wird geläutert und in Ordnung gebracht; die ganze Natur wird harmonisiert, auf die psychische Note abgestimmt und spirituell geordnet.[100]

Die psychische Transformation ist die unerläßliche Bedingung für die totale Transformation unserer Existenz, aber das ist nicht alles, was für die größte spirituelle Umwandlung nötig ist. Wie Sri Aurobindo erklärt:

> Die individuelle Seele kann sich zwar anfänglich in der Natur für die verborgenen göttlichen Bereiche unseres Wesens öffnen und deren Licht, Macht und Erfahrung empfangen und reflektieren. Dann ist aber für uns spirituelle Transformation von oben nötig, damit wir unser Selbst in seiner Universalität und Transzendenz besitzen können. Das psychische Wesen könnte auf einer gewissen Stufe damit zufrieden sein, daß es aus eigener Kraft eine Gestaltung des Wahren, Guten und Schönen erschafft und dort zunächst stehenbleibt. Auf einer weiteren Stufe könnte es sich passiv dem Welt-Selbst als ein Spiegel des universalen Seins, Bewußtseins, seiner Macht und Seligkeit unterordnen, würde aber nicht voll an ihnen teilnehmen und sie besitzen.[101]

Während das Psychische das tiefste und innerste Wesen in uns ist, ist das Spirituelle das *höhere* und *transzendentale*. Während das psychische Leben das unsterbliche Leben ist, endlose Zeit, grenzenloser Raum, immer progressiver Wechsel, ununterbrochene Beständigkeit in der Welt der Formen, bedeutet das spirituelle Bewußtsein dagegen, in der Unendlichkeit und Ewigkeit zu leben, sich selbst außerhalb jeder Schöpfung zu versetzen, jenseits von Raum und Zeit. Wenn wir tiefer hinter das Mental gehen, gelangen wir in das Feld des Psychischen, wenn wir über das Mental hinausgehen, kommen wir in das Gebiet der spirituellen Erfahrungen des transzendentalen Selbst oder des weiten kosmischen Bewußtseins oder des Einen und Höchsten als Erhalter von Raum und Zeit.

Zum Zweck der Transformation ist es in Sri Aurobindos Yoga nicht einmal genug diese spirituellen Erfahrungen und Realisationen zu haben. Die Realisationen des Einen und der Einheit des Kosmischen und Transzendentalen Friedens, Wissens, Macht, Glückseligkeit, –

diese müssen in unserer dynamischen Natur ausgedrückt werden. Und dafür muß es nach Sri Aurobindo, einen Aufstieg in Ebenen der höheren dynamischen Aktion und einen Herbstieg der Mächte dieser Ebenen in unseren Geist, Leben und Körper geben. Diese Ebenen gehören dem Höheren Mental, dem Erleuchteten Mental, dem Intuitiven Mental und dem Übermental an. Gerade dieser Prozeß wird in Sri Aurobindos Yoga der Prozeß der spirituellen Transformation genannt.

Dieser Prozeß ist äußerst komplex, und es ist unmöglich hier eine Vorstellung davon zu geben. Sri Aurobindo hat ausführlich über dieses Thema geschrieben[102], aber in dem folgenden Abschnitt aus einem seiner Briefe haben wir einen Hinweis auf diesen Prozeß:

> Das Selbst leitet die Vielfalt seiner Schöpfung durch seine Einheit auf allen Ebenen, vom Höheren Mental aufwärts, auf denen die Realisation des Einen die natürliche Basis des Bewußtseins ist. Aber wenn man höher steigt, ändert sich die Sicht, ändert sich die Macht des Bewußtseins, und das Licht wird intensiver und machtvoller. Wenn auch die statische Realisation des Unendlichen und der Ewigkeit und des zeitlosen Einen, dieselbe bleibt, wird die Sicht der Handlungen des Einen immer weiter und wird mit größerer Wirksamkeit der Kraft ausgeführt und mit einem umfassenderen Verständnis, dessen, was erkannt und getan werden muß. Alle möglichen Formen und Konstruktionen von Dingen werden mehr und mehr sichtbar, und auf ihren richtigen Platz gestellt, brauchbar gemacht. Ferner wird das, was im höheren Mental Gedanken-Wissen ist, im erleuchteten Mental zu Erleuchtung und in der Intuition zur direkten intimen Vision. Aber die Intuition sieht in Blitzen und kombiniert durch ein ständiges Spiel von Licht – durch Offenbarungen, Inspirationen, Intuitionen, schnellen Unterscheidungen. Das Obermental sieht ruhig, beständig, in großen Umfängen und weiten Ausmaßen von Zeit und Raum und Beziehung, global; es schafft und handelt auf dieselbe Weise – es ist die Welt der großen Götter, der göttlichen Schöpfer. Nur schafft jeder auf seine eigene Weise; er sieht alles, aber sieht alles von seinem eigenen Gesichtspunkt. Es besteht nicht die absolute supramentale Harmonie und Gewißheit. Dies, unzureichend ausgedrückt, sind einige der Unterschiede. Ich spreche natürlich über diese Ebenen in sich selbst – wenn sie auf der menschlichen Ebene wirken, sind sie notwendigerweise sehr vermindert in ihrem Han-

deln, denn sie hängen von der menschlichen Instrumentalisierung des Mentals, des Vital und des Physischen ab. Nur wenn diese zum Schweigen gebracht sind, bekommen sie vollere Kraft und offenbaren ihren Charakter mehr.[103]

Der Herabstieg des Übermental und die folgende Transformation der niederen Instrumente des Geistes, Lebens, Körpers und des Unbewußten markieren eine weitere entscheidende Stufe in Sri Aurobindos Yoga. Es ist die endgültige vollendende Bewegung dessen, was Sri Aurobindo dynamische spirituelle Transformation nannte. Dennoch ergeben sich aus Status und Macht des Übermentals gewisse Gründe, die es nicht zur endgültigen Möglichkeit der spirituellen Evolution werden lassen. Wie Sri Aurobindo erklärt:

> In der irdischen Evolution selbst könnte die Herabkunft des Übermentals die Unbewußtheit nicht völlig transformieren. Es könnte allein in jedem Menschen, den es berührt, dessen ganzes bewußtes inneres und äußeres, personales und universal apersonales Wesen in die eigene übermentale Substanz verwandeln und diese der Unwissenheit aufdrängen, um sie so in die kosmische Wahrheit und Erkenntnis zu versetzen. Eine Basis von Unwissenheit würde jedoch bleiben. Das wäre, als ob die Sonne und ihr System in die ursprüngliche Finsternis des Raumes hinausstrahlen und, soweit ihre Strahlen reichen könnten, alles erleuchten sollte. Dann würden alle, die im Licht wohnen, das Gefühl haben, es gebe in ihrer ganzen Daseins-Erfahrung keine Finsternis. Außerhalb dieser Sphäre bzw. außerhalb des Bereiches dieser Erfahrung würde aber die ursprüngliche Dunkelheit noch bestehen und könnte, da in einer Übermental-Struktur alle Dinge möglich sind, wieder in die Insel des Lichts, die in ihrem Bereich erschaffen wurde, eindringen. Da aber das Übermental mit verschiedenen Möglichkeiten umgeht, wäre es seiner Natur gemäß, wenn es die gesonderte Möglichkeit einer, mehrerer oder zahlreicher dynamisch spiritueller Ausdrucksformen bis zum äußersten entwickeln, verschiedene Möglichkeiten kombinieren oder miteinander in Einklang bringen würde. Das würde aber innerhalb der ursprünglichen irdischen Schöpfung eine Schöpfung oder eine Anzahl von Schöpfungen bedeuten, von denen jede in ihrem gesonderten Dasein etwas Vollendetes wäre. Es gäbe den entwickelten spirituellen Einzelnen. Es könnte sich auch eine

spirituelle Gemeinschaft oder Gemeinschaften in der gleichen Welt nebeneinander entwickeln wie der mentale Mensch und das vitale Tierwesen. Beide würde aber ihre unabhängige Existenz in einer lockeren gegenseitigen Beziehung innerhalb der irdischen Formel ausarbeiten. Dort wäre noch nicht die höchste Macht des Prinzips der Einheit wirksam, das alle Unterschiedlichkeiten zu sich emporninmt und nur als Teile der Einheit beherrscht, wie es nach dem Gesetz des neuen evolutionären Bewußtseins sein muß. Auch wäre durch eine nur so weit reichende Evolution noch keine Garantie gegen den herabziehenden Zwang oder die Gravitation der Unbewußtheit gegeben, die alle Gestaltungen auflöst, die Leben und Mental in ihr bilden. Sie verschlingt wieder alle Dinge, die aus ihr entstehen oder ihr auferlegt sind, und zersetzt sie in ihre ursprüngliche Materie. Die Befreiung von dem Herabziehen der Unterbewußtheit und eine sichere Grundlage für die fortdauernde göttliche oder gnostische Evolution würde nur erlangt, wenn das Supramental in die irdische Formel herabkommt, in sie das höchste Gesetz, das Licht und die Dynamik des Geistes hineinbringt, sie mit ihm durchdringt und die Unterbewußtheit der materiellen Basis transformiert. Darum muß auf dieser Stufe der evolutionären Natur ein Übergang vom Übermental zum Supramental und eine Herabkunft des Supramental eingreifen.[104]

Nur die Supramentale Kraft kann, nach Sri Aurobindo, völlig die Schwierigkeit des Widerstandes des Unbewußten überwinden. Nur das leuchtende Supramental und sein souveräner Befehl kann in das Unbewußte hinabsteigen, ohne Verminderung seiner allmächtigen Macht und so das Unbewußte verdrängen oder völlig durchdringen und in es selbst transformieren.

Nur das Supramental, schreibt Sri Aurobindo, kann derart herabkommen, ohne seine volle Wirkungskraft zu verlieren. Denn sein Wirken ist immer wesentlich wahr und vom Selbst bestimmt. Sein Wissen und sein Wille sind identisch. Das Ergebnis ist entsprechend; Seine Natur ist zielsicheres Wahrheits-Bewußtsein. Begrenzt es sich selbst oder sein Wirken, so geschieht das durch eigene Entscheidung und Absicht, nicht unter Zwang. Innerhalb der selbst gewählten Grenzen sind sein Wirken und die Ergebnisse seines Wirkens harmonisch und unvermeidlich ...

4. Sri Aurobindo und Mutter

> Die ganze radikale Umwandlung in der Evolution von der Basis der Unwissenheit zur Basis des Wissens kann nur durch das Eingreifen der supramentalen Macht und durch ihr unmittelbares Einwirken auf das Erden-Dasein vollzogen werden.[105]

Die Ergebnisse des Herabsteigens des Supramentals auf die Erde und die folgende supramentale Transformation des Geistes, Lebens und Körpers und des Unbewußten würden eine entscheidende Stufe im evolutionären Prozeß markieren. Es wäre die Mutation der menschlichen Rasse in das, was Sri Aurobindo als „gnostische" Spezies bezeichnete. Es würde einen Schritt bedeuten, der sogar den menschlichen Körper, seine Struktur und das Prinzip seines Funktionierens radikal ändern würde. Es würde die Erscheinung eines, wie Sri Aurobindo es nannte, göttlichen Körpers, einer ewig-jungen physischen Hülle des unverschleierten Geistes, bedeuten.

* * *

Als Mutter von Japan zurückkam, begann sie mit Sri Aurobindo zu arbeiten. Zu der Zeit hatte Sri Aurobindo das supramentale Licht in die mentale Welt herabgebracht und versuchte das Mental zu transformieren. Mit Mutters Worten:

> Als ich von Japan zurückkehrte und wir zusammen zu arbeiten begannen, hatte er bereits das supramentale Licht in die mentale Welt gebracht und wollte das Mental transformieren. Er bemerkte: „Seltsam, das ist eine endlose Arbeit! Man hat den Eindruck, nichts ist getan – oder alles ist getan, und alles muß ständig von neuem getan werden." Da erklärte ich ihm meinen Eindruck, der von den früheren Erfahrungen stammte: „Das wird solange so sein, bis wir den Boden erreichen." Anstatt weiter im Mental zu arbeiten (das heißt ich machte die Erfahrungen sozusagen praktisch, während er sie nur im Bewußtsein hatte und sein Körper nicht daran teilnahm – mein Körper hingegen war immer Teil der Erfahrungen), ließen wir deshalb das Mental, wie es war, das heißt im vollen Licht aber nicht endgültig transformiert, und gingen beide fast sofort vom Mental weiter hinab ins Vital (das geschah innerhalb von ein oder zwei Tagen) und von dort ziemlich schnell noch tiefer.
>
> Etwas recht sonderbares geschah, als wir im Vital waren: mein Körper wurde plötzlich wieder so, wie er mit achtzehn Jahren war!... Ein Schüler von Tagore namens Pearson, der vier Jahre mit

uns in Japan gelebt hatte, kehrte nach Indien zurück und besuchte mich hier in Pondicherry[106]. Als er mich sah, war er völlig verdutzt: „Was ist denn mit Ihnen geschehen!" Er konnte mich kaum wiedererkennen. Damals wurden mir gerade aus Frankreich alte Fotos geschickt, und Sri Aurobindo sah eines, wo ich achtzehn war – er sagte mir: „Aber genau! So siehst du jetzt aus." Meine Haare waren anders gekämmt, aber ansonsten war ich wieder achtzehn geworden!

Das blieb einige Monate. Dann gingen wir ins Physische hinab, und dort begannen all die Schwierigkeiten.[107] Wir blieben aber nicht im Physischen, sondern gingen noch tiefer ins Unterbewußte und von dort ins Unbewußte. Dort arbeiteten wir. Erst als ich ins Unbewußte hinabstieg, entdeckte ich dort inmitten der Dunkelheit die Göttliche Gegenwart.

Das war nicht das erste Mal, denn als ich in Tlemcen mit Theon arbeitete (bei meinem zweiten Aufenthalt dort), stieg ich einmal dort hinab (das war, als er wollte, daß ich das Mantra des Lebens finde). Ich ging in das vollkommene, nicht-individualisierte Unbewußte, das heißt im allgemeinen totales Unbewußtsein. Dort befand ich mich plötzlich vor einer Öffnung, wie eine Grotte, die sich auftat (es war natürlich nur „so ähnlich"), und dort sah ich ein Wesen von regenbogenfarbigem Licht, das mit dem Kopf auf seiner Hand ruhend schlief. Alles Licht um es herum war regenbogenfarbig. Als ich Theon beschrieb, was ich sah, sagte er mir, es wäre „der immanente Gott in der Tiefe des Unbewußten", der das Unbewußte durch seine Strahlen langsam zum Bewußtsein erweckte.

Dort ereignete sich ein ziemlich bemerkenswertes Phänomen: als ich es sah, schlug es die Augen auf – es erwachte. Damit brachte es zum Ausdruck, daß die bewußte, wache Aktion beginnt.

Die Erfahrung, sich des Göttlichen im Unbewußten bewußt zu werden, kann man ziemlich schnell erreichen (eigentlich, meine ich, müßte man sie erlangen können, sobald man das Göttliche in sich selbst gefunden hat). Aber verleiht euch das die Kraft, DIREKT ZU TRANSFORMIEREN? Gibt die Verbindung des Höchsten Bewußten mit dem Unbewußten (denn das ist die Erfahrung) die Macht, das Unbewußte direkt und ohne Zwischenstufen zu transformieren? – Ich glaube es nicht. Diese Erfahrung hatte ich einfach nicht. Hätte all das, was jetzt geschieht, wie ich es beschrieb, geschehen können, wenn ich nicht all die anderen Erfahrungen hinter mir hätte? – Ich weiß es nicht, ich kann es nicht sagen.

Eines ist jedoch gewiß, und zwar: sobald man über die irdische Atmosphäre hinausgeht und jenseits des „höchsten" höheren Mentals steht, verschwindet das Gefühl von „oben" und „unten" gänzlich. Es finden nur noch innere Umkehrungen statt *(Mutter wendet ihre Hand)*, aber keine Bewegung des Auf- und Abstiegs.

> Indem man sich durch einen graduellen Aufstieg zum Gipfel des Bewußtseins erhebt … vereinigt man sich mit dem Supramental. Aber sobald die Vereinigung vollbracht ist, weiß man und sieht man, daß das Supramental auch im Herzen des Unbewußten liegt. So wird einem die Erfahrung zuteil, daß es weder Hohes noch Tiefes gibt. Um aber die physische Natur zu transformieren, läßt sich im ALLGEMEINEN … die Transformation dadurch in dauerhafter Weise vollziehen, daß man mit einem supramentalisierten Bewußtsein wieder die Stufen des Wesens HERABKOMMT. (Man kann die Erfahrung auf alle möglichen Arten machen, aber was WIR suchen und was Sri Aurobindo beschreibt, ist eine Änderung, die nicht wieder verschwindet, die fortbesteht und ebenso dauerhaft ist wie die gegenwärtigen irdischen Verhältnisse …)[108]

Diese dauerhafte Transformation macht den Herabstieg in das Unbewußte mit der Macht des Supramentals nötig. Notwendigerweise dauert der Prozeß lange aufgrund des Widerstandes der niederen Bewußtseinsebenen, besonders von Materie, Unterbewußtem und Unbewußtem, und es gibt mehrere Stufen. Höhere und höhere Stufen des Bewußtseins mußten in der Materie festgelegt werden. Im Jahr 1926 war das Übermental in die Materie herabgebracht worden, und eine übermentale Schöpfung kam in Sicht. Etwas Wichtiges wurde ausgearbeitet. Wie Mutter erklärt:

> Es war 1926, da begann ich eine Art Erschaffung des Overmind [Übermental], das heißt, ich ließ den Overmind in die Materie, auf die Erde herabkommen und begann all das vorzubereiten (Wunder begannen sich zu ereignen und alle möglichen Dinge). Da bat ich diese Götter, sich zu inkarnieren, sich mit einem Körper zu identifizieren (manche lehnten es kategorisch ab), aber ich sah mit meinen eigenen Augen, wie Krishna, der immer mit Sri Aurobindo in Beziehung stand, zustimmte, in dessen Körper zu kommen. Das

geschah an einem 24. November. Es war der Anfang von „Mother"[109].

Ja, ich wollte dich schon fragen, was es mit der Verwirklichung von 1926 auf sich hatte?

Das war es: Krishna stimmte zu, in Sri Aurobindos Körper herabzukommen – sich dort NIEDERZULASSEN, verstehst du (es ist ein großer Unterschied, ob man sich inkarniert und niederläßt oder nur einen Einfluß ausübt, der kommt und geht, der wechselt). Die Götter wechseln ständig. Wir selbst, in unserem inneren Wesen, gehen, kommen, handeln an hundert oder tausend Plätzen zur selben Zeit, das ist offensichtlich. Es ist ein Unterschied, ob man bereit ist, in einer dauerhaften Weise an einen Körper gebunden zu sein oder einfach nach Belieben zu kommen – zwischen einem andauernden Einfluß und einer dauerhaften Gegenwart.

Diese Dinge versteht man erst mit der Erfahrung.

In welcher Hinsicht bezeichnete diese Verwirklichung eine Wende in Sri Aurobindos Sadhana?

Nein, das war ein wichtiges Phänomen FÜR DIE SCHÖPFUNG. Für ihn war es ziemlich gleichgültig. Ich sagte es ihm nur. Von diesem Moment an beschloß er, sich zurückzuziehen und sich nicht mehr um die Angelegenheiten der Leute zu kümmern. Er rief alle, es gab eine letzte Versammlung (denn er ging jeden Tag heraus, traf alle, die ihn zu sehen kamen, plauderte mit ihnen ... Ich sah niemanden, ich wohnte in den inneren Zimmern. Er kam auf die Veranda heraus, sah alle, empfing die Leute, sprach, diskutierte, etc., und erst als er zurückkam, sah ich ihn.

Aber nach einiger Zeit hielt ich auch Meditationen mit den Leuten ab. (Ich hatte diese „übermentale Schöpfung" angefangen, jeden Gott in ein Wesen herabsteigen zu lassen: es war eine außerordentliche aufsteigende Kurve!) Ich war also in Beziehung mit all diesen Wesen, da sagte ich Krishna (denn ich sah ihn immer um Sri Aurobindo herum): „Das ist sehr freundlich, aber jetzt will ich eine Schöpfung auf der Erde: Inkaniere dich!" Er stimmte zu. Ich sah mit eigenen Augen (natürlich mit meinen inneren Augen), wie er sich mit Sri Aurobindo verband.

Da ging ich in Sri Aurobindos Zimmer und sagte ihm: „Dies sah ich". Er antwortete mir: Yes I know! – „Ja, ich weiß" – *(Mutter lacht)*, und er sagte: „Gut, ich fasse den Entschluß, mich zurück-

zuziehen, und du übernimmst die Verantwortung für die Leute."
(Es waren ungefähr dreißig.) Dann rief er alle und hielt eine letzte
Zusammenkunft. Er setzte sich (mich ließ er an seiner Seite sitzen)
und sagte den Leuten: „Ich habe euch herbeigerufen, um euch mitzuteilen, daß ich mich von heute an für meine Sadhana zurückziehe und Mutter die Verantwortung für alle übernehmen wird:
an sie müßt ihr euch wenden, sie wird mich vertreten, sie wird die
ganze Arbeit tun." – Mir hatte er nichts gesagt! *(Mutter lacht sehr)*

Es waren alles enge Vertraute, die immer sehr direkt mit
Sri Aurobindo verkehrt hatten, und sie fragten: „Aber warum –
warum – warum?" Er antwortete: „Man wird es euch erklären."
Ich hatte nicht die geringste Absicht, irgend etwas zu erklären,
und zog mich mit ihm zurück, aber Datta (eine Engländerin, die
mit mir von Europa gekommen war und die bis zu ihrem Tode
hier blieb – sie hatte gewisse Inspirationen) gab eine Erklärung ab.
Als ich mit Sri Aurobindo das Zimmer verließ, begann sie zu sprechen. Sie sagte, daß sie Sri Aurobindo durch sich sprechen spüre,
und sie erklärte alles: daß Krishna sich inkarniert hätte und Sri
Aurobindo von diesem Moment an eine intensive Sadhana für die
Herabkunft des Supramentals auf die Erde machen werde, daß es
wie eine Zustimmung Krishnas zur Herabkunft des Supramentals
auf die Erde sei. Und da Sri Aurobindo damit beschäftigt sein
würde, könnte er sich nicht um die Leute kümmern, die er somit
unter meine Obhut stellte, daß ich diese Arbeit übernähme.

Das war 1926.

Es war nur ... (wie soll ich sagen?) Krishnas Teilnahme. Aber
für Sri Aurobindo persönlich machte es keinen Unterschied: eine
Formation aus der Vergangenheit akzeptierte, an der gegenwärtigen Schöpfung teilzunehmen, nicht mehr. Eine Herabkunft des
Höchsten aus früherer Zeit stimmte zu, an der neuen Manifestation teilzunehmen.

Shiva hingegen lehnte ab. Er sagte: „Nein. Wenn deine Arbeit
beendet ist, werde ich kommen – nicht in eine Welt, wie sie jetzt
ist. Aber ich will gerne helfen." Er hielt sich an dem Tag dort im
Zimmer auf – er war so groß *(lachend)*, daß sein Kopf die Decke
berührte! – mit seinem besonderen Licht, das ein Spiel von Gold
und Rot ist: ungeheuer, ein ungeheures Wesen! Ich erhob mich
und ... (es war, als manifestierte er sein höchstes Bewußtsein) ich
stand aufrecht und ... (wahrscheinlich mußte ich auch sehr groß
geworden sein, denn mein Kopf war auf der Höhe seiner Schulter,

knapp unter seinem Kopf – ich war also auch ziemlich groß). In dem Moment sagte er mir (natürlich nicht mit Worten): „Nein, ich will mich nicht an einen Körper binden, aber ich gebe dir ALLES, was du von mir haben willst". Ich sagte ihm nur: „Ich möchte kein physisches Ego mehr haben."

Nun *(lachend)*, es geschah! Außerordentlich!... Nach einiger Zeit ging ich zu Sri Aurobindo und sagte ihm: „Dies ist geschehen. Ich habe ein seltsames Gefühl *(lachend)*, als ob es nicht mehr zusammenhielte, die Zellen halten nicht mehr zusammen! Sie werden sich zerstreuen!" Da sah er mich an, lachte und sagte: „Noch nicht." Not yet. Und diese Wirkung verschwand.

Aber Shiva hatte mir wirklich gegeben, was ich wollte!

Not yet, sagte Sri Aurobindo.

Nein, es fehlte die Bereitschaft, es war zu früh, viel zu früh.[110]

Was die übermentale Schöpfung betraf, in der Mutter verschiedene Götter gebeten hatte, sich zu inkarnieren, sich mit einem Körper zu identifizieren, begannen tatsächlich die Götter sich zu manifestieren. Aber wie Mutter erklärt:

Zu guter Letzt sagte mir Sri Aurobindo: „Aber das ist eine übermentale Verwirklichung, es ist nicht die Wahrheit." Er sagte wörtlich: „Ja, das ist eine übermentale Schöpfung, aber es ist nicht die Wahrheit, die wir wollen. Es ist nicht die Wahrheit, the highest truth – es ist nicht die höchste Wahrheit."

Ich sagte nichts, kein Wort: In einer halben Stunde hatte ich alles wieder aufgelöst – ich baute alles ab, baute wirklich alles ab, zertrennte die Verbindung zwischen den Göttern und den Menschen und zerstörte alles, alles. Denn ich wußte, solange das vorhanden war, schien es so attraktiv (man sah die ganze Zeit die erstaunlichsten Dinge), daß man versucht gewesen wäre, damit fortzufahren, und gesagt hätte: Wir werden Verbesserungen anbringen, was unmöglich war. Ich blieb eine halbe Stunde ruhig sitzen, und baute alles ab.

Wir mußten etwas anderes in Angriff nehmen.

Aber ich sagte nichts, ich sprach mit niemandem darüber, außer mit ihm. Niemand wußte es in dem Moment, denn es hätte sie völlig entmutigt.[111]

Übermentale Schöpfung hätte die Möglichkeit der Schaffung einer neuen Religion bedeutet, aber wie Sri Aurobindo erklärte:

4. Sri Aurobindo und Mutter

> Ich darf sagen, es liegt mir fern, irgendeine Religion, ob neu oder alt, für die Menschheit in der Zukunft zu propagieren. Für mich geht es darum, einen Weg zu öffnen, der noch blockiert ist, nicht eine Religion zu gründen.
>
> 18.8.1935.[112]

Der Herabstieg des Supramentals in das Unbewußte und die Manifestation des Supramentals im materiellen Leben – das war das klare Ziel, für das Sri Aurobindo und Mutter zusammen arbeiteten. Ein Hauptanteil dieser Arbeit, in ihrem äußeren Aspekt, war die Entwicklung und Organisation ihres Forschungslabors, das „Sri Aurobindo Ashram" genannt wurde. Dieses Labor bestand aus einer wachsenden Zahl von Individuen, die eine besondere Schwierigkeit im Prozeß der Transformation darstellten. Jedes Individuum erhielt von Sri Aurobindo und der Mutter alle Fürsorge und Aufmerksamkeit, die für ihr oder sein Wachstum notwendig war. Das war eine tägliche Angelegenheit und beinhaltete eine gewaltig Aufgabe. Mitglieder des Ashrams pflegten Briefe an Sri Aurobindo und Mutter zu schreiben, und Sri Aurobindo beantwortete diese Briefe. Das nahm täglich 12 Stunden in Anspruch, drei Stunden nachmittags und die ganze Nacht bis sechs Uhr morgens. Mutter selbst empfing im allgemeinen jedes Individuum täglich oder periodisch auf verschiedene Weise und in verschiedenem Zusammenhang. Jedem Individuum wurde eine besondere Arbeit aufgetragen, und von jedem wurde erwartet, daß er mindestens 8 Stunden eine Arbeit verrichtete, die für die gesamte Gemeinschaft nützlich war. Die Arbeit mußte mit einer gewissen Einstellung verrichtet werden und in einem gewissen Bewußtseinszustand, in Übereinstimmung mit den Forderungen des Yoga der Transformation. Das Ashram war nicht für die Renuntiation des Handelns gegründet worden, sondern für eine dynamische Sadhana, das die Evolution des Supramentals im Leben auf der Erde beschleunigen sollte. Sri Aurobindo erklärt:

> Das Ashram wurde gegründet ... nicht um der Welt zu entsagen sondern, als eine Zentrum und Übungsfeld der Evolution einer anderen Art und Weise des Lebens.[113]

Die gesamte Organisation des Ashrams verkörperte die dynamischen Prinzipien des supramentalen Yoga. Jeder muß seine eigene Wahrheit finden, und das kann nicht getan werden, in dem Einförmigkeit oder äußere Verhaltensregeln auferlegt werden. Jedem wurde eine Arbeit, entsprechend der Notwendigkeit ihres oder seines Wachstums, aufgetragen – Arbeit in Bezug auf Landwirtschaft, Gärten, mechanische Werkstätten, Druckerei, Labors, Schreinerei, Schmiede, Malerei, Musik, Unterricht (vom Kindergarten zum Universitäts-Grad), Sport, Bäckerei, Wäscherei, oder sogar Tellerwaschen. Die Arbeit wechselte, wenn es für die neue Entwicklung des Bewußtseins notwendig war. Die Idee hinter dieser Organisation war, daß jedes Individuum in sich selbst eine Wahrheit trägt, und daß er sich mit dieser Wahrheit vereinigen muß. Der Weg, dem sie oder er folgt, um sich dieser Wahrheit anzuschließen oder sie zu realisieren, wird auch der Weg, der sie oder ihn am nächsten zum Amboß der Transformation bringt. Alle Aktivitäten standen unter genauer Beobachtung von Sri Aurobindo oder der Mutter; alles unterstand einer Prüfung. Wie Sri Aurobindo erklärt: „Ich prüfte Tag und Nacht, Jahr für Jahr, gründlicher als irgend ein Wissenschaftler seine Theorie oder seine Methode auf der physischen Ebene."[114]

**

Die Mutter war Shakti in Aktion. Nach einer vollen Tagesarbeit, die um 4 Uhr morgens begann, ging sie um 1 Uhr morgens in Sri Aurobindos Zimmer. Mit Sri Aurobindo gab es wenig Gespräch, sondern Schweigen und Blickaustausch. Sie stimmten vollkommen überein und teilten dieselbe Schwingung.

Wie sie sagte:

> Wenn eine besondere Kraft herabkam oder eine Öffnung oder eine supramentale Manifestation, wußten wir es gleichzeitig, auf dieselbe Weise. Und wir brauchten nicht einmal zu einander darüber sprechen; nur über die Konsequenzen für die praktischen Ergebnisse der Arbeit tauschten wir manchmal ein oder zwei Worte aus. Ich hatte das niemals mit irgend jemandem außer mit Sri Aurobindo.

Die Arbeit war mikroskopisch; die Arbeit war komplex; die Arbeit fand innen und außen statt. Nachdem das Übermental in der Materie fixiert war, war der nächste Arbeitsschritt das Supramental in der Materie zu festigen.

Es wurde klarer, daß die Aufgabe, das Supramental im Physischen zu fixieren, dadurch getan werden mußte, daß die physischen *Zellen* geöffnet wurden. Es wurde auch klarer, daß die physischen Zellen die ganze evolutionäre Vergangenheit enthielten, alle Schichten, nicht nur menschlich, sondern auch tierisch und vegetativ. Und es wurde herausgefunden, daß der Prozeß, diese Schichten zu überschreiten, sie zu erhellen, voll endloser Widerstände, ständiger Verneinung, obstinater Abwehr steckte.

Gleichzeitig waren da Erwartungen. Fragen bedrängten Sri Aurobindo und die Mutter: „Wann wird denn nun diese Supramentale Herabkunft stattfinden?" „Wann wird es geschehen?" „Ist es für jetzt?" Ist es möglich?

In einer Antwort an einen Schüler schrieb Sri Aurobindo:

> Ich finde, daß je mehr das Licht und die Kraft herabkommen, um so größer ist der Widerstand. Du selbst kannst sehen, daß etwas drängt herabzukommen. Du kannst auch sehen, daß ein ungeheurer Widerstand besteht.[115]

Bis 1935 waren der Druck und der Widerstand angewachsen. Ein Schüler, der fühlte, daß der Widerstand von den Mitgliedern des Ashrams, dem Forschungslabor, von der „Belegschaft" kam, fragte Sri Aurobindo recht unschuldig, warum die ganze „Belegschaft" nicht entfernt werden sollte, und dann das Supramental schnell herabgeholt werden solle. Als Antwort schrieb Sri Aurobindo zurück:

> Ich bin nicht Hitler. Die Dinge können so nicht ausgeführt werden. Du könntest auch Mutter und mich gleich bitten, uns im Himalaja zu isolieren ... [116]

In anderem Zusammenhang schrieb Sri Aurobindo:

> Wenn wir gleich von Anfang an physisch im Supramental gelebt hätten, so wäre niemand in der Lage gewesen, uns nahe zu kommen, und keine Sadhana wäre möglich gewesen. Es hätte keine Hoffnung auf Kontakt zwischen uns und der Erde und den Menschen geben können ... [117]

1935 kam es zu einem bedeutenden Durchbruch, und Sri Aurobindo schrieb in einem Brief:

Jetzt habe ich des Rätsels Lösung – wie ein echter Einstein fand ich die mathematische Formel der ganzen Affaire (unverständlich für jeden, wie in seinem Fall, außer für mich selbst), und ich arbeite es Schritt für Schritt aus.[118]

Und im November 1935 schrieb er:

Ein Zipfel des Supramentals steigt herab, immer näher ... Es ist gegenwärtig nur ein Zipfel, aber wo ein Zipfel durch kann, wird der Rest folgen ... Meine Formel arbeitet sich schnell aus ... Es ist mein privater und besonderer Herabstieg ... Den Versuch, einen großen allgemeinen Herabstieg zu erreichen, wobei ich nur einen großen Aufstieg von unterbewußtem Schlamm erzeugt habe, habe ich aufgegeben ... [119]

Aber noch einmal wurde die Situation schwierig und finster. Gefährliche Entwicklungen fanden in Deutschland statt mit dem schnellen Wachstum des Nazitums, das hinter sich die Philosophie Nietzsches des Übermenschen hatte. Das Konzept Nietzsches vom Übermenschen war genau das Gegenteil von Sri Aurobindos Konzept des Göttlichen Übermenschen. Wie Sri Aurobindo erklärte:

Das wäre ein Übermenschentum vom Typus Nietzsches. Im schlimmsten Fall ist es die Herrschaft der „blonden" oder der dunklen oder irgendeiner und jeder „Bestie", eine Rückkehr zu brutaler Gewalt, Rohheit und Kraft. Es wäre keine Evolution, sondern ein Rückfall in die alte verbissen-gewalttätige Barbarei. Oder es könnte bedeuten, daß der Rakshasa oder Asura aus dem eifrigen, aber in der verkehrten Richtung angelegten Bemühen der Menschheit hervorgeht, über sich selbst hinauszukommen und sich zu transzendieren. Ein gewalttätiges und turbulentes übertriebenes vitales Ich, das sich durch eine höchst tyrannische oder anarchische Kraft der Selbst-Durchsetzung befriedigt, ist der Typus eines übermenschlichen Rakshasa. Aber der Riese, das Ungeheuer, das die Menschen und die Welt verschlingt, dieser Rakshasa gehört, auch wenn er noch überlebt, zum Geist der Vergangenheit. Würde dieser Typ wieder in größerer Zahl hervortreten, so wäre auch das eine rückwärtsgerichtete Entwicklung. Der Typus des Asura stellt seine überwältigende Kraft zur Schau. Er ist selbstbeherrscht, verhalten, unter Umständen gar von asketisch gebändigter Mentalität

4. Sri Aurobindo und Mutter

und Lebens-Macht. Er kann stark, ruhig, kalt, in seiner gesammelten Vehemenz furchtbar, dabei subtil, herrschsüchtig und zugleich eine Sublimierung des mentalen und vitalen Ichs sein. Die Erde hatte aber in ihrer Vergangenheit genug von dieser Art. Wenn sie sich wiederholt, verlängert sie nur die alten Entwicklungslinien. Für ihre Zukunft kann die Erde vom Titan, vom Asura keinen wahren Nutzen haben und nicht die Möglichkeit gewinnen, über sich selbst hinauszukommen. Selbst wenn diese Typen in sich eine große oder übernormale Macht besäßen, würde das die Erde nur auf weiteren Kreisen ihres alten Umlaufs forttragen. Was jetzt hervortreten muß, ist etwas viel Schwierigeres und zugleich etwas viel Einfacheres. Es ist ein Wesen, das sein Selbst verwirklicht; es baut auf das spirituelle Selbst auf; die Seele wird stärker, und es wächst ihr Drängen; ihr Licht, ihre Macht und ihre Schönheit werden entbunden und gewinnen an Souveränität. Das ist kein ichhaftes Übermenschentum, das sich durch mentale und vitale Herrschaft über die Menschheit durchsetzt, sondern die Souveränität des Geistes gegenüber seinen eigenen Werkzeugen. Dieses Übermenschentum besitzt sein Selbst und sein Leben in der Macht des Geistes. In einem neuen Bewußtsein findet die Menschheit den Weg, über sich hinauszukommen und sich selbst zu erfüllen durch die Enthüllung des Göttlichen, das in ihr auf seine Geburt drängt. Das ist die einzig wahre Art Übermenschentum. Das ist die einzig wahre Möglichkeit für einen Schritt nach vorn in der evolutionären Natur.[120]

Das Auftauchen des Nazitums war in der Tat das Auftauchen von Barbarei, eine schreckliche Bedrohung für den Fortschritt der Kultur und das Werk von Sri Aurobindo und der Mutter. Es signalisierte sogar die Möglichkeit einer Attacke auf das physische Wesen von Sri Aurobindo und der Mutter. Tatsächlich wurde diese Möglichkeit ein konkretes Ereignis als Sri Aurobindo selbst einen Unfall hatte; er rutschte aus und brach seine rechtes Bein oberhalb des Knies. Das geschah am 24. November 1938.

Innerhalb eines Jahres brach der Zweite Weltkrieg aus. Der Schrecken und die Schnelligkeit der Siege der Nazis war so groß, daß Sri Aurobindo sich auf den Krieg konzentrierte und erklärte, daß er alle seine yogischen Kräfte auf die Seite der Alliierten stelle. Sri Aurobindo schrieb:

Der Sieg der einen Seite (der Alliierten) würde den Pfad für evolutionäre Kräfte offen halten, der Sieg der anderen Seite würde die Menschheit zurückwerfen, sie furchtbar degradieren, und könnte sogar im schlimmsten Fall zu ihrem letztlichen Versagen als Rasse führen, wie andere in der vergangenen Evolution versagten und untergingen.[121]

1942 hatte der Krieg die Welt an einen Abgrund geführt. Umgeben von Karten, Berichten von allen Kriegsfronten, war Sri Aurobindo Tag und Nacht im Dickicht des Krieges gegen die Nazikräfte verwickelt. Und Mutter auch, wie sie in der Agenda sagt:

Während des Zweiten Weltkriegs bekam ich wieder mit ihm (dem Asura der Falschheit, der sich selbst, Herr der Völker, nennt), zu tun, aber nicht durch Richard, sondern direkt. Das Wesen, das Hitler in Visionen erschien, war der Herr der Nationen. Eine phantastische Geschichte!... Ich wußte, wann sie sich treffen würden. So nahm ich bei einer solchen Gelegenheit seine Gestalt an und ging an seiner Stelle – ich wurde Hitlers Gott (!) und riet ihm, Rußland anzugreifen. Zwei Tage später tat er es. Als ich von unserem „Gespräch" wegging, begegnete ich dem anderen, der ankam! Er war ziemlich wütend. Er fragte mich, warum ich dies getan habe; ich erwiderte: „Das geht dich nichts an! Es war das, was getan werden mußte." Da antwortete er: „Du wirst sehen! Ich WEISS, daß du mich zerstören wirst, aber vorher werde ich so viel Unheil anrichten, wie ich nur kann, darauf kannst du dich verlassen."
Wenn ich von meinen nächtlichen Wanderungen zurück kehrte, berichtete ich Sri Aurobindo über sie.
Was für ein Leben!... Die Leute haben keine Ahnung, was vorgeht. Sie wissen gar nichts.
Aber es ist phantastisch.
Hin und wieder waren manche Menschen ein wenig bewußt, wie in der Zeit während des letzten Kriegs, als ich alle meine Nächte über Paris verbrachte, damit der Stadt nichts zustoße (ein Teil von mir, nicht vollständig). Ich schwebte über Paris. Später erfuhren wir, daß manche Leute es sahen: etwas wie eine große weiße Kraft von unbestimmter Form, die über Paris schwebte, damit es nicht zerstört werde.
Während des ganzen Kriegs bedeutete es eine so ANDAUERNDE Spannung für Sri Aurobindo und mich, daß es das Yoga völlig

4. Sri Aurobindo und Mutter

> unterbrach. Deshalb war der Krieg auch gekommen: um Die Arbeit anzuhalten. Denn in dieser Zeit hatte eine außerordentliche Herabkunft des Supramentals stattgefunden: es kam so (*massive Geste*), eine Herabkunft! Es war gerade 1939. Dann kam der Krieg und unterbrach alles abrupt. Denn hätten wir trotzdem unsere persönliche Arbeit [der Transformation] fortgesetzt, wäre nicht sicher gewesen, daß wir rechtzeitig fertig würden, bevor der „andere" die Erde zu Brei schlug, und das hätte die ganze Arbeit um ... Jahrhunderte zurückversetzt. ZUERST mußte dieses Tun des Herrn der Nationen gestoppt werden.[122]

Der Krieg endete 1945 mit dem Sieg der Alliierten, wie Sri Aurobindo es gewollt hatte. Und doch waren die Schwierigkeiten für Sri Aurobindo und die Mutter nicht vorbei. Sie sahen, daß, wenn auch Berlin und Nürnberg das Ende des schrecklichen Kapitels der menschlichen Geschichte bezeichneten, andere Dunkelheiten die Menschheit zu überschatten oder sogar zu verschlingen drohten.

Im Juli 1948 schrieb Sri Aurobindo in einem Brief an einen Schüler:

> Die Dinge stehen schlecht, werden schlimmer und schlimmer, und es mag jederzeit zum Schlimmsten kommen, wenn das noch möglich ist – und alles scheint in dieser gegenwärtigen gestörten Welt möglich zu sein ... all das war nötig, da gewisse Möglichkeiten auftauchen und beseitigt werden mußten, wenn eine neue bessere Welt überhaupt geboren werden sollte; es wäre nicht möglich gewesen, sie auf später zu verschieben ... die neue Welt, deren Erscheinen wir beabsichtigen, kann nicht aus der selben Textur wie die alte, und nur verschieden im Muster, aufgebaut werden ... Sie muß mit anderen Mitteln kommen, von innen und nicht von außen.[123]

* * *

Die Lage Indiens war zu dieser Zeit besonders schlecht in Anbetracht der Tatsache, daß nach der Unabhängigkeit (am 15. August 1947)[124] die Teilung höchst beunruhigende Anlässe für die schlimmsten kommunalen Aufstände bot. Hitler war zerstört, aber die Kraft, die hinter Hitler arbeitete, war noch da; und da war noch Stalin. Wie Mutter später erklärte:

Hitler wurde zerstört, weil er eine ganze Nation und physische Macht hinter sich hatte, und hätte er Erfolg gehabt, wäre es verheerend für die Menschheit gewesen; aber wir hatten keine Illusionen. Der Tod von einem (Hitler oder Stalin) dient keinem großen Zweck – es geht anderswo wieder hin. Es ist als tätest du etwas sehr Schlechtes, während du ein besonderes Hemd trägst, dann wirfst du das Hemd weg und sagst: „Jetzt werde ich nichts Schlechtes mehr anrichten" – aber du machst in einem anderen Hemd weiter![125]

Sri Aurobindo und die Mutter „gruben" und „gruben" immer tiefer, um den Prozeß des Herabstiegs und der Transformation zu beschleunigen. Im Dezember 1942 hatte Mutter begonnen eine Schule für Kinder zu gründen, deren Eltern sie zum Ashram gebracht oder geschickt hatten. Von dem Zeitpunkt an waren die Aktivitäten vielfach angewachsen. Es würde in der Tat einen separaten Band erfordern, um nur einen kleinen Einblick davon zu geben, was Sri Aurobindo und die Mutter für das ganze Erziehungsfeld durch höchst revolutionäre Experimente in dieser Schule taten. Im Einklang mit der Betonung im integralen Yoga der integralen Entwicklung der Persönlichkeit, stellte Mutter das Kind ins Zentrum der Totalität des Lebens im Ashram und schuf Möglichkeiten, Ausrüstung, Führung, Inspiration und Atmosphäre und alle notwendigen Hilfeleistungen, innerlich und äußerlich, um eine harmonische und beschleunigte Entwicklung der physischen, vitalen, mentalen, psychischen und spirituellen Aspekte der Persönlichkeit zu gewährleisten. Besonders betonten Sri Aurobindo und die Mutter die Wichtigkeit der physischen Erziehung, die normalerweise im gegenwärtigen Erziehungssystem fehlt. Das war so, wie es sein sollte, wenn man in Betracht zog, daß das Ziel der Erziehung war, jedem Individuum zu helfen, die Göttliche Wirklichkeit zu entdecken und für seine Verwirklichung im physischen Leben zu arbeiten. Eine Entscheidung wurde getroffen, ein vierteljährliches Bulletin herauszubringen, das der physischen Erziehung gewidmet war, und Mutter bat Sri Aurobindo eine Botschaft und Artikel für dieses Bulletin zu schreiben. Die erste Ausgabe des Bulletin der physischen Erziehung kam am 21. Februar 1949 mit Sri Aurobindos Botschaft heraus.

In den aufeinanderfolgenden Ausgaben erschienen acht wichtige Artikel von Sri Aurobindo. Diese Artikel verdeutlichen einige der letzten Erfahrungen und Verwirklichungen, die Sri Aurobindo in Bezug

4. Sri Aurobindo und Mutter

auf die Supramentale Manifestation auf der Erde hatte. Von besonderer Bedeutung war seine Vision des transformierten menschlichen Körpers in dem Aufsatz mit dem Titel: „Der göttliche Körper". Er erklärte unzweideutig:

> Wenn die totale Transformation des Wesens unser Ziel ist, muß die Transformation des Körpers ein unerläßlicher Teil davon sein; ohne sie ist kein volles göttliches Leben auf Erden möglich.[126]

Tatsächlich gibt uns Sri Aurobindo in diesem Aufsatz einige sehr wertvolle Hinweise auf die psychologischen und physischen Charakteristiken der neuen Art der Übermenschheit. Er erklärt:

> Eine radikale Transformation des Funktionierens und, wie es wohl sein mag, der Struktur und gewiß der zu mechanischen und materiellen Impulse und antreibenden Kräfte des Körpersystems wäre zwingend.[127]

Im Schlußparagraph dieses Aufsatzes bestätigt Sri Aurobindo:

> Der neue Typus, der göttliche Körper, muß die schon entwickelte, evolutionäre Form fortsetzen; es muß eine Fortsetzung des Typus geben, den die Natur schon immer entwickelt hat, eine Fortsetzung vom menschlichen zum göttlichen Körper, kein Wegbrechen zu etwas Unerkennbarem, sondern eine hohe Folge auf das, was schon erreicht und teilweise vervollkommnet wurde. Der menschliche Körper hat in sich Teile und Instrumente, die ausreichend entwickelt wurden, dem göttlichen Leben zu dienen; diese müssen in ihrer Form überleben, obwohl sie noch weiter vervollkommnet werden müssen. Ihre Begrenzungen der Reichweite und der Anwendung müssen entfernt, und ihre Neigung zu Niederlage, Krankheit und Schaden ausgeschlossen werden. Ihre Fähigkeiten der Erkenntnis und dynamischen Aktion müssen über die gegenwärtigen Begrenzungen getragen werden. Neue Kräfte müssen durch den Körper erworben werden, die zu realisieren unsere gegenwärtige Menschheit nicht hoffen konnte, von denen sie nicht einmal träumen oder sie sich vorstellen konnte. Vieles, das jetzt nur erkannt, ausgearbeitet oder erschaffen werden kann, durch den Gebrauch erfundener Werkzeuge oder Maschinen, kann durch den neuen Körper, durch seine eigene Kraft oder durch den innewohnenden Geist, durch seine eigene spirituelle

Kraft, erreicht werden. Der Körper selbst mag neue Mittel und Reichweiten der Kommunikation mit andern Körpern erlangen, einen neuen Prozeß, Kenntnis zu erwerben, eine neue Ästhetik, neue Fähigkeiten, sich selbst und andere Objekte zu manipulieren. Es mag nicht unmöglich für ihn sein, Mittel zu besitzen oder zu entdecken, die seiner eigenen Konstitution, Substanz oder natürlichen Instrumentration angeboren sind, um Weites nah zu machen und Abstände zu annullieren, zu erkennen, was jetzt außerhalb der körperlichen Erkenntnis liegt, handeln, wo Aktion jetzt außer seiner Reichweite oder seine Domäne liegt, Feinheiten und Plastizitäten zu entwickeln, die unter den gegenwärtigen Bedingungen für die nötige Festigkeit des materiellen Rahmens nicht zugelassen wären. Diese und andere zahlreiche Möglichkeiten mögen auftauchen, und der Körper mag ein Instrument werden, das unermeßlich höher ist als das, was wir uns jetzt als möglich vorstellen können. Es könnte eine Evolution geben von dem ersten wahrnehmenden Wahrheits-Bewußtsein zu den äußersten Höhen der aufsteigenden Bereiche des Supramentals. Es mag die Grenzen des Supramentals selbst überschreiten, da wo er beginnt Schatten zu werfen und ausdrucksvolle Formen des Lebens zu entwickeln und zu skizzieren, berührt von einer höchsten reinen Existenz, Bewußtsein und Seligkeit, die die Welten von höchster Wahrheit der Existenz, Dynamismus von Tapas, Ruhm und Süße der Glückseligkeit, die absolute Essenz und Stufe der allschaffenden Ananda darstellt.

Die Transformation des physischen Wesens mag dieser unaufhörlichen Linie von Fortschritt folgen, und der göttliche Körper mag hier auf Erden in einem göttlichen Leben etwas von dieser höchsten Größe und diesem Ruhm des selbstmanifestierenden Geistes wiederspiegeln oder wiedererzeugend.[128]

* * *

1949 begannen die Dinge sehr ernst zu werden. Anfang 1950 sagte Sri Aurobindo zu Mutter: „Einer von uns muß gehen, wir können nicht beide auf der Erde bleiben." Als sie 1960 davon erzählte, sagte sie Folgendes:

> Ich verfolge die Sadhana wirklich ... auf einem Weg, den noch niemand zurücklegte. Sri Aurobindo tat es ... prinzipiell. Und mich beauftragte er, es in meinem Körper zu tun.

Sri Aurobindo und Mutter am Darshantag, 24. April 1950

Das war das Wunderbare gewesen, als wir zusammen waren, all diese feindlichen Kräfte kämpften (sie versuchten ich-weiß-nicht-wieviele Male, mich umzubringen; jedesmal rettete er mich; auf absolut wunderbare Weise). Aber das schien ihm sehr große körperliche Schwierigkeiten zu verursachen. Wir sprachen sehr oft darüber, und ich sagte ihm: *If one of us must go, I want that it should be me.* [Wenn einer von uns beiden gehen muß, will ich es sein.]

Er antwortete: *It can't be you, because you alone can do the material thing.* [Sie können es nicht sein, denn Sie allein sind fähig, die materielle Arbeit zu tun.]

Und das war alles.

Mehr sagte er nicht. Er verbot mir, meinen Körper zu verlassen. Das war alles. Er sagte: „Dies ist ein absolutes Verbot, *you can't, you must remain.*" [Du darfst nicht, Du mußt bleiben.]

Danach (dies war ungefähr zu Beginn des Jahres 1950) ging er allmählich ... Er ließ sich allmählich krank werden. Denn er wußte sehr gut, wenn er mir sagte: *I must go* [ich muß gehen], hätte ich ihm nicht gehorcht, ich wäre selber gegangen. Denn für mein Empfinden war er viel unersetzlicher als ich. Aber er sah das von der anderen Warte. Und er wußte, daß ich die Fähigkeit hatte, meinen Körper willentlich zu verlassen. Deshalb sagte er nichts, sagte nichts bis zur letzten Minute ...

(Schweigen)

Ein-, zweimal „hörte" ich bestimmte Dinge ihn betreffend, die ich ihm berichtete (denn ich erzählte ihm alles, was ich sah und hörte), und ich sagte ihm, dies käme mir ... dies seien Suggestionen des Widersachers, gegen die ich heftig kämpfte. Doch da schaute er mich an – zweimal –, schaute mich an, nickte mit dem Kopf und lächelte. Und das war alles. Mehr sagte er nicht. Ich dachte mir: „Was für eine seltsame Sache!" Und das war alles. Ich selber muß es vergessen haben – weil er wollte, daß ich es vergesse.

Ich erinnerte mich erst hinterher wieder daran ... [129]

Über dieses Thema sagte Mutter in einem anderen Zusammenhang:

4. Sri Aurobindo und Mutter

Wie ich schon anfangs sagte, für einen Heiligen oder Weisen hat das Körpergebilde nur eine sehr begrenzte, zweitrangige Bedeutung. Doch für diese supramentale Arbeit ist die Beschaffenheit des Körpers von beinahe entscheidender Bedeutung, und zwar keineswegs vom Standpunkt der spirituellen Elemente oder der mentalen Kraft – diesen Dingen fällt überhaupt keine Bedeutung zu, sondern das Bedeutende ist die Fähigkeit durchzuhalten und zu überdauern.

In dieser Hinsicht ist mein Körper unbestreitbar besser beschaffen als Sri Aurobindos.

Hier lag das eigentliche Problem. Denn die Identifikation von uns beiden war fast ein Kinderspiel – ob ich mich mit ihm verschmelze oder er mit mir, war nicht das Problem, das war nicht schwierig. Und dieser Punkt (und viele andere auch, die zu erwähnen jetzt noch nicht an der Zeit ist) war Gegenstand zahlreicher Diskussionen, denn wir sahen … gewisse Bedingungen waren zu berücksichtigen, und ich sagte ihm, daß ich ohne jegliches Bedauern und mit großer Leichtigkeit diesen Körper verlassen würde, um mich mit ihm zu verbinden (dies sagte ich ihm nicht nur in Gedanken, sondern ausgesprochen). Er antwortete mir auch mit ausgesprochenen Worten: *Your body is indispensable for the Work. Without your body the Work cannot be done* [Dein Körper ist unerläßlich für die Arbeit. Ohne deinen Körper kann die Arbeit nicht getan werden]. Dann sagte ich nichts mehr – es war nicht mehr meine Angelegenheit, das Thema war abgeschlossen.[130]

Zeichen von Krankheit hatten begonnen in Sri Aurobindos Körper aufzutreten, aber sie schienen nicht schwerwiegend zu sein; Dinge wurden wieder normal. Dann sagte Sri Aurobindo im Oktober 1950 zu seinem Sekretär: „Ich finde keine Zeit für meine richtige Arbeit … Nimm Savitri vor, ich möchte es bald zu Ende bringen."[131]

Das war ziemlich erschreckend. Savitri wurde über einen langen Zeitabschnitt hinweg immer wieder überarbeitet und durchgesehen. Die erste Fassung wurde so früh wie 1899 in Baroda geschrieben. Das war sein episches Gedicht von fast vierundzwanzigtausend Zeilen – alle vollgepackt mit mantrischer Kraft, heruntergebracht von immer höheren Bereichen des Bewußtseins und der Inspiration. Die alte Geschichte von Savitri und Satyavan, in der es Savitri gelang, nach dem Tod von Satyavan, den sie in eigener Wahl geheiratet hatte (sogar nachdem ihr in einer Vorhersage mitgeteilt wurde, daß er nach seiner Heirat nur noch ein Jahr leben würde) seine Seele vom Tod zurückzubringen und ihn wiederzubeleben. Die Legende, erzählt in der Mahabarata, diente als Symbol für die innere Geschichte von Mutter und Sri Aurobindo.

Über dieses Gedicht sagte Mutter:

> Diese Entsprechung zwischen der alten Form von spiritueller Offenbarung und *Savitri*, dieses Erblühen seiner prophetischen Offenbarung in Dichtung, könnte man als den außergewöhnlichsten Teil seines Werkes bezeichnen. Bemerkenswert ist, daß er Savitri änderte (ich sah das): er paßte es den fortschreitenden Veränderungen seiner Erfahrungen an.
>
> Es war offensichtlich der ständige Ausdruck seiner Erfahrung.
>
> Er überarbeitete ganze Stücke völlig, die wie Beschreibungen der Erfahrungen waren, von denen ich ihm erzählte. Der Hauch offenbarender Prophezeiung in Savitri ist außerordentlich! Es ist von außerordentlicher MACHT!
>
> Verblüffend war für mich, daß er nie etwas anderes schreiben wollte. Es war wirklich ein großes Opfer für ihn, die Artikel für das Bulletin zu schreiben.[132] Und als man ihn bat, bestimmte Teile der Synthesis of Yoga fertigzustellen, die er angekündigt hatte, erwiderte er: „Nein, ich will nicht auf diese mentale Ebene hinabgehen"!
>
> Savitri stammt von einer ganz anderen Ebene.
>
> So halte ich *Savitri* für das Bedeutendste, das zu erwähnen ist.[133]

Gegenwärtig korrigierte Sri Aurobindo das „Buch des Schicksals". Bezeichnender Weise deuteten die letzten von ihm diktierten Zeilen an, was in den nächsten wenigen Wochen folgen sollte:

Ein Tag mag kommen, an dem sie ohne Hilfe stehen muß,
auf einem gefährlichen Grad des Schicksals der Welt und ihrer selbst,
die Zukunft der Welt in ihrer einsamen Brust tragend,
und des Menschen Hoffnung in ihrem verlassenen Herzen,
um an einer letzten verzweifelten Grenze zu siegen oder zu versagen.
Allein mit dem Tod und nahe dem Abgrund der Vernichtung,
ihre einzige Größe in diesem letzten schrecklichen Akt,
muß sie allein eine gefährliche Brücke der Zeit überqueren
und einen Knoten des Welt-Schicksals erreichen,

4. Sri Aurobindo und Mutter

an dem alles gewonnen oder verloren wird für den Menschen.

A day may come when she must stand unhelped
On a dangerous brink of the world's doom and hers,
Carrying the world's future on her lonely brest,
Carrying the human hope in a heart left sole
To conquer or fail on a last desperate verge.
Alone with death and close to extinction's edge,
Her single greatness in that last dire scene,
She must cross alone a perilous bridge in Time
And reach an apex of World-destiny
Where all is won or all is lost for man.[134]

An dem Tag als „Das Buch des Schicksals" beendet war, bemerkte Sri Aurobindo: „Oh, es ist beendet? Was bleibt jetzt noch übrig?"

Sein Sekretär antwortete: „Das Buch des Todes und der Epilog."

„Ach, das? Wir werden das später sehen ... "

Es war der 10. November.
Die „Krankheit" galoppierte voran.

„Warum setzt du nicht Deine Kraft ein und heilst Dich?" fragte sein Sekretär.
„Nein" antwortete Sri Aurobindo in seiner ruhigen, neutralen und unanfechtbaren Stimme.
„Aber warum?" beharrte sein Sekretär.
Sri Aurobindo antwortete, indem er alle Fragen beendete: „Kann es nicht erklären, Du würdest es nicht verstehen."
Was geschah? Tage strichen vorbei.
Ein treuer Schüler, ein Chirurg von Kalkutta, kam an. Sri Aurobindo lag mit geschlossenen Augen auf seinem Bett wie eine Statue aus massivem Frieden. Er öffnete seine Augen.
„Schwierigkeiten?"
„Nichts beunruhigt mich – und Leiden! Man kann darüber stehen."
Und er fragte nach Neuigkeiten über bengalische Flüchtlinge.
Dann fiel er in ein Koma.
Aber es war ein besonderes Koma. Immer wenn Mutter kam, um ihm Saft oder Wasser anzubieten, öffnete er seinen Mund und nahm

es, und fiel wieder zurück. Der Arzt bemerkte: „Eine sehr seltsame Art von Koma, – ein Körper, der momentan in Agonie ist, nicht antwortet, schwer nach Atem ringt, wird plötzlich ruhig; ein Bewußtsein tritt in den Körper ein, Er ist wach und normal. Er beendet sein Trinken und dann, wenn sich das Bewußtsein zurückzieht, fällt der Körper zurück in den Griff der Agonie."

Sri Aurobindo litt an Urämie, und er hatte dieses besondere Koma, ein von yogischem Bewußtsein kontrolliertes Koma!

Am 4. Dezember sagte Mutter: „Er zieht sich zurück."

Aber Sri Aurobindo stand wieder auf und saß in dem großen grünen Sessel.

Der Arzt bemerkte: „Der Meister scheint wieder fröhlich und interessiert."

„Hmm ..." antwortete Mutter, ohne zu kommentieren.

Dann ging Sri Aurobindo zurück ins Bett, und sein Zustand verschlimmerte sich in Windeseile.

Um elf Uhr abends kam Mutter zurück und gab ihm etwas Tomatensaft, den er ruhig trank, vom Koma auftauchend. Dann, um Mitternacht stand sie am Fußende seines Betts, regungslos, ohne Geste. Er öffnete seine Augen. Sie sehen sich ein letztes Mal an ... Dann ging sie hinaus.

Jahre später diesen Moment beschreibend, sagte sie:

„Ich wollte es nicht glauben. Solange ich im Zimmer war KONNTE ER SEINEN KÖRPER NICHT VERLASSEN. Es herrschte eine schreckliche Spannung in ihm: der innere Wille fortzugehen und dann diese Art von Ding *(Mutter)*, das ihn da in seinem Körper festhielt – denn ich wußte, daß er lebte und daß ER NUR LEBEND sein konnte ... Er mußte mir ein Zeichen geben, so daß ich in mein Zimmer ging, angeblich, um mich auszuruhen (was ich nicht tat), und sobald ich den Raum verlassen hatte, ging er fort. Dann riefen sie mich sofort zurück."

Es war 1:26 Uhr morgens.

Für die nächsten 111 Stunden blieb Sri Aurobindos Körper intakt und unverwest. Mutter verkündete:

... Sein Körper ist mit solch einer Konzentration von supramentalem Licht geladen, daß keine Anzeichen von Zersetzung auftreten, und der Körper wird auf seinem Bett liegend gelassen, solange er intakt bleibt.

In einer anderen Botschaft sagte Mutter:

> Als ich Ihn bat wieder aufzuerstehen, antwortete Er deutlich: „Ich habe den Körper willentlich verlassen. Ich werde ihn nicht zurücknehmen. Ich werde mich wieder manifestieren in dem ersten supramentalen Körper, der auf supramentale Weise gebildet wird."

In einem Gebet sagte Mutter:

> Lord, heute morgen hast Du mir die Zusicherung gegeben, daß Du bei uns bleiben wirst bis Dein Werk vollendet ist, nicht nur als ein Bewußtsein, das leitet und erleuchtet, aber auch als eine dynamische Gegenwart in Aktion. In unmißverständlichen Ausdrücken hast Du versprochen, daß alles von Dir selbst hierbleiben und die Erdatmosphäre nicht verlassen wird, bis die Erde transformiert sein wird. Gewähre, daß wir dieser wunderbaren Gegenwart wert sind, und von jetzt an alles in uns auf den einen Willen konzentriert ist, mehr und mehr der Erfüllung Deines sublimen Werkes geweiht zu sein.

Am 9. Dezember, nachdem das Licht begonnen hatte sich zurückzuziehen, wurde der Körper in einen Sarg aus Rosenholz gelegt und im Ashramhof aufgestellt.

Jahre später beschrieb Mutter ihre Erfahrung dieses Augenblicks:

> Ich hatte schon alle meine Erfahrungen gehabt; aber mit Sri Aurobindo, während der dreißig Jahre, die ich mit ihm zusammen lebte (etwas mehr als dreißig Jahre), lebte ich in einer absoluten Sicherheit – einem Gefühl vollkommener Sicherheit, sogar im physischen, materiellsten Bereich. Ein Gefühl absoluter Sicherheit, weil Sri Aurobindo da war. Das hielt mich so *(Mutter macht eine Bewegung des Getragenwerdens)*. Es verließ mich keine Minute während dieser dreißig Jahre. (Deshalb tat ich meine Arbeit auf einer Basis der Absolutheit – der Ewigkeit, des Absoluten.) Das wurde mir klar, als er fortging. Als er fortging, stürzte DAS plötzlich zusammen.

Während der ganzen Zeit, als Sri Aurobindo da war, vollzog sich mein individueller Fortschritt automatisch (ich erzählte dir das schon): ich machte automatisch alle Fortschritte mit, die Sri Aurobindo machte. Aber ich war in einem Zustand der Absolutheit – einem Zustand der Ewigkeit, der Absolutheit, mit einem solchen Gefühl der Sicherheit. In allem. Nichts Falsches konnte geschehen, weil er da war. Als er fortging: ein Sturz in ein Loch. Das katapultierte mich förmlich ... *(Mutter macht eine Bewegung nach vorn)*[135]

Einige Tage später erklärte Mutter das oben Gesagte:

Die eigentliche Wahrheit ist, daß mich das DIREKT zum Höchsten hin katapultierte, ohne Vermittler.

Ich hatte den Kontakt mit dem inneren Göttlichen, die Verwirklichung der Ewigkeit, ich hatte all diese Verwirklichungen, aber ... solange ich mit Sri Aurobindo lebte, war mein Gefühl des Absoluten auf ihn bezogen und ... (wie soll ich sagen?) All die zwingenden „Bedürfnisse", von denen ich sagte, sie seien die Samen der Evolution, sind im Grunde ein Hebel oder ein Sprungbrett, damit der Mensch erkennt, daß das EINZIGE Absolute der Herr ist, das einzig Beständige der Herr ist, die einzige Sicherheit der Herr ist, die einzige Unsterblichkeit der Herr ist – daß die ganze Manifestation nur dazu dient, einen DORTHIN zu führen.

Im Grunde ist es das: von meiner Erfahrung des Höchsten durch die Manifestation Sri Aurobindos wurde ich in eine direkte Erfahrung, ohne Vermittler, katapultiert.

Dies ist schlecht ausgedrückt, es ist nicht das, aber ... *(Mutter schließt die Augen)*

Ich fühlte sehr stark – auf unaussprechliche Weise, so intensiv war es –, daß man sich nur auf EINES abstützen kann, daß nur EINES sicher ist und nicht versagen kann: der Höchste – alles übrige geht, kommt, dauert, verschwindet.

(Schweigen)

Offensichtlich war es das, was ich für die Arbeit verstehen mußte.

(Schweigen)

Das ist es. Es ist schwierig auszudrücken, aber es war als ... Im ewigen Spiel ist alles unstet, und alles versagt. Es war so: „Alles wird fehlschlagen außer dem Höchsten."

4. Sri Aurobindo und Mutter

> Das wird eine so absorbierende und so absolute Erfahrung ... *(Mutter ist wie von weißem Licht umhüllt)* die Ungewißheit, die Unstetigkeit, der flüchtige, unbeständige, vergängliche Charakter aller Dinge – man kann sich auf nichts abstützen, alles stürzt in sich zusammen, nur DER Höchste nicht, denn Er ist alles.
> Nur das absolute Ganze versagt nicht.
>
> *(Schweigen)*
>
> Worte sind dumm, aber es ist eine Erfahrung.
> Wenn man einmal diese Erfahrung hat, ist es vorbei. Alles übrige ergibt sich daraus: das sind Details.
> Dies lernte ich in jenem Augenblick (am 5. Dezember 1950).[136]

Diese Erfahrung erläuternd, nachdem sie gefragt wurde, ob sie die Erfahrung des Supramentals gehabt hätte, vor Sri Aurobindos Weggang, sagte Mutter:

> Spirituell hat man die Erfahrung, sobald man in Kontakt mit dem inneren Göttlichen tritt. Mental hat man die Erfahrung, wenn das Mental geklärt ist. Im Vital hat man die Erfahrung, sobald man das Ego aufgegeben hat. Das Bewußtsein DES Körpers – das Bewußtsein der Zellen – hatte in dem Moment die Erfahrung. Alle anderen Teile hatten diese Erfahrung seit sehr langer Zeit und kannten sie beständig, aber der Körper ... Man hatte es ihm gesagt, er glaubte es, aber er hatte nicht diese so konkrete, totale, absolute Erfahrung, als daß er sie auch nur eine einzige Sekunde vergessen konnte.
> In dem Augenblick hatte das physische Wesen und der individuelle, persönliche Körper ein für allemal diese Erfahrung.
> Der Körper ließ sich immer tragen. Er hatte sich im Bewußtsein mit Sri Aurobindos Gegenwart vereinigt und stützte sich darauf ab, ohne eine Spur von Unruhe – er fühlte, daß sein Leben, sein Fortschritt, sein Bewußtsein, seine Handlung und seine Macht davon abhingen. Es gab keine Frage: er fragte nicht. Etwas anderes war für ihn absolut Unmöglich. Schon der Gedanke, daß Sri Aurobindo seinen Körper verlassen könnte, daß diese Seinsart für den Körper nicht mehr gelten könnte, war absolut undenkbar. Man mußte ihn in eine Kiste stecken und die Kiste ins Samadhi, um den Körper davon zu überzeugen, daß es so war.
> In dem Augenblick hatte er diese Erfahrung.

Dieser Körper ist sehr bewußt, er wurde bewußt GEBOREN, und sein Bewußtsein wuchs, wurde vollkommener, vervielfältigte sich sozusagen in all diesen Jahren. Das war seine Aufgabe, seine Freude. Es war eine so friedliche Gewißheit, daß es keine Probleme und keine Schwierigkeiten mehr gab: die Zukunft öffnete sich leuchtend, friedlich und zuversichtlich. Da war es für ihn ein Zusammenbruch, für den es einfach keine Worte gibt.

Nur weil der bewußte Wille Sri Aurobindos in ihn eintrat – seinen Körper verließ und in den meinen eintrat ... Ich stand vor seinem Körper und fühlte materiell die Reibung. Sein Wille trat in mich ein (sein Wissen und sein Wille): „Du wirst mein Werk tun." Er sagte es diesem Körper: „Du wirst mein Werk weiterführen." Nur das hielt mich am Leben.

Abgesehen davon ... Ich glaube, daß ihm keine, wirklich keine physische Zerstörung widerfahren könnte, die diesem Zusammenbruch gleichkäme.

Ich brauchte zwölf Tage, um dort herauszukommen – zwölf Tage lang sprach ich kein Wort.

Die Erfahrung, von der ich berichtete, ist also eine PHYSISCHE Erfahrung.[137]

Einige Wochen später nach Sri Aurobindos Weggang, sagte Mutter in einer der Unterhaltungen mit einem Schüler:

Sobald sich Sri Aurobindo aus seinem Körper zurückgezogen hatte, realisierte sich hier das, was er das Lichtmental genannte hatte ... [138]

Das Supramental war lange vorher herabgestiegen – sehr lange vorher – in das Mental und sogar in das Vital: er arbeitete auch im Physischen, aber indirekt durch diese Vermittler. Es ging um die direkte Aktion des Supramentals im Physischen. Sri Aurobindo sagte, es wäre nur möglich, wenn das physische Mental das Supramentale Licht empfinge, das physische Mental war das Instrument für die direkte Aktion auf das Materiellste. Dieses physische Mental, das Supramentale Licht empfangend, nannte Sri Aurobindo das Lichtmental.

Zwei Monate, nachdem sich Sri Aurobindo von seinem Körper zurückgezogen hatte, schrieb Mutter folgende Notiz, in der sie kurz den wesentlichen Grund für Sri Aurobindos Weggang beschrieb:

4. Sri Aurobindo und Mutter

Die mangelnde Empfänglichkeit der Erde und das Verhalten von Sri Aurobindos Schülern[139] sind zum großen Teil verantwortlich für das, was seinem Körper widerfahren ist. Doch eines ist sicher: das große Unglück, das uns jetzt getroffen hat, berührt in keiner Weise die Wahrheit seiner Lehre. Alles, was er gesagt hat, ist vollkommen wahr und bleibt es. Die Zeit und der Lauf der Ereignisse werden es überreichlich bestätigen.

1960 erklärte Mutter etwas ausführlicher den Grund für Sri Aurobindos Entscheidung den Körper zu verlassen:

Er wollte weggehen.

Er hatte entschieden zu gehen. Und er wollte uns nicht wissen lassen, daß er es absichtlich tat, denn er wußte, wenn ich auch nur einen Augenblick merkte, daß er es absichtlich tat, würde ich mit solcher Heftigkeit reagieren, daß er nicht hätte gehen können!

Und er tat dies ... ertrug all das, als wäre es eine Unbewußtheit, eine normale Krankheit, nur um mich nichts wissen zu lassen – und er ging in dem Augenblick, wo er gehen mußte. Aber ...

Mir kam nicht einmal der Gedanke, er könnte gegangen sein, als er dort vor mir lag, so fern war es ... Und danach, als er seinen Körper verließ und in mich eindrang und ich all das begriff ... Unvorstellbar!

Unvorstellbar.

Das ist vollkommen übermenschlich. Kein einziger Mensch hätte vermocht, etwas derartiges zu tun. Und welche ... welche vollkommene Beherrschung über seinen Körper das erforderte!

Aber für die anderen ... er entfernte die Krankheiten einfach so *(Geste, gelassen eine Krankheit mit zwei Fingern zu nehmen und sie aus dem Körper zu beseitigen).* Für die Leute hatte es alle Merkmale einer vollkommenen Beherrschung ... Ganz und gar übermenschlich.

Ich würde dich gerne etwas fragen ... Warum war es nötig, daß er ging?

Oh! Das kann nicht gesagt werden.

(langes Schweigen)

Ich kann es dir sagen, aber nur in äußerst oberflächlicher Weise
... Damit er DIREKT, das heißt, ohne seinen Körper zu verlassen,
das tun könne, was er zu tun hatte, wäre es nötig gewesen ...

(Schweigen)

Man könnte sagen: Die Welt war nicht bereit. Doch um die Wahrheit zu sagen, war die Gesamtheit der Dinge in seiner Umgebung nicht bereit. Und das SAH er (dies verstand ich später), er sah, daß es unendlich schneller ginge, wenn er nicht hier wäre.

Und er hatte VOLLKOMMEN recht, es entsprach der Wahrheit.

Als ich das sah, akzeptierte ich. Erst als ich das sah, als er mir das zu verstehen gab, akzeptierte ich, sonst ...

Da war eine schwierige Zeit.

(Schweigen)

Das dauerte nicht lange, aber es war schwer.

Ich hatte gesagt, zwölf Tage, als er ging – zwölf Tage.[140] Im Grunde gab ich dem gesamten Werk zwölf Tage, um zu wissen ... Äußerlich sagte ich: Nach zwölf Tagen werde ich euch wissen lassen, ob das Ashram (das Ashram war natürlich nur ein Symbol), ob das Ashram weitergeht oder ob es zu Ende ist.

Dann (ich weiß nicht genau wann, es dauerte nicht zwölf Tage: ich hatte das am 9. Dezember gesagt, und am 12. war alles entschieden, klar, gesehen, verstanden), am 12. empfing ich wieder Leute, empfing Besucher. Die Aktivitäten begannen erst wieder zwölf Tage nach dem 5. Dezember. Aber am 12. war es entschieden.

All das blieb in der Schwebe, bis zu dem Moment, wo er mich die GANZE, gesamte Sache verstehen ließ ... Aber das ist für später.[141]

Mutter mit Premierminister Nehru, Shri Kamraj Nadar, Indira Gandhi und Lal Baladur Shastri (1955)

5.
Mutter setzt Sri Aurobindos Werk fort

„Ich verwirkliche nur das, was Er entwarf.
Ich bin nur die Protagonistin und Fortsetzerin seines Werkes."

Dies schrieb Mutter in einer Antwort an einige Leute, die wollten, daß Mutter für den Friedensnobelpreis nominiert werde. Sie lehnte den Vorschlag ab und sagte, sie trachte nicht nach Namen und Ruhm. Mutter erklärte:

> Man wollte mir den Friedensnobelpreis verleihen und bat mich um eine Botschaft – damals schrieb ich diese Worte. Das heißt, nicht diese Person hier tat diese Dinge, sondern allein Sri Aurobindo.
>
> Sie wollten Sri Aurobindo den Nobelpreis verleihen, aber gerade im Jahr vor der Verleihung ist er gegangen. Da dieser Preis keinem „Toten" verliehen wird, bekam er ihn nicht. Man wollte ihn auf mich übertragen, worauf ich dies schrieb. Ich wollte keinen schnöden Ruhm. In dem Jahr wurde dann wohl kein Friedensnobelpreis verliehen.[142]

Wiederholt wurde die Frage gestellt, was genau das Werk Sri Aurobindos war, und wie Mutter dieses Werk fortsetzte. Für die volle Untersuchung dieser Frage wäre ein gründliches Verstehen der einschlägigen Schriften Sri Aurobindos und der 13 Bände von Mutters Agenda notwendig. Satprem hatte eine detaillierte Studie dieser Frage durchgeführt in seiner Biographie über Sri Aurobindo *Sri Aurobindo und das Abenteuer des Bewußtseins* und in der Biographie über Mutter in drei Bänden *Mutter oder der göttliche Materialismus, Mutter oder die neue Spezies, Mutter oder die Mutation des Todes*. Dem Leser wird empfohlen, alle diese Werke zu studieren.

Hier möchten wir einige der bedeutendsten Passagen von Sri Aurobindo und der Mutter zusammenstellen, die als kurze Einführung in das Studium dieser Frage dienen könnten.

5. Mutter setzt Sri Aurobindos Werk fort

In einem eindrucksvollen, offenbarenden Gespräch in der Agenda sagt Mutter, um fähig zu sein, das Werk fortzusetzen, war das Erste weiter in ihrem Körper zu bleiben. Zu diesem Zweck tat sie etwas, das als wirklich drastisch und bedeutsam angesehen werden kann. Sie „verschloß" ihr psychisches Wesen für zehn Jahre, bis die Dinge bereit waren. Wie sie sagte:

> So sah ich all diese dreißig Jahre mit ihm: nicht EINE Sekunde lang ein Verantwortungsgefühl bei all der Arbeit, der ganzen Organisation, die mir oblag. Vordergründig hatte er mir die Verantwortung übertragen, und er hielt sich im Hintergrund, tatsächlich tat Er aber alles. Nie, keine einzige Minute lang, fühlte ich mich verantwortlich – er trug die volle Verantwortung.
>
> … als er seinen Körper verließ und in den meinen eintrat (der materiellste Teil von ihm, der mit äußeren Dingen zu tun hatte) und mir klar wurde, daß ich die gesamte Verantwortung für die ganze Arbeit UND die Sadhana trug – da verschloß ich einen Teil von mir (den Teil des tiefen psychischen Wesens, der in der EKSTASE der Verwirklichung lebte, außerhalb jeglicher Verantwortung, einfach so: das Höchste). Diesen Teil schloß ich weg, versiegelte ihn, und sagte: „Du wirst dich nicht mehr rühren, bis … alles übrige bereit ist!"
>
> *(Schweigen)*
>
> Das allein war ein Wunder: Wenn ich das nicht getan hätte, wäre ich ihm gefolgt, und niemand hätte die Arbeit tun können. Ich wäre ihm automatisch gefolgt, ich hätte nicht einmal eine Entscheidung treffen müssen. Aber als er in mich eintrat, sagte er mir: „Du wirst es tun; einer von uns muß gehen, also gehe ich. Du wirst weitermachen!"
>
> Diese Tür wurde erst zehn Jahre später wieder geöffnet, das heißt 1960. Und selbst dann noch sehr vorsichtig – dies war eine der Hauptschwierigkeiten des letzten Jahres.[143]

Während der nächsten 10 Jahre (1951–1960) bereitet Mutter die Dinge vor. 1951 wurde die Schule, die 9 Jahre früher begonnen worden war, vergrößert. Ein Kongreß, zum Gedenken Sri Aurobindos abgehalten, erklärte sie zu Sri Aurobindos Internationalem Universitätszentrum. Mutter widmete einen guten Teil ihrer Zeit den Schülern dieses Zentrums. Und Tag für Tag versuchte sie, sie auf das Abenteuer des Bewußtseins vorzubereiten. Wie gewöhnlich war ihr Arbeitspensum 22 Stunden pro Tag, und es ließ ihr nur 2 Stunden (von 2 bis 4 Uhr morgens) auf ihrem Sessel zur Entspannung.

Sie widmete sich in allen Einzelheiten den Bedürfnissen des individuellen Wachstums jedes Kindes, sogar genauen Details physischer Übungen (Gymnastik, Athletik, Wassersport und Spiele miteingeschlossen) Sie übernahm sogar zwei Unterrichtsstunden, die von Kindern jedes Alters besucht wurden. Nach dem Unterricht fand gewöhnlich eine kollektive Meditation statt, um ein kollektives Bewußtsein zu schaffen und eine kollektive Realisation herbeizuführen.

* * *

Am 29. Februar 1956 trat während einer Meditation nach ihrem Abend-Unterricht das bedeutende Ereignis ein, das seit langem erwartet wurde. Sie beschrieb dieses Ereignis in dem folgenden von ihr gegebenen Text:

Erste Supramentale Manifestation

(während der gemeinsamen Meditation am Mittwoch, 29. Februar 1956)

Heute abend war die Göttliche Gegenwart anwesend unter uns, konkret und materiell. Ich hatte eine Form aus lebendem Gold, größer als das Universum, und ich stand vor einem ungeheuren Tor aus massivem Gold – das Tor, das die Welt vom Göttlichen trennt.

Als ich das Tor betrachtete, wußte und wollte ich, in einer einzigen Bewegung des Bewußtseins: DIE ZEIT IST GEKOMMEN – *the time has come* – und ich hob mit beiden Händen einen riesigen goldenen Hammer und versetzte dem Tor einen Schlag, nur einen einzigen, und das Tor brach in Trümmer.

Da verbreitete sich das Licht, die Kraft und das Bewußtsein des Supramentals in ununterbrochenen Wogen über die Erde.[144]

Am 23. April 1956 schrieb sie die folgende Notiz:

29. Februar – 29. März

Herr, Du hast gewollt, und ich verwirkliche.
Ein neues Licht bricht an über der Erde.

5. Mutter setzt Sri Aurobindos Werk fort

Eine neue Welt wurde geboren.
Und die Verheißungen sind erfüllt worden.[145]

In einer Botschaft vom 24. April 1956 erklärte sie:

Die Manifestation des Supramentals auf der Erde ist nicht mehr nur ein Versprechen, sondern eine lebende Tatsache, eine Wirklichkeit. Es ist hier auf Erden am Werk, und ein Tag wird kommen, wo der Blindeste, der Unbewußteste, sogar der willentlich Unwissendste es erkennen muß.[146]

Die Bedeutung der Supramentalen Manifestation erklärte Mutter in einer Abendklasse:

Was ich eine Herabkunft nenne, ist dies: am Anfang steigt das Bewußtsein empor, ihr erhascht „Das" dort oben, ihr kommt damit herab. Das ist ein INDIVIDUELLES Ereignis.
Wenn dieses individuelle Ereignis sich genügend verbreitet hat, um eine allgemeinere Möglichkeit zu ergeben, dann ist es keine Herabkunft mehr, sondern eine „Manifestation".
Was ich als Herabkunft bezeichne, ist die individuelle Bewegung in einem individuellen Bewußtsein. Und wenn eine neue Welt sich in einer alten Welt manifestiert – wie zum Beispiel als das Mental sich auf der Erde ausbreitete – dann nenne ich das eine Manifestation.
Ihr könnt es nennen wie ihr wollt, das ist mir gleich, aber man muß sich verständigen können.
Was ich eine Herabkunft nenne, das vollzieht sich im individuellen Bewußtsein. Ebenso das, was man einen Aufstieg nennt (es gibt keinen eigentlichen Aufstieg: es gibt weder oben noch unten, noch Richtung, das ist eine Redeweise), ihr sprecht von Aufstieg, wenn ihr den Eindruck habt, euch zu etwas hin zu erheben; und ihr nennt es Herabkunft, wenn ihr es erlangt habt und es dann in euer Inneres herabbringt.
Wenn aber die Tore offen sind und es hereinströmt, könnt ihr das nicht länger eine Herabkunft nennen: das ist eine Kraft, die sich überall ausbreitet.[147]

In der Abendklasse vom 12. September 1956 berichtet Mutter eine ihrer Erfahrungen wie folgt:

> ... Eine supramentale Wesenheit nahm mich vollkommen in Besitz.
> Sie war ein wenig größer als ich: ihre Füße reichten tiefer als meine Füße und ihr Kopf überragte meinen Kopf ein wenig.
> ... Ein massiver Block mit rechteckiger Grundfläche – ein Rechteck mit quadratischer Grundfläche – aus einem einzigen Stück.
> ... Ein Licht, nicht wie das goldene Licht des Supramentals: ein phosphoreszierendes Licht. Ich hatte den Eindruck, im Dunkeln wäre es physisch sichtbar gewesen.
> Es war dichter als mein physischer Körper: der physische Körper erschien mir wie etwas beinahe Unwirkliches – wie bröckelig – wie Sand, der zerfällt.
> Ich wäre unfähig gewesen zu sprechen, Reden schien mir klein, eng, unwissend.
> Ich sah (wie soll ich es ausdrücken?) die aufeinanderfolgenden Vorbereitungen in gewissen vorherigen Wesen, um dies zu erreichen.
> Es war, als ob ich mehrere Köpfe gehabt hätte.
> Die Erfahrung vom 29. Februar hatte eine allgemeine Bedeutung, aber diese hier war für mich.
> Eine Erfahrung, die ich noch niemals gehabt hatte.
> Ich beginne zu sehen, wie der supramentale Körper sein wird.
> Ich hatte eine ähnliche Erfahrung im Augenblick der Vereinigung des höchsten schöpferischen Prinzips mit dem physischen Bewußtsein. Aber das war eine subtile Erfahrung. Diese war materiell – im Körper.
> Ich „hatte" die Erfahrung nicht, ich sah es nicht: ich WAR es.
> Und von mir strahlte es aus: Myriaden kleiner Funken, die alle durchdrangen – ich sah sie in jeden der Anwesenden eindringen.
> Eine weitere Etappe.[148]

In einer ihrer Abendklassen sagte sie folgendes, indem sie besonders die Jugendlichen ansprach:

> Ich lade euch zum großen Abenteuer ein. Es steht außer Frage spirituell zu wiederholen, was andere vor uns getan haben, denn unser Abenteuer beginnt nachher. Es geht um eine neue Schöpfung, gänzlich neu mit allem, was sie nach sich zieht an Unvorhergesehenem, an Risiken und Zufällen – ein WIRKLICHES Abenteuer, dessen Ziel sicherer Sieg ist, aber dessen Verlauf unbekannt ist und

5. Mutter setzt Sri Aurobindos Werk fort

Schritt für Schritt ins Unbekannte gebahnt werden muß. Etwas, das es noch niemals im gegenwärtigen Universum gab, und was es niemals wieder auf dieselbe Art geben wird. Wenn es euch interessiert ... gut dann laßt uns aufbrechen. Was euch morgen geschehen wird, weiß ich nicht. Wir müssen alle Pläne, alle Projekte, alle Konstruktionen beiseite lassen ... und ins Unbekannte aufbrechen. Komme, was da wolle.[149]

* * *

Für den 1. Januar 1958 gab Mutter die folgende Botschaft:

O Natur, materielle Mutter,
Du hast gesagt, Du wirst mitarbeiten,
Und die Herrlichkeit dieser Mitarbeit
Kennt keine Grenzen.[150]

Während der Abendklasse dieses Tages, als ein Kind sie bat, die Botschaft zu erklären, sagte sie folgendes:

Da gibt es nichts zu erklären. Es ist eine Erfahrung, etwas, das geschah, und als es geschah, notierte ich es, und zufällig geschah es gerade in dem Augenblick, als ich etwas für das neue Jahr schreiben mußte (zu dem Zeitpunkt war es noch das nächste Jahr, das Jahr, das heute anfängt). Als ich mich erinnerte, daß ich etwas schreiben mußte, kam diese Erfahrung – nicht aus diesem Grunde, sondern gleichzeitig –, und als ich sie notierte, merkte ich ... daß es die Botschaft für dieses Jahr war!

(Mutter liest die Aufzeichnung ihrer Erfahrung)

Im Laufe einer unserer Unterrichtsstunden [*am 30. Oktober 1957*] sprach ich vom grenzenlosen Überfluß der Natur, von der unermüdlichen Schöpfungskraft, die die unzähligen Formen nimmt und sie mischt, wieder trennt und wieder formt, sie auseinandernimmt, sie zerstört, um zu immer neuen Verbindungen zu kommen. Ich nannte es einen großen Kochkessel: man rührt darin und bringt etwas hervor; ist es nicht gut, wirft man es wieder hinein und nimmt etwas anderes ... Eine Form oder zwei Formen oder hundert Formen, für die Natur hat das überhaupt keine Bedeutung, es gibt Tausende und Tausende von Formen, und die Jahre, die Jahrhunderte, die Jahrtausende, die Jahrmillionen haben keinerlei Bedeutung, sie hat die Ewigkeit vor sich! Es ist ganz offensichtlich, daß sie das lustig findet und keine Eile hat. Wenn man zu ihr davon spricht, die Etappen zu verkürzen und diesen oder jenen Teil ihrer Arbeit schneller zu beenden, ist ihre Antwort immer dieselbe: „Aber warum, warum? Amüsiert euch das nicht?"

An dem Abend, als ich euch das sagte, identifizierte ich mich vollkommen mit der Natur, trat in ihr Spiel ein. Und diese Bewegung der Identifikation löste eine Antwort aus, eine Art neuer Vertraulichkeit zwischen der Natur und mir, eine lange Bewegung der Annäherung, die ihren Höhepunkt in einer Erfahrung am 8. November fand.

Plötzlich verstand die Natur. Sie verstand, daß dieses neugeborene Bewußtsein sie nicht abweisen will, sondern sie voll miteinbeziehen möchte. Sie verstand, daß diese neue Spiritualität sich nicht vom Leben entfernt, nicht ängstlich vor der ungeheuren Fülle ihrer Bewegung zurückschreckt, sondern im Gegenteil alle ihre Facetten eingliedern will. Sie verstand, daß das supramentale Bewußtsein nicht da ist, um sie zu verkleinern, sondern um sie zu vervollständigen.

Da kam von der Höchsten Realität dieses Gebot: „Erwache, O Natur, zur Freude der Zusammenarbeit." Und die ganze Natur sprang plötzlich in einem ungeheuren Freudensprung hervor und sagte: „Ich akzeptiere, ich nehme an der Arbeit teil." Und zur gleichen Zeit stellte sich eine Stille, eine vollkommene Ruhe ein, damit dieser empfangende Körper den ungeheuren Strom der Freude der Natur, der wie in einer Bewegung der dankbaren Anerkennung hervorstürzte, aufnehmen und halten konnte, ohne zu brechen, ohne etwas zu verlieren. Sie willigte ein, sie sah, mit der ganzen Ewigkeit vor sich, daß dieses supramentale Bewußtsein ihr eine vollkommenere Erfüllung geben würde, ihrer Bewegung eine noch stärkere Kraft, ihrem Spiel mehr Weite, mehr Möglichkeiten.

Und plötzlich hörte ich, als käme es von allen Ecken der Erde, diese großen Klänge, die man manchmal im Subtilphysischen hört, ein wenig ähnlich denen von Beethovens Konzert in D, und die zur Stunde großer Fortschritte kommen, als würden fünfzig Orchester zusammen ausbrechen, ohne einen falschen Ton, um die Freude dieser neuen Vereinigung zwischen der Natur und dem Geist auszusprechen, die Begegnung alter Freunde, die sich nach langer Trennung wiederfinden.

Da kamen diese Worte: „O Natur, materielle Mutter, Du hast gesagt, Du wirst mitarbeiten, und die Herrlichkeit dieser Mitarbeit kennt keine Grenzen."

Und das strahlende Glück dieser Herrlichkeit wurde in vollkommenem Frieden empfangen.

So wurde die Botschaft für das Neue Jahr geboren.

(Dann erklärt Mutter:)

Ich muß euch noch eines sagen: man darf sich über die Bedeutung dieser Erfahrung nicht täuschen und sich einbilden, daß von nun an alles ohne Schwierigkeiten und immer nach euren persönlichen Wünschen geschieht. Auf dieser Ebene liegt das nicht. Das bedeutet nicht, daß es nicht regnen wird, wenn wir es nicht wollen; wenn wir wollen, daß ein Ereignis in der Welt geschieht, es sich sofort ereignen wird; daß alle Schwierigkeiten sofort beseitigt werden und alles wie im Märchen wird. So ist es nicht. Es ist tiefgründiger: die Natur akzeptierte in ihrem Spiel der Kräfte die neue Kraft, die sich manifestiert hat, und nahm sie in ihre Bewegungen auf. Und wie immer sind die Bewegungen der Natur auf einem Maßstab, der unendlich die menschliche Skala überschreitet und der für ein gewöhnliches menschliches Bewußtsein nicht erkennbar ist. Es ist vielmehr eine innere psychologische Möglichkeit, die in der Welt geboren wurde, als eine auffällige Änderung der irdischen Ereignisse.

Ich betone das, weil man vielleicht verleitet wäre zu glauben, die Märchen wurden sich jetzt auf der Erde erfüllen. Dazu ist die Zeit noch nicht gekommen.

(Schweigen)

Man muß sehr viel Geduld haben und eine sehr weite und umfassende Sicht, um zu verstehen, wie die Dinge geschehen.

(Schweigen)

Die Wunder, die geschehen, könnte man nicht als wörtliche Wunder bezeichnen, in dem Sinne, daß es nicht so geschieht wie in den Geschichten. Sie sind nur für eine sehr tiefe Schau der Dinge sichtbar – sehr tief, sehr umfassend, sehr weit.

(Schweigen)

Man muß zuerst fähig sein, den Methoden und Mitteln der Gnade zu folgen, um ihr Handeln zu erkennen. Man muß zuerst fähig sein, sich nicht durch die Erscheinungen blenden zu lassen, um die tiefere Wahrheit der Dinge zu sehen.[151]

* * *

Im vedischen Yoga und im Tantra gibt es ein Element, das Mutter wesentlich fand in diesem Stadium der Sadhana des Körpers. Das ist das Element des Japa oder der Wiederholung des Mantra. „Mantra" ist ein Ton – oder vielmehr der unvermeidliche Ton der Silbe oder der Silben, die die innerste Aspiration des Wesens, den tiefsten Schrei des Wesens, wie OM usw., ausdrücken kann. Wie Mutter sagt:

> Ich erkannte auch, daß für diese Sadhana des Körpers ein Mantra wesentlich ist. Sri Aurobindo gab keines; er sagte, man müsse die ganze Arbeit auch tun können, ohne auf äußere Mittel zurückzugreifen. Hätte er den Punkt erreicht, wo wir jetzt stehen, würde er gesehen haben, daß die rein psychologische Methode nicht ausreicht, und daß ein Japa notwendig ist, denn einzig das Japa besitzt einen direkten Einfluß auf den Körper. So mußte ich die Methode ganz alleine entdecken, mußte mein Mantra selber finden. Doch jetzt, wo die Dinge bereit sind, schaffte ich in einigen wenigen Monaten die Arbeit von zehn Jahren. Darin liegt die Schwierigkeit, es braucht Zeit, die Zeit ...
>
> Und ich wiederhole mein Mantra ständig – wenn ich wach bin und sogar wenn ich schlafe. Ich sage es, während ich mich anziehe, während ich esse, während ich arbeite, während ich mit anderen spreche; stets ist es im Hintergrund, die ganze Zeit, die ganze Zeit.[152]

Mutter offenbarte am 16.9.1958 ihr Mantra im folgenden Bericht über eine Erfahrung:

> Gegenwärtig bleibt von allen Formulierungen oder Mantras das, was am direktesten auf den Körper wirkt und alle Zellen ergreift und sofort so macht *(schwingende Geste)*, das Sanskrit Mantra:
> OM NAMO BHAGAVATE.
>
> Sobald ich mich zu einer Meditation setze, sobald ich eine ruhige Minute habe, um mich zu konzentrieren, setzt sofort dieses

Mantra ein, und es erweckt eine Antwort im Körper, in den Zellen des Körpers: sie beginnen alle zu schwingen.

Das kam so: Y war gerade zurückgekehrt und brachte mir eine Kiste voller Dinge, die er mir alle zeigte. Seine Erregung erzeugte viele kleine gedrängte Wellen in der Atmosphäre, die mir Kopfschmerzen gaben – jedenfalls war es sehr unangenehm. Als ich hinausging, gerade nachdem das passiert war, setzte ich mich hin und tat dies *(Geste des Hinausfegens)*, damit das aufhört, da begann augenblicklich das Mantra.

Es stieg von hier auf *(Solarplexus)*: So, Om Namo Bhagavate, OM NAMO BHAGAVATE, OM NAMO BHAGAVATE. Es war ungeheuer. Während der ganzen Viertelstunde, die die Meditation dauerte, war alles mit Licht erfüllt! Die tieferen Schattierungen waren goldbronzen (am Kehlkopf fast rot), in den höheren Schattierungen ein opal-weißes Licht: OM NAMO BHAGAVATE, OM NAMO BHAGAVATE, OM NAMO BHAGAVATE.[153]

* * *

Von diesem bedeutenden Abend des 29. Februars 1956 an begann Mutter von Woche zu Woche, von Tag zu Tag verschiedene Erfahrungen des Supramentals in der Materie zu haben. Am 3. Februar 1958 hatte Mutter zum ersten Mal eine radikale Erfahrung, in der sie auf konkrete Weise in einer objektiv supramentalen Welt umherwandelte – einer Welt, die in sich selbst besteht, über alle Subjektivität hinaus. In der Abendklasse des 19. Februars 1958, wurde der Bericht dieser Erfahrung wie folgt vorgelesen:

> Zwischen den Wesen der supramentalen Welt und den Menschen besteht ungefähr derselbe Unterschied wie zwischen den Menschen und den Tieren. Vor einiger Zeit hatte ich die Erfahrung der Identifikation mit dem Tierleben, und es ist eine Tatsache, daß die Tiere uns nicht verstehen: ihr Bewußtsein ist so gebildet, daß wir ihnen fast vollkommen entgehen. Ich kannte indessen Haustiere – Katzen und Hunde, aber vor allem Katzen –, die eine fast yogische Anstrengung des Bewußtseins machten, um uns zu erreichen. Aber wenn sie uns leben und handeln sehen, verstehen sie uns im allgemeinen nicht, sie SEHEN uns nicht so, wie wir sind, und sie leiden wegen uns. Wir sind für sie ein dauerndes Rätsel. Nur ein sehr kleiner Teil ihres Bewußtseins hat eine Verbindung mit uns. Und für uns ist es das gleiche, wenn wir versuchen, die supramentale

Welt zu sehen. Wir werden sie erst sehen, wenn die Verbindung des Bewußtseins hergestellt ist – und nur der Teil unseres Wesens, der diese Transformation durchgemacht hat, wird fähig sein, sie so zu sehen, wie sie ist –, sonst bleiben die beiden Welten getrennt wie die tierische und die menschliche Welt.

Die Erfahrung, die ich am 3. Februar hatte, ist ein Beweis dafür. Vorher hatte ich einen individuellen, subjektiven Kontakt mit der supramentalen Welt, indessen am 3. Februar bin ich konkret darin gegangen, so konkret wie ich früher in Paris spazieren ging, in einer Welt, die IN SICH BESTEHT, außerhalb aller Subjektivität.

Es ist wie eine Brücke, die zwischen den beiden Welten gebaut wird.

Hier die Erfahrung, wie ich sie sofort danach diktierte:

(Schweigen)

Die supramentale Welt besteht andauernd, und ich bin andauernd in einem supramentalen Körper dort. Heute hatte ich selbst den Beweis dafür, als mein irdisches Bewußtsein dorthin ging und zwischen zwei und drei Uhr bewußt dort blieb. Jetzt weiß ich, daß eine Zwischenzone zwischen der physischen Welt, so wie sie ist, und der supramentalen Welt, so wie sie ist, erforderlich ist, damit die beiden Welten sich in einer dauernden und bewußten Verbindung vereinigen. Diese Zone bleibt aufzubauen, sowohl im individuellen Bewußtsein als auch in der objektiven Welt, und sie ist dabei zu entstehen. Wenn ich früher von der neuen Welt sprach, die im Werden ist, sprach ich von dieser Zwischenzone. Und wenn ich auf dieser Seite hier bin, das heißt im Bereich des physischen Bewußtseins, und sehe, wie die supramentale Macht, das supramentale Licht und die supramentale Substanz ständig die Materie durchdringen, ist es die Konstruktion dieser Zone, die ich sehe und an der ich teilnehme.

Ich befand mich auf einem ungeheuren Schiff, eine symbolische Darstellung des Ortes, wo diese Arbeit sich vollzieht. Dieses Schiff, so groß wie eine Stadt, ist in allen Einzelheiten organisiert, und sicherlich funktionierte es schon seit einiger Zeit, denn seine Organisation war vollkommen. Es ist der Ort, wo die für das supramentale Leben bestimmten Leute ausgebildet werden. Diese Leute (oder wenigstens manche von ihnen) hatten schon eine supramentale Transformation durchgemacht, denn das Schiff selbst und alles, was sich an Bord befand, war weder materiell

5. Mutter setzt Sri Aurobindos Werk fort

noch subtilphysisch, noch vital, noch mental: es war eine supramentale Substanz. Diese Substanz selbst stammte vom materiellsten Supramental, die supramentale Substanz, die der physischen Welt am nächsten ist, die erste, die sich manifestieren wird. Das Licht war eine Mischung von Gold und Rot, die eine einheitliche Substanz von leuchtendem Orange bildete. Alles war so – das Licht war so, die Leute waren so – alles hatte diese Farbe, nur mit verschiedenen Nuancen, die einem erlaubten, die Dinge zu unterscheiden. Der allgemeine Eindruck war von einer Welt ohne Schatten: es gab Nuancen, aber keine Schatten. Die Atmosphäre war voller Freude, Ruhe und Ordnung; alles vollzog sich regelmäßig und in Stille. Und zur gleichen Zeit konnte man alle Einzelheiten einer Schulung erkennen, einer Ausbildung in allen Bereichen, dank derer die Leute an Bord vorbereitet wurden.

Dieses ungeheure Schiff erreichte gerade das Ufer der supramentalen Welt, und eine erste Gruppe von Leuten, die bestimmt waren, die zukünftigen Einwohner dieser supramentalen Welt zu sein, sollte aussteigen. Alles war für diese erste Landung eingerichtet. An der Landebrücke befanden sich eine gewisse Zahl von sehr hochgewachsenen Wesen. Sie waren keine menschlichen Wesen, sie waren nie Menschen gewesen. Sie waren aber auch keine dauernden Bewohner der supramentalen Welt. Sie waren von oben gesandt und dorthin gestellt worden, um die Landung zu kontrollieren und zu beaufsichtigen. Von Anfang an und die ganze Zeit hatte ich die Leitung dieses ganzen Geschehens. Ich selbst hatte alle Gruppen vorbereitet. Ich stand am oberen Ende der Landebrücke, auf dem Schiff, und rief die Gruppen eine nach der anderen und ließ sie ans Ufer gehen. Die hochgewachsenen Wesen, die dort aufgestellt waren, „untersuchten" die, die ausstiegen, um jene vorbeizulassen, die bereit waren, und jene zurückzuschicken, die es nicht waren und die ihre Ausbildung an Bord fortsetzen mußten. Als ich all das beobachtete, begann der Teil meines Bewußtseins, der von hier kam, außerordentlich interessiert zu werden: er wollte alle die Leute sehen und erkennen, sehen wie sie verändert waren, und feststellen, welche unmittelbar angenommen wurden und welche bleiben mußten, um ihre Ausbildung fortzusetzen. Nach einiger Zeit, während ich das alles beobachtete, begann ich zu fühlen, daß ich zurückgezogen wurde, damit mein Körper erwachte – von einem Bewußtsein oder einer Person hier[154] – und in meinem Bewußtsein protestierte ich: „Nein,

nein, noch nicht! Noch nicht, ich will die Leute sehen!" Ich sah und notierte mit intensivem Interesse ... Es ging so weiter bis zu dem Augenblick, wo plötzlich die Uhr hier anfing drei zu schlagen, das rief mich abrupt zurück. Ein Gefühl von plötzlichem Absturz ging durch meinen Körper. Ich kam mit einem Schock zurück, aber mit meiner ganzen Erinnerung, weil ich sehr plötzlich zurückgerufen worden war. Ich verhielt mich ruhig, ohne Bewegung, bis ich die ganze Erfahrung zurückbringen und bewahren konnte.

Auf dem Schiff war die Beschaffenheit der Objekte nicht so, wie wir sie auf der Erde kennen; zum Beispiel waren die Kleider nicht aus Stoff gemacht, und das, was dem Stoff glich, war nicht fabriziert: es war ein Teil ihres Körpers, es bestand aus derselben Substanz, die nur verschiedene Formen annahm. Es besaß eine Art Plastizität. Wenn eine Veränderung vollzogen werden sollte, geschah das nicht durch ein künstliches äußeres Mittel, sondern durch ein inneres Wirken des Bewußtseins, das der Substanz die Form oder das Aussehen gab. Das Leben schuf seine eigenen Formen. Es war EINE EINZIGE Substanz in allem; sie veränderte die Qualität ihrer Schwingung, je nachdem was nötig war und gebraucht wurde.

Die, welche für eine weitere Ausbildung zurückgeschickt wurden, waren nicht von einheitlicher Farbe: es war als hätte ihr Körper Flecken von einem trüben Grau, von einer Substanz, die der irdischen Substanz glich; sie waren trübe, als wären sie nicht ganz vom Licht durchdrungen, nicht ganz transformiert. Sie waren nicht überall so, aber stellenweise.

Die hochgewachsenen Wesen am Ufer hatten nicht die gleiche Farbe, zumindest hatten sie nicht diese orangene Tönung, sie waren blasser, transparenter. Mit Ausnahme eines Teiles ihres Körpers konnte man nur die Umrisse ihrer Form sehen. Sie waren sehr groß, sie schienen kein Knochengerüst zu haben und fähig zu sein, je nach ihren Bedürfnissen verschiedene Formen anzunehmen. Nur von der Hüfte bis zu den Füßen hatten sie eine beständige Dichtigkeit, die man in ihrem übrigen Körper nicht fühlte. Ihre Farbe war viel blasser und enthielt sehr wenig Rot, sie ging mehr in Gold oder sogar Weiß über. Die Teile von weißem Licht waren fast durchscheinend; sie waren nicht wirklich durchsichtig, aber weniger dicht, subtiler als die orangene Substanz.

Gerade als ich zurückgerufen wurde und sagte „noch nicht", hatte ich eine schnelle Vision von mir selbst, das heißt, von meiner Form in der supramentalen Welt. Ich war eine Mischung von dem, was diese hochgewachsenen Wesen waren, und den Wesen an Bord des Schiffes. Mein oberer Teil, hauptsächlich der Kopf, war nur eine Silhouette von weißer Farbe mit einem orangenen Saum. Je mehr es zu den Füßen hinabreichte, um so mehr glich die Farbe der von den Leuten des Schiffes, das heißt Orange; je höher es ging, um so mehr war es halb durchsichtig und weiß, und das Rot wurde schwächer. Der Kopf war nur eine Silhouette mit einer strahlenden Sonne im Inneren; Lichtstrahlen gingen davon aus, die die Wirkung des Willens waren.

Was die Leute betrifft, die ich an Bord des Schiffes sah, ich kannte sie alle. Manche waren von hier, vom Ashram, manche kamen anderswoher, aber ich kannte sie auch. Ich sah sie alle, aber weil ich wußte, daß ich mich hinterher nicht an alle erinnern würde, beschloß ich, keine Namen zu nennen. Das ist auch nicht nötig. Drei oder vier Gesichter waren sehr klar wahrnehmbar, und als ich sie sah, verstand ich das Gefühl, das ich hier auf der Erde hatte, wenn ich in ihre Augen schaute: sie enthielten eine so außerordentliche Freude ... Im allgemeinen waren die Leute jung; es gab sehr wenige Kinder und ihr Alter schwankte ungefähr zwischen vierzehn und fünfzehn Jahren, gewiß nicht unter zehn oder zwölf Jahren (ich blieb nicht lange genug dort, um alle Einzelheiten zu sehen). Es gab keine sehr alten Personen außer einigen Ausnahmen. Die Mehrheit der Leute, die ans Ufer gingen, waren von mittlerem Alter. Schon vor dieser Erfahrung waren gewisse individuelle Fälle mehrere Male an einem Ort geprüft worden, wo man die Leute untersuchte, die zur supramentalen Entwicklung fähig waren; ich erlebte dort einige Überraschungen und notierte sie; manchen habe ich es sogar gesagt. Aber die, die ich an dem Tag aussteigen ließ, sah ich sehr genau: sie waren von mittlerem Alter, weder kleine Kinder noch alte Leute, mit nur sehr wenigen Ausnahmen, und das entsprach ziemlich genau dem, was ich erwartete. Ich beschloß, nichts zu sagen, keine Namen zu nennen. Da ich nicht bis zum Ende blieb, war es mir nicht möglich, ein genaues Bild zu geben: das Bild war weder völlig klar noch vollständig. Ich will nicht gewissen Leuten etwas sagen und anderen nicht.

Ich kann jedoch sagen, daß der Gesichtspunkt, die Beurteilung AUSSCHLIESSLICH auf der Substanz begründet war, aus der die Leute beschaffen waren, das heißt, ob sie vollkommen der supramentalen Welt angehörten oder nicht, ob sie aus dieser so besonderen Substanz gebildet waren. Der angenommene Gesichtspunkt war weder moralisch noch psychologisch. Wahrscheinlich war die Substanz ihrer Körper das Ergebnis eines inneren Gesetzes oder einer inneren Bewegung, die in diesem Augenblick nicht in Frage standen. Jedenfalls ist es völlig klar, daß die Werte verschieden sind.

Als ich zurückkam, wußte ich gleichzeitig mit der Erinnerung an die Erfahrung, daß die supramentale Welt beständig ist, daß meine Anwesenheit dort beständig ist und daß nur ein fehlendes Kettenglied nötig wäre, um die Verbindung im Bewußtsein und in der Substanz herzustellen, und dieses Kettenglied ist dabei, sich zu bilden. Das gab mir den Eindruck (ein Eindruck, der recht lange blieb, fast einen ganzen Tag lang) von äußerster Relativität – nein nicht ganz: der Eindruck, daß die Beziehung zwischen dieser Welt hier und der anderen vollkommen den Gesichtspunkt verändert, nach welchem die Dinge bewertet oder eingeschätzt werden sollten. Dieser Gesichtspunkt hatte nichts Mentales, er gab ein seltsames inneres Gefühl, daß eine Menge von Dingen, die wir für gut oder schlecht halten, in Wirklichkeit nicht so sind. Es war sehr klar, daß alles von der Fähigkeit der Dinge abhängt, von ihrer Kapazität, die supramentale Welt auszudrücken oder in Beziehung mit ihr zu stehen. Das war so vollkommen anders, manchmal sogar so entgegengesetzt, verglichen mit unserer gewöhnlichen Bewertung! Ich erinnere mich an eine Kleinigkeit, die wir gewöhnlich schlecht beurteilen, wie komisch war es zu sehen, daß sie in Wahrheit hervorragend ist. Und anderes, das wir für wichtig halten, hat dort tatsächlich überhaupt keine Bedeutung: ob es so oder so ist, hat gar keine Bedeutung. Es ist sehr offensichtlich, daß unsere Einschätzung, was göttlich oder nicht göttlich ist, nicht stimmt. Über manches mußte ich sogar lachen ... Unser gewöhnliches Gefühl, was anti-göttlich ist, scheint künstlich, es scheint auf etwas gegründet zu sein, das nicht wahr, nicht lebend ist (übrigens schien mir das, was wir hier als Leben bezeichnen, leblos zu sein im Vergleich zu jener Welt), jedenfalls sollte dieses Gefühl auf unsere Beziehung zwischen den beiden Welten gegründet sein und darauf, ob die Dinge diese Beziehung leichter oder schwieriger gestalten. Das würde unsere Bewertung von dem, was uns Gott näher bringt und was uns von ihm trennt, vollkommen ändern. Ich sah auch bei den Leuten, daß das, was ihnen hilft, supramental zu werden, oder was sie daran hindert, sehr verschieden ist von dem, was unsere gewöhnlichen moralischen Begriffe sich vorstellen. Ich fühlte, wie ... lächerlich wir sind.

(Dann wendet sich Mutter an die Kinder:)

Es gibt hierzu eine Fortsetzung, gleichsam wie das Resultat dieser Erfahrung vom 3. Februar in meinem Bewußtsein, aber es scheint mir zu früh, es jetzt zu lesen. Das wird in der April Ausgabe als Fortsetzung erscheinen.

Nur eines – mir liegt daran, es euch zu sagen – scheint mir jetzt der wesentlichste Unterschied zwischen unserer Welt und der supramentalen Welt zu sein (und nur, nachdem ich bewußt dorthin gegangen bin, mit dem Bewußtsein, das gewöhnlich hier arbeitet, ist mir dieser Unterschied sozusagen in seiner Enormität erschienen): alles hier, ausgenommen das, was innen und sehr tief geschieht, erschien mir vollkommen künstlich. Keine der Bewertungen des gewöhnlichen physischen Lebens gründet sich auf der Wahrheit. Desgleichen wie wir Stoff beschaffen und Kleider zusammenschneidern, sie über unseren Rücken hängen müssen, um uns zu kleiden, sind wir gezwungen, äußere Dinge zu nehmen und sie in unseren Körper einzuführen, um genährt zu sein. Für alles ist unser Leben künstlich.

Ein wahres, aufrichtiges, spontanes Leben wie in der supramentalen Welt ist ein Hervorquellen der Dinge durch den Einfluß des bewußten Willens, eine Macht über die Substanz, die bewirkt, daß diese Substanz sich dem angleicht, wie wir sie zu sein wünschen. Wer diese Macht und dieses Wissen hat, kann erlangen, was er will, während der, der sie nicht hat, kein künstliches Mittel besitzt, um sich zu beschaffen, was er wünscht.

Im gewöhnlichen Leben ist ALLES künstlich. Gemäß dem Zufall der Geburt und der Umstände hat man eine mehr oder weniger gehobene Stellung oder ein mehr oder weniger bequemes Leben, nicht weil das der spontane, natürliche und aufrichtige Ausdruck eurer Seinsart und eures inneren Bedürfnisses ist, sondern weil der Zufall der Lebensumstände euch diese Dinge zur Verfügung stellt. Ein völlig unentwickelter Mensch kann eine sehr gehobene Stellung einnehmen, und ein Mensch, der wunderbare schöpferische und organisatorische Fähigkeiten hätte, kann sich in einer sehr beschränkten und untergeordneten Situation abmühen, während er in einer wahrhaftigen Welt seine volle Nützlichkeit entfalten könnte.

Diese Künstlichkeit, diese Unaufrichtigkeit, dieser vollkommene Mangel an Wahrheit, erschien mir so erschreckend, daß ... man sich fragt, wie wir in einer so falschen Welt überhaupt wahre Beurteilungen haben können.

Aber anstatt daß Kummer, Gram, Empörung, Unzufriedenheit einen erfüllt, hat man vielmehr das Gefühl, von dem ich abschließend sprach: eine so lächerliche Absurdität, daß mich während einiger Tage ein unkontrollierbares Lachen überkam, wenn ich die Dinge und die Leute sah! Ein ganz unerklärliches unbändiges Lachen – erklärlich nur für mich –, wegen der Lächerlichkeit der Situationen.

Als ich euch zu einer Reise ins Unbekannte einlud, zu einer Abenteuerreise, wußte ich nicht, wie wahr ich sprach, und denen, die bereit sind, das Abenteuer zu wagen, kann ich versprechen, daß sie äußerst interessante Entdeckungen machen werden.[155]

Das Werk, das Sri Aurobindo geplant hatte, kam jetzt zur Entfaltung. Das Problem war, Mittel zu finden, um das Bindeglied zwischen der supramentalen Welt und der menschlichen Welt aufzubauen. In ihrem am 10. Mai 1958 aufgenommenen Gespräch in der Agenda sagte Mutter folgendes:

Und die Arbeit von Sri Aurobindo auszuführen bedeutet tatsächlich, das Supramental auf der Erde zu verwirklichen. Also begann ich diese Arbeit, und um die Wahrheit zu sagen, forderte ich nur das von meinem Körper. Ich sagte ihm: „Jetzt wirst du alles in Ordnung bringen, was nicht in Ordnung ist, nach und nach wirst du diese höhere Menschlichkeit verwirklichen, die Brücke zwischen dem Menschen und dem supramentalen Wesen, also das, was ich den Übermenschen nenne."

Und das tue ich seit acht Jahren; und ganz besonders seit zwei Jahren, seit 1956. Das ist jetzt die Arbeit jedes Tages, jeder Minute.

Das ist meine Lage. Ich verzichtete auf die unangefochtene Autorität eines Gottes, ich verzichtete auf die unerschütterliche Ruhe des Weisen ... um Übermensch zu werden, darauf konzentrierte ich alles.

Wir werden sehen.

5. Mutter setzt Sri Aurobindos Werk fort

Ich lerne zu arbeiten. Ich bin nur ein Lehrling, einfach ein Lehrling: ich bin dabei das Handwerk zu lernen. [156]

* * *

Am 7. November 1958 hatte Mutter eine Erfahrung, die ein weiterer Schritt war zur Schaffung eines Bindeglieds zwischen den beiden Welten. Mutter beschrieb und erklärte die Erfahrung in der folgenden Unterredung, die in der Agenda wiedergegeben wird:

Ich habe meine Botschaft für den ersten Januar gefunden ... Das geschah ganz unvorhergesehen, aber gestern morgen dachte ich: bald muß ich meine Botschaft finden, aber was? Ich blieb vollkommen ... neutral, nichts. Dann, gestern abend in der Klasse (Freitagsklasse vom 7. November), merkte ich, daß diese Kinder, die eine ganze Woche lang Zeit hatten, Fragen zu dem Text zu finden, keine einzige gefunden hatten! Eine schreckliche Lethargie! Keinerlei Interesse. Als ich fertig gesprochen hatte, fragte ich mich: aber was IST es in diesen Leuten, die sich für nichts anderes interessieren als ihre kleinen persönlichen Begebenheiten? Und ich begann in ihre mentale Atmosphäre hinabzutauchen, auf der Suche nach einem kleinen Licht, das antwortet ... Das zog mich buchstäblich nach unten, wie in ein Loch, aber auf derart materielle Weise: meine Hand rutschte von der Armlehne des Stuhls, begann nach unten zu gleiten, meine andere Hand ging so *(Geste auf den Boden)*, mein Kopf auch! Ich glaubte, er würde auf den Knien landen!

Ich hatte den Eindruck ... kein bloßer Eindruck: ich sah. Ich stieg hinab in einen Spalt zwischen zwei schroffen Felsen, Felsen, die härter waren als Basalt, SCHWARZ, aber zugleich metallisch, mit so scharfen Zacken – man meinte, wenn man sie nur berührte, würde man zerfetzt. Er schien endlos und bodenlos zu sein, und der Spalt wurde immer schmaler, immer enger, immer enger, wie ein Trichter, so eng, daß kaum noch Platz blieb, um durchzukommen, selbst für das Bewußtsein. Der Grund war nicht zu sehen: ein schwarzes Loch. Und das ging tiefer und tiefer und tiefer, ohne Luft, ohne Licht, gerade eine Art Schimmer, der mir erlaubte, die Felszacken zu erkennen. Wie ausgestanzt, so schroff, so scharf ... Schließlich, als mein Kopf gerade meine Knie berührte, fragte ich mich: Aber was ist bloß auf dem Grund dieses ... Lochs?

Und sobald ich diese Worte ausgesprochen hatte, war es als hätte ich ganz unten auf dem Grund eine Sprungfeder berührt – eine Feder, die ich nicht sah, die aber augenblicklich wirkte, mit einer ungeheuren Macht – und die mich mit einem Stoß aus dieser Kluft herausschleuderte in ... *(Geste mit ausgebreiteten Armen, unbewegt)* eine Unermeßlichkeit ohne Grenzen, ohne Form, unendlich angenehm – nicht direkt warm, aber sie gab einen angenehmen Eindruck von inniger Wärme.

Es war allmächtig, von unendlicher Reichhaltigkeit: es besaß keine ... keine bestimmte Form, und es hatte keinerlei Grenzen (weil ich damit identifiziert war, wußte ich, daß es weder Grenzen noch Form besaß). Und diese Unermeßlichkeit bestand wie aus unzähligen unmerklichen Punkten – Punkte, die keinen Raum belegen (es gab keine Empfindung von Raum), von dunklem, warmen Gold – aber das war nur ein Eindruck, eine Übersetzung (denn es war nicht sichtbar). All das war vollkommen LEBENDIG, lebendig mit einer scheinbar unendlichen Macht. Und dennoch unbewegt.

Das blieb ziemlich lange, die ganze restliche Meditation.

Es enthielt in gewisser Weise allen Reichtum der Möglichkeiten; und all das, was keine Formen besaß, hatte die Macht, Form zu werden.

Damals fragte ich mich, was das wohl bedeutete. Später fand ich es, und heute morgen sagte ich mir: aber das will mir meine Botschaft für das neue Jahr geben! Dann schrieb ich es auf (das läßt sich natürlich nicht beschreiben – es ist überhaupt unbeschreiblich: es war ein psychologisches Phänomen, und die Formen waren nur ein Mittel, sich selber den psychologischen Zustand zu beschreiben). Hier ist meine Aufzeichnung, offensichtlich eine mentale Aufzeichnung, und ich habe vor, daraus meine Botschaft zu machen.

Die Ausdrucksweise schwankt ein wenig. Deshalb habe ich dir die Papiere mitgebracht, damit wir den endgültigen Text zusammen entscheiden.

Ich habe nichts beschrieben, nur eine Tatsache festgehalten *(Mutter liest)*:

Auf dem tiefsten Grund der härtesten, starrsten, engsten, erstickendsten Unbewußtheit berührte ich eine allmächtige Feder, die mich mit einem Stoß in eine Unermeßlichkeit ohne Form und ohne Grenzen schleuderte, die Quelle aller Schöpfung.

5. Mutter setzt Sri Aurobindos Werk fort

Das ist ein weiterer Beweis. Die Erfahrung war völlig ... das englische Wort *genuine* drückt es aus.

Authentisch und spontan?

Ja, die Erfahrung hatte ich nicht gesucht, ich hatte nicht entschieden, dies zu tun. Es entsprach keiner inneren Einstellung. Bei einer Meditation kann man entscheiden: ich werde so oder so oder so meditieren, ich werde dies oder jenes tun. Allgemein habe ich bei Meditationen eine Art innerer (oder höherer) Wahrnehmung, was zu tun ist, und das tue ich dann. Aber hier war das nicht der Fall. Ich hatte entschieden: nichts, ich entscheide nichts, ich bleibe „einfach so".

Dann geschah es.

Plötzlich, als ich sprach (während ich sprach), hatte ich den Eindruck: also wirklich, kann man überhaupt irgend etwas mit einer derartigen Substanz anfangen? Dann, als ich aufhörte zu sprechen, fühlte ich mich gezogen. Da verstand ich. Denn ich hatte mir die Frage gestellt: „Was GESCHIEHT darin, hinter all diesen Formen?..." Ich war nicht gerade irritiert aber sagte mir doch: das müßte ein wenig wachgerüttelt werden! Und sobald ich zu Ende gesprochen hatte, zog mich das – zog mich aus meinem Körper heraus, ich wurde buchstäblich aus meinem Körper gezogen.

Dann, hinab in dieses Loch ... Ich sehe jetzt noch, was ich da sah, diese Kluft zwischen zwei Felsen. Man sah keinen Himmel, man sah ... nur eine Art Widerschein eines Schimmers auf den Kanten der Felsen, ein Schimmer von „etwas" jenseits, das *(lachend)* der Himmel sein mußte! Aber es war nicht zu erkennen. Und während ich dort hinabstieg, in diese Kluft glitt, sah ich die Zacken; und diese schwarzen Felsen, wie mit dem Meißel herausgestochen, glänzten, so frisch war der Schnitt, und diese messerscharfen Kanten. Hier eine, dort eine, dort eine, überall, auf allen Seiten. Und ich wurde weiter und weiter gezogen, tiefer und tiefer – das nahm kein Ende und wurde immer erdrückender, erstickender. Tiefer und tiefer ...

Und physisch folgte der Körper. Mein Körper hat gelernt, in einem bestimmten Maß die inneren Erfahrungen auszudrücken. Der Körper enthält die Kraft des Körpers oder die Form des Körpers oder den Geist des Körpers (je nach den Schulen trägt es verschiedene Namen), das, was den Körper als letztes verläßt, wenn man stirbt, allgemein braucht es sieben Tage, um ihn zu verlassen.¹⁵⁷ Mit einer besonderen Ausbildung kann das ein bewußtes – unabhängiges und bewußtes – Leben führen, so daß es nicht nur im Trancezustand (in Trance geschieht es sehr häufig, daß man sprechen und sich bewegen kann, mit ein wenig Übung und Ausbildung), sondern auch im kataleptischen Zustand die Kraft hat, Laute hervorzubringen und den Körper sogar zu bewegen. Mit der notwendigen Ausbildung erhält der Körper dann schlafwandlerische Fähigkeiten – nicht der gewöhnliche Somnambulismus, sondern er kann unabhängig weiterleben.¹⁵⁸ Und so geschah es gestern abend, ich hatte meinen Körper verlassen, aber mein Körper nahm an der Erfahrung teil. Und ich wurde nach unten gezogen: die eine Hand glitt von der Armlehne, dann die andere, dann berührte mein Kopf fast die Knie! (Das Bewußtsein war anderswo, ich sah den Körper von außen – nicht, daß ich nicht wußte, was ich tat: ich sah ihn von außen.) Dann sagte ich: irgendwo muß das aber aufhören, wenn das so weitergeht *(lachend)*, wird mein Kopf auf dem Boden landen! Und ich dachte: was ist bloß auf dem Boden des Lochs?...

Kaum war die Frage formuliert, erreichte ich ihn, den Boden des Lochs, und es war wirklich wie eine ungeheure, allmächtige Feder, und ... *(Mutter schlägt auf den Tisch)* hopp! wurde ich aus dem Abgrund herausprojiziert in eine Unermeßlichkeit. Und mein Körper richtete sich augenblicklich wieder auf, mein Kopf hob sich – er folgte der Bewegung. Ein Zuschauer hätte es sehen können: plötzlich, hopp! voll ausgestreckt, den Kopf in der Luft.

Ich verfolgte all das, ohne es im geringsten zu objektivieren; ich wußte nicht, was es war, was geschah, keine Erklärung, nichts: es geschah „einfach so". Ich erlebte es, das war alles. Die Erfahrung war vollkommen spontan. Und nach diesem ziemlich ... schmerzvollen Abstieg war es auf einmal eine Art Super-Wohlbefinden. Anders kann ich es nicht erklären, *ease* [Behagen], aber in seinem Maximum. Eine vollkommene Unbewegtheit mit einem Gefühl der Ewigkeit – aber mit einer außerordentlichen INTENSITÄT der Bewegung und des Lebens! Eine innerliche Intensität (Intensität, die sich nicht manifestiert: innerlich, in sich enthalten). Und unbewegt (wenn es ein Außen gegeben hätte, dann unbewegt in Bezug auf das Außen), in einem ... mannigfaltigen Leben – es läßt sich nicht anders beschreiben als in bildhafter Weise unendlich. Eine Intensität, eine MACHT, eine Kraft ... und ein Friede – der

Friede der Ewigkeit. Ein Schweigen, eine Ruhe. Eine MACHT mit der Fähigkeit ... zu allem. Allem.

Ich bildete es mir nicht ein, ich objektivierte es nicht: ich erlebte es mit Wohlbefinden – mit großer Behaglichkeit. Und das dauerte bis zum Ende der Meditation. Als es anfing langsam zu verblassen, brach ich die Meditation ab und ging hinaus.

Später, als ich zum Ashram zurückkehrte, fragte ich mich: Was war das? Was bedeutet das? Dann verstand ich.

Das ist alles.

Jetzt werde ich es sauber hinschreiben, gib mir doch ein Blatt Papier.

(Mutter beginnt, ihre Botschaft abzuschreiben)

„Auf dem tiefsten Grund des härtesten, starrsten ... Unbewußten" Denn im allgemeinen gibt das Unbewußte gerade den Eindruck von etwas Amorphem, Inerten, Formlosen, neutral und grau (als ich damals in die Bereiche des Unbewußten eindrang, fiel mir das als erstes auf). Aber hier war es eine Unbewußtheit ... die hart, starr, GEBALLT war, als hätte sie sich zum Widerstand geballt: jegliche Anstrengung gleitet ab, greift nicht, dringt nicht ein. Deshalb schreibe ich „härtesten, starrsten, engsten" (der Eindruck von etwas, das euch immer enger drosselt), „erstickendsten" – ja, erstickend ist das Wort.

„... berührte ich eine allmächtige Feder, die mich mit einem Stoß in eine Unermeßlichkeit ohne Form und ohne Grenzen schleuderte, die Quelle aller Schöpfung." Das war ... ja, ich glaube, es war nicht die gewöhnliche Schöpfung, die vorzeitliche Schöpfung, sondern die SUPRAMENTALE Schöpfung. Denn es entsprach nicht der Erfahrung von der Rückkehr zum Höchsten, zum Ursprung von allem: ich hatte wirklich den Eindruck, in den Ursprung der supramentalen Schöpfung projiziert zu werden – etwas, das sozusagen bereits vom Höchsten objektiviert wurde, mit dem präzisen Ziel der supramentalen Schöpfung.

Das war mein Eindruck.

Ich glaube nicht, daß ich mich täusche, denn es gab wirklich diesen überreichen Eindruck von Macht, Wärme, Gold ... Es war nicht flüssig: wie ein Stäuben. Und jedes dieser Dinge (man kann sie nicht Stückchen oder Fragmente nennen, nicht einmal Punkte, es sei denn, man nimmt sie als Punkte im mathematischen Sinne, Punkte, die keinen Raum einnehmen), es war etwas ähnliches wie mathematische Punkte, aber aus lebendigem Gold, ein Stäuben von warmen Gold; man kann nicht sagen hell oder dunkel; es war auch nicht aus Licht: eine Vielzahl kleiner goldener Punkte, nichts als das. Es war fast, als berührten sie meine Augen, mein Gesicht ... mit einer innen enthaltenen Macht und Wärme, ungeheuer! Und zugleich das Gefühl einer Fülle, eines allmächtigen FRIE-DENS ... Reich und voll. Bewegung in ihrem Äußersten, unendlich schneller als alles, was wir uns vorstellen können, und zugleich der absolute Frieden, die vollkommene Ruhe.

(Mutter kommt zurück auf ihre Botschaft)

Ich nehme nicht das Wort ... Es sei denn, anstelle von „Quelle aller Schöpfung" sage ich: „Quelle der neuen Schöpfung". Aber dann, dann wird es überwältigend! Es ist genau DAS. Es ist das. Aber ist die Zeit gekommen, es zu sagen? Ich weiß nicht ...

Quelle der neuen Schöpfung ... [159]

* * *

Gegen Ende 1958, wenige Tage vor ihrer ersten Krankheit (die mit dem Rückzug in ihr Zimmer endete), erreichte Mutter eine weitere Klarheit und formulierte die zentrale Frage, die sie erforschte: „Wie FESTIGT man das Supramental im Körper?" Sie suchte nach einem Weg, nach einer Methode. Aber das ganze Unternehmen war neu in der Geschichte der Erde, und es gab keine Spuren von vergangenen Experimenten. Sie mußte einen neuen Pfad in den Urwald schlagen.

Hier ihre eigenen Worte:

Gibt es einen Weg? Ist da eine Methode? Wahrscheinlich nicht. Es ist wirklich als ginge man blind, ohne irgend eine Hilfe, in einer Wüste, einer Wüste, bestückt mit jeder nur möglichen Falle und Schwierigkeit und jedem Hindernis – von denen alle dort versammelt sind. Deine Augen sind verbunden, du weißt nichts, und du gehst ... In bin absolut mitten darin einen Weg durch das Dickicht zu schlagen- schlimmer als ein Urwald.

Dann trat am 24. Juli 1959 das supramentale Licht direkt in ihren Körper, ohne die Zwischenbereiche des Bewußtseins zu durchqueren. Laßt uns zu ihrer eigenen Beschreibung dieser Erfahrung kommen:

Kurz vor dem 15. August hatte ich eine einzigartige Erfahrung, die all das erhellt. Das supramentale Licht drang zum ersten Mal direkt in meinen Körper ein, ohne über die inneren Wesen zu gehen. Dies war das erste Mal. Es kam durch die Füße (eine rote und goldene Farbe, wunderbar, warm, intensiv) und stieg höher und höher. Je höher es stieg, um so höher stieg auch das Fieber, denn der Körper war diese Intensität nicht gewohnt. Als all dieses Licht den Kopf erreichte, glaubte ich, ich würde bersten und müsse die Erfahrung abbrechen. Da erhielt ich den sehr deutlichen Befehl, Ruhe und Frieden herabzubringen, dieses ganze Körperbewußtsein, all diese Zellen zu weiten, damit sie das supramentale Licht enthalten können. Ich weitete mich: gleichzeitig mit dem Aufstieg des Lichts, brachte ich die Weite, den unerschütterlichen Frieden herab. Und plötzlich kam eine Sekunde der Ohnmacht.

Ich landete in einer anderen Welt, jedoch nicht fern (ich war nicht völlig in Trance). Es war eine beinahe so substantielle Welt wie die physische. Dort gab es Zimmer, auch Sri Aurobindos Zimmer, mit dem Bett, auf dem er sich ausruht, und er lebte dort, er war die ganze Zeit dort: das war sein Wohnsitz. Sogar mein Zimmer war dort, mit einem großen Spiegel, wie ich hier einen habe, mit Kämmen, verschiedenen Dingen. Und diese Gegenstände hatten eine beinahe so dichte Substanz wie in der physischen Welt, doch sie schienen mit ihrem eigenen Licht. Sie waren nicht durchscheinend, nicht durchsichtig, nicht strahlend, sondern in sich leuchtend. Die Gegenstände, die Substanz der Zimmer hier, hatten nicht die Dunkelheit der physischen Gegenstände, waren nicht trocken und hart wie in der physischen Welt, die wir kennen.

Und Sri Aurobindo war dort, von einer Majestät, einer herrlichen Schönheit. Er hatte all sein schönes Haar von früher. All das war so konkret, so substantiell (man brachte ihm sogar eine Art Nahrung). Ich blieb eine Stunde lang dort (vorher und nachher schaute ich auf die Uhr). Ich sprach mit Sri Aurobindo, denn ich hatte wichtige Fragen für ihn über die Art, wie gewisse Dinge zu verwirklichen waren. Er sagte nichts. Er hörte mir ruhig zu und schaute mich an, als wären alle meine Worte überflüssig: er verstand alles, sofort. Und er antwortete durch eine Geste, zwei Bewegungen des Gesichts. Eine unerwartete Geste, die überhaupt nicht einem meiner Gedanken entsprach: zum Beispiel nahm er die drei Kämme, die bei dem Spiegel lagen (Kämme, wie ich sie hier habe, nur größer), und steckte sie sich ins Haar; einen setzte er mitten auf seinen Kopf und die zwei anderen auf beide Seiten, wie um sein Haar über den Schläfen zu sammeln. Sie bedeckten wirklich seinen Kopf wie eine Art Krone. Und ich verstand sofort – er wollte damit ausdrücken, daß er mein Konzept annahm: „Siehst du, ich nehme dein Konzept der Dinge und frisiere meinen Kopf damit; es ist mein Wille." In dieser Weise blieb ich eine Stunde dort.

Als ich aufwachte, hatte ich nicht den gewohnten Eindruck, von weither zurückzukommen und in meinen Körper zurückkehren zu müssen. Nein, es war einfach, als wäre ich in dieser anderen Welt gewesen, hätte dann einen Schritt zurückgetan und befand mich wieder hier. Ich brauchte eine gute halbe Stunde, um zu begreifen, daß diese Welt hier genauso existierte wie die andere, daß ich nicht mehr auf der anderen Seite war, sondern wieder hier, in der Welt der Lüge. Ich hatte alles vergessen: Leute, Dinge, was ich zu tun hatte; alles war verschwunden, als hätte es überhaupt keine Wirklichkeit.

Es ist nicht so, als müsse diese Welt der Wahrheit aus freien Stücken geschaffen werden: sie ist vollkommen fertig, sie ist da, wie eine Auskleidung unserer gegenwärtigen Welt. Alles ist hier, ALLES ist hier.

Zwei ganze Tage blieb ich in diesem Zustand, zwei Tage absoluter Glückseligkeit. Und Sri Aurobindo war die ganze Zeit bei mir: wenn ich ging, ging er mit mir; wenn ich mich setzte, saß er neben mir. Am 15. August blieb er auch die ganze Zeit während dem Darshan da. Aber wer merkte es? Einige wenige – ein, zwei – fühlten etwas. Und wer sah es? – Niemand.

Ich zeigte Sri Aurobindo diese ganze Welt, dieses ganze Arbeitsgebiet, und fragte ihn, WANN die andere, die wahre Welt, die so nah ist, unsere Welt der Lüge ersetzen würde. *Not ready.* „Nicht bereit" ist alles, was er antwortete.

Sri Aurobindo gab mir zwei solche Tage: eine vollkommene Seligkeit. Nach zwei Tagen merkte ich dann doch, daß ich nicht dort bleiben konnte, weil die Arbeit nicht vorankam. Die Arbeit, die muß im Körper getan werden; die Verwirklichung muß hier, in der physischen Welt vollzogen werden, sonst bleibt sie unvollständig. So zog ich mich zurück und machte mich wieder hier an die Arbeit.[160]

* * *

Mutter entdeckte, daß die Wiederholung des Mantras sehr wirksam war, um die supramentale Kraft im Physischen zu festigen. Im Physischen gibt es mehrere unterscheidbare Elemente: das Grob-

Physische, das Subtilphysische, das physische Mental und das zellulare Mental. Das Grob-Physische ist, was wir mit unseren physischen Augen sehen, und was wir mit unserer Haut berühren und mit unseren physischen Sinnen wahrnehmen. Das subtil Physische liegt hinter unserem Grob-Physischen – das, was Mutter in ihrer Erfahrung mit Sri Aurobindo in seinem Aufenthaltsort des Subtilphysischen beschrieb. Das physische Mental ist der Teil unserer Mentalität, der ganz im Dienst des Physischen steht, der im Physischen verwurzelt ist, der die Wahrnehmung der Empfindungen ermöglicht. Es wird von Sri Aurobindo manchmal das Mental-Physische genannt, da es dem Physischen dient, und es ist so mechanisch und eingefahren wie das Physische. Das zellulare Mental ist das Mental der Zellen, das Mental, das offen in den Tieren aktiv ist, aber das in unserer menschlichen Psychologie von dem physischen Mental überdeckt wird.

Das physische Mental, als ein Produkt der Evolution, entwickelte sich in der Materie unter dem Druck von Schwierigkeiten, sogar von Leiden, deshalb sind ihm Pessimismus und Defätismus aufgeprägt. Wie Mutter zeigt:

> Die große Schwierigkeit in der Materie ist, daß das materielle Bewußtsein, das heißt, das Mental in der Materie, unter dem Druck von Schwierigkeiten – Schwierigkeiten, Hindernissen, Leiden und Kampf, geformt wurde. Es wurde so zu sagen durch diese Dinge „ausgearbeitet", und das gab ihm eine Prägung von Pessimismus und Defätismus, die sicherlich das größte Hindernis ist.[161]

Dieser Pessimismus wird ständig in den Handlungen des physischen Mentals wiederholt, und da das physische Mental wie eine Schicht über dem Mental der Zellen liegt, überdeckt es das normale dumpfe okkulte Bewußtsein des zellularen Mental; auch das zellulare Mental zeigt unter dem magischen Bann des physischen Mentals einen wiedergespiegelten Pessimismus. Aber wie Mutter entdeckte, bilden Pessimismus und daraus resultierende Krankheit, Leiden oder Tod keinen normalen Teil des Mental der Zellen.

Das war eine größere Entdeckung, sie bahnte den Weg, um das Supramental in der Materie FESTZULEGEN. Wenn die Aktivitäten des physischen Mentals geklärt, kontrolliert, gemeistert und zum Schweigen gebracht werden können, und wenn dem Mental der Zellen erlaubt werden kann in seiner Reinheit zu funktionieren, ohne von dem magischen Bann des physischen Mentals überdeckt zu werden, dann kann das Mental der Zellen die supramentalen Schwingungen empfangen und fixieren, und ein neuer Rhythmus des supramentalen Funktionierens im Körper errichtet werden. Das zellulare Mental ist in der Tat das Bindeglied zwischen der rein materiellen Substanz und dem physischen Mental, und es ist der wahre Befestiger. Unter dem Einfluß des physischen Mentals festigt es in seinen Bewegungen die eingefahrene Operation des Pessimismus und Defätismus; aber wenn – und hier ist es, daß die Wiederholung des Mantras seine Rechtfertigung im yogischen Prozeß findet – eine neue Schwingung im zellularen Mental angewandt wird, wird er diese neue Schwingung fixieren.

Die Wiederholung des Mantras ist in einem gewissen Ausmaß ein mechanischer Prozeß, aber rein mechanische Wiederholung wäre kaum wirksam. Das Mantra selbst sollte ein Aufschrei des gesamten Wesens sein, und wenn dieser Schrei, diese Aspiration, diese Schwingung des Tons wiederholt eingeflößt wird, kann normaler defätistischer Hintergrund umgekehrt werden und ein tieferer Wandel im physischen Bewußtsein herbeigeführt werden. Ein Mantra ist ein Ton und eine Schwingung, die eine Aspiration ausdrücken, und wie Mutter darlegte, hat ein Ton eine Macht in sich selbst, und indem wir den Körper zwingen, einen Ton zu wiederholen, zwingen wir ihn gleichzeitig die Schwingung zu empfangen.

„Dann sah ich auch, daß das Japa eine ordnende Wirkung auf das Unterbewußte, das Unbewußte, die Materie, auf die Körperzellen, auf all das ausübt – es braucht Zeit, aber durch seine beharrliche Wiederholung, hat es schließlich Wirkung. Es hat eine ähnliche Wirkung wie zum Beispiel tägliche Klavierübungen. Man wiederholt mechanisch, und schließlich flößt das den Händen Bewußtsein ein – es flößt dem Körper Bewußtsein ein."[162]

Nach dem 29. Februar bezogen sich Mutters Erfahrungen in zunehmendem Maße auf das physische Mental, auf ihre Erforschung, das Supramental im Körperbewußtsein festzulegen und auf die Transformation des Körpers. Nach 1959 begegnete Mutter Sri Aurobindo täglich im Subtilphysischen. Es gab Ekstasen, das Supramental im Körper zu erfahren, und es traten quälende Schmerzen auf, wenn sich die Arbeit auf die Transformation des Unterbewußten und Unbewußten konzentrieren mußte. Ihre Entdeckungen waren gewichtig, besonders in Bezug auf die Natur und den Ursprung von Schmerz und Tod. Stufenweise baute sie einen neuen Körper – einen

5. Mutter setzt Sri Aurobindos Werk fort

materiellen Körper – aus supramentalem Licht und Macht. Und dieses ganze Feld der Erfahrungen und Entdeckungen war wie ein Urwald; und in diesen Urwald hieb Mutter einen Weg und eine Kurve der Entwicklung. Es gab Erfahrungen von Tag zu Tag, von Stunde zu Stunde und viele von ihnen wurden in der Agenda niedergeschrieben. Wir werden hier nur wenige von ihnen wiedergeben, nur einige bedeutende Meilensteine.

* * *

Am 24. Januar 1961 erzählte Mutter Satprem ihre Erfahrung (wiedergegeben in der *Agenda*), die eine äußerst wichtige Etappe bezeichnet:

Jetzt möchte ich dir etwas sagen ... Arbeiten können wir später.
Vorgestern, mitten in der Nacht, wachte ich auf (oder besser, kehrte in ein äußeres Bewußtsein zurück), mit dem Eindruck, ein viel größeres Wesen in meinem Körper zu haben, als ich es gewohnt bin (größer, im Sinne von massig, voluminös), viel größer und viel mächtiger. Es war fast zu groß für meinen Körper: es überragte ihn; und es war so GEBÜNDELT MÄCHTIG, daß es fast unangenehm war – in etwa der Eindruck: was anfangen, mit all dem?
Es blieb die ganze restliche Nacht, und den ganzen folgenden Tag empfand ich große Mühe, diese überquellende Macht in Zaum zu halten. Sie rief spontan Reaktionen [in mir] hervor, die alle Proportionen eines menschlichen Körpers übertrafen, sie veranlaßte mich zu sprechen ... Wenn irgend etwas verkehrt war: peng, die Antwort kam unmittelbar und mit solcher Kraft! Ich machte den Eindruck, wütend zu sein! Es fiel mir schwer, diese Bewegung zu beherrschen: am Morgen war es mir schon passiert, und am Nachmittag fast noch einmal. Ich sagte mir schon: „Dieser letzte Angriff hat mich arg geschwächt! Ich bin nicht mehr stark genug, um die Macht zu halten; es fällt schwer, ruhig und beherrscht zu bleiben". Das war mein erster Gedanke. Also legte ich die Betonung auf Ruhe.
Gestern Nachmittag, als ich nach oben kam, um zu gehen,[163] ereigneten sich einige Dinge – nicht persönlicher Art, sondern von allgemeiner Relevanz – zum Beispiel über bestimmte altmodische Bräuche in Bezug auf Frauen und ihrer Natur (physisch, nicht psychologisch), und andere solche alten Vorstellungen, die ich schon immer für vollkommen idiotisch hielt, die jetzt aber plötzlich eine

unverhältnismäßig große Mißbilligung hervorriefen. Dann passierten noch einige andere Dinge[164] in Bezug auf bestimmte Leute und Umstände. (All das hatte nichts mit mir persönlich zu tun: es kam so, von hier und da.) Dann sah ich plötzlich eine Kraft kommen („kommen" soll heißen: „sich manifestieren"), gleich der, die ich in mir gefühlt hatte, aber noch viel größer, und sie begann über der Erde und in den Gegebenheiten zu kreisen ... oh, aber wie ... wie ein Wirbelsturm von gebündelter Macht, der mit der Absicht daherging, daß all das – alles – sich ändert! Es mußte sich ändern, um jeden Preis!

Ich stand wie gewöhnlich darüber *(Mutter deutet über ihren Kopf, um das höhere Bewußtsein zu bezeichnen)*, ich sah mir das an *(Mutter beugt sich vor, wie um die Erde unter sich zu betrachten)*, und sagte mir: „Jetzt fängt es an, gefährlich zu werden. Wenn das so weitergeht, wird es am Ende einen Krieg oder eine Revolution oder eine Katastrophe, eine Flutwelle oder ein Erdbeben geben." Also versuchte ich, das höchste Bewußtsein, das Bewußtsein der vollkommenen Erhabenheit auf es herabzuziehen. Es wurde mir besonders deutlich, daß dieses Bewußtsein die Mission hat, mittels dem Supramental, der supramentalen Kraft, die Erde zu transformieren, aber soweit als möglich, ohne Katastrophen zu verursachen; soweit es die Erde erlaubt, das Werk harmonisch und leuchtend zu vollbringen – notfalls etwas langsamer. Das war das Prinzip, und damit versuchte ich, ein Gegengewicht zu diesem Wirbelsturm zu bilden.

(langes Schweigen)

Ich muß sagen, als ich danach wie jeden Abend *Das Geheimnis des Veda* las ... Seit ich dieses Buch lese, steht mir die ganze vedische Welt sehr nah: ich sehe Wesen, höre Sätze ... Das alles bewegt sich in einem unterschwelligen Bewußtsein, das vieles der alten vedischen Überlieferungen enthält. (Nebenbei bemerkt, bin ich sogar zum Schluß gekommen, daß diese rosa Marmorbadewanne, die Mutter Natur mir anbot und von der ich dir letztes Mal erzählte, der vedischen Welt entstammte, einer Zivilisation jener Epoche.[165] Es kamen (und kommen ständig) Worte, Sätze, sogar Dialogfetzen in Sanskrit ... Das, was ich neulich gesehen hatte und dir letztes Mal erzählte, und das von gestern – dieser ganze Bereich –, das ist alles sehr interessant, und ich sehe, daß es mit den *Dasyus* des Veda zu tun hat, den *Panis* und den *Dasyus*[166], den

Feinden des Lichtes. Und diese Kraft war ganz offensichtlich wie die von Indra,[167] nur viel größer, viel-viel mächtiger, und sie kämpfte überall gegen alles Dunkle, so (*Mutter malt einen Kräftewirbel in die Luft, der hier und da Punkte in der Welt angreift*), alles Düstere. Alles: Vorstellungen, Leute, Bewegungen, Ereignisse, die Flecken verursachten – Schattenflecken –, wurde von dieser Kraft angegriffen. Das dauerte an: eine ungeheure Macht, so mächtig, daß sie meine Hände zu geballten Fäusten machte. Als ich dann später las (es fügte sich, daß ich gerade das Kapitel über den Kampf gegen die Dasyus las), interessierte mich die Ähnlichkeit, denn meine Erfahrung war überhaupt nicht intellektuell oder mental – keine Vorstellungen, keine Gedanken.

Der Rest des Abends verging wie sonst auch, und ich ging zu Bett. Genau eine Viertelstunde vor Mitternacht stand ich auf und hatte den Eindruck, daß diese „Gegenwart" in mir noch stärker geworden war und doch etwas ungeheuer wurde ... Ich mußte viel Frieden und Vertrauen in meinen Körper einflößen, er empfand das als ... nicht leicht zu ertragen. Also konzentrierte ich mich und sagte ihm, ruhig zu sein und sich vollkommen gehen zu lassen.

Um Mitternacht war ich wieder im Bett. Von Mitternacht bis ein Uhr ... (ich war hellwach, ich weiß nicht, ob meine Augen offen oder geschlossen waren, aber ich war NICHT IN TRANCE: ich konnte alle Geräusche hören, die Uhren, usw.), ich lag flach im Bett, und mein ganzer Körper, aber ein etwas vergrößerter Körper, der über die rein physische Form hinausging, wurde zu EINER extrem schnellen und intensiven, aber reglosen, Schwingung. Ich weiß nicht, wie du das erklären kannst: es bewegte sich nicht räumlich, und dennoch war es eine Schwingung (also nicht starr), aber unbewegt im Raum. Und genau die Form des Körpers war das absolut blendende weiße Licht des höchsten Bewußtseins – des Bewußtseins DES Höchsten. Es war IM Körper; in JEDER Zelle war eine Schwingung, und alle zusammen bildeten einen Schwingungs-Block. Es ging um so viel über den Körper hinaus (*Geste von ca. sechs Zentimetern rund um den Körper*). Ich lag vollkommen bewegungslos in meinem Bett. Dann fing es an, OHNE DASS ICH MICH BEWEGTE, bewußt nach oben zu steigen – ich blieb bewegungslos: (*Mutter hält die Hände vor ihrer Stirn bewegungslos zusammen, wie wenn der ganze Körper im Gebet aufsteigt*) – ein bewußtes Aufsteigen des Bewußtseins zum Höchsten Bewußtsein.

Mein Körper lag flach ausgestreckt.

Eine Viertelstunde lang stieg es weiter und weiter, ohne eine Bewegung, stieg weiter und weiter, bis ... die Vereinigung vollbracht war.

Eine vollkommen wache, bewußte Vereinigung: NICHT IN TRANCE.

So wurde das Bewußtsein zu dem EINEN Bewußtsein, vollkommen, ewig, außerhalb aller Zeit, außerhalb des Raumes, außerhalb aller Bewegung, außerhalb ... jenseits von allem, in ... ich weiß nicht, einer Ekstase, einer Seligkeit, etwas Unbeschreiblichen.

(Schweigen)

Es war das Bewußtsein DES KÖRPERS.

Diese Erfahrung hatte ich früher schon, aber außerhalb des Körpers und in Trance; dieses Mal war es DER KÖRPER, das Bewußtsein des Körpers.

Es blieb so für einige Zeit (die Uhr schlug, so wußte ich, es war eine Viertelstunde), aber die Erfahrung stand außerhalb aller Zeit – eine Ewigkeit.

Dann begann ich, mit derselben Präzision, derselben Ruhe, demselben gewollten, klaren und gesammelten Bewußtsein (überhaupt NICHTS MENTALES) wieder herabzusteigen. Und als ich herabstieg, merkte ich, daß die ganze Schwierigkeit, mit der ich neulich kämpfen mußte und die diese Krankheit gebracht hatte, voll-kom-men bewältigt war, AUFGEHOBEN – überwunden. Nicht nur überwunden: es gab nichts mehr zu überwinden, nur mehr DIE Schwingung, von oben bis unten. Und es gab kein Unten und Oben und keine Richtung mehr.

Das dauerte einige Zeit an. Danach, immer noch OHNE JEGLICHE BEWEGUNG, kehrte alles langsam in die einzelnen Zentren des Körpers zurück. (Ah, hier muß ich noch dazusagen, daß es ÜBERHAUPT NICHT der Aufstieg einer Kraft wie die Kundalini war, es hatte überhaupt nichts mit dem Aufstieg der Kundalini durch die Zentren zu tun, absolut nicht.) Beim Herabstieg reaktivierte das Höchste Bewußtsein, OHNE DIESEN ZUSTAND ZU VERLASSEN, ohne diesen STÄNDIG BEWUSSTEN Zustand zu verlassen, die einzelnen Zentren: erst hier *(Zentrum über dem Kopf)*, dann hier und hier und hier *(Scheitel, Stirn, Kehle, Brust usw.)*. Bei jedem Zentrum hielt es inne, während die neue Verwirklichung dort alles ordnete. Sie ordnete und traf die nötigen Entscheidungen (bis ins Detail, manchmal ganz kleine Einzelheiten: das muß man in so einem

5. Mutter setzt Sri Aurobindos Werk fort

Fall machen, dies muß man in jenem Fall sagen), aber alles ZUSAMMEN – gleichzeitig, nicht eins nach dem anderen –, alles sofort und zusammen gesehen. So kam es herab (ich bemerkte viele extrem interessante Einzelheiten), weiter und weiter herab, bis ganz nach unten. Alles blieb gleichzeitig[168], zur selben Zeit, und gleichzeitig organisierte das Höchste Bewußtsein jedes Einzelne für sich.[169]

Diese herabsteigende Neuordnung dauerte genau bis die Uhr eins schlug. Da wußte ich, daß ich in Trance gehen mußte, um die Arbeit zu vervollkommnen (aber bis dahin war ich vollkommen wach).

Also ließ ich mich in die Trance gleiten.

Aus der Trance erwachte ich zwei Stunden später, um drei Uhr morgens. Während diesen zwei Stunden sah ich, JETZT aber mit einem neuen Bewußtsein, mit einer neuen Sicht, und vor allem MIT EINER NEUEN MACHT das gesamte Werk: all die Menschen, Dinge, Gefüge, alles. Es hatte ... ein anderes Aussehen (das liegt nur daran, daß die Erscheinung von den augenblicklichen Erfordernissen abhängt), aber es hatte vor allem eine andere MACHT – beträchtlich anders. Beträchtlich. Die Macht war nicht mehr die gleiche.[170]

Wirklich, eine WESENTLICHE Änderung im Körper.

Ich sehe, daß der Körper ... sich mit dieser neuen Macht sozusagen vertraut machen muß, sich noch an sie gewöhnen muß. Aber grundsätzlich ist die Änderung vollbracht.

Es ist nicht, bei weitem nicht, die endgültige Änderung, bei weitem nicht. Aber man kann sagen: es ist die bewußte und vollständige Gegenwart der supramentalen Kraft im Körper.

(Schweigen)

Als ich heute morgen aufstand und das alles geistig nachvollzog, war mein erster Impuls, nicht darüber zu sprechen, abzuwarten und zu sehen, was geschehen wird; aber dann kam ein ganz deutlicher, präziser Befehl, es dir heute morgen zu sagen. Es mußte genau so, wie es geschah, notiert und aufbewahrt werden.

Jetzt hat der Körper eine ganz deutliche ... nicht nur Gewißheit, eine Art Gefühl, daß eine gewisse Allmächtigkeit nicht mehr fern ist: daß bald, wenn er ... („er"! – du weißt schon, es gibt nur noch einen „Er" in dieser ganzen Geschichte, und das ist weder „er" noch „sie" noch ...) wenn Er sieht, daß etwas sein soll, dann wird es automatisch sein.

Das ist noch ein weiter-weiter Weg. Aber der erste Schritt ist getan.[171]

Am 31. Januar 1961 fügte Mutter der obigen Erfahrung ein wichtiges Detail hinzu:

> Ich vergaß, dir etwas sehr Wichtiges zu sagen.
> Im Augenblick, als ich aus der Trance kam, hatte ich eine sehr konkrete, entscheidende Erkenntnis (aber es war kein intellektuelles Verständnis, es kam nicht von dem intellektuellen Teil des Wesens, das alles versteht und erklärt – ich glaube, Indra symbolisiert das –, es war nicht Ausdruck dieses höheren Intellekts, es war nicht mental), eine Erkenntnis (nicht wirklich ein Gefühl, mehr als ein Gefühl), eine Art Erkenntnis, wie nahezu vollkommen unwichtig die äußere, materielle Erscheinung ist, die das körperliche Befinden ausdrückt: ob die äußeren, physischen Anzeichen nun so oder anders sind, war dem Bewußtsein DES KÖRPERS vollkommen gleichgültig (das Bewußtsein des Körpers hatte die Erfahrung der Einigkeit). Das Bewußtsein des Körpers erkannte die EXTREME RELATIVITÄT des materiellsten Ausdrucks.
> Ich übersetze, um mich verständlich zu machen (zum Zeitpunkt der Erfahrung war es nicht so). Angenommen, irgendein Teil des Körpers ist gestört (nicht eigentlich krank, denn eine Krankheit bedeutet etwas wichtiges Inneres: ein Angriff, die Notwendigkeit einer Transformation, vieles Verschiedenes), aber der äußere Ausdruck einer Störung, zum Beispiel geschwollene Beine oder Schmerzen in der Leber (keine Krankheit: eine Störung, eine Funktionsstörung). Nun, das hatte überhaupt keine Bedeutung, ES ÄNDERT NICHTS AM WAHREN BEWUSSTSEIN DES KÖRPERS. Obwohl wir es gewohnt sind zu denken, daß der Körper, wenn er krank ist oder etwas nicht gut geht, sehr gestört ist – das ist nicht so.
> Er ist nicht gestört im Sinne, wie wir es verstehen.
>
> *Aber was ist dann gestört, wenn nicht der Körper?*
>
> Ach, das physische Mental, dieses idiotische Mental! Alle Probleme stammen von ihm, immer.
>
> *Überhaupt nicht vom Körper?*

Aber nein! Der Körper ist SEHR ausdauernd.

Aber was leidet dann?

Das geschieht auch über dieses physische Mental. Wenn man diese Wesenheit beruhigt, leidet man nicht mehr! Das ist ja gerade, was ich erlebte.

Weißt du, das physische Mental bedient sich der nervlichen Substanz; entfernt man es aus der nervlichen Substanz, fühlt man nichts mehr. Es gibt einem die Empfindung des Schmerzes. Man weiß, daß etwas nicht richtig ist, aber man leidet nicht mehr darunter.

Das war etwas sehr Wichtiges, eine sehr wichtige Erfahrung. Später, vor allem gestern nachmittag und heute morgen, merkte ich nach und nach, daß dieses gleichgültige Losgelöstsein die WESENTLICHE Bedingung ist, damit die Wahre Harmonie in der materiellsten Materie wirksam werden kann – in der äußersten, materiellsten Materie (Mutter kneift die Haut ihrer Hand).

Diese Erfahrung war wie ein Schritt – ein unerläßlicher Schritt für die vollkommene Losgelöstheit; unerläßlich, damit sich die Harmonie des Körperbewußtseins (mit der Erfahrung des Göttlichen, die es hatte) auf den äußersten, oberflächlichsten Teil des Körpers auswirken kann.

(Schweigen)

Es ist die logische Folge meiner langen Forschung über die Ursachen der Krankheiten und den Weg, sie zu überwinden.

Schreib das auf, es ist wichtig. Und es erscheint mir um so wichtiger seit zwei Tagen: ich hatte eine ganze Serie von Erfahrungen seit gestern abend, und heute morgen kam ich zu einem gewissen Schlußergebnis, und ich sah, daß der Ausgangspunkt in dieser Erfahrung nach der Trance lag.

Der Rest wird später kommen.

Es kam genau im Moment, als ich um drei Uhr morgens die Trance verließ. Ich kam damit[172] aus der Trance: das war mein erster Eindruck.

Ich hatte vergessen, es dir zu sagen, weil es erst vor sehr kurzer Zeit Wichtigkeit bekam.[173]

Mutter sprach wieder von der oben erwähnten Erfahrung, die ein Wiederauftauchen von unterbewußten Schwierigkeiten ausgelöst hatte.

Nach dieser Erfahrung wurde mir vieles sehr klar ... Denn sie war der Ausgangspunkt eines solchen sogar physischen *turmoil* [Durcheinander], daß ich mich sogar gefragt hätte: „Träumte ich oder war das wirklich?" Mehr und mehr verstehe ich, daß es die UNERLÄSSLICHE Vorbereitung des materiellsten Teils der materiellen Welt ist, damit diese Erfahrung dort dauerhaft werden kann, sich äußerlich und dauernd ausdrücken kann.

Das ist offensichtlich.

Wenn das [diese Erfahrung] in beständiger Weise bliebe, würde es beinahe an eine Allmächtigkeit grenzen. Während der Erfahrung hatte ich das Gefühl, daß absolut nichts unmöglich ist, wirklich das Gefühl einer Allmächtigkeit – es ist keine, denn es gibt stets eine größere Allmächtigkeit (man kennt sie nur in den höheren Regionen), doch in der materiellen Welt war das offensichtlich etwas sehr, sehr, SEHR anderes als alles, was wir gesehen-gehört haben, oder alles, was uns in allen Überlieferungen erzählt wird – all das macht den Eindruck von Kindergeschwätz im Vergleich dazu. In dem Augenblick war es: dieses „Etwas" sieht, entscheidet, und es ist getan.

(Schweigen)

Es ist nicht geblieben. Es blieb „so", dort oben, aber nicht hier.

Das gab dem physischen Bewußtsein eine Art Selbstvertrauen, insofern als, wenn ich jetzt etwas sehe, dann sehe ich es mit einer Gewißheit. Es gibt kein Zögern mehr: „Ist das richtig oder ist das nicht richtig? Ist das wahr, ist das ..." – All das ist verschwunden: wenn ich sehe, herrscht Gewißheit. Das heißt, im materiellen BEWUSSTSEIN ist wirklich eine große Veränderung eingetreten, aber nicht ... nicht diese ungeheure Macht. Ich sage dir: wenn das hier geblieben wäre, wenn ich die ganze Zeit so wäre, wie ich in diesen Stunden der Nacht war, dann wären offensichtlich viele Dinge anders.

Das muß als Vorbereitung gekommen sein. Viele Dinge müssen aus dem Weg geräumt werden, damit „das" hier beständig werden kann. Das ist logisch, sehr natürlich.

Das Ärgerliche ist natürlich auch, daß die Leute nichts wissen, nichts verstehen, selbst jene, die mich ständig sehen, wie der Arzt zum Beispiel: ihm ist es noch nicht gelungen zu verstehen, und plötzlich wurde er besorgt, er bildete sich ein, ich würde auf die andere Seite gehen. All das verdirbt die Atmosphäre schrecklich! Was überhaupt nicht hilft. Ihr Glaube ist nicht genügend ... erleuchtet, um unbewegt zu bleiben und einfach zu sagen: „Gut, wir werden sehen", ohne Fragen. Sie stehen noch nicht jenseits der Fragen. Das kompliziert die Dinge.

Ich habe das deutliche Gefühl (aber das sind alte Ideen), wenn ich ganz alleine irgendwo wäre und mich nicht um diese Leute und Sachen kümmern müßte, dann wäre es leichter. Aber das wäre nicht DAS WAHRE. Denn als ich die Erfahrung hatte [am 24. Januar], waren all die Dinge zugegen, um die ich mich kümmere: es war, als wohnte die gesamte Erde der Erfahrung bei. Es gibt keine Individualität *(Mutter deutet auf ihren Körper)*, eine Individualität kann ich jetzt nur noch mit Mühe finden, selbst in meinem Körper. In diesem Körper finde ich unterbewußte (bewußte und unterbewußte) Schwingungen von einer ganzen WELT, einer Welt von Dingen. Folglich kann es NUR in einem großen Maßstab geschehen, sonst ist es dieselbe alte Geschichte ... Aber dann ist es nicht die Macht HIER: man verläßt ganz einfach die Welt. Oh! Das ist ... Diese Leute habe keine Ahnung! Sie machen so viel Aufhebens um ihren „Abschied", sie wollten uns weiß machen, daß es etwas so Außergewöhnliches ist – das ist kindisch. Das ist ein Kinderspiel, gar nichts. Weggehen! Es genügt, pluff zu machen! Wie im Wasser tauchen, ein Stoß mit den Beinen, und dann steigt man auf, das ist alles, vorbei. *(Mutter lacht)*

Genauso ist es mit all ihren Geschichten von Bindungen, Begierden – meine Güte! All das ist gar nichts!... Denn, stell dir vor, in all diesem Horror des Unterbewußten, bei allem, was sich auf meinen Körper bezieht, begegnete ich noch KEIN EINZIGES Mal der Konsequenz einer Begierde – es sind stets die Konsequenzen des Kampfes gegen den unbewußten und boshaften Widerstand des Lebens. Kein einziges Mal kam es so *(Geste einer Sache, die von unten hervorkommt)*, um mir zu sagen: „Siehst du, du hattest eine Begierde, und hier das Ergebnis davon." Kein einziges Mal. Ganz und gar aufrichtig.

Das ist aber nicht die eigentliche Schwierigkeit – die Schwierigkeit ist, daß die Welt nicht bereit ist! Die Substanz, aus der wir beschaffen sind *(Mutter berührt ihren Körper),* ist an der mangelnden Bereitschaft der Welt beteiligt – natürlich! Die ist ja dieselbe, überall dieselbe! Es ist überall dasselbe. Vielleicht ist in diesem Körper ein klein wenig mehr Licht, aber so wenig, daß es kaum der Rede wert ist – es ist alles dieselbe Substanz ... Oh! Eine abscheuliche Sklaverei.[174]

(Schweigen)

* * *

Seit dem 16. März 1962 machte Mutter eine schwere Prüfung durch, die ihre physische Existenz bedrohte. Praktisch war sie einen ganzen Monat lang gefährdet. Jedoch hatte sie in der Nacht vom 12. zum 13. April eine ungeheure und entscheidende Erfahrung.

Am 13. April ungefähr um 10 Uhr morgens gab sie folgende Botschaft:

Die Nacht vom 12. auf den 13. April

Plötzlich in der Nacht erwachte ich mit dem vollen Bewußtsein dessen, was wir den „Yoga der Welt" nennen könnten. Die Höchste Liebe manifestierte sich durch große Pulsationen, und jede Pulsation trieb die Welt in ihrer Manifestation voran. Es waren die ungeheuren Pulsationen der ewigen, gewaltigen Liebe, Liebe allein: jede einzelne Pulsation der Liebe trug das Universum weiter in seiner Manifestation.

Und die Gewißheit, daß das, was getan werden muß, vollbracht ist und die Supramentale Manifestation verwirklicht wird.

Alles war persönlich, nichts war individuell.

Dies ging immer weiter und weiter und weiter ...

Die Gewißheit, daß das, was getan werden muß, VOLLBRACHT wird.

Alle Folgen der Falschheit waren verschwunden: Der Tod war eine Illusion, die Krankheit war eine Illusion, die Unwissenheit war eine Illusion – etwas, das keine Wirklichkeit hatte, keine Existenz ... Nur Liebe und Liebe und Liebe und Liebe – unermeßlich, riesig, gewaltig, alles tragend.

Und wie, wie nur soll es sich in der Welt ausdrücken? Es war wie ein Ding der Unmöglichkeit, wegen des Widerspruchs ... Aber dann kam es: „Du hast es auf Dich genommen, daß diese Welt

die Supramentale Wahrheit kennen soll ... und sie wird total, als Ganzes ausgedrückt werden." Ja, ja ...
Und die Sache ist VOLLBRACHT.

(langes Schweigen)

Das individuelle Bewußtsein stellte sich wieder ein, lediglich das Gefühl einer Begrenzung, einer Begrenzung durch den Schmerzes. Ohne das gibt es kein Individuum.[175]
Und wir machen uns wieder auf den Weg, des Sieges gewiß.
Die Himmel sind voll der Siegesgesänge!
Allein die Wahrheit existiert; sie allein wird sich manifestieren. Voran!... Voran!
Gloire à Toi, Seigneur, Triomphateur suprême! [176]

(Schweigen)

Jetzt an die Arbeit!
Geduld ... Durchhaltevermögen ... vollkommener Gleichmut und absoluter Glaube.

(Schweigen)

Im Vergleich zur Erfahrung ist alles, was ich sage, nichts, nichts, nichts als Worte.
Unser Bewußtsein ist dasselbe, absolut dasselbe wie das des Herrn. Es gab keinen Unterschied, überhaupt keinen Unterschied ...
Wir sind Das, wir sind Das, wir sind Das.

(Schweigen)

Später werde ich mehr dazu sagen können. Das Werkzeug ist noch nicht bereit.
Dies ist erst der Anfang.

Später fügte Mutter hinzu:

Die Erfahrung dauerte mindestens vier Stunden.
Es gibt vieles, wovon ich später sprechen werde.[177]

Mutter spricht weiter über die obige Erfahrung am 13. Mai 1962 wie folgt:

Ich war am Ursprung – ich WAR der Ursprung. Während mehr als zwei Stunden, bewußt auf diesem Bett hier, war ich der Quell.

Es waren wie Wogen – große Wogen, die schließlich brachen. Jede dieser Wogen kam einer Zeitspanne des Universums gleich.

Es war die Liebe in ihrer höchsten Essenz, aber es hat nichts mit dem zu tun, was man gewöhnlich unter diesem Wort versteht.

Jede Woge dieser puren Liebe breitete sich aus, indem sie sich teilte. Es waren keine Kräfte, es ging weit über Kräfte und all das hinaus: Das Universum, so wie wir es kennen, existierte nicht mehr, es war eine sonderbare Illusion, ohne Beziehung zu DEM. Es gab nur die Wahrheit des Universums mit diesen großen Farbwogen – sie waren farbig, große Farbwogen mit etwas, das der Essenz der Farbe gleichkommt.

Es war ungeheuer. Ich durchlebte mehr als zwei Stunden auf diese Weise, bewußt.

Dann war da eine Stimme, die mir alles erklärte (nicht genau eine Stimme sondern etwas, das der Ursprung von Sri Aurobindo war, wie die letzte Woge des Ursprungs). Nacheinander erklärte sie mir jede Woge, jede Zeitspanne des Universums und schließlich, wie alles zu dem geworden ist *(Geste der Umkehr)*: die Entstellung des Universums. Ich fragte mich, wie es in diesem höchsten Bewußtsein möglich war, mit dem gegenwärtigen entstellten Universum in Beziehung zu treten. Wie nur läßt sich die Verbindung herstellen, ohne dieses Bewußtsein zu verlieren? – Eine Beziehung zwischen den beiden schien unmöglich zu sein. Da erinnerte mich die Stimme an mein Versprechen: daß ich versprochen hatte, die Arbeit auf dieser Erde zu tun, und daß sie getan werden würde. „Ich habe versprochen, die Arbeit zu tun, und sie wird getan werden."

Dann begann der Prozeß des Abstiegs[178], und die Stimme erklärte ihn mir – ich erlebte das in allen Einzelheiten, es war nicht angenehm. Der Wechsel von diesem wahren Bewußtsein zum individuellen Bewußtsein dauerte ganze anderthalb Stunden. Denn während der vollen Dauer der Erfahrung existierte diese Individualität hier, dieser Körper, nicht mehr; es gab keine Grenzen mehr, ich war nicht mehr da – nur DIE PERSON war da. Es dauerte anderthalb Stunden, um zum Körperbewußtsein zurückzukehren (nicht zum physischen Bewußtsein sondern zum Bewußtsein des Körpers), zum individuellen Körperbewußtsein.

Erstes Anzeichen der Rückkehr der Individualität war ein Schmerz, ein Punkt *(Mutter hält zwischen ihren Fingern einen winzigen Punkt im Raum ihres Wesens)*. Ja, denn ich habe eine Wunde,

5. Mutter setzt Sri Aurobindos Werk fort

eine Wunde an einer ziemlich unangenehmen Stelle, und das tut weh[179] *(Mutter lacht).* So fühlte ich den Schmerz: er stand für die zurückkommende Individualität. Ansonsten gab es nichts mehr, keinen Körper, kein Individuum, keine Grenzen mehr. Aber es ist seltsam, ich machte eine merkwürdige Entdeckung.[180]

Denn ich nahm an, es sei das Individuum *(Mutter berührt ihren Körper),* das den Schmerz, die Gebrechlichkeiten, alle Mißgeschicke des Menschenlebens fühlt, doch jetzt erkannte ich, daß nicht das Individuum und mein Körper diese Mißgeschicke spüren, sondern daß jedes Mißgeschick, jeder Schmerz, jede Gebrechlichkeit sozusagen eine eigene Individualität aufweist, und daß jede dieser Individualitäten ein Schlachtfeld darstellt.

Mein Körper ist eine Welt der Schlachten.

Er ist das Schlachtfeld.

* * *

(Als dieser Text Mutter vorgelesen wurde, brachte sie folgende Änderung an:)

Ich würde dem Wort „Abstieg" ein anderes Wort vorziehen, weil es keinerlei Empfindung oder Vorstellung eines Abstiegs gab ... Man könnte es als „Materialisierungs- oder Individualisierungs-Prozeß" bezeichnen – „Bewußtseinstransformation" wäre noch genauer. Es ist der Prozeß des Übergangs vom wahren Bewußtsein zum entstellten Bewußtsein – so ist es genau.

Du sagst es: der Übergang vom wahren Bewußtsein zum gewöhnlichen Bewußtsein.

Genau das ist es. „Abstieg" entspricht überhaupt nicht meiner Empfindung. Es gab kein Gefühl eines Abstiegs. Keines. Weder Auf- noch Abstieg. In keiner Weise. Diese schöpferischen Wogen wiesen in Bezug auf die Schöpfung keine POSITION auf. Es war ... es gab NUR DAS – NUR DAS existierte, sonst nichts.

Alles spielte sich in Dem ab.

Es war wirklich ... Es gab weder oben noch unten, weder innen noch außen – nichts von alledem: das existierte nicht mehr. Es gab nur noch DAS.

Es war ... ein „Etwas", das sich ausdrückte, das sich durch diese Wogen manifestierte und das ALLES war. Es gab wirklich nichts außer dem, es gab nichts mehr als DAS. Folglich ergeben die Worte „hoch", „niedrig", „Abstieg" überhaupt keinen Sinn mehr.

Wenn du willst, könnte man es als „den Prozeß der Rückkehr" umschreiben?

Der Rückkehr zum Körperbewußtsein.
Oder der Materialisierung.[181]

Am 15. Mai 1962 las Satprem Mutter seine Notizen von der obigen Unterhaltung vor und fragte nach weiteren Details der Erfahrung am 13. April.

Aber das Versprechen, das du erhalten hast ...

Das ist kein Versprechen, das ich erhielt, sondern diese Stimme erinnerte mich an mein Versprechen. Als ich mir sagte: „Es ist unmöglich, vom wahren Bewußtsein in dieses überzugehen", hörte ich augenblicklich ... nicht Sri Aurobindo, das würde einen sofort an einen Körper denken lassen, aber diese Stimme, die mir sagte: „Dein Versprechen: Du hast gesagt, daß du die Arbeit tun wirst". Da sagte ich: „Ja, ich werde die Arbeit tun." Von da an begann der Prozeß der Materialisierung, der Übergang vom wahren Bewußtsein in das gewöhnliche Bewußtsein.

Ich „erhielt" kein Versprechen, sondern es ist die Erinnerung an ein Versprechen, das ich gab.

Und das erlaubt dir zu sagen: „The thing is done" [die Sache ist getan]?

Nein, die Erfahrung.
Es war die Erfahrung, als ... Das habe ich dir nicht gesagt.
(langes Schweigen)

Es geschah, als ich diese Wogen war – diese Wogen der Liebe. Als ich der letzten bewußt wurde, die (wie soll ich sagen?) äußerlich von Sri Aurobindo verwirklicht wurde – sich durch den Avatar Sri Aurobindo ausdrückte –, in dem Augenblick kam die absolute Gewißheit, daß die Sache getan ist, daß sie bestimmt war.

Im selben Augenblick dachte ich: „Wie aber läßt sich DAS in dieses umsetzen, wie kann man die beiden zusammenbringen?" Da hörte ich: „Du hast versprochen, es zu tun, folglich wirst du

5. Mutter setzt Sri Aurobindos Werk fort

es tun", und damit begann langsam der Übergang, als würde ich noch einmal geschickt, es zu tun. Etwa so: „Du hast versprochen, es zu tun, und du wirst es tun", dies meinte ich mit Versprechen. Ich kam in diesen Körper zurück, um es zu tun.

Ich sagte *(am 3. April)*, daß der Körper das Schlachtfeld ist, daß die Schlacht IN diesem Körper ausgetragen wird. Und in dieser Erfahrung *(des 13. Aprils)* wurde ich in den Körper zurückgeschickt, denn die Sache, diese letzte schöpferische Woge sollte durch diesen Körper verwirklicht werden.

(Schweigen)

Die Erfahrungen dauern an ...

Zum Beispiel gehe ich ein wenig auf und ab, um den Körper wieder daran zu gewöhnen (ich gehe in Begleitung einer Person). Als ich damit anfing, beobachtete ich einen recht merkwürdigen Zustand, den ich so beschreiben könnte: das, was mir die Illusion des Körpers gibt *(Mutter lacht)* ... vertraue ich der Person an, die mit mir geht (das heißt, er liegt nicht in meiner Verantwortung: diese Person achtet darauf, daß er nicht hinfällt, sich nicht stößt – du verstehst). Das Bewußtsein ist eine Art grenzenloses Bewußtsein, wie eine materielle Entsprechung oder eine Übersetzung dieser Wogen, wie Wellen, aber Wellen, die nicht ... Es sind keine einzelnen Wellen sondern eine Wellenbewegung; eine Bewegung materieller, körperlicher Wellen, könnte man sagen, so weit wie die Erde, aber ... weder rund noch flach noch ... etwas mit dem Gefühl der Unendlichkeit, aber in einer Wellenbewegung. Und diese Wellenbewegung ist die Bewegung des Lebens. Das Bewußtsein (des Körpers, nehme ich an) schwebt darin in einer Art ewigem Frieden ... Es ist aber keine Weite, dieses Wort wäre falsch; es ist eine grenzenlose Bewegung mit einem sehr harmonischen und sehr stillen, weiten, ruhigen Rhythmus. Diese Bewegung ist das Leben.

Ich gehe im Zimmer umher, und sie geht mit mir.

Es ist sehr still – keine Gedanken, nur gerade eine Beobachtungsfähigkeit und alle Arten von Bewegungen, Schwingungen von etwas, das die Essenz des Denkens wäre, das sich dort in einem Rhythmus bewegt, wie eine Wellenbewegung, die weder Anfang noch Ende hat, aber eine Verdichtung so *(Geste von oben nach unten)* und eine Verdichtung so *(horizontale Geste)*, dann eine Bewegung der Ausdehnung *(Geste wie das Wogen eines Ozeans)*. Das heißt eine Art Zusammenziehung, Konzentration, dann Ausdehnung, Ausbreitung[182].

Gestern hatte ich die volle Erfahrung – ich ließ mich vollkommen gehen. Es dauerte ungefähr vierzig Minuten, während ich im Zimmer auf und ab ging.

Mit Ausnahme der Tatsache des Leidens (daß es hier weh tut und dort weh tut, ein Schmerz hier und ein Schmerz dort, was einen die Individualität des Körpers wahrnehmen läßt) ist diese große Wellenbewegung des Lebens zu meinem normalen Bewußtseinszustand geworden. Das heißt, ich ... jedenfalls das, was ich „ich" nenne *(Geste ganz oben)*, mein Bewußtsein, befindet sich vollkommen außerhalb des Körpers. Was ich gerade beschrieb, ist das Bewußtsein des Körpers, und nur durch den Schmerz kommt die Erinnerung an das, was ein Körper normalerweise ist: Es tut hier und dort und da weh ... Dieser Schmerz hat ein extrem begrenztes kleines Leben, nichts Allgemeines – nicht der Körper leidet, sondern der Schmerz leidet. Nur der Stelle tut es weh: eine Schramme hier, eine Wunde dort, solche Dinge. Nur das ist individuell und leidet; der Körper als solcher hat keine Wunde, verstehst du?

Das ist sehr schwierig auszudrücken.

Aber so ist meine Erfahrung. Gestern betrachtete ich sie noch einmal näher, um dir davon berichten zu können.

Du unterscheidest zwischen dem Körperbewußtsein und dem physischen Bewußtsein?

Ja. Ach, das physische Bewußtsein ist eine sehr komplexe Sache. Es enthält die gesamte bewußte physische Welt.

Mein physisches Bewußtsein wurde schon vor sehr langer Zeit universalisiert. Es enthält alle irdischen Bewegungen[183]. Während der Körper sich nur darauf beschränkt *(Mutter berührt ihren Körper)*, auf diese kleine Ansammlung von Substanz – das meine ich mit „Bewußtsein des Körpers".

Wenn ich sagte: „Ich bin aus dem Körper herausgetreten"[184], heißt das keineswegs, daß ich das physische Bewußtsein verlassen habe – meine Verbindung mit der irdischen Welt ist dieselbe geblieben. Es geht ausschließlich um das rein Körperliche, diese besondere Konkretisierung oder Ansammlung von Substanz, die jedem von uns einen anderen Körper verleiht – eine unterschiedliche ERSCHEINUNG.

Diese Erscheinung ist übrigens sehr illusorisch. Sobald man sich in eine gewisse Höhe erhebt, verliert sie sehr schnell ihre Realität (in dieser fortschreitenden Wiedermaterialisierung sah

5. Mutter setzt Sri Aurobindos Werk fort

ich das genau[185]). Unsere äußere Erscheinung ist sehr, sehr illusorisch. Unsere besondere Form (die Form von diesem und jenem) die Form, die wir mit unseren physischen Augen sehen, ist sehr oberflächlich, weißt du. Von der vitalen Welt anwärts ist es sehr unterschiedlich.

Gut, das ist alles, was ich heute zu sagen habe.[186]

Am 18. Mai 1962 fragte Satprem nach einer weiteren Erklärung zu einer erstaunlichen Feststellung, die Mutter während einer früheren Unterredung abgegeben hatte.

Neulich sagtest du: „Das, was ich als „Mich" ganz oben bezeichne, mein Bewußtsein, liegt vollkommen außerhalb des Körpers." Dann sagtest du am 3. April auch noch etwas, das für mich wie ein Schock war: „I am no more in this body" [Ich bin nicht mehr in diesem Körper]. Warum?... Hast du denn den Körper verlassen?

(sehr langes Schweigen)

Wie soll ich das erklären?...

(langes Schweigen)

Ich kann es nicht erklären ...

Als Scherz könnte ich beinahe sagen: Schon seit Jahren hatte ich das Gefühl, mein Bewußtsein sei außerhalb dieses Körpers – ich sagte immer, es sei dort (*Geste über dem Kopf*). Ich fühlte, daß mein Bewußtsein nicht in meinem Körper war. Seit der ersten *Erfahrung (am 3. April)*, als der Arzt sagte, das Herz sei physisch in Mitleidenschaft gezogen worden, und ich müsse achtsam sein, sonst würde es nicht mehr schlagen, da fühlte ich ..., daß mein Körper außerhalb von mir war! Das hört sich wie ein Scherz an, aber es ist so.

Um mich verständlich zu machen, sagte ich deshalb: „Ich bin nicht mehr in meinem Körper." Das ist es aber nicht. Schon seit langem bin ich nicht mehr in meinem Körper, ist mein Bewußtsein außerhalb meines Körpers. Es bestand aber eine Beziehung, durch die es „mein Körper" war (wenn ich jetzt unbedacht redete, könnte ich sagen: „das, was mein Körper war", dabei weiß ich sehr wohl, daß er noch lebt!). Aber seit dem 3. April, als alle erklärten, ich sei schwer krank, und man mir untersagte, das Bett zu verlassen, hatte ich den Eindruck, daß das, was man „meinen Körper" nennt, jetzt außerhalb von mir ist.

Ich hatte eine Beziehung aufrechterhalten, bewahrte eine Verbindung mit ihm. Das dauerte einige Tage an (ich weiß nicht mehr, wie viele Tage, denn lange hatte ich kein Zeitgefühl mehr), aber nach einigen Tagen (vielleicht nach zehn oder zwanzig Tagen, ich weiß es nicht) handelte der Wille, der Körper war wieder unter der Kontrolle des Willens – allerdings nicht sofort: Während einiger Tage war der Wille, der sich mit dem Körper befaßte, aufgehoben (ich lebte und war völlig bewußt, aber nicht in meinem Körper), dieser Körper wurde nur noch von denen bewegt, die sich um mich kümmerten. Er war nicht abgetrennt, aber ich konnte nicht einmal mehr sagen: „Das ist ein Körper" – es war nichts mehr! Etwas ... Aufgrund all meiner Vorbereitungen durch die Universalisierung des Körperbewußtseins hatte ich nicht einmal den Eindruck einer fremdartigen Erfahrung (dies war sicherlich das Resultat). Der Körper war „etwas" wie eine Ansammlung von Substanz, die durch den Willen der drei Personen geführt wurde, die sich materiell um ihn kümmerten. Nicht, daß ich dessen nicht bewußt war, aber ... Ich beschäftigte mich nicht sehr mit ihm, um die Wahrheit zu sagen, aber soweit ich ihn beachtete, das heißt insoweit die Aufmerksamkeit auf ihn gerichtet war, betrachtete ich ihn als eine körperliche Masse, die durch den Willen dieser Personen bewegt wurde. Der Höchste Wille war damit einverstanden – der Körper war ihnen wie anvertraut (ich weiß nicht, wie ich es ausdrücken soll ...) ja, er war ihnen anvertraut, und ich beobachtete das – ich weiß nicht, wie viele Tage ich das ohne große Anteilnahme betrachtete.

Die einzige sehr konkrete Verbindung war der Schmerz. So wurde der Kontakt aufrechterhalten.

Ich glaubte, als du sagtest: „I am no more in this body", aufgrund der Notwendigkeit der Arbeit habe sich etwas von dir zurückgezogen.

Nein, nein! Nichts zog sich zurück, denn es hatte sich bereits seit langem zurückgezogen. Das Bewußtsein war überhaupt nicht mehr im Körper zentriert. Wenn ich zum Beispiel „ich" sagte, kam mir NIE in den Sinn, daß es dies sei *(Mutter zeigt auf ihren Körper)*. Ich, das „ich", das sprach, war immer ein vom Körper VOLLKOMMEN unabhängiger Wille, vollkommen unabhängig.

Aber *(seit dem 3. April)* gab es ein eigenartiges Phänomen ... Vorher sagte ich immer: „Ich bin außerhalb meines Körpers." Während es hier so war, als sei der Körper übergeben oder anvertraut worden – eher anvertraut.

Nach und nach kam er zurück, insofern er aktiv ... Nein, nicht einmal das kann ich sagen, das ist nicht wahr – zurück kam nur die immer genauer werdende Erinnerung, wie ich das Leben dieses Körpers organisiert hatte: die ganze Formation der Organisation, die ich gemacht hatte, selbst in den kleinsten Details, bezüglich der Dinge, die ich gebrauchte, wie ich sie benutzte, wie ich all diese Objekte um den Körper organisierte, all das. Diese Erinnerung (ist es eine „Erinnerung"?), dieses Bewußtsein kehrte zurück, sozusagen als würde ich den Kontakt dieser beiden wiederherstellen. Anstatt alle Verantwortung den Anderen zu überlassen, kehrt die Formation zurück, die ich vorher gemacht hatte – mit Änderungen, Verbesserungen, Vereinfachungen (es geschah nicht mit der Absicht, auch kein Wille etwas zu verändern, aber die Dinge kommen verändert ins Bewußtsein zurück). Es ist also eine Art bewußte Formation, die sich wieder um diesen Körper kristallisiert.

Ich habe den Eindruck (es ist wirklich ein Gefühl) von etwas, das überhaupt nicht ich bin, sondern das mir anvertraut ist. Es ist mehr und mehr der Eindruck von etwas, das mir anvertraut wurde, das mir in der universellen Organisation für einen ganz bestimmten Zweck anvertraut wurde. Das ist jetzt wirklich mein Gefühl (das Denken ist sehr still, deswegen ist es schwierig, es auszudrücken: ich „denke" all das nicht, sondern es sind eher Wahrnehmungen), aber keine Empfindung, wie man sie gewöhnlich hat, denn die EINZIGE (das betone ich), die EINZIGE Empfindung, die in der alten Weise verbleibt, ist der physische Schmerz. Das ... ich habe wirklich den Eindruck, das sind die SYMBOLISCHEN STELLEN dessen, was vom alten Bewußtsein verbleibt: der Schmerz.

Nur den Schmerz empfinde ich so, wie ich ihn vorher empfand. Zum Beispiel sind die Nahrung, der Geschmack, der Geruch, das Sehen, das Hören, all das, vollkommen verändert. All dies gehört einem anderen Rhythmus an. Es kam allmählich, wie eine Kristallisierung von etwas, das dahinter ist, nicht von hier: Geschmack, Geruchssinn, Sehen und Hören, Berühren (das Berühren ist jetzt auch anders) ... Einzig dieser Punkt, DER SCHMERZ ...

Der Schmerz ist die alte Welt.

Es ist sehr eigenartig, der Schmerz ist wie ein etwas zu konkretes symbolisches Zeichen des Lebens in der Unwissenheit.

Selbst da geschah es mehrere Male (aber wie ein Blitz, der Blitz einer neuen Erfahrung), daß der Schmerz in etwas anderes überging (das geschah drei-, viermal). Plötzlich wurde dieser Schmerz ... zu etwas völlig anderem (kein angenehmes Gefühl, überhaupt nicht): ein anderer Bewußtseinszustand.

Wenn das bliebe, wäre ich wirklich frei von der Welt, so wie sie ist.

Dennoch hört man mich, wenn ich spreche. Und ich kann sehen, wenn auch auf eine sonderbare Weise. In manchen Augenblicken sehe ich mit größerer Genauigkeit, als ich je konnte (vor ein paar Tagen beschrieb ich dir, wie alles gleichsam ständig hinter einem Schleier ist). So höre ich auch. Manche Töne ... Ich bemerkte aber auch einen kaum wahrnehmbaren Ton, der hundert Meter entfernt erklang, und hatte den Eindruck, daß es ganz nah war. All das ist verändert. Das heißt, die Funktionen der Organe ... Haben sich die Organe oder ihre Funktion verändert? Ich weiß es nicht. Jedenfalls gehorcht alles einem völlig anderen Gesetz.

Ich habe ganz und gar den Eindruck, daß diese sogenannte Krankheit die ILLUSORISCHE äußere Form des unerläßlichen Prozesses der Transformation ist. Daß es ohne diese angebliche Krankheit keine Transformation geben kann, daß es ... keine Krankheit ist. Ich WEISS es, und wenn die Leute „Krankheit" sagen, lacht etwas in mir. Etwas sagt: „Diese Dummköpfe!"

Das ist keine Krankheit.

Ein Loslösen?

Vielleicht.

Vielleicht.

Es war ein wenig heftig! *(Mutter lacht)* ... Übrigens doch nicht so heftig, denn da ist noch etwas, das ich bis jetzt niemandem gesagt habe. Als man den Arzt rief ... Ich wurde nämlich ständig ohnmächtig: Kaum tat ich einen Schritt, plumps! Daraufhin rief man den Arzt. Er untersuchte mich (angeblich war alles schlecht dran, alle Organe, alles war gestört). Als er erklärte, daß ich krank sei und im Bett bleiben müsse, mich nicht bewegen dürfe (während einer Zeit durfte ich nicht einmal sprechen!), gab es etwas (nicht genau das, was man als mein Bewußtsein bezeichnen könnte: es war weitaus ewiger als mein Bewußtsein – mein Bewußtsein ist

5. Mutter setzt Sri Aurobindos Werk fort

das Bewußtsein einer der Formen der Offenbarung, dies war viel mehr, es ging darüber hinaus), das JA sagte. Wenn „Das" nicht zugestimmt hätte, hätte ich beinahe wie gewohnt weiterleben können. „Das" verfügte, „Das" beschloß – ich habe es noch niemandem erzählt.

Sonst hätte ich nicht zugestimmt. Wenn „Das" nicht einverstanden gewesen wäre, hätte ich meinem Körper gesagt: „Geh, mach weiter, lauf!", und er hätte weitergemacht. Er hörte auf, weil „Das" zustimmte. „Das" sagte: „Ja, so ist es!" Da verstand ich, daß diese angebliche Krankheit für die Arbeit erforderlich war. Deshalb ließ ich sie ihren Lauf nehmen. Dann geschah das, was ich dir erzählte: Dieser Körper wurde drei Personen überantwortet, die sich übrigens wunderbar um ihn kümmerten (ich war wirklich voller ständiger Bewunderung), mit einer Opferbereitschaft, einer Pflege, einfach wunderbar! Ich sagte dem Herrn ständig: „Wirklich, Herr, Du hast die materiellen Bedingungen und alles bestens angeordnet, damit die erforderlichen Dinge vereint sind, und Du hast mich mit Leuten umgeben, die man gar nicht genug loben kann." Ungefähr vierzehn Tage lang hatten sie eine sehr schwere Zeit. Der Körper war eine Jammergestalt! *(Mutter lacht)* Sie mußten an alles denken, alles entscheiden, für alles Sorge tragen. Und sie behüteten ihn wirklich sehr gut.

Es ist eine wunderbare Geschichte (aus der Sicht, wie ich sie sehe). Ich beobachtete dies sehr sorgfältig: Es ist keine gewöhnliche Geschichte, die mit einem außergewöhnlichen Wissen betrachtet wird, sondern ein wahres Wissen und Bewußtsein wohnen einer außergewöhnlichen Geschichte bei. Diese drei Leute wissen vielleicht nicht, wie außergewöhnlich sie ist, aber nur weil ihr Bewußtsein nicht wach genug ist. Doch auch sie waren und sind außergewöhnlich.

Die ganze Geschichte ist ein Märchen.

Das einzige, was materiell konkret in dieser Welt verbleibt – in dieser Welt der Illusion –, ist der Schmerz. Er scheint mir die eigentliche Essenz der Lüge zu sein.

Das, was ihn fühlt, fühlt ihn allerdings sehr konkret!... Ich sehe sehr wohl, daß es falsch ist, doch das hindert meinen Körper nicht daran, ihn zu fühlen – es gibt einen Grund. Es gibt einen Grund: dort ist das Schlachtfeld.

Mir wurde sogar untersagt, mein Wissen, meine Kraft und meine Macht einzusetzen, um damit den Schmerz aufzulösen, wie ich es vorher tat (ich konnte das sehr gut). Nein, das wurde mir völlig untersagt. Ich sehe aber, daß etwas anderes in Sicht ist. Etwas anderes ist in Vorbereitung ... Das ist noch ... Man kann nicht von Wunder reden, weil es kein Wunder ist, es ist aber das Wunderbare, das Unbekannte ... Wann wird es kommen? Wie wird es kommen? Ich weiß es nicht.

Es ist jedenfalls interessant.

(Schweigen)

Es ist wirklich etwas sehr Radikales geschehen, denn ... Ich versuchte es einmal, nur um mir klarzumachen, ob ich es noch könnte. Mir wurde aufgetragen, es nicht zu versuchen, was klug war, denn es gelang mir nicht: Ich kann nicht zur alten Verbindung mit dem Körper zurückkehren, das ist unmöglich.

Nur die gewohnte Organisation der Gegenstände, der Gesamtheit der materiellen Substanz, die die Umgebung dieses Körpers ausmacht, kommt zurück – mit kleinen Änderungen (all das, ohne durch den Kopf zu gehen, der Kopf hat nichts damit zu tun). Eine gewisse Formation konkretisiert sich wieder für die äußere Organisation des Lebens.

Die alte Beziehung existiert überhaupt nicht mehr.

(Schweigen)

Man könnte wirklich sagen, daß der Körper für eine gewisse Zeit vollkommen aus meinem Bewußtsein getreten war. Nicht ich bin aus meinem Körper getreten, sondern der Körper trat aus meinem Bewußtsein.

Ich hoffe, du kommst damit klar, denn ich erkläre diese Sache zum ersten Mal. In der Tat ist es das erste Mal, daß ich sie betrachte. Das ist interessant. Ein interessantes Phänomen.[187]

* * *

Die Dinge werden immer unverständlicher. Im Verlauf einer Unterhaltung mit Satprem am 12. Juni 1962 sagte Mutter: „Ich weiß nicht mehr, ob ich tot oder lebendig bin." Mit ihren eigenen Worten:

Diese Art zu sehen, zu fühlen, zu reagieren, gehört einer anderen Welt an – einer ganz anderen Welt ... Würde ich die Gemütsruhe der Leute nicht respektieren, könnte ich sagen: „Ich weiß nicht, ob ich lebe oder ob ich tot bin." Denn es gibt ein Leben, eine Schwingungsart des Lebens, die völlig unabhängig ist von ... Nein, ich sage es anders: Die Art, wie die Leute ihr gewöhnliches Leben empfinden, ist eng mit einem bestimmten Empfinden ihrer selbst verknüpft – ein Empfinden ihres Körpers und ihrer selbst. Schaltet man dieses Gefühl vollkommen aus, diese Empfindung, diese Verbindung, die die Leute „ich lebe" nennen, schaltet man es aus, wie kann man dann sagen: „ich lebe" oder „ich lebe nicht"? – Das EXISTIERT NICHT MEHR. Das ist jetzt vollkommen verschwunden. In dieser Nacht[188] wurde es endgültig ausgeräumt. Es ist nicht zurückgekommen. Das scheint unmöglich ... Was sie „ich lebe" nennen ... Ich kann nicht wie sie sagen: „Ich lebe" – es ist völlig anders.

Das sollte nicht aufgezeichnet werden, weil sie sich noch fragen werden, ob es nicht besser wäre, mich psychiatrisch zu behandeln! *(Mutter lacht)*
Aber auch das ist unwichtig!

(Schweigen)

Man hat dieses Gefühl einer SO ungeheuerlichen Kraft, so FREI, so unabhängig von allen Umständen, allen Reaktionen, allen Ereignissen – und es hängt nicht davon ab, daß dieser Körper so oder anders ist. Etwas anderes ... Etwas anderes.

Nur eins hängt vom Körper ab: das Sprechen, der Ausdruck – aber wer weiß?... *(Mutter sieht Satprem lange an, als ob sie eine unbekannte Möglichkeit erwäge)*
Das reicht für heute. [189]

Einer der wichtigsten Prozesse der physischen Transformation, von der Mutter sprach, war die Verschmelzung des Subtilphysischen mit dem gewöhnlichen Physischen. Mutter sprach von diesem Prozeß wie folgt:

Das ist eines der Dinge, die sich gerade entwickeln. Es ist, als würden die beiden *(das gewöhnliche Physische und das Subtilphysische)* immer mehr verschmelzen.

Ich erklärte es dir schon öfters: anstatt vom einen zum anderen ÜBERZUGEHEN, ist es, als ob ein Zustand den anderen durchdringe *(Mutter streicht mit den Fingern ihrer rechten Hand durch die der linken)*, und man kann die beiden fast gleichzeitig fühlen. Das ist eines der Ergebnisse der gegenwärtigen Entwicklung. Eine kleine Konzentration genügt zum Beispiel, um beide zugleich zu füh-

len. Das führt beinahe zu der Überzeugung, daß eine Art DURCH-
DRINGUNG die wahre Umwandlung im Physischen herbeiführen
wird. Das materiellste Physische hat nicht mehr dieselbe Dichte,
die nichts empfängt, die sich der Durchdringung entgegensetzt:
Es wird porös, und weil es porös wird, kann es durchdrungen
werden. In der Tat hatte ich mehrere Male die Erfahrung einer
Schwingung, die die Beschaffenheit der anderen auf ganz natürliche Weise änderte: die Schwingung des Subtilphysischen bewirkte
eine Art ... fast eine Transformation, jedenfalls eine wahrnehm-
bare Veränderung in der rein physischen Schwingung.

Das scheint der Vorgang zu sein oder jedenfalls einer der wichtigsten Vorgänge.

Das wächst mehr und mehr. Fast alle Nächte werden in diesem
Bereich verbracht. Aber selbst tagsüber, sobald ich mich nicht
bewege, sobald der Körper unbewegt ist, besteht die Wahrnehmung der beiden Schwingungen, und die physische Schwingung
wird gleichsam porös.

Das scheint der Vorgang oder sicherlich ein wichtiger Vorgang
für die Transformation des physischen Körpers zu sein.

(Schweigen)

Denn das Subtilphysische scheint seine Macht, sein Licht und
seine Bewußtseinsfähigkeit zu DOSIEREN, angepaßt an die rein
physische Aufnahmefähigkeit der rein physischen Schwingungen.
Das hat zur Folge, daß die Ergebnisse sich über eine sehr lange
Zeit hinziehen. Es geschieht sehr, sehr allmählich. Aber es ist eine
fast andauernde Arbeit. Nur bei einer Tätigkeit des Körpers und
wenn das Bewußtsein gezwungenermaßen nach außen gerichtet
wird (nicht auf dieselbe Art wie vorher, das ist unmöglich, aber
noch in einer Form, die wie die Folge des alten Bewußtseins ist),
wenn sich dann die Arbeit fortsetzt, geschieht es auf unsichtbare
Weise. Oder vielleicht setzt sie sich nicht fort? Ich weiß es nicht.
Aber sobald keine Tätigkeit die Aufmerksamkeit beansprucht,
sobald eine Konzentration oder Unbewegtheit besteht – vielleicht
auch nur eine Passivität –, wird diese Durchdringung fühlbar: sie
ist sichtbar – sichtbar. Es ist nicht so, als ob etwas Subtileres in
etwas weniger Subtiles eindringe, ohne es zu ändern, sondern das
Eindringen ändert die Zusammensetzung, das ist sehr wichtig.
Es ist nicht nur ein Grad der Subtilität sondern eine Veränderung
der inneren Zusammensetzung. Wahrscheinlich ist es eine Wir-

kung, die sich in ihrem Extrem auf atomarer Ebene ausdrückt. So erklärt sich dann (wie soll ich sagen?) die praktische Möglichkeit der Transformation.

Diese Erfahrung habe ich die ganze Zeit.

Manchmal ist es ein bißchen neu oder ein wenig zu extrem, da muß man recht vorsichtig sein, daß sich keine panische Angst im Körper ausbreitet. Man sieht, daß alles dosiert und gehalten wird, damit ... *(Mutter lacht)* nichts zerbricht.

Äußerlich ist es eine sehr bescheidene Arbeit, die kein Aufsehen erregt. Es sind keine Erleuchtungen, die einen mit Freude erfüllen und ... All das ist gut für Leute, die spirituelle Freuden suchen – das gehört der Vergangenheit an.

Es ist eine äußerst bescheidene Arbeit. Sogar in rein intellektueller Hinsicht – nicht wie das Gefühl, die Dinge zu wissen, zu kennen, weil man sie IST, was einem die Freude, das Gefühl des Fortschritts gibt – hier hat man nicht einmal das! Es ist SEHR bescheiden. Eine sehr bescheidene Arbeit, ohne Glanz. Aber sie setzt sich auf sehr geordnete Weise fort, sehr regelmäßig und sehr BEHARRLICH.

Es wird gewiß sehr lange brauchen.

Bei jedem Schritt ist es, als müsse man sehr aufpassen, damit nichts umkippt. Besonders die neuen Schwingungsverbindungen sind sehr schwierig für den Körper: er muß vollkommen ruhig und beherrscht sein, sehr friedlich, damit er nicht in Panik gerät. Denn er ist an Schwingungen gewöhnt, deren Folgen einer regelmäßigen Kurve folgen, und wenn sich das verändert, empfindet er eine Art furchtsame Überraschung. Das muß man vermeiden und ihn ganz sanft im Griff halten.

Was das Mental denkt und zu sehen erwartet, erscheint wie eine Albernheit im Vergleich, denn es ist ... ja, es erscheint wie eine Theateraufführung. Das ist wie der Unterschied zwischen einem großen Theaterstück und dem sehr bescheidenen Leben jeder Minute. So ist das.

Alle Mächte, alle *Siddhis*, alle Verwirklichungen, all diese Dinge sind ... ein großes Schauspiel – das große spirituelle Schauspiel. So ist es hier nicht! Sehr bescheiden, sehr bescheiden, sehr unaufdringlich, sehr demütig, nichts Aufwendiges. Damit etwas Sichtbares geschieht, um ein sichtbares Resultat zu erzielen, bedarf es der Arbeit vieler Jahre, schweigsam, sehr sorgfältig, bevor selbst für das individuelle Bewußtsein *(bei Mutter)* irgend etwas wahrnehmbar werden kann.

Jene, die schnell vorangehen wollen, die versuchen, in diesem Bereich schnell voranzugehen, verlieren das Gleichgewicht.

Man kann nicht schnell gehen.

Einmal, als ich das sah, beklagte ich mich etwas beim Herrn und sagte ihm: „Herr, warum hast du diesen Körper für diese Arbeit so gebaut? Schau, wie er ist!" Er antwortete mir *(lachend)*: „Er ist der beste, den man machen konnte." Da sagte ich „Danke!" und blieb ruhig.

Wahrscheinlich ist es wahr! Er hat seine Qualitäten, was man in Englisch *stubborn* nennt [stur, beharrlich], weißt du *(Mutter stemmt ihre beiden Fäuste aufeinander und bleibt unbewegt). Stubborn* ist im wesentlichen eine englische Qualität, so gibt es kein anderes Wort dafür. Er ist *stubborn*. Das ist erforderlich.

Gut.[190]

* * *

Der Prozeß der Transformation führt dazu, nicht nur Krankheit aus dem Körper zu entfernen, sondern auch den Tod des Körpers. Immer öfter finden wir, daß Mutter die Frage stellt: „Was ist der Tod?" In einer rätselhaften kurzen Feststellung, während des Gesprächs mit Satprem am 9. März 1963, sagt Mutter:

Weißt du, zu bestimmten Zeiten war ich so *(Mutter macht eine Geste, als schwebe sie zwischen zwei Welten)*[191], als hätte man mich mit „dem Tod des Todes", wie ich es nannte, in Kontakt gebracht. Es war die Unwirklichkeit des Todes, von einem VOLLKOMMEN materiellen Standpunkt aus betrachtet. Es betraf die Zellen und das Bewußtsein in den Zellen. So, als ob man am Rande von etwas stünde: „Das ist es! Gleich kann ich es packen, das ist es, das ist es!..."

Dann entschwindet es wieder. Es blieb aber als Eindruck bestehen.

Die Erfahrung dauerte einige Sekunden und erweckte den Eindruck, als sei das zentralste Problem gelöst. Doch dann ...

Wenn es tatsächlich so geschieht, wird es interessant sein.[192]

Als wichtige Bedingungen für die physische Transformation entdeckte Mutter die Reinigung, Universalisierung und Impersonalisierung des physischen Bewußtseins. In ihrem Gespräch mit Satprem am 6. April 1963 gab Mutter einen sehr interessanten und lehrreichen Bericht des Fortschrittes der Entpersönlichung des physischen Bewußtseins, wie folgt:

Diese fortschreitende Entpersönlichung des physischen, körperlichen Bewußtseins hat Folgen, die sicherlich interessant, aber unerklärlich sind für Leute, die nicht verstehen. Zum Beispiel ...
(Schweigen)
Ich habe das Bewußtsein des Körpers, aber es ist nicht das Bewußtsein dieses Körpers *(Mutter berührt ihren Körper)* sondern das Bewußtsein DES KÖRPERS – jedes beliebigen Körpers. Ich bin mir zum Beispiel eben dieser störenden Schwingungen bewußt, die meisten in Form von Suggestionen einer Störung auftreten, um zu sehen, ob sie angenommen werden und eine Auswirkung haben. Nehmen wir zum Beispiel die Suggestion einer Blutung oder eine ähnliche Suggestion (ich erwähne die Blutung, da von ihr gleich die Rede sein wird). Unter dem höheren Einfluß weist sie das körperliche Bewußtsein zurück. Eine Schlacht bricht aus zwischen dem, was wir in diesem Fall als „Willen zur Blutung" bezeichnen können, und der Reaktion der Körperzellen (all das ganz unten in den Zellen und im materiellen Bewußtsein). Eine wirkliche Schlacht, ein wahres Gefecht. Aber plötzlich tritt etwas wie ein General auf, der einen Befehl erteilt und sagt: „Was soll denn das!" ... Dieser General ist sich der höheren Kräfte, der höheren Wirklichkeit und des göttlichen Eingreifens in der Materie bewußt. Nach dem Versuch, sich des Willens, dieser Reaktion, jenes Gefühls des Friedens usw. zu bedienen, fühlt er sich plötzlich ergriffen von einer sehr starken Entschlossenheit, und er erteilt einen Befehl. Die Wirkung wird sofort spürbar, und allmählich normalisiert sich alles.
All dies geschieht im materiellen Bewußtsein. Physisch macht der Körper alle Empfindungen durch – nur nicht die eigentliche Blutung, verstehst du; doch er hat die Empfindungen, das heißt die Auswirkungen: alle sinnlichen Wahrnehmungen. Nachher setzt sich das fort, es folgt einer ganzen Kurve. Gut. Nach beendigter Schlacht schaue ich mir das an (ich sehe meinen Körper, der immerhin ziemlich mitgenommen wurde) und frage mich:

„Was hat das wohl alles zu bedeuten?" Eine Sekunde nur, dann kümmere ich mich nicht mehr darum.

Einige Tage später erhalte ich einen Brief von jemandem, der mir sehr nahe steht, der einen glühenden Glauben hat und sich mit einem außergewöhnlichen, fast vollkommenen Vertrauen an mich klammert. In dem Brief steht die ganze Geschichte der Attacke, der Blutung, und wie das Wesen, das Bewußtsein plötzlich von einem gewaltigen Willen ERFASST wurde. Und er hörte die Worte – genau die Worte, die HIER ausgesprochen wurden. Resultat: gerettet (er wäre beinahe gestorben), gerettet, geheilt.

Der Brief brachte die Bestätigung.

Ich erinnerte mich an mein Erlebnis ... und begann zu verstehen, daß mein Körper überall ist.

Es handelt sich nicht nur um diese Zellen, sondern die Zellen in Hunderten, wenn nicht Tausenden von Menschen – alles, was sich irgendwie und irgendwo an das höhere Bewußtsein klammert. Das Mental ist still (ich halte das Mental absichtlich völlig still, um nicht auf alles zu reagieren, was ununterbrochen von „außen" auf es zukommt, oder damit die Antwort wenigstens fast unbewußt erfolgt), deshalb gibt es nichts, das sagt: „Oh, das ist dieser Körper oder jener Körper" – es ist DER Körper! Das läßt sich den Leuten so schwer verständlich machen. Es ist DER Körper – dies *(Mutter berührt ihren Körper)* ist nicht unmittelbarer „mein" Körper als die anderen Körper (etwas mehr insofern, als er direkter unter der Konzentration der Kraft steht). Alles, alle Wahrnehmungen, die Bewußtseinsregungen, die Kämpfe, all das geschieht überall. Durch diese kleine Angelegenheit begriff ich plötzlich, oh, eine Fülle von Dingen – und ich erkannte die Schwierigkeit, mein Kind!... die Schwierigkeit ... denn nach dieser Erfahrung war der Körper zwar nicht krank, aber doch sehr müde. Er wird ständig von solchen Dingen ergriffen. Ständig, ständig, ständig. Sie kommen, brrm, stürzen über ihn her, brrm, von hier, von dort, von überallher! So muß ich mich ruhig halten *(Geste eines schweigenden Innehaltens inmitten anderer Aktivitäten)* und dann die Schlacht ausfechten.

(Schweigen)

Er hat seine eigenen Schwierigkeiten (unter den gegenwärtigen Lebensbedingungen gibt es kein Zellgebilde, das nicht seine Schwierigkeiten hätte), und ich glaube sogar, daß die Tatsache,

5. Mutter setzt Sri Aurobindos Werk fort

ruhig bleiben zu können (einigermaßen), seine einzige Rettung ist ..., aber das vermindert die Schwierigkeiten nicht, denn der Kontakt hängt nicht von der physischen Gegenwart ab[193]!... Welch ungeheure, grenzenlose Kraft muß sich in den physischen Zellen VERKÖRPERN, um all dem standhalten zu können!...

Aber auch da findet eine Verschiebung statt (wie ich dir neulich sagte: jene plötzlichen Erfahrungen, die noch nicht etabliert sind, sondern als erste Kontakte auftreten[194]). Nach erkannter Lektion aus dieser Geschichte erhob sich plötzlich im körperlichen Bewußtsein – welches nicht das Bewußtsein EINES Körpers ist, sondern ein allgemeines Körperbewußtsein – eine Aspiration, etwas so Reines und Sanftes ... wie ein Flehen, daß die Wahrheit und das Licht sich endlich hier drin manifestieren mögen. Nicht nur hier an dieser kleinen Stelle *(Mutter berührt ihren eigenen Körper)* sondern überall.

Ein Kontakt kam zustande *(Geste einer Verbindung zwischen dem Höchsten und diesem allgemeinen körperlichen Bewußtsein)* – es entstand ein Kontakt – ein hellblaues, sehr sanftes, leuchtendes Licht, und eine Zusicherung.

Dies dauerte nur eine Sekunde, aber plötzlich war es wie der Anfang eines neuen Kapitels.

Mein Kind, du bist der einzige, mit dem ich darüber sprechen kann – außer dir gibt es keinen, nicht einen einzigen! Kein einziger, der auch nur verstehen könnte. Das vergrößert die Schwierigkeiten, denn die ganze Zeit werde ich von der Dummheit der Gedanken aller Leute überhäuft (Dummheit im Sinne von Unverständnis), der Gedanken all jener um mich herum, die hier glauben, daß ich („ich", was sie „ich" nennen) krank sei und daß ... Ich kann ihnen nichts sagen! Hätte ich es dir nicht heute erzählt, wäre es verloren gegangen. Ich hätte es nie ausgesprochen. Aber so ist es nun mal.

Stellt man sich auf den gewöhnlichen Standpunkt, ist es so ... phantastisch, es stellt eine so ... ungeheure Arbeit dar. Natürlich verrichtet sie der Höchste, aber wird dies hier durchhalten? *(Mutter berührt ihren Körper)* Ich weiß es nicht.

Wenn Er will, wird Er es sicherlich so einrichten, daß der Körper standhält. Aber es ist alles ziemlich neu ...

(Schweigen)[195]

Die Frage wurde oft von Mutter gestellt, ob der Prozeß der Transformation ununterbrochen andauern würde und einen neuen „göttlichen Körper" hervorbringen würde, oder ob er in einem gewissen Stadium aufgelöst würde. Zu dieser Frage machte Mutter von Zeit zu Zeit mehrere Aussagen, aber sie wies niemals darauf hin, daß sie die volle Gewißheit hätte, daß ein neuer „göttlicher" Körper aus ihrem Körper hervorgehen würde, oder daß ihr Körper nicht aufgelöst werden würde. Eine der wichtigen Feststellungen in diesem Zusammenhang ist die folgende Konversation, die in der *Agenda* festgehalten wurde (31. Juli 1963):

(Mutter sieht sehr angegriffen und müde aus, obgleich sie wie stets lächelt.)

Ich habe etwas entdeckt – eigentlich ist es keine Entdeckung, sondern eine Bestätigung. Eine recht interessante Feststellung.

Die Angriffe kehrten mit einer gewissen Regelmäßigkeit wieder – könnte man sie als „physisch" bezeichnen?... Sie sind nicht eigentlich physisch, aber doch auf den Körper gerichtet. Sie kamen nicht immer in absolut regelmäßigen Abständen, aber es bestand eine Art Analogie und Ähnlichkeit der Umstände. Und diesmal erhielt ich so etwas wie eine Gewißheit.

Die Arbeit besteht sozusagen darin, all jene Zellen des Körpers ... entweder zu entfernen oder zu transformieren (ich weiß nicht genau, welches von beiden), die unter dem Einfluß der Lüge stehen oder standen (nicht „Falschheit" sondern *falsehood*, dem Zustand, der dem Göttlichen entgegengesetzt ist. Da eine radikale Säuberung oder Transformation wahrscheinlich schlicht zur Auflösung des Körpers geführt hätte, vollzieht es sich allmählich, etappenweise (ich gehe sehr weit zurück, bis zu meinen ersten Angriffen). Der Ablauf ist folgender: Zuerst wird in einer Reihe von Aktivitäten oder Visionen (die aber immer zugleich Aktivitäten sind: Aktivitäten und Visionen) im Bereich des Unterbewußten auf sehr objektive und lebendige Art die Falschheit aufgezeigt, die entfernt werden muß (transformiert oder entfernt). Anfänglich hielt ich das für feindliche Angriffe, doch nun sehe ich, daß es sich um „lügenhafte Zustände" handelt, mit denen bestimmte Elemente des physischen Wesens verbunden sind (damals dachte ich: „Ich stehe aufgrund einer Entsprechung in mir damit in Verbindung", und ich arbeitete daran; das ist aber lediglich eine andere Sichtweise derselben Sache). Das bewirkt ... sicher eine Auflösung – eine Transformation, aber auch eine Auflösung –, und diese Auflösung bringt

5. Mutter setzt Sri Aurobindos Werk fort

natürlich eine enorme Müdigkeit mit sich, eine Art Erschöpfung des Körpers. Zwischen zwei solchen Etappen der Transformation gewährt man dem Körper die Zeit, wieder Kräfte und Energien zu sammeln[196]. Ich bemerkte, daß diese „Angriffe" immer nach der Feststellung einer großen Zunahme von Kraft, Energie und Macht kommen (wie ich das in den letzten Tagen erlebte). Wenn der Körper immer kräftiger wird, folgt am nächsten oder übernächsten Tag stets eine Reihe von Nächten, die man als unangenehm bezeichnen könnte (sie sind nicht unangenehm, weil sie lehrreich sind), gefolgt von einem fürchterlichen Kampf im Körper. Diesmal erlebte ich es bewußt – natürlich bin ich jedesmal bewußt, aber *(lächelnd)* ich werde jedesmal noch bewußter!

Seit kurzem stelle ich fest, daß der Körper viel stärker und kräftiger wird, er nahm sogar zu (!), was fast abnormal ist. Dann hatte ich eine erste Vision (keine Vision: eine Aktivität, aber vollkommen klar), dann eine weitere und eine dritte. Vergangene Nacht erhielt ich eine feinstoffliche Nahrung, wie um mir zu sagen, daß ich diese brauchen werde, weil ich keine physische Nahrung einnehmen würde (ich dachte nicht besonders darüber nach, stellte aber fest, daß ich genährt worden war, daß mir etwas gegeben wurde). Nach den Visionen der beiden vorhergehenden Nächte wußte ich, daß es sich um Elemente handelte, die Teil der Konstruktion (der psychologischen Konstruktion) des Körpers waren und die ausgeschaltet werden mußten. Ich arbeitete intensiv an ihrer Beseitigung, und daraufhin wurde heute eine Schlacht ausgefochten.

Weil ich so intensiv an der Beseitigung gearbeitet hatte, war der Kampf sehr heftig, und wenn ein bestimmtes Maß überschritten wird, führt das zu Herzbeschwerden, und ich muß mich ausruhen. So ging das vor sich. Es war aber so klar, so deutlich! Der gesamte Prozeß wurde von Anfang an BEOBACHTET, alles, alles. Es grenzt an ein Wunder, mit welchem Bewußtsein der Umfang und die Dosierung bestimmt werden, um die Reinigung und die Transformation ohne eine Gefährdung des Gleichgewichts zu ermöglichen, ohne daß es zur Auflösung kommt. Das Ganze hängt vom Durchhaltevermögen und der Widerstandskraft ab (wenn der Körper nicht durchhalten könnte, wäre es natürlich unmöglich).

Anfangs wußte er das nicht, er glaubte noch an äußere „Angriffe", an „feindliche" Kräfte; so läßt sich immer alles erklären, und in gewisser Weise entsprach das den Tatsachen; es war aber nicht die volle Wahrheit, die tiefste Wahrheit – jetzt WEISS er, woher alles kommt, und es ist so wunderbar, ein Wunder an Weisheit ... Alles wird dadurch an seinen Platz gerückt, und man VERSTEHT, daß das Spiel dieser feindlichen Kräfte zu einem gegebenen Augenblick vielleicht eine notwendige Anschauungsart war („notwendig" soll heißen: praktisch). Dies ist aber immer noch eine Illusion. Krankheiten sind ein notwendiges Konzept, um den Dingen zu widerstehen und richtig kämpfen zu können. Aber das ist immer noch eine Illusion. Und jetzt weiß der KÖRPER all das – solange das Mental es wußte, lag es noch weit entfernt im Bereich der Ideen. Jetzt aber weiß es der Körper. Er ist nicht nur erfüllt von gutem Willen, sondern von unendlicher Dankbarkeit – seine erste Bewegung ist stets die, zu fragen: „Bin ich dazu fähig?" Und immer erhält er die gleiche Antwort: „Es ist nicht DEINE Fähigkeit."

„Werde ich die Kraft dazu haben?" – „Es ist nicht DEINE Macht." Sogar das Gefühl der Gebrechlichkeit weicht der Freude einer unendlichen Dankbarkeit. All das geschieht mit so viel Güte, Einsicht, Sorgfalt und Vorsicht, um so weit wie möglich ein progressives Gleichgewicht aufrechtzuerhalten.

Dies kam mit einer Gewißheit und KLARHEIT: so vollzieht sich die Transformation.

Diesmal bestand jedoch eine freiwillige Mitarbeit, und vielleicht wird es dadurch schneller vonstatten gehen.

Meine Arbeit konnte ich nicht erledigen[197] : die Erschütterung war zu stark. Ich sagte aber, daß ich dich sehen wollte, um dir das zu erzählen.

(Schweigen)

Wenn ich in diesem Zustand bin, habe ich eigenartigerweise den Eindruck, ein enormes Gewicht heben zu müssen, um mir Gehör zu verschaffen. Bereits seit einigen Tagen meine ich, ich müsse sehr laut sprechen, um mich verständlich zu machen, als ob ... das ist wie eine Masse, als befände ich mich unter der Erde und müßte sehr laut schreien, um gehört zu werden.

Spreche ich denn sehr laut?

Nein.

Bei allen habe ich den Eindruck, schreien zu müssen, um gehört zu werden – und das ist anstrengend, ungeheuer anstrengend. Eine Art bräunliche, erdfarbene Masse übt einen Druck auf mich aus, als wäre ich verschüttet und müßte schreien. Mir ist, als habe ich mich die ganze Zeit ungeheuerlich anstrengen müssen, um dir all dies zu erzählen.

Rede ich nicht sehr laut?

Nein.

Überhaupt nicht?

Nein, es muß die Verschlossenheit des Bewußtseins der anderen sein, die du spürst.

Ja, ja!

Ja, es ist die Luft – es liegt in der Luft.

(langes Schweigen)

Heute morgen wurde mir etwas gesagt (heute morgen oder während der Nacht, ich weiß es nicht mehr), nicht mir, sondern dem Körper wurde gesagt, er werde bis zu seiner vollkommenen Läuterung gehen, und DANN habe er die Wahl, seine Arbeit fortzusetzen oder ... Wenn er einmal völlig geläutert ist im Hinblick auf die Zellen (nicht, was die Leute physische „Reinheit" nennen), sondern in Hinblick auf den göttlichen Einfluß, d.h. daß jede Zelle ausschließlich unter dem Einfluß des Höchsten steht (diese Arbeit wird gerade ausgeführt). Ihm wurde gesagt, daß dies geschehen werde, und wenn diese Arbeit abgeschlossen ist, werde ER SELBST, der Körper, ganz unter dem Einfluß des Höchsten, entscheiden, ob er weitermachen oder sich auflösen will.

Das war sehr interessant, denn ... Auflösung bedeutet Zerstreuung; Zerstreuung wäre aber auch eine Art, das Bewußtsein in einem sehr großen Bereich AUSZUBREITEN (das ist leicht zu verstehen). Den Zellen wird also die Wahl überlassen, entweder so zu handeln *(Geste der Verbreitung)* oder als Agglomerat *(Mutter macht eine Faust).*

(Schweigen)

Zum ersten Mal wurde das Problem vom Standpunkt eines allgemeinen Werkes betrachtet.

Wie kann die Zerstreuung denn wirken? Wenn er sich zerstreut, löst er sich doch auf, d.h. die ganze Arbeit löst sich auf.

Nein, jede Zelle ist vollkommen bewußt.

Würden sie dann in andere Körper gehen?

(Mutter überlegt einen Augenblick) Was passiert in materieller Hinsicht?... Weiß man, ob der Körper zur trägen Materie zurückkehrt? Wird er zu Staub – oder zu was?

Ja, zu Staub.

Er wird zu Staub ...
Sind es keine Zellen mehr?

Nein, ich glaube nicht.

Dann kann es nicht das sein, denn aufgrund dessen, was mir gesagt wurde, wären es noch Zellen – sie blieben Zellen.
Es muß etwas Neues sein.
Sie blieben Zellen, man gab der Zelle die Wahl, in der gegenwärtigen Agglomeration zu verbleiben oder sich auszubreiten.

Ich weiß nicht, mir scheint, sie könnten nur in Agglomeration mit anderen Lebewesen fortbestehen.

Sind die Zellen des menschlichen Körpers anders als die Zellen der anderen Körper, der Tiere zum Beispiel? Oder sind sie gleich?

Außer im Falle von bestimmten spezialisierten Zellen glaube ich nicht, daß die Zellen der anderen Arten sich sehr unterscheiden.

Dann muß es sich um spezialisierte Zellen handeln, denn es sind vollkommen bewußte Zellen – es sind spezialisierte Zellen.

Dann sehe ich aber nicht, wie sie in Tiere übergehen können, denn das ist nicht das gleiche.

Sie könnten nur in andere menschliche Organismen übergehen.

Ja, Menschen.

Vielleicht ist es der Unterschied zwischen EINEM Wesen und vielen Wesen[198]?...

Etwas muß in Vorbereitung sein. Wir werden sehen.
Nun, mein Kind, ich lasse dich gehen, weil ...

Einige Tage später fügte Mutter folgende Überlegung hinzu:

Nach der äußeren Logik handelt es sich offenbar um eine neue Art zu sterben, die entstehen muß – es ist nicht mehr der Tod, so

5. Mutter setzt Sri Aurobindos Werk fort

wie man ihn jetzt auffaßt. Aber das ... Für den Augenblick können wir nur spekulieren, es ist noch keine konkrete Erfahrung.
Wir werden sehen.[199]

* * *

Hier ein interessanter Bericht von Mutters zellularen Erfahrungen:

Vergangene Nacht hatte ich eine Reihe phantastischer zellularer Erfahrungen, die ich nicht einmal erklären kann und die der Anfang einer neuen Offenbarung sein müssen.

Als die Erfahrung begann, schaute etwas zu (weißt du, etwas in mir beobachtet die Dinge stets ein wenig ironisch und amüsiert), es sagte: „Oh je! Jeder andere, dem dies passiert, würde sich für ziemlich krank *(lachend)* oder halbverrückt halten." Ich blieb sehr ruhig und sagte: „Man muß es geschehen lassen. Ich werde mir das anschauen, dann werde ich schon sehen! Es hat begonnen, also wird es ein Ende nehmen. Man muß nur ..." Unbeschreiblich! Unbeschreiblich (die Erfahrung muß sich noch mehrere Male wiederholen, damit ich verstehen kann), phantastisch! Es begann um halb neun und dauerte bis morgens um halb drei. Keine Sekunde lang verlor ich das Bewußtsein, sechs Stunden lang konnte ich die phantastischsten Dinge beobachten.

Ich weiß nicht, wohin das führen wird ...

Unbeschreiblich: man wird ein Wald, ein Fluß, ein Berg, ein Haus – und zwar in den Wahrnehmungen, im völlig konkreten Empfinden DES KÖRPERS, hier. *(Geste zum Körper)* Und viele andere Dinge. Unbeschreiblich! Es dauerte sehr lange, mit den verschiedensten Dingen.

Morgens um halb drei sagte ich dann dem Herrn: „Reicht das nicht?" *(Mutter lacht)* Daraufhin gewährte er mir bis halb fünf eine selige Ruhe.

Ich fragte mich, ob dieser supramentale Prozeß notgedrungen für alle mit großen physischen Schmerzen verbunden sein wird?

Nein.

Nein, denn ich habe zunehmende Beweise, daß ich die Macht erlange, Dinge, die ich jetzt im Körper gemeistert habe ... (ständig erhalte ich Briefe und kurze Mitteilungen aus aller Welt von Leuten, die krank sind). Es beginnt zu wirken, noch ist es erst ein Anfang, ein ganz kleiner Anfang: die Macht, den Schmerz zu beseitigen.

Verstehst du, in kleinem Maßstab hast du es bei deiner Krankheit erlebt.

Ja, ich meine aber nicht bei kranken Leuten, sondern jene, die jetzt oder später versuchen werden, in sich selbst die Transformation zu vollziehen.

Nein, sie ...

Müssen sie diese Leiden durchmachen?

Nein! Das hat Sri Aurobindo sehr deutlich geschrieben: Für all jene, die den Glauben haben, die sich mit *surrender* [Hingabe] und Glauben öffnen, wird die Arbeit automatisch geschehen[200]. Mein Kind, in den dreißig Jahren, die ich zu seinen Lebzeiten mit ihm arbeitete, brauchte ich mich KEIN EINZIGES MAL um die Transformation zu bemühen. Tauchte eine Schwierigkeit auf, wiederholte ich nur: *My Lord, my Lord, my Lord* ... ich dachte einfach an ihn – und hopp, war sie verschwunden! Ein physischer Schmerz: er löschte ihn aus. Kam es zu Behinderungen im Körper oder tauchten alte Gewohnheiten auf, so brauchte ich es ihm nur mitzuteilen, und schon verschwanden sie. Genauso wirkte er durch mich auf die anderen ein. Er sagte immer, wir beide führten die Arbeit aus (in Wirklichkeit verrichtete er sie, solange er da war; ich erledigte nur die äußeren Aufgaben), daß wir beide die Arbeit taten, und von den anderen wurde lediglich der Glaube und *surrender* verlangt, mehr nicht.

Hatten sie Vertrauen und gaben sich mit vollem Vertrauen hin, wurde die Arbeit automatisch für sie getan.

In den Zellen deines Körpers findet demnach ein universeller Fortschritt statt, die Erde schreitet fort.

Ja.

(Schweigen)

Dafür wurde dieser Körper geschaffen, denn ich erinnere mich sehr gut, wie ich beim Ausbruch des Krieges – des Ersten Weltkrieges – meinen Körper dem Herrn als Opfer darbot, damit dieser Krieg nicht umsonst sei: die verschiedenen Teile meines Körpers *(Mutter berührt ihre Beine, ihre Arme usw.)* stellten der Reihe nach oder manchmal mehrmals hintereinander ein Schlachtfeld dar; ich sah es, empfand es, LEBTE es. Jedesmal ... das war ganz eigenartig, ich brauchte nur ruhig sitzenzubleiben und zu beobachten, und ich sah alles, was sich hier, da und dort ereignete – in meinem Körper. Und dann lenkte ich jeweils die Konzentration der göttlichen Kraft an die betroffene Stelle, damit alles – gerade dieser Schmerz, das Leiden, all das – die Vorbereitung der Erde und die Herabkunft der Kraft beschleunige. Während des gesamten Krieges geschah dies bewußt.

Dafür wurde dieser Körper geschaffen.

Damals war das Mental noch sehr aktiv, und die Erfahrungen nahmen die verschiedenen Formen an, die das Mental den Dingen verleiht – sehr schön, sehr literarisch! Glücklicherweise ist das jetzt alles vorbei – Gott sei Dank! Vollkommenes Schweigen – ich rede nicht mehr darüber. Doch die Erfahrung der vergangenen Nacht ... Wenn man bedenkt, daß Erfahrungen von einer halben Stunde, einer Dreiviertelstunde, einer Stunde bereits als außergewöhnlich galten – und diese dauerte ohne Unterbrechung von halb neun bis dreiviertel drei an.

Eine Art Allgegenwart der Zellen?

Ja, ja.
Eine Einheit – das Gefühl der Einheit.

(Schweigen)

Wenn das erst etwas Natürliches, Spontanes und Konstantes wird, kann der Tod offensichtlich nicht mehr existieren, sogar hier *(Mutter berührt ihren Körper)*.

Da SPÜRE ich etwas, ohne es schon mental ausdrücken oder verstehen zu können. Es muß sogar einen Unterschied im Verhalten der Zellen geben, wenn man seinen Körper aufgibt.

Etwas anderes muß da ablaufen.[201]

* * *

Zwischen 1962 und 1967 erforschte Mutter in zahlreichen Erfahrungen, wie man das physische Mental meistert und sich von seinem Zugriff befreit. Gleichzeitig übte sie die Zellen, damit diese wachsen und ihr eigenes Mental entwickeln konnten. Diese fünf Jahre waren gezeichnet von unaufhörlicher Krankheit und zahlreichen Herzproblemen, die sie aber dazu führten, den Schlüssel zum Funktionieren der Zellen zu finden. Damit die Zellen „rein" funktionieren konnten – ohne irgendein Eindringen von fremden Faktoren, die seiner Substanz fremd waren, mußte der Körper völlig von seinen alten Gewohnheiten und seinen alten Schichten befreit werden. Das bedeutete ein direkter Kontakt des Supramentals mit den Zellen, ohne die Notwendigkeit durch die Schichten des intellektuellen Mentals, des vitalen Mentals, des sinnlichen Mentals und des physischen Mentals zu gehen. Alle schützenden Wände der Spezies mußten verschwinden, so daß die neue Spezies auftauchen konnte.

Tatsächlich, wie wir oben sahen, trat der erste radikale Wendepunkt 1962 ein. Wie Mutter sagt:

> Es begann, als die Ärzte erklärten, ich sei sehr krank [1962], das war der Beginn[202]. Denn der ganze Körper war all seiner Gewohnheiten und seiner Kräfte entleert ... [203]

> Ich konnte nicht einen Schritt tun, ohne ohnmächtig zu werden: ich wollte von hier nach dort gehen, und auf dem Weg, paff! fiel ich in Ohnmacht; man mußte mich halten, damit der Körper nicht fiel. Aber ich selbst verlor das Bewußtsein nicht eine Minute. Ich wurde ohnmächtig, war aber bewußt, ich sah meinen Körper, ich wußte, daß ich ohnmächtig war; ich verlor nicht das Bewußtsein, und der Körper verlor nicht das Bewußtsein. Jetzt verstehe ich es: Er war vom Vital und vom Mental abgeschnitten und seinen eigenen Mitteln überlassen.[204]

1965 hatte sie gesagt:

> Ich stand immer unter dem Eindruck dessen, was Sri Aurobindo gesagt hatte: „Dieses Instrument [das physische Mental], taugt nichts, am besten wird man es los ..." Es war sehr schwierig, sich davon zu befreien, denn es war so eng mit dem physischen Körper und seiner gegenwärtigen Form verquickt ... es war schwierig. Als ich es versuchte und sich schließlich ein tieferes Bewußtsein einstellen wollte, kam es zu einem Ohnmachtsanfall. Ich will damit sagen, daß die Vereinigung, die Verschmelzung, die Identifikation mit der höchsten Gegenwart ohne dieses physische Mental, durch seine Auflösung, einen Ohnmachtsanfall hervorrief. Ich wußte nicht, was ich tun sollte.[205]

5. Mutter setzt Sri Aurobindos Werk fort

Wir wollen einige andere wichtige Erfahrungen im selben Bereich studieren.

Ich stehe an der Schwelle zu einer neuen Wahrnehmung des Lebens ... Als ob gewisse Teile des Bewußtseins vom Zustand der Raupe zu dem des Schmetterlings übergingen, ungefähr so.[206]

Kürzlich (gestern oder vorgestern) geschah folgendes: Zuerst eine Art vollständig dezentralisiertes Bewußtsein (ich spreche immer vom physischen Bewußtsein, überhaupt nicht von den höheren Bewußtseinsbereichen), das zufällig hier war, da, da, in diesem Körper, in jenem Körper (in dem, was die Leute diese „Person" oder jene „Person" nennen, aber diese Vorstellung existiert praktisch nicht mehr), und dann wie ein Eingreifen eines universellen Bewußtseins auf dem Niveau der Zellen, als ob es die Zellen fragte, aus welchem Grund sie diese Kombination oder dieses Agglomerat [Mutters derzeitiger Körper] bewahren wollten (um es so auszudrücken) ... wobei es sie gleichzeitig die Schwierigkeiten verstehen oder fühlen ließ, die sich aus der Tatsache beispielsweise der Anzahl der Jahre, der Abnutzung, der äußeren Schwierigkeiten ergaben – aus dem ganzen durch die Reibung und die Abnutzung bewirkten Abbau. Aber dies schien ihnen völlig gleichgültig zu sein!...

... das universelle Bewußtsein sagte: „Aber bedenke doch die Schwierigkeiten ..." Diese Schwierigkeiten wurden klar wahrgenommen: diese Art Pessimismus des Mentals (ein formloses Mental, das in der Entstehung begriffen ist und sich in den Zellen zu organisieren beginnt). Die Zellen selbst kümmerten sich überhaupt nicht darum! Ihnen erschien das wie eine Krankheit, und sie sagten: „Das ist uns schnuppe!" (Das Wort verfälscht, aber es war ein Eindruck wie der eines Unfalls oder einer „unvermeidlichen Krankheit" oder von etwas, das nicht einen NORMALEN TEIL ihrer Entwicklung bildete und das ihnen auferlegt worden war.) Und genau in diesem Augenblick wurde eine Art NIEDRIGE Macht, auf dieses Mental einzuwirken, geboren; dies verlieh ihnen eine MATERIELLE Macht, sich davon abzutrennen und es zurückzuweisen.

Etwas wirklich Entscheidendes war passiert. Eine Art vertrauensvolle Freude erhob sich: „Ach, diesen Albtraum sind wir los."

Und gleichzeitig eine Erleichterung – eine physische Erleichterung –, als ob sich die Luft leichter atmen ließe ... Ja, es war ein

wenig, als ob man in einer Schale eingeschlossen sei – in einer erstickenden Schale – und ... auf jeden Fall hat sich darin eine Öffnung aufgetan. Und man atmet ...
Es war eine ganz und gar materielle, zellulare Aktion.[207]

Die Übergabe der Macht.

Die Zellen, das ganze materielle Bewußtsein, gehorchten bis jetzt dem individuellen inneren Bewußtsein – meistens dem psychischen Bewußtsein oder dem mentalen (doch das Mental ist schon seit langem still). Aber jetzt fängt dieses materielle Mental an, sich wie das andere zu organisieren, oder eher wie die anderen, wie das Mental aller Wesenszustände. Stell dir vor, es will lernen! Es lernt Dinge und verarbeitet das gewöhnliche Wissen der materiellen Welt. ... Das ist sehr interessant. Es möchte wissen. Weißt du, die ganze Erinnerung, die aus dem mentalen Wissen stammt, ist schon lange, lange verschwunden, und ich empfing die Anweisungen nur noch so *(Geste von oben)*. Aber jetzt baut sich eine Art Gedächtnis von unten her auf ...

Es ist wie eine Verschiebung des leitenden Willens. Es ist nicht mehr das, was einen früher veranlaßte zu handeln – „handeln", weißt du, alles: sich bewegen, gehen, egal was.[208]

Am schwierigsten ist das für die Nerven, denn sie sind so sehr an den gewohnten bewußten Willen gewohnt, daß sie geradezu verrückt spielen, wenn dieser aussetzt und man das direkte Wirken von ganz oben erstrebt. Gestern morgen machte ich diese Erfahrung, die mehr als eine Stunde dauerte, und es war schwierig; aber sie hat mich vieles gelehrt – vieles. All das könnte man als „Übertragung der Macht" bezeichnen: die alte Macht zieht sich zurück, aber bevor sich der Körper an die neue Macht anpaßt, gilt es, eine kritische Zeitspanne durchzustehen. Da sich alle Zellen in einem Zustand bewußter Aspiration befinden, geht es relativ schnell, aber dennoch ... die Minuten sind lang.

... Dieses materielle zellulare Mental ist absolut neu, das kann ich dir versichern.! Absolut neu.[209]

Dies mein Sehen ist recht seltsam. Zwischen mir und den Dingen liegt immer eine Art Schleier, immer. Ich habe mich schon daran gewöhnt. Ich sehe alles sehr gut, aber wie hinter einem leichten Schleier. [Wir werden später über den „Schleier" diskutieren; wahrscheinlich ist es die zellulare Schranke, die uns vom anderen Zustand trennt]. Ganz plötzlich, ohne ersichtlichen Grund (im Sinne einer äußeren Logik), wird dann eine Sache klar, genau und deutlich *(Geste des In-die-Augen-Springens)*. In der nächsten Minute ist es wieder vorbei. Manchmal handelt es sich um ein Wort in einem Brief oder sonst etwas Geschriebenes, manchmal ist es ein Gegenstand. Es ist eine andere Qualität des Sehens ... (wie kann ich das erklären?) Als ob das Licht von innen scheinen würde statt von außen, es ist kein reflektiertes Licht. Es ist zwar nicht leuchtend und strahlt nicht wie z.B. eine Kerze oder eine Lampe, aber statt durch ein von außen projiziertes Licht erhellt zu werden, enthält jedes Ding sein eigenes Licht.

Das wird immer häufiger, allerdings auf eine völlig unlogische Art, d.h. ich verstehe die Logik all dessen überhaupt nicht ... Und die Sicht ist von ungeheurer Präzision! Ganz außerordentlich, mit dem vollen Verständnis der Sache in dem Augenblick, wo man sie sieht.

Heute morgen in der Früh stellte ich das wieder fest. Ich betrat das Badezimmer, bevor das Licht an war ... Und plötzlich erblickte ich dieses Phänomen einer Flasche im Schrank, die so leuchtend wurde, wie von einem inneren Leben erfüllt *(Geste, als ob sich die Flasche von innen her erhellte)*. Ach! Ich sagte mir: „Sieh an!" – Eine Minute später war es vorbei ...

Aber das ist offenbar die Vorbereitung auf ein Sehen durch das innere Licht anstelle des projizierten Lichtes. Und das ... oh! es ist warm, lebendig, intensiv – und von einer Genauigkeit! Man sieht alles gleichzeitig, nicht nur die Farbe und die Form, sondern auch die Schwingungsbeschaffenheit: in einer Flüssigkeit erkennt man die Beschaffenheit ihrer Schwingung – das ist wunderbar.[210]

Alle möglichen kleinen Störungen treten auf, die aber für das Bewußtsein sichtbar Störungen der Transformation sind. Man beschäftigt sich also mit irgendeinem Punkt, man will die Ordnung wiederherstellen. Gleichzeitig ist irgend etwas da, das sich völlig sicher ist, daß die Störung kam, um den Übergang von der gewöhnlichen automatischen Funktion zur bewußten Funktion unter der direkten Führung und dem direkten Einfluß des Höchsten herzustellen. Und wenn dieser bestimmte Punkt einen gewissen Transformationsgrad erreicht hat, geht man zum nächsten Punkt über, und dann weiter zum nächsten, und wieder zum nächsten. Es ist also nichts erreicht, keine Arbeit ist definitiv getan, bis nicht ... alles bereit ist.

Und alles ist eine Frage der Veränderung der Gewohnheit. Jede durch Jahrtausende hindurch automatisch gewordene Gewohnheit muß in eine bewußte Handlung umgewandelt werden, die direkt vom höchsten Bewußtsein gesteuert wird.[211]

Eine neue Aktivität entwickelt sich ... Ich ertappe mich manchmal dabei, wie ich mit Menschen spreche, die ich meistens nicht kenne, und ich beschreibe eine Szene: sie können dies oder jenes veranlassen, man kann ihnen dies oder jenes vorschlagen, und schließlich kommt dies oder jenes dabei heraus – wie Szenen aus einem Buch oder einem Film. Tagsüber oder am nächsten Morgen sagt mir dann plötzlich jemand: „Ich habe eine Botschaft von Ihnen erhalten, Sie haben mir gesagt, ich solle jener Person schreiben und ihr das und das sagen ..." Ich tue das nicht mental, nicht, daß ich denken würde: „Er muß dieser Person schreiben und jenes tun", überhaupt nicht. Ich lebe – ich lebe eine Szene oder erzähle sie, und das wird dann von jemandem empfangen (an den ich überhaupt nicht denke). Es wird von irgend jemandem aufgefangen, wie eine Nachricht, in der ich Anweisungen gebe, dies oder jenes zu tun. Und das geschieht hier, in Frankreich, in Amerika, überall.

Das wird lustig!

Jemand schreibt mir: „Sie haben mir gesagt ...", und es handelt sich um eine meiner „Szenen"! Eine der Szenen, die ich erlebte – nicht erlebte: zugleich erlebte und schuf. Ich weiß nicht, wie ich das erklären soll. Es ist wie eine Arbeit der ... *(Mutter scheint eine unsichtbare Substanz zwischen ihren Fingern zu fühlen, als ob sie sie formen wollte).*

Auch Geschichten von Ländern, von Regierungen, da kenne ich das Ergebnis nicht – vielleicht erfahren wir das später.

Und in dieser Art Aktivität habe ich alle möglichen Kenntnisse, die ich gar nicht besitze. Manchmal gar ein medizinisches oder technisches Wissen, das ich überhaupt nicht habe – dort aber schon, verstehst du, denn ich sage: „Dies ist so, jenes ist so ..." Amüsant.[212]

* * *

Mutters Körper war zu einem lebenden und bewußten Labor der neuen Spezies geworden. Sri Aurobindo hatte lange zuvor geschrieben:

5. Mutter setzt Sri Aurobindos Werk fort

Das Tier ist ein lebendiges Laboratorium, in dem die Natur sozusagen den Menschen erarbeitet hat. Der Mensch mag sehr wohl ein denkendes, lebendiges Laboratorium sein, in dem sie mit seiner bewußten Mitwirkung den Übermenschen erarbeiten will.[213]

Drei simultane und miteinander verbundene Prozesse vollzogen sich in Mutters Körper. Als erstes erfolgte eine fortschreitende Auflösung des Unbewußten in seinem tiefsten Grund. Zweitens war da das Eindringen, Durchdringen und die Invasion des Supramentals in das Zell-Bewußtsein und in das physische Bewußtsein, um der Falschheit in der Materie, dem Leben und Mental entgegenzuwirken. Drittens vollzog sich die graduelle Transformation des Körpers durch die Zusammenarbeit und den Wandel des physischen Mentals und durch den radikalen Wechsel in verschiedenen Funktionen von Organen und Fähigkeiten.

Auf kollektiver Ebene zeigten sich radikale Veränderungen in der Organisation des Ashrams. Mutter stellte Individuen immer mehr an Stellen, wo Synthese, Einheit und Harmonie in wachsendem Ausmaße dringend wurden. Ein immer größerer Nachdruck wurde auf die Schaffung eines kollektiven Bewußtseins gelegt. Es gab noch tiefere Notwendigkeiten. Schon in der Agenda 1961 finden wir gewisse Hinweise auf die Idee einer idealen Stadt, die die Wohnstätte eines kollektiven Lebens sein könnte und als Embryo oder Samen der zukünftigen supramentalen Welt dienen könnte. Mit Mutters Worten:

> Was ich gesehen hatte ... war ein Plan, der in allen Einzelheiten erschien, aber es ist ein Plan, der in seinem Geist und Bewußtsein überhaupt nicht dem entspricht, was gegenwärtig auf der Erde möglich ist (in seiner materiellsten Manifestation basierte er jedoch auf den bestehenden irdischen Bedingungen). Es war die Idee einer idealen Stadt, die der Kern eines kleinen idealen Landes wäre, das nur rein oberflächliche und äußerst begrenzte Kontakte mit der alten Welt hätte. Das würde bereits eine ausreichende Macht voraussetzen (was nicht unmöglich ist), um einerseits einen Schutz gegen Aggressionen und Böswilligkeiten zu gewähren (das wäre der leichtere Teil) und andererseits gegen Infiltration und Vermischung ... Aber das wäre letztendlich vorstellbar. Vom sozialen, organisatorischen Standpunkt und aus Sicht des inneren Lebens sind dies keine schwierigen Probleme. Die Schwierigkeit liegt in den Beziehungen zu dem, was nicht supramentalisiert ist, um das

Eindringen, die Vermischung zu verhindern, das heißt verhindern, daß dieser Kern in eine niedrigere Schöpfung zurückfällt – es ist ja eine Übergangszeit.[214]

Die Verwirklichung unter diesen Bedingungen der Gemeinschaft oder Gruppe ist offensichtlich sehr viel vollständiger, umfassender und wahrscheinlich vollkommener als jede individuelle Verwirklichung, die auf der äußeren, materiellen Ebene immer, NOTGEDRUNGEN eng begrenzt ist, weil es sich nur um eine Seinsart, eine Manifestation handelt: nur ein mikroskopisches Schwingungsfeld wird berührt.[215]

Zur rechten Zeit nahm etwas von dieser Idee einer idealen Stadt Formen an, und Mutter faßte den Entschluß eine kleine internationale Stadt aufzubauen (ungefähr 10 km von Pondicherry entfernt). Mutter nannte sie Auroville.

Am 28. Februar 1968 kamen Jugendliche aus 124 Ländern, um eine Handvoll Erde ihrer Länder in die Urne im Zentrum der zukünftigen Stadt zu werfen.

Mutter gab die Charta von Auroville:

1. Auroville gehört niemandem im besonderen.
Auroville gehört der Menschheit als Ganzes.
Um jedoch in Auroville leben zu können, muß man ein williger Diener des göttlichen Bewußtseins sein.

2. Auroville wird der Ort einer fortwährenden Ausbildung, eines steten Fortschritts und einer Jugend sein, die niemals altert.

3. Auroville möchte die Brücke zwischen Vergangenheit und Zukunft sein. Unter Ausschöpfung aller inneren und äußeren Entdeckungen geht es kühn den künftigen Verwirklichungen entgegen.

4. Auroville wird ein Ort spiritueller und materieller Forschungen sein, um einer konkreten menschlichen Einheit einen lebendigen Körper zu geben.

In den ersten Jahren wuchs Auroville schnell unter Mutters Führung, und seine Bedeutung wurde nicht nur von Indien sondern auch von der UNESCO und verschiedenen Ländern der Welt anerkannt.

* * *

5. Mutter setzt Sri Aurobindos Werk fort

Inzwischen gab es einen entscheidenden Wendepunkt in Mutters Yoga zwischen dem 10. August und dem 22. August 1968. Am 22. August schickte Mutter Satprem eine Notiz (mit Suppenpäckchen!) in der sie schrieb:

> Hier einige Päckchen Suppenpulver, du wirst keine mehr haben. Dieses Mal ist es WIRKLICH interessant – aber ein wenig total und radikal. Wie weit, wie weit wir vom Ziel entfernt sind ... Ich werde versuchen mich zu erinnern.[216]

Als Satprem Mutter am 28. August traf, wurden ihm einige ihrer Notizen übergeben, in einer wurde eine radikale Operation beschrieben, die durchgeführt worden war:

> Dem Vital und dem Mental wurde der Laufpaß gegeben, um das Physische wirklich seinen eigenen Mitteln zu überlassen.[217]

Eine andere Notiz sagt:

> Über mehrere Stunden waren die Landschaften zauberhaft und von vollkommener Harmonie.
> Jede Sache mit einem Grund, einem klaren Zweck, um nichtmentalisierte Bewußtseinszustände auszudrücken.
> Anhaltende Visionen.
> Landschaften.
> Bauwerke.
> Städte.
> Alles immens und mannigfaltig, das gesamte Sichtfeld umfassend und die Bewußtseinszustände des Körpers ausdrückend. Viele, viele große Bauwerke, immense Städte im Aufbau ...[218]

Mutter kommentierte wie folgt:

> Ja, dies ist die Welt, die gebaut wird, die zukünftige Welt im Aufbau. Ich konnte nicht mehr hören, nichts mehr sehen, nicht mehr sprechen: ich lebte darin, die ganze Zeit, die ganze Zeit, Tag und Nacht.[219]

Da war auch eine Notiz von der Nacht vom 26. zum 27. August:

> Machtvolle und langanhaltende Durchdringung der supramentalen Kräfte im Körper, überall gleichzeitig...[220]

Diese Notiz kommentierend sagte Mutter:

Durchdringung des Körpers. Ja, ein Eindringen von Strömen habe ich schon mehrmals gespürt, aber in dieser Nacht (d.h. vorgestern nacht) kam es plötzlich auf einen Schlag, als gäbe es nur noch diese supramentale Atmosphäre. Es gab nichts als das. Und mein Körper befand sich mitten drin. Es DRÜCKTE von allen Seiten, um einzudringen, von allen Seiten gleichzeitig. Kein Strom mehr, der eindringt, sondern eine allumfassende Atmosphäre. Dies hielt wenigstens vier oder fünf Stunden an ...
Es ist das erste Mal. Für Stunden. Nur Das blieb. Und das *(der Körper)* war wie eine aufsaugender Schwamm ...
Ja, ich beobachtete, daß die Zellen überall und die ganze Zeit über ständig wiederholten: OM NAMO BHAGAVATE, OM NAMO BHAGAVATE ... andauernd, andauernd ... [221]

Diese ganze Erfahrung war entscheidend und radikal. Man muß sich einen wahren Körper vorstellen, der in einem alten Körper heranwächst, genau auf dem zellularen Niveau, wo es kein Zwischenstadium gibt zwischen dem Supramental und dem Psychischen auf der einen Seite und dem zellularen Bewußtsein des Körpers auf der anderen. Das zellulare Bewußtsein war von allen Zwischenstadien befreit, inbegriffen des physischen Mentals. Hier bestand jetzt die Möglichkeit einen neuen genetischen Code in die Zellen zu flößen – den Code der supramentalen Schwingung der Erkenntnis, Macht, Harmonie und Unsterblichkeit.

Dieses Phänomen fand in Mutters Körper statt. Ein neues Mental in der Materie begann zu arbeiten, ein neues Mental der Zellen. Der Schlüssel den Körper zu transformieren war gefunden.

Am 23. November 1968 sprach Mutter von einer zentralen Erfahrung. Sie sagte:

An manchen Tagen durchlebte ich wirklich alle Schrecken der Schöpfung (im vollen Bewußtsein ihres Schreckens), und das führte dann zu dieser Erfahrung, und ... alle diese Schrecken lösten sich in nichts auf.
Es ging in keiner Weise um moralische Dinge: es handelte sich vor allem um physische Leiden. Es ging um DAS physische Leiden schlechthin. Und ich sah dieses physische Leiden: ein physisches Leiden, das Tag und Nacht andauerte und nicht aufhörte, und

5. Mutter setzt Sri Aurobindos Werk fort

plötzlich, mit einem Mal, anstatt sich in diesem Bewußtseinszustand zu befinden, befindet man sich im Bewußtseinszustand der ausschließlichen göttlichen Gegenwart – der Schmerz war verschwunden. Und es war physisch, vollkommen physisch, mit einer physischen Ursache[222]; und die Ärzte könnten sagen: „Das hat diese und jene Ursache", etwas ganz und gar Materielles und Physisches: schwupp! Einfach weggefegt ... Und verändert man seinen Bewußtseinszustand, so kommt es wieder.

Und wenn man genügend lange im wahren Bewußtsein bleibt, so verschwindet auch die äußere Erscheinung, d.h. das, was wir die eigentliche physische „Tatsache" nennen, nicht allein der Schmerz ... Ich habe den Eindruck, hier etwas berührt zu haben ... (das folgernde Mental spielt da nicht rein, Gott sei Dank!) – die zentrale Erfahrung berührt zu haben.

Das ist allerdings erst ein ganz kleiner Anfang.

Der Eindruck oder die Gewißheit, das Höchste Geheimnis berührt zu haben, wird erst dann bestehen, wenn das Physische transformiert worden ist ... Nach dieser Erfahrung (einer Erfahrung im winzigen Detail) müßte es so sein. Und dann stellt sich die Frage, ob dieses Bewußtsein zunächst in EINEM Körper zum Ausdruck kommen wird, oder sich das Ganze transformieren muß ... Das weiß ich nicht.[223]

Wie wir sehen werden, wird die Frage von Aufnahmefähigkeit, Zusammenarbeit und Transformation der Kollektivität immer dringlicher werden. Ein einzelner Körper, wie es scheint – ohne den Beistand einer minimalen kollektiven Transformation – kann keine volle Transformation erreichen. So war Mutters Arbeit ständig eine doppelte Arbeit an ihrem eigenen Körper (der schon der Körper der Erde geworden war) und der Kollektivität um sie herum. Diese Arbeit schritt sehr schnell mit wachsender Beschleunigung voran.

* * *

Am 1. Januar 1969 hatte Mutter eine Erfahrung des „neuen Bewußtseins", das später von ihr als das Bewußtsein des Übermenschen beschrieben wurde, ein Zwischenglied zwischen Mensch und supramentalem Wesen.

Dazu sagt Mutter:

Am 1. geschah etwas Seltsames. Ich war nicht die einzige, die es spürte, mehrere Leute merkten es. Es geschah kurz nach Mitternacht, aber ich fühlte es um zwei Uhr, und andere Leute spürten es um vier Uhr morgens ... Letztes Mal erwähnte ich es dir gegenüber kurz. Erstaunlicherweise entsprach es absolut nicht meinen Erwartungen (ich erwartete nichts), und es glich keinem der Dinge, die ich sonst gefühlt hatte. Es war etwas sehr Materielles, d.h. sehr äußerlich – und leuchtend, von einem goldenem Licht. Es war sehr stark und mächtig, aber sein Wesen entsprach einem lächelndem Wohlwollen, einer friedlichen Freude, einem Erblühen in der Freude und dem Licht. Es kam wie ein „Gutes Neues Jahr", wie ein Wunsch. Das überraschte mich persönlich.

Es hielt mindestens drei Stunden an, ich fühlte es. Nachher kümmerte ich mich nicht mehr darum, ich weiß nicht, was passierte. Aber ich sprach kurz mit dir und zwei oder drei anderen Leuten darüber; sie hatten es alle gespürt. Das heißt, es war SEHR materiell. Alle hatten eine Art Freude empfunden – eine liebenswerte, mächtige Freude und ... oh, überaus süß, lächelnd und wohlwollend ... etwas ... Ich weiß nicht was – eine Art Wohlwollen. Folglich war es etwas dem Menschlichen sehr Nahes. So konkret! Als hätte es einen Geschmack, so konkret war es. Nachher beschäftigte ich mich nicht mehr damit, außer daß ich mit zwei oder drei Leuten darüber sprach: alle hatten es gespürt. Ich weiß nicht, ob es sich jetzt vermischt hat oder ob ... Es ist nicht verschwunden, man hat nicht den Eindruck von etwas, das gekommen ist und wieder fortgeht.

Es war viel äußerlicher als die Dinge, die ich sonst spüre. Kaum mental, d.h. es vermittelte nicht den Eindruck eines „Versprechens" oder ... Eher war es ... ich selbst hatte den Eindruck einer ungeheuren, unermeßlichen Persönlichkeit – für sie war die Erde winzig klein *(Geste einen kleinen Gegenstand wie eine Kugel in der Hand zu halten)*, eine riesige, überaus wohlwollende Persönlichkeit, die kommt, um zu ... *(Mutter scheint vorsichtig diese kleine Kugel in ihrer Handfläche hochzuheben)*. Der Eindruck eines persönlichen Gottes (und dennoch war es ... ich weiß nicht), der kommt, um zu helfen. So mächtig und zugleich so sanft und so verständnisvoll.

Es war sehr äußerlich: der Körper fühlte es überall, überall *(Mutter berührt ihr Gesicht und ihre Hände)*.

Was ist daraus geworden? Ich weiß es nicht.

5. Mutter setzt Sri Aurobindos Werk fort

Es war gerade Neujahr. Als käme jemand mit den Ausmaßen eines Gottes (d.h. etwas Bedeutendes), um ein „Gutes Neues Jahr" zu wünschen, mit der ganzen Macht, es tatsächlich ein gutes Jahr werden zu lassen.

Aber was war das?...

So konkret ...

Ich weiß es nicht.

War es womöglich die supramentale Persönlichkeit? Denn es hatte keine Form, ich sah keine Form, man spürte nur das, was es brachte *(Mutter erfühlt die Atmosphäre)* – die Wahrnehmung und das Empfinden. Ich fragte mich, ob es nicht die supramentale Persönlichkeit war, die sich später in materiellen Formen manifestieren wird.

Seit dem Augenblick fühlt sich der Körper viel froher und weniger konzentriert (das durchdrang ihn intensiv überall), er fühlt sich lebendiger, in einer glücklichen lächelnden Ausdehnung begriffen ... heiter. Zum Beispiel fällt es ihm leichter zu sprechen, und er hat gleichsam das Gefühl eines ständigen Wohlwollens, ein wohlwollendes Lächeln, und all das gepaart mit einer GROSSEN KRAFT ... Ich weiß es nicht.

Hast du nichts gespürt?

Ich empfand ein Gefühl von Zufriedenheit an dem Tag.

Ja das ist es.

Handelt es sich um die supramentale Persönlichkeit, die sich in allen, die einen supramentalen Körper haben, verkörpern wird ...?

Es war leuchtend, heiter und so wohlwollend AUFGRUND SEINER KRAFT: denn im Menschen ist Wohlwollen meist etwas schwächlich, in dem Sinne, daß es keinen Kampf und Streit haben möchte. Aber so ist es hier ganz und gar nicht. Ein Wohlwollen, das sich durchsetzt *(Mutter pocht mit den Fäusten auf die Armlehnen).*

Das interessierte mich, denn es war ganz neu. Und so konkret! *(Mutter berührt die Armlehne)* So konkret wie das, was das physische Bewußtsein gewöhnlich „die anderen" nennt. Das heißt, es kam nicht durch eine innere Wesensebene, durch das Psychische, sondern DIREKT in den Körper.

Was ist es?... Ja, das ist es vielleicht ... Seitdem es gekommen ist, verspürt der Körper eine Art Gewißheit, als bestünde jetzt keinerlei Besorgnis oder Unsicherheit mehr: „Wie wird es sein? Wie wird dieses Supramental PHYSISCH sein? Was wird physisch

sein?" Früher fragte sich der Körper das. Jetzt denkt er nicht mehr daran, er ist glücklich.
Gut.

Wird dies in die Körper, die bereit sind eingehen?

Ja ... Ich glaube, ja. Mir scheint, daß diese Formation in die Körper eindringen und sich ausdrücken wird ... in den zukünftigen supramentalen Körpern.

Oder vielleicht handelt es sich um den Übermenschen? Ich weiß es nicht. Das Übergangsstadium zwischen beiden. Vielleicht eher der Übermensch: es war sehr menschlich, aber ein Menschenwesen mit göttlichen Ausmaßen.

Ein Mensch ohne Schwächen und ohne Schatten: rein leuchtend und lächelnd und ... zugleich sanft.

Ja, vielleicht also der Übermensch ... [224]

Mutter setzte am 8. Januar ihre Kommentare über die Erfahrung vom 1. Januar fort:

Und diese Herabkunft des Bewußtseins des Übermenschen ... Sagte ich dir, daß ich es nachher identifizieren konnte?

Als du letztes Mal darüber sprachst, benanntest du es.

Ja, aber ich hatte gesagt: „das supramentale Bewußtsein".

Nachher sagtest du: „Vielleicht ist es der Übermensch."

So ist es: die Herabkunft des Bewußtseins des Übermenschen. Nachher erhielt ich die Bestätigung.

Es geschah am ersten Januar, nach Mitternacht. Ich wachte um zwei Uhr morgens auf, umgeben von einem Bewußtsein, aber so konkret und NEU in dem Sinne, daß ich es noch nie gefühlt hatte. Während zwei oder drei Stunden hielt es sehr konkret an, danach breitete es sich aus, um alle Leute aufzusuchen, die es aufnehmen konnten. Gleichzeitig wußte ich, daß es das Bewußtsein des Übermenschen war, das heißt die Zwischenstufe zwischen dem Menschen und dem supramentalen Wesen.

Das gab dem Körper eine Art Zusicherung, ein Vertrauen. Diese Erfahrung hat ihn gleichsam gefestigt, und wenn er die wahre Haltung einnimmt, ist aller Beistand da, um ihm zu helfen.

5. Mutter setzt Sri Aurobindos Werk fort

Mehrere Leute hatten diese Erfahrung (ich fragte nachher), sie fühlten es – nicht so deutlich, jedenfalls die Gegenwart eines neuen Bewußtseins – viele Leute. Ich hatte sie gefragt, ob sie etwas gefühlt hatten, und sie sagten mir: „Oh, ja!" Natürlich spürte es jeder mit ... *(Geste einer leichten Drehung der Finger)* in seiner speziellen Sehweise.

(Schweigen)

Eines ist seltsam (das fiel mir bei den anderen Personen auf): Wenn die Aktion schweigend stattfindet, ist sie sehr viel genauer, als wenn sie durch Worte übertragen wird. Worte werden mental aufgenommen, und das ergibt immer eine kleinen Verformung des Inhaltes dieser Worte. Handelt es sich hingegen um eine direkte Aktion *(Mutter deutet eine innere Kommunikation an)*, ist sie sehr genau.[225]

Die Ankunft dieses neuen Bewußtseins mag als entscheidende Entwicklung von Mutters Yoga des Körpers betrachtet werden. Tatsächlich war dieses Bewußtsein das Supramentale Bewußtsein, das durch einen intermediären Körper arbeitete – einen Körper, menschlich im Ursprung, aber gründlich gereinigt und verfeinert, bis zur zellulären Ebene gereinigt und so fähig für die Handlungen des Supramentals direkt im physischen Körper.

Es ist wahr, der ganze physische Körper war nicht vollkommen transformiert, aber er war dennoch ein Träger, in dem das Subtilphysische so sehr supramentalisiert war, daß seine wahre Materie – die Mutter als etwas viel Dichteres, Kompakteres und Plastischeres beschrieb als das für uns sichtbare grobe Physische, sich manifestieren und wirken konnte und Ergebnisse im und durch den äußeren Körper hervorbringen konnte.

Dieses „neue Bewußtsein" erklärte Mutter später, begann zu wirken, als ihr Körper jedes Empfinden einer getrennten Individualität verloren hatte. Seit der Ankunft dieses Bewußtseins begannen die Dinge sich zu beschleunigen, und es hat eine Beschleunigung in den Umständen herbeigeführt. Seine Arbeitsmethode bestand darin, Leute sich selbst gegenüberzustellen und einen Druck auszuüben, so daß alles, was sich in der Natur widersetzte, an die Oberfläche gebracht würde. Mutter sagte, daß sie all dies ständig sah, für kleine wie für große Dinge, sowohl für die Landespolitik oder auch für die Organisation eines Hauses.[226]

Anfang 1970 sprach Mutter von dem Ersetzen des Erkenntnisvorganges in ihrem Körper durch eine neue Wahrnehmung, die total war, etwas, das gleichzeitig Hören, Sehen und Wissen umfaßte. Es gab, sagte sie, keine Differenzierung ihrer Organe. Sie deutete darauf hin, daß das neue Bewußtsein darauf bestand, über alle Trennungen und alle Exklusivität hinauszugehen, eingeschlossen die große Trennung von Leben und Tod. Mutter entdeckte das „Über-Leben", das gleichzeitig Leben und Tod ist, oder vielmehr etwas, das weder als Tod noch als Leben beschrieben werden kann, sondern als ein dritter Zustand, in dem der Gegensatz von Tod und Leben aufgehoben ist.

* * *

In den letzten Jahren begann die Frage des Todes, Mutters Aufmerksamkeit immer eindringlicher in Anspruch zu nehmen. Wie Mutter sagte: Das Problem des Todes war tatsächlich das Problem, das ihr zu lösen aufgegeben worden war. Ein Aspekt des Problems lag in der Verschwendung, die der Tod nach sich ziehen würde, da er ja den fortschreitenden Prozeß der Durchdringung der supramentalen Kraft in die Zellen unterbrechen würde. Mutter hatte von diesem Problem schon 1964 gesprochen.

Weißt du, zu unserem Trost sagt man uns in jedweder Weise, daß all die Arbeit, die getan wird, nicht verloren ist und daß diese ganze Aktion, die auf die Zellen einwirkt, um ihnen das Bewußtsein eines höheren Lebens zu vermitteln, nicht umsonst ist – das stimmt aber nicht, es ist völlig umsonst. Angenommen, ich verlasse morgen meinen Körper; dieser Körper wird wieder zu Staub (nicht sofort, aber nach Ablauf einer gewissen Zeit); also ist alles, was ich für die Zellen getan habe, zu nichts nütze! Lediglich das Bewußtsein tritt aus den Zellen – aber das tut es ja immer!...
... es bleibt eine reine Verschwendung.
Vom physischen Standpunkt her gesehen, ist es reine Verschwendung. Das Mental und das Vital liegen auf einer anderen Ebene, das ist nicht interessant: wir wissen seit sehr langer Zeit, daß ihr Leben nicht vom Körper abhängt. Ich aber spreche vom Körper, dieser interessiert mich, die Zellen des Körpers, und der Tod, der ist eben eine reine Verschwendung, und nichts weiter.
Das heißt, es müßte noch vor der Auflösung dieses Körpers eine Neuschöpfung stattfinden ...

5. Mutter setzt Sri Aurobindos Werk fort

... eine bestimmte Eigenschaft der Zellen sollte die Veränderung der Form erlauben (die Form kann sich ja ändern, sie ändert sich die ganze Zeit, sie ist nie dieselbe), wobei aber die bewußten Wechselbeziehungen unter den Zellen erhalten bleiben müßten.[227]

Mehrere Jahre lang wurde keine Lösung zu diesem Problem gefunden. Inzwischen machte Mutter mehrere Experimente. Im Februar 1966 sagte sie, sie versuche, dem Geheimnis des Todes-Prozesses auf die Spur zu kommen, so daß man ihn abschaffen könne. 14 Tage später, sagte sie: „Ich bin wie ein Toter, der auf Erden lebt." Sie sagte, es sei eine andere Art des Lebens, unabhängig von physikalischen Gesetzen sondern nur abhängig vom Höchsten Willen. Zwei Monate später sprach sie von einer Reihe von Erfahrungen, die wiederholt den Unterschied aufzeigten, im Körper und ohne einen Körper zu sein, so weit das Bewußtsein betroffen ist. Dann kam die Frage des Essens. Sie sagte, sie könne nicht mehr essen; tatsächlich sollte dieses Problem bis zum Ende bestehen bleiben. Es war sehr schwierig für sie zu essen, als ob Essen bedeutete, die Schwierigkeiten der äußeren Welt zu schlucken. Sie schritt schnell voran, die Zellen vorzubereiten, die fähig sein würden, das Supramentale Bewußtsein auszuhalten. Das fordert, fand sie, eine äußerste Geschmeidigkeit, die im Skelett mit der ganzen Steifheit der Knochen unmöglich war. Tatsächlich könnte der supramentale Körper, der eine Kondensation oder Verdichtung von „irgendeinem Stoff" sein würde, völlig plastisch sein, aber die Frage war, wie man diesen Körper in den Körper, den man sehen und berühren kann, übertragen könnte. Der Abgrund zwischen den beiden war zu groß, um überbrückt zu werden, es sei denn durch mehrere Zwischenstadien.

Konnte dieser Prozeß beschleunigt werden durch ein Zurückgreifen auf eine kataleptische Trance? Mutter hatte von Zeit zu Zeit die Notwendigkeit für eine solche Trance verspürt, aber sie hatte sie immer als eine Methode der Untätigkeit und Faulheit angesehen. Trotzdem diktierte sie am 14. Januar 1967 eine Notiz, in der sie sagte, es könne nötig sein, daß sie in eine kataleptische Trance eintreten würde, und man solle ihren Körper in Frieden lassen. „Das könnte mehrere Tage, vielleicht Wochen oder sogar länger dauern." Aber sie zog es vor, die Notwendigkeit der Unbeweglichkeit durch die Macht innerer Konzentration zu ersetzen.

In zunehmendem Maße begann sie zwei Zustände der Materie wahrzunehmen, den Zustand der Materie, wie wir ihn gewöhnlich sehen, und den Zustand dessen, was sie die wahre Materie nannte, eine leuchtende Materie, eine Materie aus vielfarbigem Licht, verbunden mit den Schattierungen aller Farben.

Das ließ die Möglichkeit eines Übergangs aufkommen, so daß der äußere Körper stufenweise durch den neuen Körper aus wahrer Materie ersetzt würde. Mutter fand heraus, daß eine örtliche oder vorübergehende Manifestation nicht unmöglich sei; aber mehr und mehr fühlte sie, daß es eine ausreichend *kollektive* Transformation geben müsse, um eine dauerhafte Transformation zu erzielen.

Während der ersten Monate von 1968 hatte Mutter wiederholte Erfahrungen eines Zustandes, der den Bruch des Gleichgewichts herbeiführte, die Auflösung der Form, von uns Tod genannt. Das war das eine Extrem. Und im anderen Extrem hatte sie wiederholte Erfahrungen eines Zustandes von unvermischter Glückseligkeit. Sie sagte, daß die Verschmelzung dieser beiden Zustände höchste Macht bedeute, und das Problem gelöst sei, wenn Das physisch erreicht würde. Die Arbeit bestand darin, diese Fusion herbeizuführen, und das verlangte eine Veränderung des Bewußtseins aller Zellen. Tatsächlich war es ein allmählicher Prozeß, und er schritt fort, indem Gruppen von Zellen oder Teile von Fähigkeiten nacheinander aufgegriffen wurden.

Vor diesem Hintergrund hatte Mutter früh im Februar 1969 eine wichtige Erfahrung:

> Noch nie zuvor war der Körper so glücklich: die vollkommene Gegenwart, die absolute Freiheit und eine Gewißheit: Sein Tod spielte keine Rolle: diese Zellen, andere Zellen, *(Geste hierhin und dorthin, alle Körper andeutend)*, überall war Leben, überall Bewußtsein.
>
> Absolut wunderbar.
>
> Es kam mühelos, und es verschwand nur weil ich zu beschäftigt war ... Es geht um das GÖTTLICHEN EMPFINDEN, man muß das göttliche Empfinden haben. Während dieser wenigen Stunden (drei oder vier Stunden) verstand ich absolut, was es heißt, das Empfinden des göttlichen Bewußtseins im Körper zu haben. Dabei spielt es keine Rolle, ob es sich um diesen Körper hier handelt oder irgendeinen anderen ... *(Geste hierhin und dorthin, überall in Mutters Umkreis)*: es wanderte von einem Körper zum anderen, völlig frei und unabhängig, bei jedem wissend, was die Begrenzungen oder Möglichkeiten des betreffenden Körpers sind – absolut wun-

5. Mutter setzt Sri Aurobindos Werk fort

derbar, diese Erfahrung hatte ich noch nie zuvor. Sie verschwand, weil ich so beschäftigt war, daß ...

Dieser Zustand hielt mehrere Stunden an, und noch nie zuvor in den einundneunzig Jahren, die er auf Erden ist, empfand dieser Körper eine solche Glückseligkeit: Freiheit, absolute Macht und keine Begrenzungen. Es war ... alle anderen Körper waren dieser Körper; es gab keinen Unterschied.[228]

Etwa einen Monat später sagte Mutter:

Das körperliche Bewußtsein wurde zugleich individualisiert und unabhängig, d.h. es kann in andere Körper eintreten und fühlt sich dort vollkommen wohl. Eines Tages machte ich diese Erfahrung („ich" – nicht der Körper machte die Erfahrung, sondern „man ließ sie ihn machen", eben dieses Bewußtsein), die Erfahrung, in drei oder vier Personen einzutreten, eine nach der anderen, und dann in jeder zu fühlen, wie die Seinsweise DES KÖRPERS ist: das war in keiner Weise ein vitales oder mentales Eintreten sondern körperlich. Das war wirklich sehr interessant ...

Dies bewirkt eine grundlegende Änderung in der Einstellung des Körpers gegenüber den möglichen Lösungen: es besteht keinerlei Verhaftetsein oder Gefühl des Verschwindens mehr; denn das Bewußtsein ... das körperliche Bewußtsein ist nämlich unabhängig geworden. Das ist überaus interessant. Das heißt, es kann sich in jeder physischen Substanz manifestieren, die ausreichend entwickelt ist, es zu empfangen.[229]

Eine Woche später sagte Mutter folgendes:

Die Frage hatte sich wiederholt gestellt: „Im normalen Ablauf scheint die ganze Arbeit der Transformation der Zellen und des Bewußtseins in den Zellen vergeudet zu sein, da der Körper sich ja zersetzen wird ..." Daraufhin erschien auf ganz präzise und fast konkrete Weise folgende Lösung: eine Möglichkeit würde darin bestehen, daß man, bevor man stirbt, aus den transformierten, erleuchteten und bewußten Zellen in sich selbst einen neuen Körper vorbereitet, indem man diese Zellen sammelt und mit der größtmöglichen Menge bewußter Zellen einen neuen Körper bildet. Wenn dies getan ist, geht das volle Bewußtsein in ihn über, und der andere Körper kann sich auflösen, er hat keine Bedeutung mehr.[230]

Als Sri Aurobindo seinen Körper verließ, wurde das gesamte Ergebnis seines physischen Bewußtseins auf Mutters Körper übertragen, so gab es keine Vergeudung. Aber jetzt gab es, abgesehen von Mutters Körper, keinen anderen Körper, der so entwickelt war, daß er, falls Mutter den Körper verlassen sollte, das angesammelte Ergebnis ihres physischen Bewußtseins empfangen konnte. Das war ein ungeheures Problem. Aber wie wir sehen, war dieses Problem aus dem, was sie sagt, jetzt gelöst: Auch wenn sie ihren Körper verlassen sollte, wäre die Arbeit nicht verdorben, es gab keine Vergeudung. Die Arbeit konnte fortgesetzt werden.

Sri Aurobindo in seinem Zimmer, April 1950

6.
Das ist die Arbeit, die Sri Aurobindo mir aufgetragen hat

Und jetzt kommen wir zu dem entscheidenden Punkt, den Mutter in ihrem Gespräch mit Satprem am 14. März 1970 erläutert.

14.3.1970

Und dieses Bewußtseins geht fast schonungslos vor ... (wie soll ich sagen?), um aufzuzeigen, wie falsch die gesamte mentale Konstruktion ist – alles, selbst scheinbar spontane Reaktionen sind alle die Folge einer extrem komplexen mentalen Konstruktion.

Da ist es schonungslos.

Man ist darin geboren und es erscheint einem ganz natürlich, demgemäß zu fühlen, demgemäß zu reagieren und alles demgemäß zu organisieren, so daß man vollkommen an der Wahrheit vorbeigeht.

Das steckt in der Organisation des Körpers selbst.

Nun scheint sich die Aktion mit außerordentlicher Kraft durchzusetzen, was (uns) als gnadenlos erscheint *(Mutter stößt ihre Faust in die Materie)*, damit wir die Lehre daraus ziehen.

(langes Schweigen)

Ich erinnere mich an die Zeit, als Sri Aurobindo noch hier war ... Weißt du, der innere Teil des Wesens trat in ein Bewußtsein, das die Dinge im Licht des höheren Bewußtseins sah und fühlte: vollkommen anders. Doch als Sri Aurobindo dann krank wurde, und alle diese Dinge passierten ... zuerst dieser Unfall (er brach sich das Bein[231]), da sagte der Körper ständig (der KÖRPER): „All dies sind bloß Träume, das gilt nicht uns; für uns als Körper ist es so ..." *(Geste unter der Erde)* Schrecklich ... Und all das war verschwunden. Es war vollkommen verschwunden – nach all diesen Jahren der Anstrengung war es weg, und der Körper selbst fühlte die göttliche Gegenwart, und er hatte den Eindruck, daß ... sich notgedrungen alles ändern müsse. Doch in den letzten Tagen ist diese Formation wieder zurückgekehrt – es handelt sich um eine irdische Formation der gesamten Menschheit, das heißt, daß jene,

6. Das ist die Arbeit, die Sri Aurobindo mir aufgetragen hat

die die Vision, die Wahrnehmungen oder auch nur die Sehnsucht nach dieser höheren Wahrheit haben, mit diesem furchtbaren Schmerz der unaufhörlichen Negierung aller Umstände konfrontiert sind, sobald sie zur [materiellen] Tatsache zurückkehren. Davon hatte der Körper sich vollkommen befreit – und dies ist zurückgekehrt. Es ist zurückgekehrt, aber ... als es zurückkam, als der Körper dies sah, sah er es so, WIE MAN EINE LÜGE SIEHT. Und ich verstand, wie sehr er sich verändert hat, denn als er das sah, hatte er den Eindruck ... er betrachtete es mit einem Lächeln und mit dem Eindruck: Ach das war eine alte Formation, die keine Wahrheit mehr besitzt. Eine außerordentliche Erfahrung: daß die Zeit dieser Einschränkung nun vorbei ist. Und dieser Druck des Bewußtseins, um die Dinge, so wie sie waren – so elend, so klein und finster und gleichzeitig scheinbar so ... unabwendbar – letztendlich zu überwinden; all das liegt *(Mutter macht eine Geste über die Schulter)* weit zurück wie einer Vergangenheit, die bereits überholt ist. Da sah ich wirklich – ich sah und verstand die Arbeit dieses Bewußtseins (das gnadenlos ist, es kümmert sich nicht darum, ob es schwierig ist oder nicht schwierig, wahrscheinlich kümmert es sich nicht einmal besonders um die scheinbaren Schäden), damit der normale Zustand nicht mehr diese so schwerfällige, so finstere, häßliche – und so niedrige – Angelegenheit sei, sondern daß er zur Morgenröte werde ... Ja, zu etwas, das am Horizont aufsteigt: ein neues Bewußtsein. Dieses wahrere und strahlendere Etwas.

Was Sri Aurobindo hier über die Krankheiten sagt, trifft es genau: die Macht der Gewohnheit und aller Konstruktionen und all dessen, was in den Krankheiten als „unvermeidlich" und „unwiderruflich" erscheint, das alles dient nur dazu, die Erfahrungen zu vervielfachen, um zu zeigen ... damit wir lernen, daß es einfach eine Frage der Haltung ist, um über dieses mentale Gefängnis, in dem sich die Menschheit verfangen hat, hinauswachsen zu können und ... da oben zu atmen.

Dies ist die Erfahrung des KÖRPERS. Früher sagten jene, die innere Erfahrungen hatten: „Oh, so ist es zwar da oben, aber hier ..." Jetzt wird dieses „Aber hier" bald nicht mehr existieren. Man wird diese ungeheure Veränderung erzielen, daß das physische Leben vom höheren Bewußtsein bestimmt wird und nicht mehr von der mentalen Welt. Dies ist ein Machtwechsel ... Er ist schwierig, mühsam und schmerzlich. Natürlich wird dabei auch Schaden entstehen, aber ... Man kann die Veränderung wirklich sehen –

man kann sie sehen. Und dies ist die WAHRE VERÄNDERUNG – das, was es dem neuen Bewußtsein erlauben wird, sich auszudrücken. Der Körper lernt, er lernt seine Lektion – alle Körper, alle Körper.

(Schweigen)

So war die alte, durch das Mental hervorgerufene Trennung: „Weiter oben ist es sehr gut, dort könnt ihr alle Erfahrungen erleben, dort ist alles erleuchtet und wunderbar; aber hier ist nichts zu machen." Der Eindruck, als sei man in eine Welt hineingeboren, „in der nichts zu machen ist". Das erklärt übrigens, warum alle jene, die nicht die Möglichkeit vorhersahen, daß es auch anders sein könnte, sagten: „Es ist besser, da herauszutreten ..." All das ist so klar geworden! Aber die Veränderung besteht ja gerade darin, daß es NICHT MEHR unvermeidlich ist, das ist der große Sieg: es ist nicht mehr unvermeidlich: Man fühlt – man fühlt und sieht, und der Körper selbst hatte die Erfahrung –, daß es bald auch hier wahrer werden kann.

Etwas hat sich ... wirklich verändert in der Welt.

(Schweigen)

Natürlich wird es Zeit brauchen, bis sich das wirklich etabliert hat. Darin liegt der Kampf. Von allen Seiten, auf allen Ebenen erhebt sich ein Ansturm von Dingen, die äußerlich behaupten: „Nichts hat sich verändert" – aber das ist nicht wahr. Es ist nicht wahr, der Körper weiß, daß es nicht wahr ist. Und jetzt weiß er auch, in welchem Sinne.

Das, was Sri Aurobindo hier in diesen *Aphorismen* geschrieben hat, ist so prophetisch! Das war so sehr die Vision der wahren Sache. So prophetisch!

(Schweigen)

Jetzt sehe ich, wie sehr sein Abschied und seine so ... immense und unaufhörliche Arbeit in diesem Subtilphysischen geholfen haben. Wie sehr hat er *(Geste, die Materie zu kneten)* geholfen, die Dinge vorzubereiten, die Struktur des Physischen zu verändern.

Alle Erfahrungen, die andere gemacht haben, indem sie sich mit höheren Welten in Verbindung setzten, haben das Physische hier so belassen, wie es ist. (Wie soll ich sagen?) ... Vom Anfang meines Lebens an und bis zu Sri Aurobindos Abschied war mir bewußt, daß man die Höhen erklimmen, alles Wissen und alle

6. Das ist die Arbeit, die Sri Aurobindo mir aufgetragen hat

Erfahrungen erlangen kann (man hatte sie tatsächlich erlangt), sobald man aber in diesen Körper zurückkehrte ... bestimmen diese UNGEHEUERLICHEN alten mentalen Gesetze wieder alles. Deshalb dienten all diese Jahre nur dazu, um vorzubereiten, vorzubereiten – sich zu befreien und vorzubereiten – und in den letzten Tagen ... ach! Da konnte der Körper sogar physisch feststellen, daß es sich verändert hat.

Nun muß dies *worked out,* ausgearbeitet und in allen Einzelheiten verwirklicht werden, aber die Veränderung IST VOLLBRACHT – die Veränderung ist vollbracht.

Das bedeutet, daß die materiellen Bedingungen, die durch das Mental erarbeitet und fixiert worden waren *(Mutter ballt ihre Fäuste)* und die so unabänderlich zu sein schienen, daß jene, die eine lebendige Erfahrung der höheren Welten hatten, dachten, man müsse dieser Welt entfliehen, man müsse, wenn man wirklich in der Wahrheit leben will, dieser materiellen Welt entsagen (das ist die Grundlage aller Theorien und Glaubenslehren), aber jetzt ist das nicht mehr der Fall. Überhaupt nicht. Jetzt ist das Physische FÄHIG, das höhere Licht, die Wahrheit, das wahre Bewußtsein zu empfangen und zu MANIFESTIEREN.

Das ist nicht leicht, es verlangt Ausdauer und Willen. Aber ein Tag wird kommen, wo das ganz natürlich geworden ist. Die Tür hat sich gerade einen Spalt weit geöffnet – mehr nicht –, jetzt heißt es hindurchzugehen.

(Schweigen)

Natürlich klammert sich das Etablierte weiter an und wehrt sich verzweifelt. Das verursacht auch diese ganze Verwirrung *(Geste, die Turbulenzen in der Erdatmosphäre andeutend)* – aber es hat die Partie verloren. Es ist aus und vorbei.

(Schweigen)

Das neue Bewußtsein hat etwas mehr als ein Jahr gebraucht, um diesen Sieg zu erringen[232]. Auch jetzt noch ist es natürlich nur für jene sichtbar, welche die innere Vision haben, aber ... es ist vollbracht.

(langes Schweigen)

Das ist die Arbeit, die Sri Aurobindo mir aufgetragen hat. Jetzt verstehe ich das.

Aber es ist, als würden diese mentalen Kräfte, diese mentalen Mächte, sich von allen Seiten in einem gewaltsamen Protest erheben, um uns ihre alten Gesetze weiterhin aufzuzwingen: „Das war doch schon immer so!..." Aber es ist vorbei. Es wird nicht immer so sein, ja.

(langes Schweigen)

Etwas von diesem Kampf spielte sich in den letzten Tagen im Körper ab ... Das ist wirklich sehr interessant. Von außen kamen Einflüsse, die ihm Erfahrungen geben wollten, die ihn davon überzeugen sollten: „Nein, das, was immer war, wird immer sein; du kannst es ja versuchen, aber es ist eine Illusion", doch dann trat etwas ein, eine nette kleine Störung machte sich im Körper bemerkbar, auf die er einfach durch sein Verharren im Frieden *(unwandelbare Geste)* und durch seine Haltung *(Mutter öffnet beide Hände)* antwortete: „Es ist, wie Du willst, Herr, wie Du willst ..." – Da war blitzartig alles weggefegt. Dies wiederholte sich mehrmals (mindestens zehnmal an einem Tag). Jetzt fängt der Körper an zu fühlen: „Das ist es!..." Er spürt diese Freude – die Freude des ... erlebten Wunders.

Es ist nicht so wie es war; es ist NICHT MEHR so, wie es war – es ist nicht mehr so, wie es war.

Noch muß man kämpfen, muß Geduld, Mut, Willen und Vertrauen aufbringen – aber es ist nicht mehr „so". Die alte Sache versucht sich festzuklammern – scheußlich! scheußlich. Aber ... es ist nicht mehr so, wie es war. Es ist nicht mehr so.

Ja.

Auch was die Frage betrifft: „Wie weit ... wie weit wird der Körper gehen können?" auch da verhält er sich so ... vollkommen friedlich und glücklich: Es ist, wie Du willst.

(langes Schweigen)

Alles andere scheint so alt zu ein wie etwas ... das einer toten Vergangenheit angehört – die versucht, wieder aufzuleben, aber sie kann es nicht mehr.

Und alle Umstände mögen so katastrophal sein, wie sie nur können: Unannehmlichkeiten, Komplikationen, Schwierigkeiten – all dies wütet wie grimmige Tiere, aber ... es ist vorbei. Der Körper weiß, daß es vorbei ist. Vielleicht braucht es noch Jahrhunderte,

6. Das ist die Arbeit, die Sri Aurobindo mir aufgetragen hat

aber es ist vorbei. Um zu verschwinden, kann es Jahrhunderte dauern, aber jetzt ist es vorbei.

Diese ganze konkrete und absolute Verwirklichung, die man zuvor nur erfahren konnte, wenn man aus der Materie hinaustrat, wird man mit absoluter Gewißheit hier selbst erfahren *(Mutter richtet einen Finger nach unten).*

Es ist der vierzehnte Monat, seitdem das Bewußtsein gekommen ist – vierzehn Monate: zweimal sieben.

(Schweigen)

Ist heute der vierzehnte?

Ja, der vierzehnte.

Interessant.

Wie sehr hat er doch gearbeitet, seitdem er gegangen ist! Oh ... die ganze Zeit, unaufhörlich.

(Schweigen)

Dies scheint ... Es scheint wie ein Wunder im Körper: Das Verschwinden dieser Formation erscheint wirklich wie ein Wunder.

Und alles wird klar.

Wir werden sehen.

(langes Schweigen)

Es ging relativ schnell.

(Schweigen)

Gut ...

Heißt das, daß jedes menschliche Bewußtsein, das ein wenig Glauben besitzt, jetzt die Möglichkeit hat, sich aus diesem mentalen Hypnotismus zu befreien?

Ja, ja, genau das. So ist es.

So ist es.[233]

Mutter deutete im Gespräch vom 29.4.1970 mit Satprem darauf hin, daß das angestrebte Ziel der Wechsel im physischen Bewußtsein sei, daß der Wechsel in der physischen Erscheinung eine zweitrangige Folgeerscheinung sei, und daß sie sich als letztes verändern werde. Sie sagte nachdrücklich, daß die angestrebte Sache ausgeführt sei. Mit ihren eigenen Worten:

Wir glauben, diese äußere Erscheinung *(Mutter deutet auf den Körper)* ... für das gewöhnliche Bewußtsein scheint dies das Wichtigste zu sein. Natürlich wird sie sich als letztes verändern, und für das gewöhnliche Bewußtsein ändert sie sich als letztes, weil sie das Wichtigste ist: dies wäre das sicherste Zeichen. Aber so ist es ganz und gar nicht!

Die Veränderung IM BEWUSSTSEIN – die bereits stattgefunden hat – ist das Wichtigste. Alles andere sind die Folgen. Aber hier in dieser materiellen Welt erscheinen sie uns als das Wichtigste, weil hier ... alles umgekehrt ist. Ich weiß nicht, wie ich das erklären soll.

Wenn für uns der Körper sichtlich etwas anderes geworden ist, werden wir sagen: „Ach, jetzt ist die Sache getan." Das stimmt nicht: die Sache ist bereits getan. Das [der Körper] ist ein sekundäres Resultat.[234]

7.
Auf dem Weg zu einem transformierten Körper

Ein bedeutsames Stadium war erreicht worden. Ein nicht umkehrbares Stadium war erreicht worden. Die ganze Arbeit, die wirkliche Arbeit von Sri Aurobindo und Mutter war, das Bewußtsein der Zellen zu öffnen, indem sie das supramentale Bewußtsein im Körperbewußtsein festigten. Diese Arbeit war getan; das Übrige war eine zweitrangige Folgeerscheinung. Wie Mutter sagte: „Es muß ausgearbeitet werden, wie es heißt, es muß in allen Details verwirklicht werden, aber die Wandlung ist GESCHEHEN – die Änderung ist vollzogen ... Das Physische ist FÄHIG, das Höhere Licht, die Wahrheit, das wahre Bewußtsein zu empfangen und es zu mani-fest-ieren." Wieder wie Mutter sagte: „Noch muß man kämpfen, man muß Geduld, Mut, Willen und Vertrauen haben – aber es ist nicht mehr ‚so'. Die alte Sache versucht sich anzuklammern – abscheulich! Abscheulich. Aber ... es ist nicht mehr so ... Und alles – alles, alle Umstände sind so katastrophal wie nur möglich: Probleme, Komplikationen, Schwierigkeiten, alles-alles ist dagegen aufgestanden, wie schreckliche Monster, aber ... es ist vorbei. Der Körper WEISS, daß es vorbei ist. Es mag Jahrhunderte dauern, aber es ist vorbei. Um zu verschwinden, mag es Jahrhunderte dauern, aber es ist vorbei."

Mutter sagte, daß es Jahrhunderte dauern mag, es in allen Details auszuarbeiten; Sri Aurobindo hatte gesagt, daß es mindestens dreihundert Jahre dauern werde. Aber das supramentale Bewußtsein trägt in der evolutionären Bewegung eine unvorstellbare Beschleunigung zum Prozeß der Transformation bei. Es hält nirgendwo an, es bewegt sich so schnell wie möglich vorwärts zu dem Punkt hin, an dem die Transformation sofort stattfindet.

Die voranschreitende Reise Mutters war auf die totale Transformation des Körpers hin ausgerichtet, so daß sogar das Überbleibsel des alten Körpers die Wandlung durchmachen könne. Bei diesem Prozeß wird Mutter viele neue Entdeckungen machen, sie wird durch eine Hölle von Widerständen der alten Welt gehen – sogar nachdem sie in ihrem Körper einen neuen Körper von erwachten Zellen aufgebaut hat, wo es weder „Leben" noch „Tod" sondern „Überleben" gibt. Eine gefährliche Reise war es – und wir werden hier mit Mutters eigenen Worten einige dieser Widerstände und Entdeckungen beschreiben.

* * *

Laßt uns mit Mutters Erfahrung vom 19. November 1969 beginnen, in der sie uns die wesentlichen Formeln des supramentalen Bewußtseins gibt, wie sie es in ihrem Körperbewußtsein erfuhr.

19. November 1969

Heute morgen um acht hätte ich dir vieles sagen können...

Denn nach einem Tag voller Probleme wegen eines Vorfalls ... hatte ich heute morgen (am Ende der Nacht) die erklärende Erfahrung. Zwei Stunden lang lebte ich in einer absoluten klaren Wahrnehmung des Wie und Warum der Schöpfung (keine Überlegungen sondern die klare Wahrnehmung). So leuchtend und klar! Es war unwiderlegbar. Das hielt mindestens vier oder fünf Stunden an. Dann klärte es sich ab, nach und nach verlor die Erfahrung an Intensität und Klarheit ... Und seitdem habe ich viele Leute empfangen, daher ist es jetzt schwer zu erklären.

Aber alles war so klar geworden! All die widersprüchlichen Theorien waren unten *(Mutter schaut von oben)*, und all die Erklärungen, alles, was Sri Aurobindo sagte, und auch manches von dem, was Theon sagte, all dies erschien als Folge der Erfahrung: jedes Element an seinem Platz und absolut klar. In jenem Augenblick hätte ich es dir sagen können, jetzt wird es etwas schwieriger sein.

Vieles von dem, was Sri Aurobindo gesagt hatte, blieb ... trotz allem, was man gelesen hat, und trotz aller Theorien und Erklärungen blieb etwas, das irgendwie schwierig zu erklären war (es geht nicht ums „Erklären", das ist ganz klein). Zum Beispiel das Leiden und der Wille, Leid zuzufügen, dieser ganze Aspekt der Manifestation. Es bestand wohl eine Art Vorwissen der ursprünglichen Identität von Haß und Liebe, weil diese die beiden Extreme darstellen, aber alles übrige war schwierig. Heute war es so leuchtend einfach, so offensichtlich ... *(Mutter betrachtet eine von ihr geschriebene Notiz)* Worte bedeuten nichts. Und ich schrieb auch mit einem schlechten Stift ...

7. Auf dem Weg zu einem transformierten Körper

Ich weiß nicht, ob du die Worte entziffern kannst. Für mich repräsentierten sie etwas sehr Präzises; jetzt sind es nur noch Worte ...

Das habe nicht ich geschrieben, d.h. nicht das gewöhnliche Bewußtsein, und der Stift ... Ich weiß nicht mehr, was ich geschrieben habe.

(Mutter versucht vergeblich zu lesen)

Es war die Schau der Schöpfung: die Schau, das Verständnis, das Warum, das Wie, das Ziel, alles war da, alles zusammen, und klar-klar-klar ... Ich sage dir, ich befand mich in einer goldenen Pracht, leuchtend, strahlend.

Die Erde war das repräsentative Zentrum der Schöpfung, und dann erschien die Identität der Trägheit des Steins (des Trägsten, was es gibt) und ... *(Mutter versucht erneut zulesen)*
Ich weiß nicht, ob es wiederkommen wird.

Ich erinnere mich noch, daß ich dich gegen halb acht morgens (als ich dies schrieb) in Gedanken rief, weil ich mir dachte: „Wenn du hier wärest, könnte ich es dir sagen." Es war die SCHAU.

(Mutter bleibt lange Zeit konzentriert)

Man könnte es so ausdrücken (der Einfachheit halber sage ich „der Höchste" und „die Schöpfung"): Im Höchsten herrscht eine Einheit, die alle Möglichkeiten vollkommen geeint enthält, ohne Unterscheidung. Und die Schöpfung ist sozusagen die Projektion aller Bestandteile dieser Einheit durch eine Aufspaltung in ihre Gegensätze, d.h. durch die Trennung (eben dies meinten jene, die sagten, die Schöpfung sei Trennung): die Trennung von Tag und Nacht, Weiß und Schwarz, Gut und Böse usw. (all dies ist unsere Erklärung). All das zusammen bildet eine vollkommene, unwandelbare und ... unauflösliche Einheit. Und die Schöpfung ist die Aufteilung dieser Einheit in all ihre „Bestandteile" – man könnte das die Teilung des Bewußtseins nennen: die Teilung des Bewußtseins, das von der Einheit, die sich nur ihrer Einheit bewußt ist, ausgeht, um zur Einheit, die sich auch ihrer Vielfalt IN DER EINHEIT bewußt ist, zu gelangen.

Diese Entwicklungskurve übersetzt sich für uns – die wir die Fragmente sind – als Zeit und Raum.

Und für uns, so wie wir sind, hat jeder Punkt dieses Bewußtseins die Möglichkeit, sich seiner selbst und der ursprünglichen

Einheit bewußt zu sein. Und darin besteht die gegenwärtige Arbeit: jedes unendlich kleine Element dieses Bewußtseins muß den ursprünglichen umfassenden Bewußtseinszustand wiederfinden, ohne seinen individuellen Bewußtseinszustand zu verlieren. Und das Ergebnis wird das ursprüngliche Bewußtsein sein, das sich seiner Einheit und des ganzen Spiels bewußt ist: all der unzähligen Elemente dieser Einheit. Für uns überträgt sich dies durch das Zeitgefühl: die Entwicklung vom Unbewußten zu diesem Bewußtseinszustand. Wobei das Unbewußte die Projektion der ursprünglichen Einheit ist (wenn man das so ausdrücken kann, denn alle Worte sind völlig idiotisch), d.h. die wesentliche Einheit, die sich nur ihrer Einheit bewußt ist – dies ist das Unbewußte. Und dieses Unbewußte wird sich immer bewußter in Wesen, die sich ihrer winzig kleinen Existenz bewußt sind und ZUGLEICH – durch das, was wir Fortschritt oder Evolution oder Transformation nennen – zum Bewußtsein jener ursprünglichen Einheit gelangen.

So wie es erschaut wurde, erklärt das alles.

Worte sagen nichts.

ALLES, vom Materiellsten bis zum Ätherischsten, war darin enthalten, so klar: eine Schau.

Und das Böse – das, was wir als „das Böse" bezeichnen – erfüllt einen UNABDINGBAREN Zweck im Ganzen. Und sobald man sich dessen bewußt wird, wird es zwangsläufig nicht mehr als böse empfunden. Das Böse ist jenes infinitesimale Element, das sein infinitesimales Bewußtsein behält; aber da das Bewußtsein im Wesentlichen eins ist, gewinnt es wieder das Bewußtsein seiner Einheit – beides zugleich. Eben DAS ist zu verwirklichen. Diese wunderbare Sache. Diese Vision hatte ich: in jenem Augenblick war die Vision von DEM da. Und die Anfänge (sagt man „Anfänge"?) ... oder was man auf englisch *outskirts* (die Peripherie) nennt, das, was am weitesten von der zentralen Verwirklichung entfernt ist, dies ergibt die Vielfalt der Dinge, die Vielfalt auch der Gefühle, der Empfindungen, von allem – die Vielfalt des Bewußtseins. Diese Aktion der Trennung erschuf die Welt, erschafft sie ständig und erschafft gleichzeitig alles: das Leiden, das Glück, alles, alles, alles ... durch seine „Verbreitung", aber das ist absurd, es ist keine Verbreitung – wir leben lediglich in der Wahrnehmung des Raumes, deshalb reden wir von Verbreitung und Konzentration, aber das will nichts besagen.

Mutter, ca. 1969

Ich verstand, warum Theon sagte, daß wir uns in einer Zeit des „Gleichgewichts" befinden, denn durch das Gleichgewicht all dieser unzähligen Bewußtseinspunkte und all dieser Gegensätze findet sich das zentrale Bewußtsein wieder ... Alles, was man sagt, ist idiotisch – schon während ich es ausspreche, sehe ich, wie idiotisch es klingt, aber anders ist es nicht möglich. Es ist etwas ... etwas so Konkretes, so Wahres, so absolut ... das.

Während ich es lebte, war es ... Aber vielleicht hätte ich es in jenem Augenblick nicht sagen können. Ich mußte *(Mutter zeigt auf ihre Notiz)* ein Stück Papier nehmen und schreiben, und ich weiß nicht einmal mehr, was ich zu Papier brachte ... Das erste war dies:

Stabilität und Wandel

Die Idee der ursprünglichen Stabilität (könnte man sagen), die sich in der Manifestation durch die Trägheit ausdrückte. Die Entwicklung drückt sich durch den Wandel aus. Gut. Danach kam:

Trägheit und Transformation

Aber der Sinn ist verschwunden – die Worte hatten einen Sinn!

Ewigkeit und Fortschritt

Das waren die drei Gegensatzpaare.

Danach kam eine Pause *(Mutter zog einen Strich unter den dreifachen Gegensatz)*. Dann kam wiederum ein Druck, und ich schrieb:

Einheit = ...

(es folgen drei unleserliche Worte)

Das war der viel wahrere Ausdruck der Erfahrung, aber es ist unleserlich – ich glaube, es war absichtlich unleserlich. Man müßte die Erfahrung haben, um es lesen zu können.

(Satprem versucht es erneut)

Mir scheint, da ist das Wort „Ruhe".

Ach! Das muß es sein. Ruhe und ...

(Mutter konzentriert sich)

Ist es nicht „Macht"?

Ach, ja: „Macht und Ruhe verbunden".

Das ist es.

7. Auf dem Weg zu einem transformierten Körper

Die Worte wurden nicht von mir gewählt, sie müssen also eine besondere Kraft haben – mit „ich" meine ich das Bewußtsein dort oben *(Geste nach oben)*; es war nicht dieses Bewußtsein sondern etwas, das Druck ausübte und mich zwang zu schreiben.

(Mutter kopiert ihre Notiz ins Reine)

Stabilität und Wandel
Trägheit und Transformation
Ewigkeit und Fortschritt

Einheit = Macht und Ruhe
verbunden.

Die Idee ist, daß die Verbindung dieser beiden Aspekte den Bewußtseinszustand wiedergibt, der sich ausdrücken wollte.
Und dies im universalen Maßstab – nicht individuell.
Ich ziehe einen Strich zwischen den beiden Teilen, um anzudeuten, daß sie nicht zusammen kamen.
Ich erinnere mich, ich hatte die beiden Worte (Macht und Ruhe) und das Gleichheitszeichen geschrieben, um auszudrücken, daß sie zusammen waren, dann kam das Wort „verbunden" ...
... Heute morgen lebte ich wirklich mehrere Stunden lang in dieser Pracht.
Und all unsere Vorstellungen, alles, selbst die intellektuellsten, all dies wirkte danach so ... so kindisch. Und es war so offensichtlich, daß man den Eindruck hatte: man braucht es gar nicht zu sagen.
Es gibt keine GEGENSÄTZE. Keine Gegensätze – nicht nur keine Widersprüche, ich sage ausdrücklich: keine Gegensätze. Um diese Einheit geht es; in dieser Einheit gilt es zu LEBEN. Wobei sich das nicht durch Gedanken und Worte ausdrückt. Ich sage dir, es war ... eine Unendlichkeit ohne Grenzen und ein Licht ... ein bewegungsloses Licht und zugleich ein Wohlbefinden ... ohne es überhaupt wahrzunehmen.
Jetzt bin ich davon überzeugt, daß dies das supramentale Bewußtsein ist.
Zwangsläufig muß dies allmählich auch das Äußere verändern.

(langes Schweigen)

Worte können die Herrlichkeit der Gnade gar nicht ausdrücken: Wie sich alles verbindet, damit alles so schnell wie möglich voranschreitet. Die Individuen fühlen sich elend, soweit sie sich „dessen" nicht bewußt sind und gegenüber dem, was ihnen zustößt, eine falsche Position einnehmen.[235]

In Fortsetzung der obigen Erfahrung haben wir, wie es scheint, den folgenden Bericht, den Mutter Satprem am 25. Februar 1970 gab:

Es ist äußerst interessant geworden, nur kann ich nicht sprechen ... *(Mutter hustet)*, und es ist besser nicht zu sprechen.
Sehr interessant.
Ich verbrachte die ganze letzte Nacht mit Sri Aurobindo, und zwar mit einer WELT von Erklärungen. Er ließ mich eine Menge Dinge begreifen ... ja, außergewöhnlich. Und praktisch: über den aktuellen Stand der Dinge ... Nicht darüber sprechen, deshalb huste ich, das ist absichtlich. Ungeheuer interessant.
(Schweigen)
Eine detaillierte Demonstration des Unterschiedes zwischen den beiden Bewußtseinszuständen.

(Schweigen)

Unter anderem erklärte er mir auf eine ganz praktische und eindeutige Weise, daß die Ursache aller Krankheiten, Störungen und Konflikte hier in der materiellen Welt darin liegt, daß die beiden Bewegungen, die simultan sind – die Bewegung der Fortdauer (was man Stabilität nennen könnte) und die Bewegung der Transformation – beide Bewegungen sind im ursprünglichen Bewußtsein eins und stehen nicht im Widerspruch zueinander; und er zeigte mir (nicht in Gedanken sondern mit dem Bewußtsein), wie die beiden hier getrennt sind, und daß dies die Ursache des Todes ist. Weil sie nicht miteinander harmonieren können – es gelingt ihnen nicht: sie könnten es, aber es gelingt ihnen nicht. Die Bewegung der Transformation und die Bewegung der Stabilität. Wenn sie nicht miteinander harmonieren, und nicht sind, wo sie sein sollen, entsteht ein Bruch im Gleichgewicht, und das Wesen stirbt – die Dinge sterben, alles stirbt aus diesem Grund. Wenn man das so sagt, macht es keinen Sinn. Mir wird die direkte Erfahrung der

7. Auf dem Weg zu einem transformierten Körper

Sache gegeben ... Und auch das – der Husten und all das – ist so einfach, so offensichtlich, sobald man die Erfahrung macht.

Man könnte (fast) sagen: Wenn die beiden das Gleichgewicht ihrer simultanen Existenz finden, wird dies das Göttliche neu erschaffen ... Es ist in uns, aber disharmoniert.

(Schweigen)

Mindestens vier Stunden bei Sri Aurobindo letzte Nacht ... Oh, außergewöhnlich, außergewöhnlich, alles gezeigt, alles erklärt.[236]

* * *

Wenn die Dauerhaftigkeit und der Transformationsprozeß in einem Gleichgewichtszustand gehalten werden könnten, könnte der Tod nicht eintreten, oder anders ausgedrückt, wäre der Tod nicht notwendig. Der Tod könnte nur eintreten durch einen freiwilligen Entschluß, die gegebene individuelle Form zu beenden. In einem transformierten Körper bestände ununterbrochenes Gleichgewicht, und deshalb gäbe es die Unsterblichkeit des Körpers oder eine fortgesetzte Erneuerung des Körpers, indem die individuelle Form erhalten bliebe, oder sich diese Form, dem Willen entsprechend, veränderte. Mutters Körper bewegte sich rapide auf den Zustand des transformierten Körpers zu. Der Prozeß war eine METHODISCHE Arbeit, in der ein Teil nach dem anderen, und alle Teile und alle Gruppen der Zellen, das wirkliche Leben oder „höchste Leben" erlernten.

Mutter bezeichnete diese Arbeit als eine kolossale Arbeit.

In manchen Augenblicken fühlte der Körper eine unermeßliche Kraft, und in anderen Momenten konnte sich der Körper nicht einmal mehr aufrechthalten. Das geschah nicht aus einem physischen Grund, denn der Körper gehorchte nicht mehr demselben Gesetz, das uns auf unseren Beinen hält.[237]

In einem Gespräch mit Satprem am 9. Mai 1970 sah Mutter im Subtilphysischen ihren neuen Körper, wie er sein würde! Es war ein Körper, nicht sehr unterschiedlich, aber äußerst verfeinert und von orangener Farbe. Der Körper vibrierte und hatte eine Art von Leuchtkraft. Die Haut war „floreszierend".

Wie sie sagte:

Es war geschlechtslos, weder Mann noch Frau. Es war eine Form, die unserem Körper glich *(Mutter zeichnet eine schlanke Silhouette in die Luft).*[238]

Schrittweise begann ein Teil von Mutters Körper in sich selbst einen neuen Körper zu bilden. Aber der Prozeß war äußerst schmerzlich. Im August 1970 kämpfte ihr Körper mit dem Tod. Es war eine Wiederholung der Wendepunkte von 1962 und 1968. In einer Unterredung mit Satprem am 2. und 5. September 1970 sagte sie:

> Dieser kleine Körper ist wie ein Punkt, aber er hat das Gefühl, der Ausdruck einer GEWALTIGEN Kraft zu sein, und er hat keine Fähigkeiten, keinerlei Ausdruck, nichts – und ... ziemlich erbärmlich. Und dennoch ist es ... wie die Verdichtung einer GEWALTIGEN Kraft ... Manchmal hat er sogar Schwierigkeiten, dies auszuhalten.
> Alle Erfahrungen sind wie verhundertfacht ...[239]
> Auch schmerzen meine Beine.
> Das ist sehr ermüdend ... Nicht wahr, zu keiner Stunde des Tages irgendeine Möglichkeit, sich wirklich auszuruhen. ...
> Wenn ich mich gehen ließe, würde ich schreien ...
> Schrecklich!... Weißt du ... In jener Nacht sagte ich mir: Ja, so ist die Hölle.
> Schrecklich, einfach schrecklich.
> Ich sehe nicht, warum ich da hindurch muß ... Denn so war auch der Tod keine Lösung. Das ist schrecklich.
> Ich bin versucht zu sagen: Bete für mich![240]

Dann erholte Mutter sich. Aber fünf Monate später traf sie der zweite Schlag. Es war eine Lähmung des Beins. Für mindestens drei Wochen hatte sie ständige Schmerzen, Tag und Nacht, vierundzwanzig Stunden, ohne irgendeine Unterbrechung. Das rechte Bein war auch angegriffen. Als dies geschah, konzentrierte sie sich ungeheuer und ging lange Zeit, um zu verhindern, daß es auch befallen würde. Sie kam nach mehreren Wochen darüber hinweg. Allmählich war das Bein schmerzfrei und erholte sich.

Mutter konnte sich immer von ihrem Körper exteriorisieren, aber aus einem besonderen Grund bestand ein innerer Auftrag, der ihr während dieser Periode der physischen Sadhana verbot, sich zu exteriorisieren. Vielleicht war es ein innerer „Befehl", damit die Lösung zum Problem der Transformation im Körper selbst gefunden werden konnte. Wie Mutter einst sagte: „Die Rettung ist physisch."

Während dieser ganzen Periode der Transformation des Physischen sagte Mutter oft, daß zwar die totale physische Transformation

7. Auf dem Weg zu einem transformierten Körper

gewiß sei, es aber keine Gewißheit oder Zusicherung gäbe, ob es in der nahen Zukunft oder viel später einträte.[241] Tatsächlich hatte Mutter mehrmals gesagt, daß der Prozeß drei Jahrhunderte dauern würde, und daß es mehrere Zwischenstadien oder Zwischenkörper geben werde.

* * *

Ein anderes wichtiges Problem, das mit der physischen Transformation verbunden war, war die Beziehung zwischen dem physischen Ego (dem Ego-Empfinden des Physischen) und dem Leben des Körpers. Mutter fand heraus, daß die Auflösung des physischen Egos ein notwendiger Teil des Prozesses der physischen Transformation war, und daß das Verschwinden des physischen Egos kein unüberwindliches Hindernis für die Fortdauer des physischen Lebens war. Mit Mutters Worten:

... Und das Verschwinden des physischen Egos ... Lange hatte man den Eindruck, mit dem Verschwinden des Egos würde auch das Wesen und die Form verschwinden – aber das ist nicht wahr! Das stimmt nicht. Jedenfalls ist er [Mutters Körper] jetzt bereit, ohne Ego zu leben ... Schwierig ist, daß die gewöhnlichen Gesetze des Lebens nicht mehr gelten. Einerseits besteht da die ganze alte Gewohnheit und andrerseits die neue zu lernende Sache.

Es ist als ob die Zellen – nicht die Zellen des Körpers: sozusagen die Organisation, die eine Form bildet (die alles zusammenhält und die Form bildet, die wir menschlich nennen), als müsse diese lernen, daß sie ohne die Empfindung einer getrennten Individualität existieren kann. Seltsam. Ohne die Empfindung eines Egos. Seit Jahrtausenden ist sie gewohnt, nur getrennt zu existieren: wegen des Egos – doch ohne Ego geht es weiter ... nach einem anderen Gesetz, das der Körper noch nicht kennt und ... das für ihn unverständlich ist. Es ist kein Wille, es ist kein ... ich weiß nicht ... Es ist etwas ... eine Seinsweise. Milliarden von Seinsweisen.

Er muß lernen, eine Seinsweise zu sein.[242]

Zwei Wochen später kommentierte Mutter weiter:

Ach, das [das Verschwinden des Egos] ist perfekt; das ist meine tägliche Erfahrung, ständig ...

Weißt du, das ist meine Erfahrung in jeder Minute, für alles, ständig: beim Ruhen, beim Handeln, beim Essen, bei allem, bei jeder Handlung mit den Leuten, bei allem, allem, allem; das ist eine Art von ... ich könnte fast sagen: Es ist eine Besitzergreifung durch das Göttliche. Mein Körper fühlt, daß er nur so existiert *(Geste geschlossener Fäuste, sich an Göttliche anklammernd)*: ohne Das existiert nichts. Ach, das ist eine ständige und totale Erfahrung.[243]

* * *

Mutters Körper war zu einem wirklichen Schlachtfeld geworden, auf dem es schnelle Schwankungen und Übergänge von einer Seite auf die andere, von einem Zustand zum anderen gab. Mutter beschrieb diese Schwankungen und Übergänge in ihren Unterredungen mit Satprem. Wir möchten besonders auf folgende Auszüge hinweisen:

Eine seltsame Erfahrung. Der Körper fühlt, daß er nicht mehr der alten Seinsweise angehört, aber er weiß, daß er noch nicht in der neuen ist, und daß er ... Er ist nicht mehr sterblich und noch nicht unsterblich. Ein sehr seltsamer Zustand. Sehr seltsam. Und manchmal geht man vom schrecklichsten Unwohlsein über zu ... einem Wunder – wirklich seltsam. Eine unbeschreibliche Glückseligkeit. Es ist nicht mehr dies, und es ist noch nicht das.
Seltsam *(Mutter schüttelt den Kopf)*.

(Schweigen)

Etwas wie das Versprechen von einer unglaublichen Macht und gleichzeitig die Anzeichen einer solchen Schwäche – nicht Schwäche: Störungen. Störungen und gleichzeitig das Empfinden einer überwältigenden Kraft. Beide sind so *(Geste, auf der Kippe zu sein)*. Eine Störung in dem Sinne, daß ich zum Beispiel nicht essen kann, wenn ich nicht aufmerksam bin. Ich muß mich immer konzentrieren, um die Dinge zu tun. Manchmal ist kein einziges Wort mehr in meinem Kopf, nichts; andere Male sehe und weiß ich, was überall geschieht.
Es ist so *(dieselbe Geste, wie auf einem Grat)*.
Ich muß aufpassen, wenn ich unter Leuten bin, sonst würden sie denken, ich werde verrückt! *(Lachen)*
Es ist wirklich seltsam. Zur gleichen Zeit eine totale Machtlosigkeit und eine überwältigende Kraft. Und die Ergebnisse der überwältigenden Kraft werden manchmal bei den Leuten hier und da sichtbar: plötzlich geschehen wunderbare Dinge. Und gleichzeitig ... kann ich manchmal nicht einmal essen. Es ist seltsam.[244]

* * *

7. Auf dem Weg zu einem transformierten Körper

Das ist wirklich interessant. Als sei mein Körper das Schlachtfeld zwischen dem, was beharrlich bleiben will, und dem, was seinen Platz einnehmen soll. Es gibt derartig wunderbare Augenblicke – glorreiche Augenblicke – und eine Sekunde später, eine Minute später ein heftiger Angriff!... So ist es. Und mein Körper ... Zum Beispiel kann ich in manchen Momenten essen, ohne es zu merken, außer, daß alles köstlich ist; und eine Sekunde später kann ich nicht mehr schlucken! Es ist so *(Geste eines Ziehens zur einen und zur anderen Seite)*. Ich habe nur ein Mittel, und zwar, so STILL wie möglich zu sein. Sobald ich still bin, beruhigt es sich. Es ist, als ob ... Man hat den Eindruck, daß man plötzlich sterben wird, und eine Minute später ist es ... die Ewigkeit. Es ist wirklich eine außerordentliche Erfahrung. Außerordentlich. In einem Moment erscheint mir alles derartig konfus, düster – es besteht keine Möglichkeit, klar zu sehen –, und eine Minute später ist alles klar.[245]

* * *

Verstehst du, das Bewußtsein ist noch so *(Geste, von einer Seite zur anderen zu schwanken)*. Es ist beides da. Deshalb ... Dann finde ich kein Ausdrucksmittel, mich verständlich zu machen – man müßte andere Worte erfinden.

Das steigert sich von Tag zu Tag.

Auch nachts geht es so: ich schlafe nicht, und ich bin nicht wach; ich trete in einen Zustand ein, wo ich keineswegs schlafe – und ich bin nicht wach; ich kann es nicht beschreiben. Normalerweise kann das unbegrenzt andauern, es besteht kein Zeitgefühl, kein Gefühl von Müdigkeit oder Dauer; wenn das alte Bewußtsein zurückkehrt, ist es ein fast unerträgliches Leiden: ich ersticke oder kann nicht atmen, oder es ist zu kalt oder zu heiß, allerlei Dinge, ausgelöst durch ein Bewußtsein, das nicht mehr bestehen sollte. Normalerweise verharre ich ganz natürlich und mühelos im neuen Zustand, wenn ich jedoch durch die Umstände in das alte Bewußtsein gezogen werde, wird es fast unerträglich. Und im Körper drückt sich das durch Schmerzen und durch ein schlechtes Funktionieren aus. Und wenn ich in das neue Bewußtsein eintrete, geschieht alles ... ohne daß ich es auch nur wahrnehme, ohne Anstrengung.

Das ist alles, was ich im Augenblick sagen kann.

Manchmal ist mein Körper voller Schmerzen, alles geht fehl, und sobald ich in diesen Zustand da eintrete *(weite, friedliche Geste)*, ist alles getan – die Zeit existiert nicht mehr. Im alten Bewußtsein erscheint die Zeit endlos, und im anderen existiert sie nicht mehr. Ich kann es nicht beschreiben.

(Schweigen)

Wenn ich Sätze machen wollte, würde ich sagen: Dieses alte Bewußtsein ist, als ob ... es ist der Tod, als sterbe man in jeder Minute: man leidet, man ... es ist das Bewußtsein, das zum Tode führt. Und das andere *(weite, unbewegliche, lächelnde Geste)* ist das Leben ... das friedliche Leben, das ewige Leben. Ja das.[246]

* * *

Jetzt hat der Körper die Überzeugung, daß nur der Tod seine Transformation aufhalten kann. Das ist unmöglich. Nur irgendein gewaltsamer Tod, ein „Unfall" (etwas von der Art) könnte die Transformation aufhalten, ansonsten vollzieht sich die Arbeit stetig, stetig ... *(Geste eines unwiderstehlichen Vormarsches)*. So ist es, dies ist die Überzeugung des Körper: daß ihn nur etwas Gewaltsames aufhalten könnte – und falls das eintritt, ist es sicherlich so, weil es geschehen soll, verstehst du, aus irgendeinem Grund ..., den er nicht einmal wissen will, das ist ihm egal. Aber sonst, solange er da ist, weiß er, daß die Arbeit weitergehen wird, solange er da ist – immer weiter, immer weiter ... trotz allem. So ist es.[247]

* * *

Gestern oder vorgestern hörte ich mir einen Brief Sri Aurobindos an, in dem er sagt, damit das Supramental hier gefestigt werde ... Er hatte nämlich gesehen, daß das Supramental in ihn eintrat und sich wieder zurückzog – daß es nicht stabil war, und er sagte: Damit es stabil sei, muß es in das physische Mental eintreten und sich dort festigen[248]. Und diese Arbeit vollzieht sich nun seit Monaten in meinem Körper: das Mental war entfernt worden, und das physische Mental nimmt seinen Platz ein. Ich sagte dir schon, mir fiel auf, daß es alles ganz anders sieht, daß seine Beziehung zu den Dingen anders ist, und in den letzten Tagen bemerkte ich, daß dieses physische Mental – das Mental, das im Körper ist – weit wurde, es erlangte eine Gesamtschau, und seine ganze Art zu sehen wird völlig anders *(Mutter breitet ihre Arme in einer ruhigen, unermeßli-*

7. Auf dem Weg zu einem transformierten Körper

chen Geste aus). Ich sah: Das ist die Arbeit des Supramentals. Und so verbringe ich außerordentliche Stunden.

Bleiben noch die Dinge, die sich widersetzen – man hat den Eindruck (ich sagte es dir), als heiße es in jeder Minute (und das wird stärker): Willst du das Leben, oder willst du den Tod; willst du das Leben, oder willst du den Tod ... Und so ist es. Das Leben ist die Vereinigung mit dem Höchsten. Und es kommt das Bewußtsein, ein VÖLLIG neues Bewußtsein, welches so ist *(Mutter macht eine Bewegung des bald auf die eine, bald auf die andere Seite Schwenkens).* Aber gestern oder vorgestern sagte der Körper plötzlich: „Nein! Schluß damit – ich will das Leben, ich will nichts anderes." Seit dem geht es besser.

Ach, man bräuchte Bände, um all das zu erzählen, was geschieht. Es ist ... außerordentlich interessant, und VOLLKOMMEN neu. Vollkommen.[249]

* * *

Ich habe den Eindruck, daß ich auf dem Weg bin zu entdecken ... welche Illusion zerstört werden muß, damit das physische Leben nicht unterbrochen wird – daß der Tod von einer ... Verformung des Bewußtseins herrührt.

So ist es, weißt du, es ist ganz nahe *(Mutter macht eine Geste, als ob sie das Geheimnis erfassen wird).*

Ich sagte es dir: Manchmal scheint es mir, daß die Tatsache der Anzahl der Jahre die Arbeit erschwert, aber in allgemeiner Hinsicht ist es eine GROSSE Hilfe – ich habe verstanden, daß ich diese Arbeit im jungen Alter nicht hätte ausführen können. Wenn ich im wahren Bewußtsein bin, im Augenblick, wo ich im wahren Bewußtsein bin, ist die Anzahl der Jahre nichts! – der Körper fühlt sich so jung, so voll von ... etwas anderem als „jung" (jung ist für ihn *immature* [unreif] und unwissend, es ist nicht das), es ist ... man steht in Verbindung mit „etwas" ... das sich im Maße der Erfordernisse allmählich transformiert.

Unsere Sprache (oder unser Bewußtsein) ist unzulänglich. Später werde ich es sagen können.

Etwas GESCHIEHT, das ist alles, was ich sagen kann...[250]

Es fand eine allmähliche Ausdehnung des Körpers aus erwachten Zellen in Mutters grobstofflichem Körper statt, und ein Organ nach dem anderen, oder Teil für Teil, wurde der Herrschaft des Supramentals übergeben. Es gab noch das Überbleibsel von grobstofflicher Materie, in der die Schlacht stattfand. Es gab schon transformierte Materie in Mutters Körper – die Materie, die eine andere Luft und eine andere Seinsweise hatte, die Materie, die ununterbrochenes Leben besaß und die für physische Augen sichtbar ist, die eine andere Art des Sehens haben. „Mein Körper ist nicht mehr sterblich und noch nicht unsterblich"[251], sagte Mutter gegen Ende 1971. Drei Monate später sagte sie:

> Man hat sozusagen in jeder Minute den Eindruck, man könnte entweder sterben oder ewig leben *(Geste eines leichten Kippens zur einen oder anderen Seite)*. In jeder Minute ist es so. Und der Unterschied [zwischen den beiden Seiten] ist so unmerklich, daß man nicht sagen kann: Tut dies, und ihr seid auf dieser Seite, tut jenes, und ihr werdet auf der anderen Seite sein – das ist unmöglich. Es ist eine fast unbeschreibliche Seinsweise.[252]

* * *

Auf politischem Gebiet wandten sich viele Führer an Mutter um Anleitung und Hilfe. Diese Bewegung wuchs, und 1971, als die Lage in Bangladesch eine häßliche Richtung nahm, wandten sich Generäle der Armee und führende Persönlichkeiten der Regierung Indiens an Mutter um Hilfe, Rat und Segnungen für positives Handeln zu suchen. Anfang 1971 hatte Mutter in Antwort auf eine Bitte der damaligen Ministerpräsidentin von Indien eine Botschaft gesandt: „Die Anerkennung von Bangladesch ist zwingend und dringend." Schließlich gab es Krieg, und Indien trat siegreich daraus hervor.

Die Ministerpräsidentin schrieb folgenden Brief an Mutter:

> Verehrte Mutter,
>
> Während dieser kritischen Monate dachte ich ständig an Sie. Mir fehlen die Worte, meine Dankbarkeit für Ihre Hilfe auszudrücken. Ihre Segnungen sind eine große Kraftquelle. Unsere Schwierigkeiten sind nicht vorüber.
> ... die amerikanische Verwaltung ist äußerst verärgert, daß ihre Berechnungen so völlig falsch waren, und sie werden ihre Macht dazu benützen, zu versuchen, uns zu demütigen, und im Besonderen eine Spaltung zwischen Bangladesch und uns zu schaffen.
> Ich denke, unsere Nation hat einen Schritt zur Reife getan. Aber es gibt viele, die nur das Heute ansehen. Wenn Indien groß werden

soll, müssen wir die Qualität des Geistes des Volkes verbessern. Ich weiß, daß das Ihr Wunsch ist.

Auf meine bescheidene Weise tue ich, was ich kann.

Mit respektvollen Grüßen,

Ihre
Indira Gandhi

Mutter antwortete wie folgt:

An Indira.
Mit Segnungen.
Indien muß stolz auf Ihre Führerschaft sein. Möge das Land seinen wahren Platz in der Welt einnehmen, um den Weg zur höchsten Wahrheit zu zeigen.

Mit Liebe,
Mutter.[253]

Es war offensichtlich, daß auch das politische Leben in wachsendem Maße darauf vorbereitet wurde, durch die Aktion des Supramentals geleitet und durchdrungen zu werden.

* * *

Den gesamten Weg, dem sie gefolgt war, zusammenfassend, sagte Mutter in einer Unterredung mit Satprem Ende 1971 folgendes:

Für mich war der schnellste Weg ... (wie soll ich sagen?) das wachsende Empfinden meiner Nichtigkeit – meines Nichtbestehens. Nichts können, nichts wissen, nichts wollen; aber das GANZE Wesen mit ... es ist jetzt nicht einmal eine Aspiration, es ist so *(Geste der Hingabe, offene Hände)*, das ist unvermeidlich: „Ohne das Göttliche, nichts-nichts – ich bin nichts, ich verstehe nichts, ich kann nichts. Ohne das Göttliche, nichts." Und so sein *(die gleiche Geste mit offenen Händen)*. Und dann ... ein Friede ... ein leuchtender Friede ... und so mächtig!

Aber zuerst muß man von absoluter Aufrichtigkeit sein, das heißt, die Überzeugung: man ist nichts, man kann nichts, man weiß nichts, man hat absolut NICHTS ... *(Mutter hebt einen Zeigefinger)* nur das Göttliche. Dann geht es gut.

Man darf nur keine Angst haben – wenn man Angst hat, wird es schrecklich. Glücklicherweise hat mein Körper keine Angst.[254]

Mutter schritt weiter und weiter. Wo gibt es ein Ende? 1972 und 1973 waren die letzten beiden Jahre ihres physischen und sichtbaren Lebens, und auch sie zeigten dieselbe Kurve des Übergangs und der Schwierigkeiten des Prozesses der physischen Transformation. Aber ihre Körperempfindlichkeit war so außerordentlich geworden, daß ihr Körper vor allem, was von außerhalb kam, beschützt werden mußte – als ob er innerlich arbeiten müßte, wie in einem schützenden Ei.

* * *

Am 24. März 1972 hatte Mutter eine zweite Vision des „neuen Körpers".

Ja, aber ich WAR so. Ich war es selbst; ich schaute mich nicht in einem Spiegel an: ich sah mich so *(Mutter beugt ihren Kopf, um ihren Körper zu betrachten)*, ich war ... ich war so.

... Es war gegen vier Uhr morgens, glaube ich. Es war völlig natürlich – nicht wahr, ich schaute nicht in einen Spiegel, ich war ganz natürlich. Ich erinnere mich nur an das, was ich gesehen habe *(Geste von der Brust bis zur Taille)*. Nur Schleier umhüllten mich, ich sah eben nur ... Was ganz anders war, war der Rumpf, von der Brust bis zu Taille: weder Mann noch Frau.

Es war hübsch, ich hatte eine sehr schlanke Form – aber nicht mager. Die Haut war sehr weiß; die Haut glich meiner Haut. Aber eine sehr hübsche Form. Doch kein Geschlecht, man konnte es nicht sagen – weder Mann noch Frau. Die Geschlechtsunterschiede waren verschwunden.

Auch hier *(Mutter deutet auf die Brust)*, all das war flach. Ich kann es nicht ausdrücken. Es gab nur einen Umriß, der daran erinnerte, was jetzt ist. Aber ohne Formen *(Mutter berührt ihre Brust)*, nicht einmal so wie bei Männern. Eine sehr weiße Haut, sehr glatt. Sozusagen kein Bauch. Der Magen – kein Magen. All das war sehr schlank.

Ich schenkte dem keine besondere Aufmerksamkeit, denn ich war so: es war völlig natürlich ...

Aber diese Form ist im Subtilphysischen, nicht wahr?

Es muß schon so im Subtilphysischen sein.

Aber wie kann es denn in das Physische übergehen?

7. Auf dem Weg zu einem transformierten Körper

Das weiß ich eben nicht ... Ich weiß es nicht.
Ich weiß es nicht.
Deutlich gab es weder eine komplizierte Verdauung noch eine Ausscheidung, wie wir sie jetzt haben. Es war nicht so.
Aber wie?... Offensichtlich ist die Nahrung schon sehr anders und wird sich mehr und mehr ändern – wie die Glukose, zum Beispiel, oder Dinge, die keine komplizierte Verdauung benötigen. Aber wie wird sich der Körper selbst ändern?... Ich weiß es nicht. Ich weiß es nicht.
Ich schaute nicht, um zu wissen, wie es war, denn es war völlig natürlich, so kann ich keine detaillierte Beschreibung geben. Es war einfach weder der Körper einer Frau noch der eines Mannes – das ist sicher. Und ... *the outline*, die Silhouette war in etwa dieselbe wie bei einem sehr-sehr jungen Wesen. Es erinnerte entfernt an menschliche Formen *(Mutter zeichnet eine Form in die Luft)*: ich hatte Schultern und eine Taille. Wie die Andeutung einer Form.
Ich sehe es, aber ... Ich sah es, wie man sich sieht, ich betrachtete mich nicht einmal in einem Spiegel. Ich umhüllte mich mit einer Art Schleier, um mich zu bedecken.
Das war meine Art (das war für mich nicht erstaunlich) es war meine natürliche Art zu sein.
So muß es im Subtilphysischen sein.

Aber der Übergang von einem zum anderen erscheint mysteriös.

Ja, wie kann es vorsichgehen?
Aber es ist dasselbe Mysterium wie der Übergang vom Schimpansen zum Menschen.

Oh! nein, es ist viel ungeheuerlicher als das, liebe Mutter! Es ist viel unglaublicher, denn zwischen Schimpanse und Mensch ist alles in allem kein großer Unterschied.

Aber der Erscheinung nach war es kein so großer Unterschied *(Mutter zeichnet eine Form in die Luft)*; da waren Schultern, Arme, Beine, ein Körper, eine Taille. Ähnlich wie unsere. Es war nur ...

Ja, aber ich will sagen, daß die Funktionsweise bei einem Schimpansen und einem Menschen gleich ist.

Es ist gleich.

Aber ja! Sie verdauen, sie atmen, sie ... Während da ...

Nein, aber es muß eine Atmung gegeben haben – im Gegenteil: breite Schultern *(Geste).* Das ist wichtig. Nur war die Brust weder weiblich noch männlich: es war wie eine Erinnerung. Und dann war all das – Magen, Bauch, all das – nur eine *outline*, ein Umriß, eine sehr schlanke und sehr harmonische Form, aber der Körper wurde gewiß nicht zu demselben Zweck genutzt wie bei uns.

Zwei Dinge waren sehr verschiedenen – sehr, sehr verschieden – die Zeugung, die dort überhaupt nicht mehr möglich war, und dann die Ernährung. Aber es ist ganz offensichtlich, daß unsere derzeitige Ernährung nicht die des Schimpansen ist, auch nicht die der ersten Menschen. Sie ist sehr unterschiedlich. Jetzt müssen wir eine Ernährung finden, die nicht diese ganze Verdauung benötigt ... sie scheint nicht wirklich flüssig zu sein, aber auch nicht fest. Dann taucht die Frage des Mundes auf – ich weiß nicht – die Zähne? Offensichtlich sollte es nicht mehr nötig sein zu kauen, so wären die Zähne nicht mehr ... Aber etwas muß sie ersetzen ... Ich weiß ganz und gar nicht wie das Gesicht aussah. Aber es schien nicht viel anders als das jetzige.

Was sich sehr offensichtlich ändern wird – was sehr wichtig geworden war – war die Atmung. Davon hing dieses Wesen sehr ab.

Ja, wahrscheinlich nimmt es direkt die Energien auf.

Ja. Aber es wird wahrscheinlich Zwischenwesen geben, die nicht von langer Dauer sein werden, wie es Zwischenwesen gab zwischen dem Schimpansen und dem Menschen.

Aber ich weiß es nicht, etwas muß geschehen, das bis jetzt noch nicht eingetreten ist.[255]

* * *

Im Januar 1967 hatte Mutter von der Möglichkeit einer kataleptischen Trance zum Zweck der physischen Transformation gesprochen. Jetzt, nach fünf Jahren, am 3. April 1972, sprach sie wieder davon:

... Es war schon mit Satprem abgesprochen, daß man sich nicht übereilen darf, wenn die Stunde der Transformation gekommen ist und mein Körper kalt wird, ihn in ein Grab zu tun. Denn es könnte sein ... es könnte ein vorübergehender Zustand sein. Verstehst du? es kann momentan sein. Sie sollten sich darauf einrichten, ihn hier zu bewahren, bis Zeichen des vollkommenen ... des beginnenden Verfalls auftreten. Ich sage es dir, um sicher zu gehen, daß es verstanden wird, denn es wäre dumm, ihn in ein Grab zu tun, und daß deshalb dann die ganze Arbeit zuende ist.

Verstehst du? Verstehst du, was ich sagen will?

Ja, liebe Mutter, deine Anweisungen sind notiert worden.

Nicht wahr, sei absolut sicher, daß ich den Körper verlassen habe.

Ich weiß es nicht ... Ich weiß, daß ein Versuch unternommen wird, ihn zu transformieren – er weiß es und ist voller guten Willens –, aber ich weiß nicht, ob er dazu fähig sein wird ... Verstehst du? Er könnte für eine gewisse Zeit den Eindruck erwecken, es sei zu Ende, obwohl es nur ein Übergang wäre. Es könnte wieder anfangen – es mag wieder anfangen. Denn ich wäre ... möglicherweise kann ich in dem Moment nicht sprechen und es sagen.

So sage ich es dir – Satprem weiß es. Eine andere Person muß es auch wissen.

Ich glaube, Pranab weiß es auch.

Ich weiß es nicht, ich habe ihm nie etwas gesagt.

Wir haben es notiert, und deine Anweisungen sind hier in der Schublade. Wir haben sie aufbewahrt als „Anweisungen". [256]

Ich weiß es nicht, ich habe ihm niemals etwas gesagt.

(Mutters Assistentin auf Bengalisch zu Sujata:) Er weiß es.

Es erscheint dumm, Aufhebens davon zu machen. Es ist besser, nichts zu sagen. Es genügt, wenn einige es wissen.

Es beschäftigt mich nicht, nur ... Dieser Körper ist wirklich gutwillig, er will sein Bestes versuchen ... Wird er fähig sein?... Im Grunde, wenn der Herr beschlossen hat, daß er sich transformieren wird, wird er sich transformieren, das ist alles!

(Lachend) Im Augenblick fühlt er sich sehr lebendig! Das ist alles, was er sagen kann.

Hier sorgen gute Kinder für mich, voilà![257, 258]

Früher hatte Mutter erklärt, daß zur kataleptischen Trance Zuflucht zu nehmen, hieße, den Weg der Faulheit einzuschlagen. Offensichtlich wollte sie es vermeiden. Und ihre dynamische Aktion ging weiter. Am 12. Juli 1972 sagte sie:

Ich habe den Eindruck eine andere Person zu werden.

Nein, es ist nicht nur das: ich betrete eine ANDERE Welt, eine andere Seinsweise ... die man (mit dem gewöhnlichen Bewußtsein) als eine gefährliche Seinsweise bezeichnen könnte. Als ob ... Gefährlich, aber wunderbar – wie soll ich sagen?

Vor allem ist das [körperliche] Unterbewußte dabei, sich zu transformieren, und das ist langwierig, schwierig, schmerzhaft ... aber auch wunderbar. Aber der Eindruck ... *(Geste als stehe man auf einem Grat)*

... Der Eindruck, daß die Beziehung zwischen dem, was wir das „Leben" nennen, und dem, was wir den „Tod" nennen, immer unterschiedlicher wird – unterschiedlich *(Mutter nickt)* völlig unterschiedlich.

Verstehst du, nicht der Tod verschwindet (der Tod, wie wir ihn auffassen, wie wir ihn kennen, und in Bezug auf das Leben, wie wir es kennen): so ist es nicht, so ist es ganz und gar nicht. BEIDE sind dabei, sich zu verändern ... zu etwas hin, das wir noch nicht kennen, das gleichzeitig äußerst gefährlich und ganz wunderbar erscheint. Gefährlich: daß der geringste Fehler katastrophale Folgen hat. Und wunderbar.

Es ist das Bewußtsein, das wahre Bewußtsein der Unsterblichkeit – es ist nicht „Unsterblichkeit", wie wir sie auffassen, es ist etwas anderes. Etwas anderes.

Wir haben die Tendenz zu wollen, daß gewisse Dinge wahr sein mögen (die uns günstig erscheinen), und daß gewisse verschwinden mögen – so ist es nicht! Das ist nicht der Fall. Einfach ALLES ist anders.

Anders.

Von Zeit zu Zeit, für einen Augenblick (einen kurzen Augenblick): eine Verzückung. Und dann sofort das Empfinden ... eines gefährlichen Unbekannten. So ist es. So verbringe ich meine Zeit.[259]

Aber am 7. April 1973 sprach Mutter zu Satprem wieder von der Notwendigkeit einer kataleptischen Trance für die Transformation ihres Körpers. Sie sagte:

Manchmal frage ich mich: „Möchte der Herr, daß ich fortgehe?" Und dazu ... bin ich gerne bereit, das ist es nicht; aber möchte Er, daß ich bleibe?... Es gibt keine Antwort. Es erfolgt nur eine Antwort: „Transformation". Und das ist ...

7. Auf dem Weg zu einem transformierten Körper

Wahrhaftig habe ich den Eindruck, daß etwas getan werden kann, und alles wäre vollkommen in Ordnung – und ich weiß nicht was.

... Verstehst du, ich habe eine Lösung für die Transformation des Körpers, aber das ist ... es hat niemals stattgefunden, deshalb ist es derartig ... unwahrscheinlich. Ich kann nicht glauben, ich kann nicht glauben, daß es das ist. Aber es ist die einzige Lösung, die ich sehe ... Der Körper hat das Bedürfnis einzuschlafen und wieder aufzuwachen („einzuschlafen" auf eine bestimmte Weise: während ich völlig bewußt bin im Bewußtsein, in der Bewegung), und erst aufzuwachen, wenn er transformiert ist.

... aber die Leute hätten niemals die nötige Geduld, das auszuhalten und für mich zu sorgen. Es ist eine kolossale Arbeit, eine Herkulesarbeit; sie sind freundlich *(Mutter deutet auf das Badezimmer)*, sie tun ihr Bestes, und ich kann nicht mehr von ihnen verlangen.

Das ist das Problem.

Aber dies ist die einzige Lösung, zu der das Bewußtsein sagt: „Ja, das ist es."

Und du verstehst also ... Es gibt einen Zustand – einen Zustand, ja, der so ist *(Mutter schließt die Faust)* „self-absorbed" [in sich selbst absorbiert], wo man ... in Frieden ist.

Aber wer, wer? Das von den Leuten zu verlangen, die sich um mich kümmern, ist fast unmöglich.[260]

Sie fragte tatsächlich. Es gab einen Ausbruch. Man weigerte sich sogar, auch nur zu wissen, was Mutter sagen wollte ... es war wirklich unmöglich.[261]

Eine Woche später ging Mutter durch einen der wichtigsten Prozesse der Transformation, als ihr Nervensystem dem Supramental übertragen wurde. Sie sagte:

Mein Nervensystem wird ins Supramental übertragen. Es ist ein Gefühl als ob ... weißt du, was Leute „Neurasthenie"[262] nennen, sie haben keine Idee, was es ist; aber das ganze Nervensystem ist ... es ist schlimmer als sterben.

Aber ich denke ... Ich denke, ich kann die göttliche Schwingung übermitteln.[263]

Am 19. Mai 1973 hatte Satprem viele Fragen zu stellen als er zu Mutter ging. Mutter fragte ihn:

Und du?

Ich dachte an etwas von Sri Aurobindo ... In Savitri *sagt er deutlich: „Allmächtige Kräfte sind in den Zellen der Natur eingeschlossen."* [264]

Aah!... Das ist interessant!
ALLMÄCHTIGE Kräfte.

... Aber mein Physisches, mein Körper verfällt sehr schnell – was kann seinen Verfall aufhalten?

Liebe Mutter, ich glaube NICHT, daß es ein Verfall ist, das ist es nicht. Ich selbst habe den Eindruck, daß du physisch zu einem Punkt derartiger Schwäche geführt wirst, daß die vollständigste Kraft erwachen muß ...

Ah!... du hast recht.
Man hatte mir gesagt, daß der Beginn erst wäre, wenn ich hundert Jahre alt bin; aber das dauert noch lange!

Nein, Mutter, ich glaube nicht, daß es so lange dauern wird. Ich glaube es nicht. Eine andere Funktionsweise wird einsetzen. Aber man muß bis zum Ende des alten gelangen, und dieses Ende ist schrecklich!

Oh!... ich will wirklich nicht sagen *(Mutter schüttelt den Kopf)*, ich will nicht darauf bestehen, aber ... wirklich ... *(Mutter spricht mit geschlossenen Augen, und der ganze Schmerz der Welt ist in ihrem Kopfschütteln)*

... Das Bewußtsein ist klarer, stärker als je zuvor, und ich scheine eine alte Frau zu sein ... [265]

Es war das letzte Treffen von Satprem mit Mutter. Danach hatte er kein weiteres Gespräch mehr mit ihr. Am 15. August 1973 erschien Mutter auf ihrem Balkon – Sri Aurobindos 101. Geburtstag. Sie blieb einige Minuten auf dem Balkon. Eine große Menschenmenge hatte sich unten auf der Straße versammelt, um ihr Darshan zu erleben.

7. Auf dem Weg zu einem transformierten Körper

Ein weiter Friede herrschte über der Menge. Dann zog sie sich langsam, sehr langsam in ihr Zimmer zurück.

* * *

Tatsächlich war Mutters Bewußtsein klarer und größer den je. Sie war die Seherin *par excellence*. Sie lebte eine neue Seinsweise, die ausschließlich dem Göttlichen zugewandt war mit einer völligen Selbst-Auslöschung bis in die Zellen, in äußerster Hingabe. Und dennoch hatte sie die Dynamik eines Helden-Kriegers, engagiert in einer Schlacht, alles zu bekämpfen, das sich widersetzte oder die Anstrengung behinderte, die Herrschaft des göttlichen Supramentals auf die Erde zu bringen. Am 14. November, gegen Mitternacht, begann sie zu fühlen, daß sie gelähmt werden könnte. Sie bat darum, zu gehen. Sie sagte: „Ich will gehen, sonst werde ich gelähmt." Sie hielt sich am Arm einer ihrer Helfer und ging ... bis sie blau wurde.

Während der nächsten Tage bat sie, von ihrer Chaiselongue aufgehoben zu werden. In der Nacht vom 16. November bat sie wieder darum, zu gehen: „Ich will gehen," sagte sie. Sie fuhr fort, bis zum Ende zu kämpfen. Am Nachmittag des 17. November wurden die Anzeichen des Erstickens stärker. Um 7:10 Uhr abends massierte der Arzt ihr Herz. Um 7:25 hörte sie auf zu atmen.

Mutter hatte mehrmals gesagt, auch wieder am 7. April 1973, daß ihr Körper in einen Zustand eintreten könnte, der einem Zustand des Todes gleiche, aber er sollte beschützt werden. Sie hatte gesagt, daß er eventuell nicht wirklich tot sein könne, daß es nötig sei, ihn für Tage und sogar Wochen zu beschützen, damit der Prozeß der Transformation vollendet werden könne.

Das war all denen bekannt, die in dem Augenblick anwesend waren, als ihr Atem aufhörte. (Natürlich wurde Satprem nicht einmal informiert, er erfuhr es erst am nächsten Morgen, fast 12 Stunden nach dem Ereignis.)

Wie konnte es geschehen, daß Mutters Körper, anstatt einige Tage und Wochen zu warten, um 2:30 Uhr morgens, schon nach knapp 7 Stunden aus ihrem Zimmer in die Meditationshalle heruntergebracht wurde? Auf diese Frage scheint es keine Antwort zu geben. Sie wurde auf eine Chaiselongue unter gleißenden Scheinwerfern und surrenden Ventilatoren gelegt. Um 5 Uhr hatten sich lange Schlangen von Leuten gebildet.

Tatsächlich rieten einige, den Körper nicht ins Grab zu legen, bevor klare Anzeichen von Verfall aufträten. Diesem Rat wurde Folge geleistet, und zwei Tage lang zeigte der Körper keine Anzeichen von Verwesung. Aber gegen die ursprünglichen Anweisungen, den Körper zu beschützen, wurde gleich von Anfang an verstoßen. Es ist wahr, daß der Körper in den ersten wenigen Stunden unberührt gelassen wurde, aber bald nach 11 Uhr abends, wurde der Körper mit Eau de Cologne gereinigt, und ihr wurde ein neues Gewand angezogen. Anstatt Tage und Wochen zu warten, wurden dem Körper nur wenige Stunden gewährt, in seinem natürlichen Zustand zu verbleiben. Warum? Dazu gibt es keine Antwort.

Am 5. April 1972 wurde Mutter während einer Unterredung mit Satprem zugesichert: „Wir werden dich nicht im Stich lassen." Satprem hatte gesagt: „Wenn du einige Tage im Zustand des scheinbaren Samadhi gelassen werden mußt, dann werden wir dich beschützen, und alles wird in Ordnung sein, das ist alles."

Aber Satprem wurde nicht einmal informiert, als das Ereignis tatsächlich eintrat. Alle diejenigen, die zu der Zeit im Zimmer waren, als der Herzschlag aufhörte, wußten von der Mutter gegebenen Zusicherung. Einige von ihnen hatten selbst persönlich die Zusicherung während der letzten paar Jahre gegeben.

Satprem weist in seinem Buch *Mutter oder die Mutation des Todes* darauf hin:

> Es gibt wirklich niemanden anzuschuldigen in dieser ungeheuerlichen Tragödie, jeder der Spieler tat wahrscheinlich genau das, was notwendig war. Ich erinnere mich, wie Mutter mir 1969 sagte ... *Es ist seltsam, wenn man die Dinge vom Standpunkt jenes Bewußtseins betrachtet, ist eine so erstaunliche Perfektion in der Organisation der Dinge, daß es ... beinahe erschreckend ist. All unsere Gefühle, unsere Reaktionen, all das erscheint als vollkommene Kindereien. Mein Kind, wir wissen nichts! Tag auf Tag, Tag für Tag bin ich mehr und mehr davon überzeugt: Wir wissen nichts. Wir glauben zu wissen, wir glauben ... Wir wissen nichts. Wir finden uns in der Gegenwart von verborgenen Wundern, die uns vollkommen entgehen, weil wir Narren sind. Das sagte Sri Aurobindo schon in Savitri: „Gott wächst auf Erden – Gott WÄCHST – doch die Menschen ..."* (Mutter lachte) *„die weisen Menschen schwatzen und schlafen. Und niemand wird sich der Arbeit bewußt werden, bis sie vollbracht ist."* So ist das.[266]

7. Auf dem Weg zu einem transformierten Körper

Was verbirgt sich hinter diesem ungeheuerlichen Schauspiel von Mutters „Ende", worin bestand die *schreckliche Strategie des Ewigen*[267], wie Sri Aurobindo sagte? Welche Wunder? Welches verlorene Schweigen? Oder was sonst?

Welche Kriegslist?

Und ich höre noch Mutters Worte:

Indem der menschliche Intellekt die Welt so sieht, wie sie ist, und wie sie scheinbar für immer zu bleiben hat, erklärt er, daß das Universum ein Irrtum Gottes sein müsse ... aber der Höchste Herr antwortet, daß das Stück noch nicht ausgespielt ist, und er fügt hinzu: Wartet auf den letzten Akt!

Was ist der letzte Akt, der letzte Schlupfwinkel von Mutters Wald? Der letzte Pfad der Erde?[268]

Am 18. November hatte Satprem, als er auf Mutters Körper starrte, wie eine Antwort auf diese Frage, eine Erfahrung. Er selbst hat sie beschrieben:

> Inmitten dieser unglaublichen Farce, am 18. November, während ich mich noch in der Meute befand und im Dröhnen der Ventilatoren unentwegt diese kleine weiße Gestalt betrachtete, ohne zu verstehen, hatte ich die machtvollste Erfahrung meines Lebens. Ich war unfähig, irgendeine Erfahrung zu haben, ich saß da wie ein abgestumpfter Stein mit Kopfschmerzen zum Schädelspalten, ich sah einfach zu, selbst ohne ein Gebet im Herzen, ohne überhaupt irgend etwas. Wäre sie aufgestanden und aus diesem unglaublichen Betrieb hinausgegangen, wäre mir das als vollkommen vernünftig erschienen. Sie stand nicht auf, doch plötzlich ergriff mich etwas, das mich buchstäblich über die Kopfschmerzen und diese unwirkliche Menge hinaushob, und dann ... kam eine alles verschlingende Flut. Ich kannte die Macht, schließlich hatte mich Mutter nicht umsonst bei der Hand genommen, um mich an der Erfahrung teilhaben zu lassen.[269] Hier aber gab es keine Person, die „eine Erfahrung" hatte, es geschah außerhalb von mir. Ich war niemand, ich wohnte einfach einer Tatsache bei. Ich fand mich in eine ungeheure Flut von Macht getaucht, die wie aus Heiterkeit zu bestehen schien – vielleicht aus Liebe, aber dann war es eine Heiterkeit, die Liebe war – eine Heiterkeit gleich einer Sturzflut, ununterbrochen, lückenlos, und es schallte: es schallte wie ein ungeheures Glockenspiel von höchster Stärke durch das

Universum. Alle Schleusen standen weit offen. Es sprach und schallte in meinen Ohren und wie durch die ganze Welt, eine ungeheure, jedoch wie lautlose Stimme: KEIN HINDERNIS ... NICHTS STEHT IM WEG ... KEIN HINDERNIS ... Und es läutete und läutete, jedes Wort klang als ob alle Glocken der Welt in einem ungeheuren Bronzeklang läuteten. Eine solche Freude lag darin, ein Triumph, etwas, das so herrlich und so ungeheuerlich lachte und das alles mit forttrug, die Mauern einriß, die Schleusen öffnete. Nichts steht im Weg ... kein Hindernis. Gebieterisch wie das jüngste Gericht. Ein Kataklysmus der Freude.

Eine Viertelstunde hielt ich das aus, dann konnte ich mich nicht mehr beherrschen und ging auf die Straße. Und es schallte noch immer. Ich ging zum Meer, am ganzen Leibe zitternd. Dann beruhigte es sich. Es gab keine „Mutter" mehr in all dem, kein „ich", nicht einmal mehr eine Erfahrung – oder die ganze Welt machte diese Erfahrung. Ja, es war wie eine erste Manifestation von „Etwas" auf der Welt. Man kann dem ein Etikett verpassen, aber es dreht allen Etiketten eine lange Nase. Es war eine ungeheure Tatsache. An jenem 18. November war etwas geschehen.

Vielleicht die erste irdische Brandung der Freude der neuen Welt.[270]

Am 20. November um 8:15 Uhr morgens wurde Mutters Körper in die Kiste gelegt. Dann wurde die Kiste zum Samadhi Sri Aurobindos gebracht, und Mutters Körper wurde in die obere Kammer des Samadhi gesenkt.

* * *

Im Subtilphysischen war schon ein supramentaler Körper geformt, den Mutter zweimal gesehen hatte. Im Grob-Physischen waren schon fast alle Teile der Leitung des Supramentalen unterstellt worden. Die wahre Materie dieses Grob-Physischen war schon in einem Zustand des Über-Lebens, über das, was wir Tod und Leben nennen, hinausgehend, fähig einer physischen Einwirkung auf die Erde und Ereignisse. Da war in der Tat das Überbleibsel, noch empfänglich für den Tod, und Mutters bewußter Körper trat in ihn ganz lebendig ein. Obwohl in ein Grab gelegt, sind ihre Zellen bewußt. Wie Satprem andeutet:

7. Auf dem Weg zu einem transformierten Körper

... Jede der Zellen wiederholt das Mantra ohne Unterlaß gleich einem kleinen goldenen Pulsschlag. Sie läßt die fürchterliche Operation über sich ergehen. Sie baut die Lebensbasis neu auf, der „Prozeß" nimmt seinen Fortgang. Das war seit Monaten vorbereitet worden, „man gewöhnt meinen Körper an etwas anderes"; deshalb war ihr nichts gesagt worden, denn sie mußte lebendig dort hineingehen – ihr leiser Schrei liegt mir noch in den Ohren, als sie zum ersten Mal die Vision ihres Todes hatte: *Nichts, nichts geht mehr in der gewohnten Art und Weise! Der Körper kann nicht mehr essen, er kann nicht mehr ... Das Bewußtsein, das am Werk ist, um ihm bei der Arbeit zu helfen, brachte ihm mit vollkommener Klarheit bei, daß es keinen Sinn hat wegzugehen. Auch wenn er früher neugierig war zu wissen, was sein wird, so ist diese Neugierde vergangen. Der Wunsch hierzubleiben ist schon lange vergangen, und der eventuelle Wunsch wegzugehen, wenn es etwas allzu ... erstickend wird, verging mit dem Gedanken, daß das absolut nichts ändern würde. Also bleibt ihm allein eines: die Vervollkommnung der Akzeptanz. Das ist alles. Sein einziger Trost (und der hält nicht lange) ist der Gedanke: „Das, was du tust, ist für alle nützlich; was du tust, tust du nicht für dich selbst, für die kleine dumme Person, sondern es ist nützlich für alle, die ganze Schöpfung wird davon etwas haben ..." Ich weiß nicht, ich weiß nicht, was geschehen wird. Aber ich wollte ... ich wollte, daß man mich nicht in eine Kiste steckt und mich eingräbt ... denn der Körper wird es wissen, er wird es spüren, und das würde nur noch ein weiteres Leiden zu all denen hinzufügen, die er schon hat ... Er wünscht sich nichts, er fürchtet nichts – es wird so kommen, wie es sein soll, das ist alles. Er wünscht sich lediglich so sehr, daß die Leute verstehen ... die Anstrengung verstehen, die er unternommen hat, daß man ihn nicht ... einschließt und Erde darüberwirft. Denn selbst nachdem die Ärzte ihn für tot erklärt haben, wird er noch bewußt sein. Die Zellen sind bewußt. Siehst du, darum geht es.*
Sie ist gegenwärtig, lebendig.
Aischylos und Orpheus erscheinen bleich.[271]

* * *

Sri Aurobindo und Mutter kamen, um das Bewußtsein der Zellen für das supramentale Bewußtsein und die supramentale Macht zu öffnen; das war erreicht; der alte genetische Code, der die menschliche Rasse in seinen begrenzten Bereichen festhält, war erschüttert; die neue Rasse, indem sie einen neuen supramentalen-materiellen

Weg des Erkennens und Handelns hat, ist ins Sein gekommen; sie ist am Werk; sie ist nicht auf einen bestimmten Körper begrenzt; sie wirkt überall, aber mächtiger und triumphaler, wo größere Aufnahmebereitschaft und Aspiration besteht.[272]

Mutter machte einen Versuch zur vollkommenen Transformation des Körpers zu gelangen, obwohl sie keine Zusicherung hatte, ob sie das Ziel erreichen würde. Die Anstrengung erreichte den äußersten Höhepunkt; lange vorher war diese Anstrengung zur Anstrengung des Körpers der Erde geworden; die Anstrengung geht weiter. Mutter hatte gesagt, es würde dreihundert Jahre dauern, die Transformation des Körpers zu erlangen. Sie hatte auch von der Notwendigkeit gesprochen, der Regel von mehreren intermediären Körpern zu folgen, wie im Falle der Evolution des Menschen, in Nachfolge des Schimpansen. Diese Arbeit geht weiter, es gibt kein Hindernis. Es besteht eine Fortdauer; in diese Fortdauer sind alle Körper involviert; der Körper eines jeden von uns ist im Schmiedekessel der Transformation. Das ist der kosmische Yoga, dem niemand entfliehen kann, und in dem die Rettung und Realisation sowohl physisch als auch kollektiv sind.

Anhang

Anhang I: Einige Gedichte von Sri Aurobindo

Cosmic Consciousness

I have wrapped the wide world in my wider self
And Time and Space my spirit's seeing are.
I am the god and demon, ghost and elf,
I am the wind's speed and the blazing star.
All Nature is the nursling of my care,
I am its struggle and the eternal rest;
The world's joy thrilling runs through me, I bear
The sorrow of millions in my lonely breast.
I have learned a close identity with all,
Yet am by nothing bound that I become;
Carrying in me the universe's call
I mount to my imperishable home.
I pass beyond Time and life on measureless wings,
Yet still am one with born and unborn things.[273]

Das Allbewußtsein

Die weite Welt hab ich mit meinem weitern Selbst umsponnen,
Und meines Spirits tiefe Schau faßt in sich Raum und Zeit.
Ich weiß mich eins mit Geistern, Elfen, Göttern und Dämonen,
Ich bin der Sterne Leuchten und des Windes Schnelligkeit.

Alle Natur ist meiner Hut als Pflegling unterstellt,
Ich bin das harte Ringen und die Ruhe durch Äonen;
Mit Wonneschauern strömt durch mich die Freude dieser Welt,
Einsam in meiner Brust trag ich die Sorge von Millionen.

Ich hab gelernt ein inniges Verbundensein mit allen,
Und doch verfange ich mich nicht in meines Werdens Kette;
In meinem Innern höre ich des Weltalls Ruf erschallen
Und zieh damit hinauf zur unzerstörbar'n Heimatstätte.

Ich übersteige Leben und Zeit auf unbegrenzten Schwingen
Und bin doch eins mit geborenen und ungeborenen Dinge.[274]

Anhang I: Einige Gedichte von Sri Aurobindo

The Self's Infinity

I have become what before Time I was.
A secret touch has quieted thought and sense:
All things by the agent Mind created pass
Into a void and mute magnificence.

My life is a silence grasped by timeless hands;
The world is drowned in an immortal gaze.
Naked my spirit from its vestures stands;
I am alone with my own self for space.

My heart is a centre of infinity,
My body a dot in the soul's vast expanse.
All being's huge abyss wakes under me,
Once screened in a gigantic Ignorance.

A momentless immensity pure and bare,
I stretch to an eternal everywhere.[275]

Die Unendlichkeit des Selbstes

Ich bin geworden, was ich war, bevor die Zeit begann.
Denken und Sinne sind gestillt durch einen Hauch geheim;
Was als Vermittler schuf der Geist zieht alles nun voran
Und geht in inhaltslose, stumme Herrlichkeiten ein.

Ein Schweigen in zeitloser Hände Griff ist jetzt mein Leben;
Tief senkt die Welt sich ein in einem unsterblichen Blick.
Entblößt steht da mein Spirit, von keiner Hülle mehr umgeben;
Mit meinem eignen Selbst als Raum bleib ich allein zurück.

Mein Herz ist worden Mittelpunkt für die Unendlichkeit,
Ein Tupf mein Körper in der Seele Ausdehnung riesenhaft.
Verschleiert einstmals durch gewaltige Unwissenheit,
Der mächtige Abgrund allen Seins hellwach unter mir klafft.

Als Unermeßlichkeit, die augenblicklos, rein, geleert,
Erstrecke ich mich in ein Überall, das ewig währt.[276]

Sri Aurobindo und Mutter

Surrender

O Thou of whom I am the instrument,
O secret Spirit and Nature housed in me,
Let all my mortal being now be blent
In Thy still glory of divinity.

I have given my mind to be dug Thy channel mind,
I have offered up my will to be Thy will:
Let nothing of myself be left behind
In our union mystic and unutterable.

My heart shall throb with the world-beats of Thy love,
My body become Thy engine for earth-use;
In my nerves and veins Thy rapture's streams shall move;
My thoughts shall be hounds of Light for Thy power to loose.

Keep only my soul to adore eternally
And meet Thee in each form and soul of Thee.[277]

Überantwortung

O Du, der Du mich hältst als Instrument in Deinen Händen,
Der als Natur und Spirit Du mich bewohnest insgeheim,
Mögst alle Teile meiner Sterblichkeit Du jetzt einblenden
In Deines ruhevollen Strahlenglanzes göttlich' Sein.

Ich bracht' dir meinen Willen dar, er möge sein Dein Wille,
Gab meinen Geist, damit durch ihn Dein Geist sein Flußbett grabe:
Wenn mystisch wir geeint sind in des Unsagbaren Stille,
Laß nichts zurück von mir und allem, was ich in mir habe.

Weltweit der Pulsschlag Deiner Liebe wird mein Herz bewegen,
Mein Körper sein Dein Triebwerk, hier auf Erden eingesetzt,
Nerven und Adern Ströme, die mit Deiner Wonne beben,
Meine Gedanken Doggen des Lichts, von Deiner Macht gehetzt.

Bewahr nur meine Seele, anzubeten ewiglich,
In Deiner jeden Form und Seele anzutreffen Dich.[278]

Anhang I: Einige Gedichte von Sri Aurobindo

The Divine Worker

I face earth's happening with an equal soul;
In all are heard Thy steps: Thy unseen feet
Tread Destiny's pathways in my front. Life's whole
Tremendous theorems is Thou complete.

No danger can perturb my spirit's calm:
My acts are Thine; I do Thy works and pass;
Failure is cradled on Thy deathless arm,
Victory is Thy passage mirrored in Fortune's glass.

In this rude combat with the fate of man
Thy smile within my heart makes all my strength;
Thy Force in me labours at its grandiose plan,
Indifferent to the Time-snakes's crawling length.

No power can slay my soul; it lives in Thee.
Thy presence is my immortality.[279]

Der Göttliche Vollbringer

Mit Gleichmut in der Seele blick ich auf das Erdgeschehen;
In allem hallt Dein Schritt, und Deine Füße ungesehn
Mir stets voran auf der Bestimmung hohen Pfaden gehen.
Du bist die Ganzheit im gewaltigen Lebenstheorem.

Gefahr bewegt mich nicht, des Spirits Ruhe hält die Waage;
Mein Tun ist Dein: Ich der Vollbringer, der vorüberzieht,
In Deinem Arm, der todlos ist, wiegt sich die Niederlage,
Sieg ist Dein Gang, den in Fortuna's Glas man spiegeln sieht.

Bei diesem rohen Kampf, der um des Menschen Schicksal wütet,
Dein Lächeln ist's im Herzen tief, das alle Kraft mir gibt.
In mir regt Deine Macht sich, am großartigen Plan sie brütet,
Achtlos, wie schlangengleich die Zeit sich in die Länge schiebt.

Keine Gewalt kann töten meine Seel; sie lebt in Dir.
Meine Unsterblichkeit ist Deine Gegenwart in mir.[280]

The Golden Light

Thy golden Light came down into my brain
And the grey rooms of mind sun-touched became
A bright reply to Wisdom's occult plane,
A calm illumination and a flame.

Thy golden Light came down into my throat,
And all my speech is now a tune divine,
A paean-song of thee my single note,
My words are drunk with the Immortal's wine.

Thy golden Light came down into my heart
Smiting my life with Thy eternity;
Now has it grown a temple where Thou art
And all its passions point towards only Thee.

Thy golden Light came down into my feet:
My earth is now thy playfield and thy seat.[281]

Das Goldene Licht

Dein goldenes Licht ließ sich in mein Gehirn hernieder;
Des Geistes graue Räume spiegeln, sonn-belegt,
Okkulte Ebenen der Weisheit strahlend wider,
Die Flamme brennt, es herrscht Erleuchtung unbewegt.

Dein goldenes Licht kam bis in meine Kehle nieder,
Und eine Gottesmelodie ist all mein Sprechen;
Ein einzger Lobgesang an Dich sind meine Lieder,
Mein Wort vom Weine des Unsterblichen ein Zechen.

Dein goldenes Licht begab sich in mein Herz hinein,
Und Deine Ewigkeit nahm in Beschlag mein Leben.
Für Deinen Aufenthalt ward es zum Tempelschrein,
All seine Leidenschaft zu Dir allein ein Streben.

Und als Dein goldnes Licht mir in die Füße fiel,
Ward meine Erd Dein Sitz und Stätte Dir zum Spiel.[282]

Anhang I: Einige Gedichte von Sri Aurobindo

Transformation

My breath runs in a subtle rhythmic stream;
It fills my members with a might divine:
I have drunk the Infinite like a giant's wine.
Time is my drama or my pageant dream.
Now are my illumined cells joy's flaming scheme
And changed my thrilled and branching nerves to fine
Channels of rapture opal and hyaline
For the influx of the Unknown and the Supreme.

I am no more a vassal of the flesh,
A slave to Nature and her leaden rule;
I am caught no more in the senses' narrow mesh.
My soul unhorizoned widens to measureless sight.
My body is God's happy living tool,
My spirit a vast sun of deathless light.[283]

Umwandlung

In einem rhythmischen subtilen Strom verläuft mein Atem;
Er flößt die Macht des Göttlichen mir in die Glieder ein:
Unendlichkeit hab ich geschlürft wie eines Riesen Wein.
Die Zeit erstrahlt als Festzug meiner Träume, meiner Dramen.
Jetzt sind erleuchtet meine Zellen von der Freude Flammen,
Und bebend wandeln sich die vielverzweigten Nerven fein
Zu Wonnepfaden, opalschillernd und kristallen rein,
Die freien Weg dem Unbekannten und dem Höchsten bahnen.

Nicht mehr versklavt mich die Natur mit bleiernem Gesetz,
Macht zum Vasallen mich das Fleisch, nicht mehr bin ich verstrickt
In meiner Sinneswahrnehmungen dicht gewobnem Netz.
Es weicht der Seele Horizont, unmeßbar weit die Sicht,
Mein Leib ist das lebendige Werkzeug Gottes, tief beglückt,
Mein Spirit eine gewaltige Sonne von todlosem Licht.[284]

A God's Labour

*I have gathered my dreams in a silver air
Between the gold and the blue
And wrapped them softly and left them there,
My jewelled dreams of you.*

*I had hoped to build a rainbow bridge
Marrying the soil to the sky
And sow in this dancing planet midge
The moods of infinity.*

*But too bright were our heavens, too far away,
Too frail their ethereal stuff;
Too splendid and sudden our light could not stay;
The roots were not deep enough.*

*He who would bring the heavens here
Must descend himself into clay
And the burden of earthly nature bear
And tread the dolorous way.*

*Coercing my godhead I have come down
Here on the sordid earth,
Ignorant, labouring, human grown
Twixt the gates of death and birth.*

*I have been digging deep and long
Mid a horror of filth and mire
A bed for the golden river's song,
A home for the deathless fire.*

*I have laboured and suffered in Matter's night
To bring the fire to man;
But the hate of hell and human spite
Are my meed since the world began.*

*For man's mind is the dupe of his animal self;
Hoping its lusts to win,
He harbours within him a grisly Elf
Enamoured of sorrow and sin.
The grey Elf shudders from heaven's flame
And from all things glad and pure;
Only by pleasure and passion and pain*

Anhang I: Einige Gedichte von Sri Aurobindo

His drama can endure.

All around is darkness and strife;
For the lamps that men call suns
Are but halfway gleams on this stumbling life
Cast by the Undying Ones.

Man lights his little torches of hope
That lead to a failing edge;
A fragment of Truth is his widest scope,
An inn his pilgrimage.

The Truth of truths men fear and deny,
The Light of lights they refuse;
To ignorant gods they lift their cry
Or a demon altar choose.

All that was found must again be sought,
Each enemy slain revives,
Each battle for ever is fought and refought
Through vistas of fruitless lives.

My gaping wounds are a thousand and one
And the Titan kings assail,
But I cannot rest till my task is done
And wrought the eternal will.

How they mock and sneer, both devils and men!
"Thy hope is Chimera's head
Painting the sky with its fiery stain;
Thou shalt fall and thy work lie dead.

"Who art thou that babblest of heavenly ease
And joy and golden room
To us who are waifs on inconscient seas
And bound to life's iron doom?

This earth is ours, a field of Night
For our petty flickering fires.
How shall it brook the sacred Light
Or suffer a god's desires?

"Come, let us slay him and end his course!
Then shall our hearts have release

From the burden and call of his glory and force
And the curb of his wide white peace."

But the god is there in my mortal breast
Who wrestles with error and fate
And tramples a road through mire and waste
For the nameless Immaculate.

A voice cried, "Go where none have gone!
Dig deeper, deeper yet
Till thou reach the grim foundation stone
And knock at the keyless gate."

I saw that a falsehood was planted deep
At the very root of things
Where the grey Sphinx guards God's riddle sleep
On the Dragon's outspread wings.

I left the surface gods of mind
And life's unsatisfied seas
And plunged through the body's alleys blind
To the nether mysteries.

I have delved through the dumb Earth's dreadful heart
And heard her black mass' bell
I have seen the source whence her agonies part
And the inner reason of hell.

Above me the dragon murmurs moan
And the goblin voices flit;
I have pierced the Void where Thought was born,
I have walked in the bottomless pit.

On desperate stair my feet have trod
Armoured with boundless peace,
Bringing the fires of the splendour of God
Into the human abyss.

He who I am was with me still;
All veils are breaking now.
I have heard His voice and borne His will
On my vast untroubled brow.

The gulf twixt the depths and the heights is bridged

Anhang I: Einige Gedichte von Sri Aurobindo

*And the golden water pour
Down the sapphire mountain rainbow-ridged
And glimmer from shore to shore.*

*Heaven's fire is lit in the breast of the earth
And the undying suns here burn;
Through a wonder cleft in the bounds of birth
The incarnate spirits yearn*

*Like flames to the kingdoms of Truth and Bliss:
Down a gold-red stair-way wend
The radiant children of Paradise
Clarioning darkness's end.*

*A little more and the new life's doors
Shall be carved in silver light
With its aureate roof and mosaic floors
In a great world bare and bright.*

*I shall leave my dreams in their argent air,
For in a raiment of gold and blue
There shall move on the earth embodied and fair
The living truth of you.*[285]

Eines Gottes Arbeit

Meine Träume samml' ich in Silberluft
zwischen dem Gold und dem Blau,
umhülle sie sanft und lasse sie da,
Meine Perlenträume von Dir.

Einen Regenbogensteg wollt ich baun,
die Scholle dem Himmel vermähln,
und in des Libellenplaneten Tanz
der Unendlichkeit Stimmungen sä'n.

Doch zu hell unsre Firmamente, zu fern –
zu zart ihr ätherischer Stoff;
nicht blieb unser Licht, zu leuchtend und jäh,
die Wurzeln nicht tief genug.

Wer die Himmel herunter bringen will
muß selbst hinab in den Lehm
und die Bürde tragen der Erdnatur
und wallen den Leidensweg.

Meine Gottheit zwingend kam ich hierher,
auf dieser Erde Morast,
unwissend, mühselig, menschlich nun
zwischen Toren von Tod und Geburt.

Ich habe gegraben tief und lang
mitten im scheußlichen Dreck
ein Bett für des goldenen Flusses Lied,
für das todlose Feuer ein Heim.

Ich rang und litt in Mariennacht,
zu bringen das Feuer her,
doch der Hölle Hass und Menschentrotz
sind mein Lohn seit die Welt begann.

Denn des Menschen Tierselbst narrt seinen Geist,
ist nur auf Lüste bedacht,
er birgt in sich einen grauen Elf,
der verliebt in Sünde und Gram.
Der schaudert vor Himmels Flamme zurück
und allem was rein und froh,
mit Vergnügen nur, Passion und Pein

kann sein Drama weitergehn.

Kampf und Dunkel ist alles rings,
denn die Lampen, Sonnen gewähnt,
sind stolperndem Leben nur Schimmer am Weg,
gesandt von Unsterblichen.

Kleine Hoffnungsfackeln entfacht der Mensch,
die ihn führen an schroffen Rand;
ein Bruchstück der Wahrheit sein Horizont,
ein Schenke sein Wallfahrtsort.

Die Wahrheit der Wahrheiten leugnet er,
schlägt das Licht der Lichter aus;
unwissende Götter ruft er an
oder wählt Dämonenaltar.

Stets muß Gefundnes er suchen neu,
Bezwungnes lebt wieder auf,
Stets neu zu kämpfen ist jede Schlacht
Durch fruchtloser Leben Reih.

Mein Wunden klaffen, tausendundein,
Titanfürsten greifen an,
doch ich kann nicht ruhn, bis mein Werk vollbracht,
und der ewige Wille getan.

Wie lästern Teufel und Menschen voll Hohn!
„Du hoffst mit Chimäras Haupt
das färbt den Himmel mit Feuerfleck;
du wirst fallen, Dein Werk vergehn.

Was schwätz Du von himmlischer Leichte uns,
von goldenem Raum und Glück,
die wir Strandgut am unbewußten Meer
Und gebunden an eh'rnes Geschick?

Die Erde ist unser, ein Feld der Nacht
für unser Geflacker hier.
Wie duldete sie das heilige Licht,
Ertrüg eines Gotts Begier?

Erschlagen wir ihn und enden den Lauf!
Dann ist unser Herz befreit

von dem Ruf und Druck seiner Glorie und Kraft
Seinem Frieden, weit und weiß."

Doch der Gott ist in meiner sterblichen Brust
und ringt mit Irrtum und Los
und bahnt einen Weg durch Wüste und Sumpf
Für Ihn, der ohne Fehl.

Eine Stimme rief: „Geh, wo keiner noch ging!
Schürf tiefer, tiefer noch
bis du den grimmen Grundstein erreichst
und klopfst ans schloßlose Tor."

Ich sah ein Falsches zutiefst gepflanzt
an der Dinge Wurzelstock,
wo die Sphinx bewacht Gottes Rätselschlaf
auf des Drachen Flügelgespreiz.

Ich ließ die äußern Götter des Geists
und des Lebens friedlose Seen
und taucht durch die blinden Gänge des Leibs
zu den niedern Mysterien hin.

Ich grub durch der Erde finsteres Herz
und hört ihrer Schwarzmesse Gong.
Ich hab ihrer Qualen Ursprung gesehn
und der Hölle inneren Grund.

Über mir grollt das Drachengemurr
und huscht der Kobolde Laut;
ich drang durch das Leer, wo Denken entstand,
und stieg in abgründgen Schlund.

Auf verzweifelter Treppe ging mein Fuß,
Mit grenzlosem Frieden bewehrt,
Und brachte die Feuer von Gottes Glanz
hinein in des Menschen Pfuhl.

Er, der ich bin, war stets bei mir;
die Schleier zerreißen nun.
Ich vernahm seine Stimme, trug Sein Geheiß
auf weiter ruhiger Stirn.

Überbrückt ist die Kluft zwischen Tiefen und Höhn,

das goldene Wasser strömt
vom regenbogigen Saphirberg
und scheint von Gestad zu Gestad.

In der Erde Brust loht des Himmels Brand,
Und todlos glühn Sonnen hier;
Durch ein Wunderloch im Geburtenpferch
loht verkörperter Spirit Drang

zu der Wahrheit und Wonne reichen empor;
eine goldrote Treppe herab
ziehn strahlend die Kinder vom Paradies,
verkündend des Dunkels Schluß.

Ein wenig noch – und des Neuen Tor
steht gemeißelt im Silberlicht
mit Mosaikböden, goldnem Dach
in großer strahlender Welt.

Ich laß meine Träume in silberluft,
denn gewandet in Gold und Blau
wird verkörpert und hold auf Erden gehn
Die lebenden Wahrheit von Dir.[286]

Anhang II: Glossar

Ananta	Unendlich
Anandam Brahma	Verwirklichung des Brahman als selbstexistierende Wonne und einer universalen Freude zu sein; der vierte Bestandteil der brahmacatustaya
Arogya	Gesundheit; Freiheit von Krankheit oder Störung (roga) im physischen System; ein Bestandteil der sariracatustaya
Ashta Siddhi	Acht Vollkommenheiten oder Verwirklichungen. (Siehe Notiz am Ende)
Bhukti	spiritueller Besitz und Genuß
Candibhava	die Kraft Kalis („Candi, die Wilde"), im Temperament offenbar; dies war ursprünglich der dritte Bestandteil der sakticatustaya; später wurde es durch den umfassenden Begriff der devibhava oder daivi prakriti ersetzt mit Mahakali bhava als einem ihrer vier Aspekte. Dieser Aspekt der devibhava behielt jedoch eine gewisse Vorrangstellung im „Record of Yoga" bei, da „die Methode, die für die Vollendung der Arbeit gewählt wurde", wesentlich Mahakali zugehört.
Hasyam	Lachen, der letzte Bestandteil der samatacatustaya: es ist ein aktiver innerer Zustand des Glücks und der Heiterkeit, der keine widerwärtige mentale oder physische Erfahrung haben kann.
Inanam Brahma	(Verwirklichung des Brahman als selbstexistentes Bewußtsein und universelles Wissen, der dritte Bestandteil der brahmacatustaya
Kama	„Verlangen". In „Records" jedoch ist der Begriff „Kama" auf seine göttliche Entsprechung beschränkt, welche, „die in der Materie offenbarte Freude Gottes", repräsentiert. „Kama" ist oft eine Abkürzung für kamananda.
Karma	Handeln, das seine Konsequenz nach sich zieht
Mukti	spirituelle Befreiung
Samadhi	yogische Trance
Saundaryam	Schönheit; physische Schönheit als ein Element der yogischen Vollkommenheit des Körpers.
Samata	Gleichmut der Seele und des Geistes allen Dingen und Ereignissen gegenüber
Shakti	Kraft, Energie; die göttliche oder kosmische Energie
Shanti	Friede, spirituelle Ruhe, die innerer Harmonie entspringt
Shuddi	Reinigung, Reinheit

Anhang II: Glossar

Siddhi	Yogische Vollkommenheit
Sraddha	Glauben an den Herrn und seine Shakti, das letzte Element der sakticatustaya
Sukha	Glück, Freude
Trikaladrsti	„Sehen der drei Zeiten"; direkte Kenntnis der Vergangenheit, Gegenwart und Zukunft; als Bestandteil der vijnanacatustaya. Wird als jnanam beschrieben, bezogen auf Tatsachen und Ereignisse der materiellen Welt. Sri Aurobindo konnte selbst die Vorhersage der trivialsten häuslichen Vorkommnisse als Übung zur Vervollkommnung dieser Kraft benützen.
Utthapana	Der Zustand, dem Druck physischer Kräfte nicht unterworfen zu sein; ein Bestandteil der sariracatustaya; der Begriff schließt das Phänomen der Levitation ein, geht aber über es hinaus. Sri Aurobindo arbeitete für die Vervollkommnung der elementaren oder grundlegenden utthapana, mit langen Zeiten ruhelosem Hin- und Herwandern in seinem Zimmer; er schließt ein „die Befreiung von Erschöpfung, Müdigkeit, Streß und ihren Folgen". Vollkommener utthapana ergibt sich aus dem kombinierten Zusammenwirken dreier physischer siddhis, laghima, mahima und anima; es ist speziell mit laghima verbunden.
Vijnana(m)	ideales Wissen, die supra-intellektuelle Fähigkeit; im Verlauf des „Record" wird die Bedeutung des vijnana immer präziser und folgt der aufsteigenden Bewegung des Yoga, sich immer mehr Sri Aurobindos entgültiger Verwirklichung der Natur des Supramentals annähernd.
Virya	Energie, Charakterstärke; Seelenkraft, sich selbst durch die vierfältige Persönlichkeit ausdrückend (brahmana, ksatriya, vaisya, sudra), ein Element der sakticatustaya.

Ashta Siddhi

Es gibt zwei siddhis des Wissens, drei der Macht und drei des Seins. Alle siddhis gibt es bereits in der Natur. Sie sind in dir. Aber wegen der gewohnheitsmäßigen Beschränkungen gebrauchst du sie mechanisch und begrenzt. Wenn man diese Beschränkungen bricht, kann man ihren bewußten und willentlichen Gebrauch erlangen. Die drei siddhis des Seins sind siddhis des Sat oder der reinen Substanz. In der Materie gebraucht Sat diese siddhis gemäß festgelegter Gesetze, aber ist selbst frei, sie nach Wunsch zu gebrauchen. Wenn man diese Freiheit ganz oder teilweise erlangen kann, heißt es, man besitzt diese drei siddhis. Sie sind Mahima einschließlich Garima, zweitens Laghima und drittens Anima.

Sat manifestiert sich als Chit, reines Bewußtsein und Chit hat zwei Aspekte – Bewußtsein und Energie, d.h. Wissen und Macht. Bewußtsein in einem materiellen Wesen kommuniziert mit demselben Bewußtsein in einem anderen materiellen Wesen durch bestimmte festgelegte Methoden wie Sprache, Gesten, Schrift usw. und unbewußte mentale Kommunikation.

Aber diese Beschränkungen sind reine Gewohnheiten [und andere Methoden sind möglich]. Ameisen z.B. kommunizieren durch Berührung und nicht durch Sprache. Bewußtsein selbst ist frei, zwischen einem Geist und einem anderen ohne physische Mittel bewußt und willentlich zu kommunizieren. Dies geschieht durch die beiden siddhis Vyapti und Prakamya.

Ebenso gibt es im Bewußtsein das Vermögen, auf andere bewußte Wesen oder sogar auf Dinge ohne physische Mittel oder Überredung oder Zwang einzuwirken. Es heißt, große Menschen können andere Menschen ihren Willen ausführen lassen durch eine Art Magnetismus – d.h. in ihren Worten, ihrem Handeln oder sogar in ihrem schweigenden Willen oder ihrer bloßen Gegenwart ist eine Kraft, die andere beeinflußt und zwingt. Diese siddhis der Macht zu besitzen, heißt, diese Chitkraft bewußt und willentlich benutzen zu können. Die drei Kräfte sind Aishwarya, Ishita, Vashita. Diese Kräfte können nur dann gänzlich erworben oder gefahrlos benutzt werden, wenn wir uns des Egoismus entledigt und uns mit dem unendlichen Willen und dem unendlichen Bewußtsein identifiziert haben. Sie werden manchmal mit Hilfe mechanischer Mittel angewandt, z.B. Mantras, tantrischen Kriyas (besonderen Methoden) usw.

Vyapti besteht darin, daß Gedanken, Gefühle usw. anderer oder jegliche Art von Wissen über Dinge außer dir als von jenen Dingen oder Personen kommend empfunden werden. Dies ist die Kraft empfangender Vyapti. Daneben gibt es die Kraft kommunikativer Vyapti, wenn du deine eigenen Gedanken, Gefühle usw. zu jemand anderem schicken oder in ihn hineinbringen kannst.

Der folgende Abschnitt entstammt derselben handschriftlichen Kopie der Sapta Chatushtaya, die für den Beginn von ‚Jnana' oben benutzt wurde. Diese Kopie nennt die kommunikative Seite Vyaptis ‚Rundfunkkommunikation' und fährt fort: ‚Was in Amutra geschieht geschieht in Iha. Was die Chit-shakti im Spirit enthüllt, versucht Maya-shakti roh und materiell im materiellen und mentalen Universum. Der spirituelle Kommunismus von Vijnana hat also seinen Schatten im materiellen und bolschewistischen Kommunismus, und die Siddhis von Vijnana werden angestrebt in drahtloser Telegraphie, Rundfunk, Telephon, Fernsehen.'

Prakamya besteht darin, daß du mental oder physisch auf jemanden oder etwas blickst und wahrnimmst, was sich in dieser Person oder dieser Sache befindet: Gedanken, Gefühle, Tatsachen über sie usw. Es gibt auch ein Prakamya, das nicht mental ist sondern sinnlich. Es kann Gerüche, Laute, Berührungen, Geschmäcker, Lichter, Farben und andere Sinnesobjekte wahrnehmen, die für gewöhnliche Menschen entweder überhaupt nicht wahrnehmbar sind oder sich jenseits des Bereichs deiner gewöhnlichen Sinne befinden.

Vashita bedeutet, deinen Willen auf eine Person oder ein Objekt zu konzentrieren, um sie zu kontrollieren.

Anhang II: Glossar

Aishwarya bedeutet, daß du den Willen ohne eine solche Konzentration oder Kontrolle betätigst und gemäß diesem Willen Dinge geschehen und Leute handeln.

Ishita heißt, du hast ohne etwas zu wollen lediglich den Wunsch oder das Bedürfnis oder ein Gefühl, daß etwas sein sollte und es kommt zu dir oder geschieht.

Mahima ist unbehinderte Kraft in mentaler oder physischer Macht. Im Physischen zeigt sie sich in abnormer Kraft, die nicht muskulär ist und sich sogar zur Fähigkeit entwickeln kann, Größe und Gewicht usw. des Körpers zu vermehren.

Laghima ist eine ähnliche Kraft der Leichtigkeit, d.h. Freiheit von allem Druck oder Niederziehendem im mentalen, pranischen oder physischen Wesen. Durch Laghima kann man Müdigkeit und Erschöpfung beseitigen und die Schwerkraft überwinden. Er ist die Grundlage von Utthapana.

Anima ist die Kraft, die Atome der subtilen oder groben Materie (Sukshma oder Sthula) von ihren gewöhnlichen Begrenzungen zu befreien. Durch sie kann man physischen Streß oder Schmerz beseitigen oder den Körper sogar so leicht machen wie man will. Es heißt, daß sich Yogis durch diese Kraft unsichtbar und unverletzbar machten oder den Körper von Verfall und Tod befreiten.

(Aus einer erklärenden Notiz Sri Aurobindos, veröffentlicht in Sri Aurobindo Archives and Research, Vol. 10, No.1, pp. 10-12.)

Anhang III

(Ausgewählte Abschnitte über Höheres Mental, Illuminiertes Mental, Intuition, Übermental und Supramental)

Unser erster entscheidender Schritt aus unserer menschlichen Intelligenz, unserer normalen Mentalität heraus ist ein Aufstieg in ein Höheres Mental, ein Mental, das keine Mischung von Licht und Dunkelheit oder Zwielicht mehr ist, sondern außerordentliche Klarheit des Geistes. Seine Grundsubstanz ist ein Empfinden, das unser Wesen mit machtvoller vielfältiger Dynamik vereint, die eine Menge von Aspekten der Erkenntnis, von Methoden des Handelns, von bedeutungsvollen Formen des Werdens und allem gestalten kann, von dem es ein spontanes inneres Wissen besitzt. Darum ist es eine Macht, die vom Übermental ausgeht – aber das Supramental als letzten Ursprung besitzt –, von dem all die höheren Mächte herrühren. Ihr besonderer Charakter, ihre Bewußtseins-Aktivität, wird aber vom Denken beherrscht. Das Höhere Mental ist ein erleuchtetes Denk-Mental, das Mental eines aus dem Geist geborenen begrifflichen Erkennens. Der Charakter dieses größeren Mentals des Wissens ist eine All-Bewußtheit, die der ursprünglichen Identität entspringt. Sie besitzt die Wahrheiten, die die Identität in sich enthält. Sie erfaßt sie rasch, unwiderstehlich und vielfältig. Sie formuliert und realisiert ihre Wahrnehmungen wirksam durch die Selbst-Macht der Idee. Diese Art der Kenntnisnahme ist die unterste Stufe, die aus der ursprünglichen spirituellen Identität hervortritt, bevor die trennende Erkenntnis, die Grundlage der Unwissenheit, einsetzt. Darum ist sie auch die erste, die wir antreffen, wenn wir aus dem begrifflichen, durch die Vernunft bestimmten Mental, unserer bisher best-organisierten Erkenntnismacht innerhalb der Unwissenheit, in die Bereiche des Geistes emporsteigen. Das Höhere Mental ist der eigentliche spirituelle Urheber unserer begrifflichen mentalen Ideenbildung. Darum ist es natürlich, daß die bisher führende Macht unserer Mentalität, wenn sie über sich hinauskommt, zu ihrem unmittelbaren Ursprung weitergeht.[287]

So wie die Macht des spirituellen Höheren Mentals und seine Ideen-Kraft bei ihrem Eintritt in unsere Mentalität modifiziert und verringert wird, reicht sie nicht aus, alle diese Widerstände wegzufegen und ein gnostisches Wesen zu erschaffen. Sie kann aber eine erste Umwandlung und eine Veränderung zuwege bringen, die einen weiteren Aufstieg und ein machtvolles Herabkommen ermöglicht. Sie kann die weitere Integration des Wesens in eine höhere Kraft von Bewußtsein und Wissen vorbereiten.

Diese größere Kraft ist die des Erleuchteten Mentals, das nicht mehr ein Mental des höheren Denkens, sondern ein solches spirituellen Lichtes ist. Hier weicht die Klarheit der spirituellen Intelligenz, ihr ruhiges Tageslicht einer Strahlkraft, einem Glanz und einer Erleuchtung des Geistes: Ein Feuerwerk von Blitzen der spirituellen Wahrheit und Macht bricht von oben her in das Bewußtsein ein. Es fügt der ruhigen weiten Erleuchtung und dem gewaltigen Herabströmen von Frieden, die das Wirken des umfassenderen begrifflich-spirituellen Prinzips charakterisieren oder begleiten, die feurige Glut der Verwirklichung und eine leidenschaftliche Ekstase des Wissens hinzu. Dieses Wirken wird im allgemeinen vom Herabströmen eines innerlich sichtbaren Lichtes umhüllt. Denn hier ist zu beachten, daß, im Unterschied zu unseren gewöhnlichen Auffassungen, Licht nicht in erster Linie eine materielle Schöpfung ist. Das Empfinden oder die Schau von Licht, die die innere Erleuchtung begleiten, sind nicht nur ein subjektives visuelles Abbild oder ein symbolisches Phänomen: Licht ist in erster Linie eine spirituelle erleuchtende und schöpferische Manifestation der Göttlichen Wirklichkeit. Materielles Licht ist dessen Folgeerscheinung, seine Repräsentation oder Umwandlung in Materie für die Zwecke der materiellen Energie. Bei dieser Herabkunft tritt auch eine größere Dynamik ein, ein „goldenes Drängen", ein lichtvoller *Enthusiasmus* von innerer Kraft und Macht, der den verhältnismäßig langsamen und bedächtigen Prozeß des Höheren Mentals durch das rasche, manchmal heftige, beinahe gewalttätige Ungestüm einer rapiden Umwandlung ersetzt.[288]

Diese beiden Stufen des Aufstiegs können sich ihrer Autorität nur dann erfreuen und ihre vereinte Vollständigkeit erlangen, wenn sie sich auf eine dritte Stufe beziehen. Denn von den höheren Gipfeln her, wo das intuitive Wesen daheim ist, beziehen sie das Wissen, das sie in Denken und Schau verwandeln und uns zur Umwandlung des Mentals herabbringen. Intuition ist eine Bewußtseins-Macht, die dem ursprünglichen Wissen durch Identität nähersteht und mit ihm inniger verwandt ist. Sie ist immer etwas, das unmittelbar der verborgenen Identität entspringt. Wenn das Bewußtsein des Subjekts auf das Bewußtsein im Objekt trifft, es durchdringt und die Wahrheit dessen, das es berührt, sieht, fühlt und mit ihr schwingt, springt die Intuition wie ein Funke oder ein Blitz aus diesem Zusammenprall über. Es kann auch zu einem solchen Hervorbrechen eines intuitiven Lichtes kommen, wenn das Bewußtsein, auch ohne ein solches Zusammentreffen, in sich hineinschaut und unmittelbar und innig die Wahrheit oder die Wahrheiten fühlt, die es dort gibt; oder wenn es die Kräfte berührt, die hinter den äußeren Erscheinungen verborgen sind. Ferner wird der Funke, der Lichtstrahl oder das Aufflammen einer inneren Wahrheits-Wahrnehmung in ihren Tiefen entzündet, wenn das Bewußtsein der Höchsten Wirklichkeit oder der spirituellen Wirklichkeit von Dingen und Wesen begegnet und mit ihr durch innigen Kontakt Einung erfährt. Diese nahe Wahrnehmung ist mehr als ein Schauen, mehr als ein Begreifen. Sie ist das Ergebnis einer eindringenden und offenbarenden Berührung, die in sich als Teil ihrer selbst oder als natürliche Folge das Schauen und Begreifen enthält. Eine verborgene oder schlummernde Identität, die sich noch nicht ganz wiedergefunden hat, erinnert sich durch die Intuition an alles, was sie enthält, oder sie übermittelt uns ihre eigenen Inhalte, die innere Unmittelbarkeit ihres Selbst-Fühlens und ihrer Selbst-Schau der Dinge, ihr Licht der Wahrheit und ihre überwältigende automatische Gewißheit.[289]

Intuition besitzt eine vierfache Macht: die Macht offenbarender Wahrheits-Schau; die Macht der Inspiration oder des Wahrheits-Vernehmens; die Macht, die Wahrheit zu ergreifen oder unmittelbar ihre Bedeutung zu erfassen, die der gewöhnlichen Art verwandt ist, wie sie in unsere mentale Intelligenz eingreift; schließlich das Vermögen, die geordnete, exakte Beziehung von einer Wahrheit zur anderen wahrhaft und automatisch zu unterscheiden, – das sind vier wirksame Mächte der Intuition. Darum kann Intuition die gesamte Tätigkeit der Vernunft durchführen, einschließlich der Funktion der logischen Intelligenz, die die richtige Beziehung der Dinge untereinander und die rechte Beziehung von Idee zu Idee auszuarbeiten hat. Sie tut das aber durch ihren eigenen höheren Prozeß und mit Schritten, die weder versagen noch straucheln. Außerdem hebt sie empor und verwandelt in die eigene Substanz nicht nur das Mental des Denkens, sondern auch Herz, Leben, die Sinne und das physische Bewußtsein: Sie alle haben schon ihre intuitiven Kräfte, die aus dem verborgenen Licht abgeleitet sind. Die von oben herabkommende reinere Macht kann sie sämtlich in sich aufnehmen und jenen tieferen Auffassungen des Herzens und Lebens und den Ahnungen des Körpers eine höhere Vollständigkeit und Vollkommenheit verleihen. Sie kann so das ganze Bewußtsein in den Stoff der Intuition umwandeln. Denn sie bringt ihre eigene größere strahlende Bewegung hinein in den Willen, in die Gefühle, in die Lebens-Impulse, die Bestätigung der Sinne und die Sinnlichkeit, in das eigentliche Wirken des Körper-Bewußtseins. Sie prägt sie um in das Licht und die Macht der Wahrheit und erleuchtet ihr Wissen und ihre Unwissenheit. So kann eine gewisse Integration stattfinden. Ob das aber die totale Integration ist, hängt davon ab, in welchem Maß das neue Licht fähig ist, das Unterbewußte emporzuheben und in die fundamentale Unbewußtheit einzudringen. Hier mögen das intuitive Licht und seine Macht an der Erfüllung ihrer Aufgabe dadurch behindert sein, daß es nur der Rand eines delegierten und modifizierten Supramentalen ist, aber nicht in vollem Umfang die Fülle oder den Körper des Identitäts-Wissens mit sich bringt. Die Basis des Unbewußten in unserer Natur ist zu riesig, zu tief und zu fest, als daß sie völlig durchdrungen, in Licht umgewandelt und durch eine niedere Macht der Wahrheits-Natur transformiert werden könnte.

Der nächste Schritt des Aufstiegs bringt uns zum Übermental. Die Wandlung der Intuition kann nur Einführung zu dieser höheren spirituellen Eröffnung sein. Wir haben aber gesehen, daß das Übermental, auch wenn es selektiv und in seinem Wirken nicht total ist, dennoch eine Macht des kosmischen Bewußtseins, ein Prinzip globalen Wissens ist, das eine delegiertes Licht aus der supramentalen Gnosis in sich trägt. Darum ist es nur dann möglich, daß wir in das Übermental aufsteigen, und dieses zu uns herabkommt, wenn wir uns in das kosmische Bewußtsein ausweiten. Es genügt nicht, wenn sich der Einzelne intensiv nach diesen Höhen hin öffnet. Zum vertikalen Aufstieg zu den Gipfeln des Lichts muß eine umfassende horizontale Ausdehnung des Bewußtseins in die Totalität des Geistes hinzukommen. Zumindest muß das innere Wesen durch seine tiefere und weitere Bewußtheit bereits das vordergründige Mental und seinen begrenzten Horizont ersetzt haben. Es muß gelernt haben, in einer weiten Universalität zu leben. Sonst werden die Übermental-Schau der Dinge und die Übermental-Dynamik keinen Raum finden, in den sie eingehen, und in dem sie ihre dynamischen Maßnahmen wirksam machen können. Kommt das Übermental herab, wird die Vorherrschaft des zentralisierenden Ich-Sinnes völlig untergeordnet. Er geht in der großen Weite des Wesens verloren und wird zuletzt ausgemerzt. An seine Stelle sind eine weite kosmische Wahrnehmung und das Gefühl eines grenzenlosen universalen Selbst und dessen Bewegung getreten. Viele der vorherigen ego-zentrischen Regungen mögen noch fortdauern; sie treten aber nur als Strömungen und Wellengekräusel in der kosmischen Weite auf. Das Denken scheint zumeist nicht mehr individuell im Körper oder in der Person zu entstehen, es manifestiert sich von oben her oder es kommt auf den komischen Mental-Wellen zu uns herein. Alle innere individuelle Schau der Dinge oder die Intelligenz ist jetzt eine Enthüllung oder Erleuchtung dessen, was gesehen oder begriffen wird. Der Ursprung des Enthüllten liegt aber nicht in unserem abgesonderten Selbst, sondern im universalen Wissen. Ähnlich werden die Gefühle, Emotionen, Sinnesempfindungen als Wellen derselben kosmischen Unermeßlichkeit gefühlt, die sich an unserem subtilen oder materiellen Körper brechen, auf die das individuelle Zentrum der Universalität entsprechend reagiert. Denn der Körper ist nur ein kleiner Stützpunkt oder noch weniger: ein Beziehungspunkt für eine ungeheure kosmische Instrumentation. Mag sein, daß in dieser grenzenlosen Weite nicht nur das abgesonderte Ich, sondern jedes Empfinden von Individualität, selbst von einer untergeordneten und instrumentalen Individualität, gänzlich verschwindet. Übrig bleiben allein das kosmische Sein, das kosmische Bewußtsein, die kosmische Seligkeit, das Spiel der kosmischen Kräfte. Wird dann dort, wo das personale Mental, das Leben, und der Körper war, die Seligkeit oder das Zentrum der Kraft gefühlt, geschieht das nicht mit dem Empfinden der Persönlichkeit. Vielmehr ist das ein Feld der Manifestation. Dieses Empfinden tiefer Freude und des Wirkens der Kraft bleibt nicht auf die Person oder den Körper begrenzt, sondern kann an allen Punkten in einem unbegrenzten Bewußtsein von Einheit gefühlt werden, das überall hindringt.

Es kann viele Formulierungen des Übermental-Bewußtseins und seiner Erfahrung geben. Denn das Übermental ist ungemein formbar und ein Feld vielfacher Möglichkeiten. Anstelle des Empfindens, daß es sich ohne Zentrum und ohne Raumgebundenheit verstreut, können wir das Universum in uns selbst und als uns selbst erfahren. Aber auch hier ist das Selbst nicht das Ich. Es ist die Ausdehnung eines freien und rein wesenhaften Selbst-Bewußtseins. Oder es ist eine Identifizierung mit dem All. Diese Ausdehnung oder Identifizierung konstituiert ein kosmisches Wesen, ein universales Individuum. In dem einen Zustand des kosmischen Bewußtseins gibt es das Individuum, das in den Kosmos eingeschlossen ist, sich aber mit allem im Kosmos, mit den Dingen und Wesen, mit Denken und Empfinden, Freude und Kummer der anderen identifiziert. Im anderen Zustand schließen wir die Wesen in uns selbst und ihr Leben als einen Teil unseres eigenen Wesens ein. Oft gibt es keine Regel oder Lenkung der gewaltigen Bewegung, sondern ein freies Spiel der universalen Natur, auf das das frühere personale Wesen mit passiver Hinnahme oder dynamischer Identifizierung antwortet, während der Geist frei und unbeeinträchtigt bleibt von jedweder Gebundenheit an die Reaktionen dieser Passivität oder dieser universalen und apersonalen Identifizierung und dieses Mitempfindens. Wird aber der Einfluß des Übermentals stark und sein Wirken vollständig, kann integrales Empfinden einer Lenkung, einer völligen Unterstützung oder allbeherrschenden Gegenwart und Führung durch das kosmische Selbst, den *ishvara*, eintreten und normal werden. Es kann auch ein besonderes Zentrum offenbart und geschaffen werden, das dem physischen Wesen überlegen ist und es beherrscht. In der Tatsächlichkeit des Daseins ist es individuell, in unserem Fühlen ist es aber apersonal. Wir erkennen es als etwas, das dem Wirken eines Transzendenten und Allumfassenden Wesens als Werkzeug dient. Geht dieses zentralisierende Wirken bei seinem Übergang zum Supramental weiter, dann führt das zur Entdeckung des wahren Individuums, das das tote Ich ersetzt. Dieses Seiende ist in seinem Wesen eins mit dem Höchsten Selbst, in seiner Ausweitung eins mit dem Universum und doch kosmisches Zentrum und Peripherie für ein spiritualisiertes Wirken des Unendlichen.

Das sind die allgemeinen ersten Ergebnisse. Sie schaffen die normale Grundlage für das Übermental-Bewußtsein im entwickelten spirituellen Wesen. Doch sind seine unterschiedlichen Formen und Entwicklungen unzählbar. Wir erfahren das so wirkende Bewußtsein als ein Bewußtsein von Licht und Wahrheit; als Macht, Kraft und Aktion voller Licht und Kraft; als Ästhetik, ein Empfinden von Schönheit und Seligkeit, universal und vielfältig in Einzelheiten; als Erleuchtung im Ganzen und in allen Dingen, in einer einzigen Bewegung und in allen Bewegungen; als ständige Ausweitung und ein Spiel von Möglichkeiten, das unendlich, auch in seiner Menge von Bestimmungen unendlich und unbestimmbar ist. Wenn die Macht einer ordnenden Übermental-Gnosis eingreift, kommt es zu einer kosmischen Struktur des Bewußtseins und Handelns. Sie gleicht aber nicht den starren mentalen Strukturen. Sie ist plastisch, organisch, sie kann wachsen, sich entfalten und bis ins Unendliche ausdehnen. Alle spirituellen Erfahrungen werden mit emporgenommen. Sie werden für die neue Natur zur Gewohnheit und normal. Emporgehoben werden auch alle wesenhaften Erfahrungen, die zum Mental, Leben und Körper gehören. Sie werden spiritualisiert, umgewandelt und empfunden als Formen von Bewußtsein, Wonne und Macht des unendlichen Seins. Intuition und das erleuchtete Schauen und Denken weiten sich aus. Ihre Substanz wird zu etwas Substantiellerem, zu einer Masse, zu einer Energie; ihr Verlauf ist mehr allumfassend, global, mit vielen Facetten, weiter und stärker in seiner Wahrheits-Kraft: die ganze Natur, das Wissen, Schönheitsempfinden, Mitleiden, Fühlen, die ganze Dynamik, werden immer mehr all-umfassend, all-verstehend, all-umschließend, kosmisch, unendlich.

Die Umwandlung zum Übermental ist die letzte, alles Bisherige überhöhende Bewegung der dynamischen spirituellen Transformation. Es ist die höchst-mögliche statisch-dynamische Stufe des Geistes auf der spirituellen Mental-Ebene. Es nimmt den ganzen Inhalt der drei Stufen unter ihm empor und erhebt ihre charakteristischen Wirkweisen zu ihrer höchsten und weitesten Macht. Es verleiht ihnen dazu noch universale Ausdehnung von Bewußtsein und Kraft, harmonischen Zusammenklang von Wissen und vielfältigere Freude des Wesens. Gewisse Gründe, die in dem für es charakteristischen Zustand und in seiner Macht liegen, verhindern aber, daß es die endgültige Möglichkeit der spirituellen Evolution ist. Es ist eine, wenn auch die höchste, Macht der niederen Hemisphäre. Ist seine Grundlage auch die kosmische Einheit, so ist sein Wirken doch ein Wirken von Zertrennung und gegenseitiger Einwirkung, eine Aktivität, die vom Spiel der Vielzahl ausgeht. Sein Kräftespiel ist, wie das von allem Mental, ein Spiel der Möglichkeiten. Wenn das Übermental auch nicht mehr in der Unwissenheit, sondern in einem Wissen von den Wahrheiten dieser Möglichkeiten handelt, so arbeitet es diese doch durch unabhängige Entwicklung ihrer Mächte aus. In jeder kosmischen Formel handelt es im Einklang mit der fundamentalen Bedeutung dieser Formel; es ist keine Macht für eine dynamische Transzendenz. Hier im Erden-Leben muß es aufgrund einer kosmischen Formel wirken, deren Basis die völlige Nichtbewußtheit ist, die davon herrührt, daß sich Mental, Leben und Materie von ihrer Quelle und ihrem höchsten Ursprung getrennt haben. Das Übermental kann diese Zertrennung überbrücken bis zu dem Punkt, da das separative Mental in das Übermental eingeht und zu einem Teil seines Wirkens wird. Es kann das individuelle Mental mit dem kosmischen Mental auf seiner höchsten Ebene vereinen. Es kann das individuelle Selbst mit dem kosmischen Selbst gleichstellen und der Natur ein allumfassendes Wirken verleihen. Es kann aber das Mental nicht über sich selbst hinausheben und in dieser Welt der ursprünglichen Unbewußtheit nicht die Transzendenz kraftvoll entfalten. Denn allein das Supramental ist das höchste, selbst-bestimmende Wirken der Wahrheit und die unmittelbare Macht, die jene Transzendenz manifestieren kann. Wenn also das Wirken der evolutionären Natur hier enden würde, könnte das Übermental, das das Bewußtsein bis zu dem Punkt einer unendlichen erleuchteten Universalität und eines organisierten Spiels dieser weiten und machtvollen spirituellen Bewußtheit höchsten Seins, Kraft-Bewußtseins und Entzückens emporgetragen hat, nur dadurch fortschreiten, daß es die Pforten des Geistes in die obere Hemisphäre hinein öffnet und einen Willen aufbringt, der es der Seele ermöglicht, aus ihrer kosmischen Gestaltung weiterzugehen zur Transzendenz.[290]

Das Supramental als Schöpfer

Hier helfen uns die geheimnisvollen Verse des Veda, denn sie enthalten, wenn auch verborgen, die Botschaft vom göttlichen und unsterblichen Supramental, und durch die Verhüllung kommen einige erleuchtende Strahlen zu uns. Durch diese Äußerungen hindurch können wir den Begriff dieses Supramentals erkennen als unermeßliche Weite jenseits der gewöhnlichen Horizonte unseres Bewußtseins, in denen die Wahrheit des Wesens in lichtvoller Weise eins ist mit allem, das sie zum Ausdruck bringt, und unausweichlich sicherstellt die Wahrheit von Schau, Formulierung, Anordnung, Wort, Akt und Bewegung und darum auch die Wahrheit der Ergebnisses der

Bewegung, des Ergebnisses von Aktion und Ausdruck, unfehlbarer Anordnung oder Gesetz. Unbegrenztes Allumgreifendsein, lichtvolle Wahrheit und Harmonie des Seienden in dieser Unendlichkeit, nicht vages Chaos oder selbst-verlorene Finsternis, Wahrheit von Gesetz, Wirken und Erkenntnis, die diese harmonische Wahrheit des Seienden zum Ausdruck bringen: das scheinen die wesentlichen Begriffe der Beschreibung im Veda zu sein. Die Götter sind in ihrer höchsten geheimen Wesensart Mächte dieses Supramentals, aus ihm geboren, in ihm thronend als in ihrem eigentlichen Heim, in ihrem Wissen „Wahrheits-bewußt" und bei ihrem Handeln im Besitz des „Seher-Willens". Ihre bewußte Kraft, dem Wirken und Erschaffen zugewandt, ist im Besitz und wird gelenkt von einem vollkommenen und unmittelbaren Wissen dessen, das getan werden muß, von dessen Wesen und Gesetz, – einem Wissen, das eine vollwirksame Willens-Macht bestimmt, die in ihrem Verfahren oder in ihrem Ergebnis nicht abirrt oder schwankt, sondern spontan und unumgänglich das im Wirken zum Ausdruck und zur Erfüllung bringt, was in der Vision geschaut wurde. Hier ist Licht geeint mit Kraft, die Schwingungen des Erkennens mir dem Rhythmus des Wollens, und beide sind vollkommen ohne Suchen, Tasten oder Bemühen eins mit dem gesicherten Ergebnis. Diese göttliche Natur hat eine doppelte Macht, eine spontane Selbst-Formulierung und Selbst-Anordnung, die in natürlichster Weise aus der Wesenhaftigkeit der geoffenbarten Sache strömt und ihre ursprüngliche Wahrheit ausdrückt, sowie eine Selbst-Kraft von Licht, die der Sache selbst eingeboren und die Quelle ihrer spontanen, unbeirrbaren Selbst-Anordnung ist.

Hier gibt es untergeordnete aber wichtige Einzelheiten. Die vedischen Seher scheinen von zwei ursprünglichen Fähigkeiten der „wahrheitsbewußten" Seele zu sprechen. Das sind Sehen und Hören, womit unmittelbare Betätigungen eines eingeborenen Wissens gemeint sind, die als Wahrheits-Schau und Wahrheits-Hören beschrieben werden und von weit her in unserer Mentalität durch die Fähigkeiten der Offenbarung und Eingebung reflektiert werden. Außerdem scheint in den Wirkensweisen des Supramentals unterschieden zu werden zwischen einem Wissen durch ein verstehendes und durchdringendes Bewußtsein, das der subjektiven Erkenntnis durch Identität sehr nahekommt, und einem Wissen durch projizierendes, gegenüberstellendes und wahrnehmendes Bewußtsein, das der Anfang objektiver Kenntnisnahme ist. Das sind die vedischen Andeutungen. Aus diesen alten Erfahrung können wir den Hilfsbegriff „Wahrheits-Bewußtsein" übernehmen, um den Begriffsinhalt des elastischen Ausdrucks Supramental abzugrenzen.[291]

Anhang IV

Bemerkungen zur yogischen Psychologie
von Sri Aurobindo und Mutter

(a)

Alle Methoden des Yoga sind spezielle psychologische Prozesse, gegründet auf einer festgelegten Wahrheit der Natur und entwickeln sich aus normalen Funktionen, Kräften und Ergebnissen, die immer latent vorhanden waren, aber die ihre gewöhnlichen Bewegungen nicht leicht oder nicht oft manifestieren. Jedes spezialisierte System des Yoga wählt eine oder zwei oder mehrere Fähigkeiten menschlicher Psychologie und benützt sie als ihre Instrumente, entwickelt sie, reinigt sie und wendet durch sie eine gewisse spezielle Methode der Konzentration auf das Objekt an, das realisiert werden soll. Im integralen Yoga werden alle Mächte und Fähigkeiten kombiniert, entwickelt und gereinigt, und eine fortschreitende integrale Konzentration wird auf das Objekt der integralen Perfektion gerichtet.

Die erste Etappe im integralen Yoga ist, unser ganzes bewußtes Wesen in Beziehung und Kontakt zu bringen mit allem, das wir als wahr, gut und schön ansehen, und allem, das wir für perfekt und göttlich halten. In der zweiten Etappe vollzieht sich eine weite, volle und daher mühevolle Vorbereitung von all dem, was wir in unserer gewöhnlichen, niederen Natur sind, um bereit zu sein, die höhere Natur zu empfangen und zu werden. Erst im dritten und letzten Stadium, das sehr beschleunigt und leuchtend sein kann, vollzieht sich die eventuelle Transformation und Perfektion, die das Objekt des integralen Yoga ist.

Das Zentrum unseres gewöhnlichen Bewußtseins ist das Ego, das unsere fundamentale Wesenheit zu sein scheint, aber das sich bei näherer Analyse nur als Empfinden und Zentrum eines begrenzten Bewußtseins entpuppt, das sich irrtümlich als selbst-existent betrachtet. Wir sind uns dieses Egos bewußt als die oberflächliche Wunschseele, die in unseren vitalen Verlangen, unseren Gefühlen, ästhetischen Fähigkeiten und mentalen Suchen nach Macht, Wissen und Glück strebt. Die egoistische Unwissenheit im Mental des Denkens, im Herz der Gefühle und Sinne, antwortet auf die Berührung von Dingen nicht mit einer mutigen und ganzherzigen Umarmung der Welt, sondern durch eine Flut von Zugreifen und Zurückschrecken, vorsichtigen Annäherungen oder ungeduldigem Vorwärtsstürmen und verdrießlicher oder unzufriedener Panik oder Ärger, je nach dem, ob die Berührung gefällt oder mißfällt, wohltut oder alarmiert, befriedigt oder nicht befriedigt. Wir identifizieren uns mental, vital, physisch mit diesem oberflächlichen Ego-Bewußtsein, das unsere erste hartnäckige Selbst-Erfahrung ist.

Solange wir mit dem, was wir gewöhnlich sind, zufrieden sind und auch zufrieden mit unserer Runde von Bewegungen in unserer komplexen Masse von mentalen, nervösen und physischen Gewohnheiten, die von wenigen vorherrschenden Ideen, Wünschen und Assoziationen zusammengehalten werden, sind wir nicht bereit für das bewußte Abenteuer des Yoga. Denn kein Yoga kann erfolgreich verfolgt und ausgeübt werden ohne ein starkes Erwachen der Notwendigkeit eines höheren spirituellen Bewußtseins und eines größeren und göttlicheren Wesens. Das Individuum kann durch viele Wege zur Notwendigkeit einer größeren, spirituellen Existenz erweckt werden. Wie Sri Aurobindo aufzeigt:

> Die zu dieser tiefen und weiten Umwandlung aufgerufene Seele kann auf verschiedene Weise zum Ausgangspunkt des Weges gelangen. Sie mag durch ihre eigene natürliche Entwicklung, die sie unbewußt zum Aufwachen hinleitete, dorthin kommen. Sie kann das auch durch den Einfluß einer Religion oder die Anziehungskraft einer Philosophie erreichen. Sie nähert sich ihm etwa durch eine langsame Erleuchtung; oder sie schwingt sich infolge einer plötzlichen Berührung oder durch eine Erschütterung dorthin empor. Es kann auch sein, daß sie durch den Druck äußerer Umstände oder durch eine innere Notwendigkeit darauf gestoßen oder dorthin geführt wird, etwa durch ein einziges Wort, das die Siegel des Mentals zerbricht, oder es kann durch eine lange Reflexion geschehen, durch das ferne Beispiel eines Menschen, der diesen Pfad gegangen ist, oder durch täglichen Kontakt und Einfluß. Der Ruf zur neuen Geburt wird im Einklang mit der Natur und den Umständen kommen.[292]

Aber dieser Ruf muß unterschieden werden von einer bloßen Idee oder einem intellektuellen Suchen nach etwas Höherem. Dieser Ruf ist wahrhaftig eine Entscheidung von Mental und Seele und hat als Ergebnis eine völlige und wirksame Selbsthingabe. Dieser Ruf ist eine vereinende gezielte Geisteshaltung des Wesens. Denn Yoga beabsichtigt einen revolutionären Bewußtseinswandel, und so ein großer Wandel kann nicht durch einen zwiespältigen Willen erreicht werden oder durch einen geringen Aufwand von Energie oder durch ein zögerndes Mental. Mit Sri Aurobindos Worten:

> Wer das Göttliche sucht, muß sich Gott weihen und Gott allein.[293]

(b)

Die ersten Schritte im Yoga bereiten uns ernstliche Schwierigkeiten und Hindernisse. Wir beginnen in uns selbst zu schauen und werden der außerordentlichen Komplexität unseres eigenen Wesens gegenübergestellt, der anregenden aber auch ärgerlichen Vielfalt unserer Persönlichkeit, „der reichen, unaufhörlichen Konfusion der Natur". Die beunruhigendste Entdeckung ist herauszufinden, daß jeder Teil von uns seine eigene komplexe Individualität und Natur-Struktur hat, unabhängig vom Übrigen; weder stimmt er mit sich selbst überein, noch mit anderen, noch mit dem repräsentativen Ego. Wir finden, daß wir nicht aus einer, sondern aus mehreren Persönlichkeiten bestehen, und jede hat ihre eigenen Forderungen und abweichende Natur. Wir entdecken, daß wir ein grob zusammengesetztes Chaos sind, und wir sind dazu aufgerufen, das Prinzip einer göttlichen Ordnung einzuführen.

Wenn wir beginnen mehr und mehr innen zu leben, fangen wir an herauszufinden, daß wir nicht in uns selbst bestehen, wir leben nicht wirklich abgetrennt in innerer Abgeschiedenheit oder Einsamkeit. Wir finden, daß die scharfe Abgetrenntheit unseres Egos nur eine starke Auferlegung und Täuschung war, daß ein großer Teil von anderen oder aus der Umgebung zu uns kommt. Wir entdecken auch, daß es andere Welten und ihre Wesen und Mächte und Einflüsse gibt, und daß es über uns und um uns herum andere Bewußtseinsebenen, Mental-Ebenen, Lebens-Ebenen, subtilphysische Ebenen gibt, von denen unser Leben und unser Handeln hier genährt werden oder sich nähren, gedrängt, beherrscht oder benützt werden für die Manifestation ihrer Formen und Kräfte. Wie Sri Aurobindo sagt:

> All das müssen wir berücksichtigen, mit ihm umgehen und wissen, was der geheime Stoff unserer Natur ist, welche Motivkräfte sie konstituieren und aus ihr hervorgehen. In alledem sollen wir ein göttliches Zentrum, eine wahre Harmonie und eine lichtvolle Ordnung schaffen.[294]

(c)

Wenn wir uns mit der Komplexität unserer Natur auseinandersetzen wollen, wäre es äußerst hilfreich, Klarheit über die verschiedenen Bestandteile unserer Komplexität zu haben. Die drei wesentlichen Teile unserer gewöhnlichen Natur bezeichnet Sri Aurobindo als das Mental, Vital und Physische.

Das Mental selbst ist in drei Teile geteilt: das denkende Mental, das dynamische Mental und das veräußerlichende Mental. Das Vital wird in drei Teile geteilt: das emotionale Vital, das zentrale Vital und das niedere Vital. Das Physische bezieht sich auf das materielle oder physische Bewußtsein und den physischen Körper.

Das denkende Mental beschäftigt sich mit Ideen und Wissen in ihrem eigenen Recht. Es räsoniert und nimmt wahr mit Ideen der Unendlichkeit, Ewigkeit, Einheit, Identität und Selbst-Widerspruch. Es überlegt und findet den Wert der Dinge heraus.

Das dynamische Mental ist damit beschäftigt mentale Kräfte zur Realisation der Idee hervorzubringen. Das externalisierende Mental ist mit dem Ausdruck von Ideen und Wissen und mentalen Kräften im Leben beschäftigt, nicht nur durch Sprache, sondern durch jede Form, die er geben kann.

Das emotionale Vital ist der Sitz von verschiedenen Gefühlen, wie Liebe, Freude, Trauer, Haß usw. Das zentrale Vital ist der Sitz von stärkeren vitalen Verlangen und Reaktionen, wie Ehrgeiz, Stolz, Furcht, Ruhmsucht, Anziehungen und Abstoßungen, Sehnsüchten und Passionen verschiedener Arten und das Feld vieler vitaler Energien. Das niedrige Vital ist beschäftigt mit kleinen Wünschen und Gefühlen, wie Eßlust, sexuellem Verlangen, kleinen Vorlieben, Abneigungen, Eitelkeit, Streitigkeiten und Lobsucht, Ärger beim Gescholtenwerden, kleinen Wünschen aller Art – und ein Gastgeber zahlloser anderer Dinge.

Das physische Bewußtsein ist mechanisch und wiederholend im Charakter, und es beschränkt sich auf rein körperliche Bedürfnisse, und gerade dieses Bewußtsein besteht auf dem Mental, um das Zeugnis physischer Wahrnehmungen und physischer Wahrnehmungsorgane zu suchen. Das reine Körperbewußtsein ist weitgehend unterbewußt und unbewußt.

(d)

Diese drei, das Mental, das Vital und das Physische sind in der Vielfalt unseres Wesens miteinander verbunden. Als Ergebnis ist in uns, was Sri Aurobindo das Mental-Vital (das vitale Mental), das Mental-Physische (das physische Mental), das Vital-Mental, Vital-Physische und das Physische-Vital nennt. Das Mental-Vital oder das vitale Mental ist das Mental, das den vitalen Wünschen und vitalen Gefühlen zu Diensten steht. Es ist eine Art Vermittler zwischen vitalem Gefühl, Verlangen, Impuls usw. und dem eigentlichen Mental. Es drückt Verlangen, Gefühle, Empfindungen, Leidenschaften, Ergeiz, besitzergreifende und aktive Tendenzen des Vitals aus und gießt sie in mentale Formen. Argumente zur Unterstützung vitaler Regungen, wie alle Arten von Rationalisierungen zu finden, ist auch eine Aktivität des Mental-Vitals oder des vitalen Mentals. Andere Aktivitäten schließen lediglich Vorstellungen oder Träume von Größe, Glück usw. ein, in denen der Mensch oft schwelgt. Das Mental-Vital oder das vitale Mental plant oder träumt oder stellt sich vor, was getan werden könnte. Es macht Formationen für die Zukunft, die der Wille versuchen kann auszuführen, wenn Möglichkeit oder Umstände günstig werden, oder es kann sogar dafür arbeiten, sie günstig zu gestalten. Im Mann der Tat ist diese Fähigkeit hervorstechend und ein Führer ihrer Natur; große Männer der Aktion haben sie in hohem Maße. In einem niedrigeren Stadium des Mental-Vitals, erheben sich vitale Leidenschaften, Impulse und Verlangen und dringen in das reine Denken und umnebeln oder verzerren es. Das Mental-Vital (oder das vitale Mental) sollte vom dynamischen Mental unterschieden werden. Während das Mental-Vital begrenzt ist durch vitale Anschauung und Empfindungen der Dinge, ist es das dynamische Mental nicht, denn es handelt durch die Idee und den Verstand.

Das emotionale Vital und das zentrale Vital werden manchmal zusammengenommen und als höheres Vital bezeichnet, im Gegensatz zum niedrigen Vital, das sich mit niedrigen Bewegungen der Aktion und Verlangen beschäftigt und sich in das Vital-Physische erstreckt. Das Vital-Physische ist das Vital im Dienst des Physischen. Es ist das nervliche Wesen und es beherrscht all die kleinen täglichen Reaktionen auf äußere Dinge. Es beherrscht auch Reaktionen der Nerven und des Körperbewußtseins und spiegelt Gefühle und Empfindungen wieder; es motiviert viel der gewöhnlichen Handlungen des Menschen und verbindet sich mit den niedrigeren Teilen des eigentlichen Vitals, indem es Lust, Eifersucht, Ärger und Gewalttätigkeit usw. hervorruft. In seinen niedrigsten Teilen, wo es vital-materiell genannt werden kann, ist es der Agent der Leidenschaft, physischer Krankheit usw.

Das Physische-Vital unterstützt das Leben der äußerlicheren Tätigkeiten und alle physischen Empfindungen, Hunger, Verlangen, Befriedigungen. Es ist voller Verlangen, Gier und Vergnügungssucht auf der physischen Ebene.

Das Vital-Physische liegt unter dem Mental-Physischen, aber oberhalb des materiellen. Sie durchdringen sich jedoch gegenseitig. Die Körper-Energie ist eine Manifestation von materiellen Kräften, unterstützt durch eine vital-physische Energie, die die vitale Energie ist, in die Materie gestürzt und durch sie bedingt.

Das Mental-Physische oder das physische Mental ist das Mental im Dienst des Physischen. Es ist das Mental, bedingt durch das Physische, und es ist auf physische Objekte und Ereignisse festgelegt, sieht und versteht nur sie und geht mit ihnen um, entsprechend ihrer eigenen Natur, aber kann nur unter Schwierigkeiten auf die höheren Kräfte antworten. Sich selbst überlassen ist es skeptisch gegenüber der Existenz supra-physischer Dinge, von denen es keine direkte Erfahrung hat, und zu denen es keinen Schlüssel finden kann. Das physische Mental durch das Bewußtsein der höheren spirituellen und supramentalen Ebenen zu erleuchten, ist eines der wichtigen Ziele des integralen Yoga, ebenso wie es der größte Teil der menschlichen Selbstentwicklung, Zivilisation und Kultur ist, es zu erleuchten durch die Macht der höheren vitalen und mentalen Elemente des Wesens.

Der grobe materielle Teil hat auch ein eigenes Bewußtsein, das Bewußtsein, das den Gliedmaßen, Zellen, Geweben, Drüsen und Organen eigen ist. Dieses Bewußtsein zu erleuchten, und es zu einem direkten Instrument der höheren Ebenen und der göttlichen Bewegung zu machen, ist, was in Sri Aurobindos Yoga mit dem Bewußtmachen des Körpers gemeint ist – das heißt, voll von einem wahren, erwachten und antwortenden Gewahrsein, anstatt seines eigenen obskuren, begrenzten Halb-Unterbewußtseins.

(e)

Das Unterbewußte liegt unter der Ebene des Mental und des bewußten Lebens, unterlegen und obskur, und beinhaltet die rein physischen und vitalen Elemente unseres konstituierenden körperlichen Wesens, unmentalisiert und unbeobachtet durch das Mental und in ihrem Handeln nicht durch es kontrolliert. Es kann angenommen werden, daß es das körperliche Mental beinhaltet, das Mental oder das dumpfe okkulte Bewußtsein, dynamisch aber von uns nicht empfunden, das in den Zellen und Nerven und dem ganzen körperlichen Stoff wirkt, und ihre Lebens-Prozesse und automatischen Erwiderungen anpaßt. Das Mental der Zellen kann vom Mental-Physischen oder vom physischen Mental unterschieden werden. Das Mental-Physische ist das Mental im Dienste des Physischen, wohingegen das Mental der Zellen das Bewußtsein ist, das in den Zellen arbeitet. Es ist etwas wie das verborgenen Mental der Sinne, das sehr stark in den Tieren und im Pflanzenleben arbeitet, aber auch unterhalb unserer bewußten Natur auf verborgene Weise am Werk ist.

Nach Sri Aurobindo ist ein Eintauchen in das Unterbewußte nicht sicher, wenn wir nicht genügend bereit sind, und es würde uns nicht helfen dieses Gebiet zu erforschen, denn das würde uns in Zusammenhanglosigkeit führen oder in Schlaf oder dumpfe Trance oder komaartige Erstarrung. Zuerst müssen wir uns mit all dem beschäftigen, dessen wir uns bewußt sind, und erst, wenn ein guter Teil an Harmonie unseres bewußten Wesens erreicht ist und ein Anstieg zu höheren Ebenen unseres Bewußtseins, wird es leichter und sicherer mit dem Unterbewußten umzugehen. Je höher wir uns erheben, je größer ist die Fähigkeit, die wir erlangen, mit dem Niedrigen umzugehen. Das Tiefere und das Höhere haben Beziehungen und das höchste Überbewußte und das niedrigste Unbewußte sind sich im bestimmten Sinn am nächsten. Das niedrigste Unbewußte kann nur durch die höchsten Kräfte des supramentalen Bewußtseins wirksam bearbeitet und transformiert werden. Wie Sri Aurobindo erklärt:

> Das Unbewußte ist eine umgekehrte Reproduktion des höchsten Überbewußten. Es besitzt die gleiche Absolutheit von Wesen und automatischem Wirken, aber in einer unermeßlichen Trance eingeschlossen – ein Wesen, das sich in sich selbst verloren hat, das in seinen eigenen Abgrund von Unendlichkeit gestürzt ist ... In allen materiellen Dingen wohnt eine stumme und involvierte Real-Idee [Unbewußtheit], eine substantielle und selbst-wirksame Intuition, ein augenloses, genau begreifendes Erkennen, eine automatische Intelligenz, die ihre nicht-ausgedrückten und nicht-gedachten Konzeptionen ausarbeitet, eine blind-sehende Sicherheit des Schauens, eine dumpf-unfehlbare Sicherheit unterdrückten Fühlens, das in Empfindungslosigkeit gekleidet ist, die alles bewirkt, was bewirkt werden soll. Dieser ganze Zustand und diese Wirksamkeit des Unbewußten entsprechen ganz deutlich demselben Zustand und derselben Wirksamkeit des reinen Überbewußten. Sie sind aber übertragen in die Begriffe der Selbst-Verfinsterung statt des ursprünglichen Selbst-Lichtes.[295]

Im evolutiven Prozeß, wie von Sri Aurobindo erklärt, scheint das Unbewußte der Beginn einer Aufwärtsbewegung zu sein hin zum Auftauchen des Unterbewußten, des Bewußten und des Überbewußten, aber das Unterbewußte, das Bewußte und das Überbewußte tauchen aus dem Unbewußten auf, da sie bereits darin involviert sind. Evolution ist im Wesentlichen eine Erhöhung der Kraft des Bewußtseins im manifestierten Wesen, so daß es erhoben werde in die größere Intensität des noch Unmanifestierten. In diesem evolutiven Prozeß steht unser bewußtes Wesen als ein Zwischen-Glied, das weder unbewußt noch überbewußt ist. Unser Bewußtsein nimmt normalerweise alles, was unterbewußt und alles, was überbewußt ist, nicht wahr. Es ist sich nur gewisser Handlungen des Physischen, Vitalen und Mentalen bewußt, und derer sogar nur in ihren äußeren und offenen Aktivitäten und Manifestationen. Denn hinter unseren bewußten physischen, vitalen und mentalen Handlungen gibt es, nach Sri Aurobindo, ein tieferes, inneres Bewußtsein, in dessen Details wir schauen müssen.

(f)

Das innere Bewußtsein kann tatsächlich das subliminale Bewußtsein genannt werden, denn es ist hinter der Schwelle unseres äußeren Bewußtseins. Es schließt die weite Aktion unseres inneren Mentals, innerer Intelligenz und inneren Sinnes-Mental, des inneren Vital und eines inneren subtilphysischen Wesens mit ein, das unser Wach-Bewußtsein aufrecht erhält und umfaßt, aber nicht in den Vordergrund gebracht wird.

Unser subliminales Wesen ist nicht, wie unser Oberflächen-Wesen ein Ergebnis der Energie des Unbewußten. Es ist ein Treffpunkt des Bewußtseins, das durch Evolution von unten aufsteigt und des Bewußtseins, das von oben zur Involution herabstieg. Hier ist ein Bewußtsein, das die Fähigkeit des direkten Kontaktes mit dem Universalen hat, unterschiedlich vom meist indirekten Kontakten, die unser Oberflächen-Wesen mit dem Universum unterhält durch das Sinnen-Mental und die Sinne:
Wie Sri Aurobindo erklärt:

Hier gibt es innere Sinne, eine subliminale Sicht, Berührung, Hören; diese subtilen Sinne sind aber eher Kanäle für das unmittelbare Bewußtsein, die das innere Wesen von den Dingen hat, als daß sie es informieren: Das Subliminal hängt hinsichtlich seiner Erkenntnis nicht von seinen Sinnen ab. Diese geben seiner unmittelbaren Erfahrung von Objekten nur eine Form. Sie übertragen nicht, wie im wachen Mental, Formen von Objekten zwecks Dokumentation. Sie sind auch nicht Ausgangspunkt oder Grundlage einer indirekten konstruktiven Erfahrung. Das Subliminal hat das Eintrittsrecht für die mentalen, vitalen und subtilphysischen Ebenen des allumfassenden Bewußtseins. Es ist nicht auf die materielle Ebene und die physische Welt begrenzt. Es besitzt Mittel, mit den Welten des Wesens in Verbindung zu treten, die das Herabkommen zur Involution bei seinem Durchgang erschuf, und ebenso mit allen entsprechenden Ebenen oder Welten, die sich etwas erhoben haben oder konstruiert wurden, um dem Zweck des Wiederaufstiegs aus dem Unbewußten in das Überbewußte zu dienen. In diesen weiten Bereich inneren Daseins ziehen sich unser Mental und unser vitales Wesen zurück, wenn sie aus den vordergründigen Aktivitäten zurücktreten in Form von Schlaf, einer nach innen zurückgezogenen Konzentration oder durch ein Sich-Versenken in Trance.[296]

Die Intelligenz des subliminalen Wesens bewahrt die genaue Form und Beziehung aller seiner Wahrnehmungen und Erinnerungen und kann ihre Bedeutung sofort erfassen. Ihre Wahrnehmungen sind nicht begrenzt auf die dürftige Ernte der physischen Sinne, sondern reichen weit darüber hinaus und gebrauchen, wie allerlei telepathische Phänomene bezeugen, einen subtilen Sinn, dessen Grenzen zu weit sind, um leicht festgelegt zu werden. Die Beziehungen zwischen dem Oberflächen-Willen oder Impuls und dem subliminalen Drang sind nicht angemessen studiert worden, außer in Bezug zu ungewöhnlichen und unorganisierten Manifestationen und in Bezug zu gewissen morbiden anormalen Phänomenen des kranken menschlichen Geistes. Aber wenn wir unsere Beobachtung weit genug verfolgen, werden wir finden, wie Sri Aurobindo zeigt, daß Erkenntnis und Wille oder impulsive Kraft des inneren Wesens wirklich hinter dem ganzen bewußten Werden stehen. Das Letztere repräsentiert nur einen Teil seiner geheimnisvollen Anstrengung und Leistung, die erfolgreich an die Oberfläche unseres

Lebens steigt. Unser inneres Wesen zu kennen, ist nach Sri Aurobindo der erste Schritt zu wirklicher Selbsterkenntnis. Es gibt einen inneren Sinn in der subliminalen Natur, ein subtiler Sinn von Sehen, Hören, Berührung, Geruch und Geschmack. Dieser innere Sinn kann Bilder schaffen oder darstellen Töne, die mehr symbolisch als aktuell sind oder die Möglichkeiten in Formation, Vorschlägen, Gedanken, Ideen, Absichten anderer Wesen, auch bildhafte Formen von Mächten oder Möglichkeiten in der universalen Natur repräsentieren. Es ist tatsächlich das Subliminal in der Realität und nicht das äußere Mental, das die Kräfte der Telepathie, zweite Sicht oder andere abnormale Fähigkeiten besitzt. Die Fähigkeiten dieses subliminalen Sinns tragen ungeheuer zu unserem möglichen Bereich des Wissens bei und weiten die engen Grenzen, in denen unser sinn-gebundenes äußeres physisches Bewußtsein begrenzt und gefangen ist.

Eine der wichtigeren Vermögen dieses subliminalen Niveaus ist es, in direktem Kontakt des Bewußtseins mit anderem Bewußtsein oder Objekten zu treten, ohne äußere Instrumente zu handeln durch einen wesentlichen Sinn, der seiner eigenen Substanz innewohnt; durch eine direkte mentale Vision, durch ein direktes Gefühl für die Dinge, sogar durch ein enges Umhüllen und intimes Durchdringen und eine Rückkehr mit den Inhalten dessen, was umhüllt oder durchdrungen ist, durch eine direktes Zeichen oder Einfluß auf die Substanz des Mental selbst, nicht durch äußere Zeichen oder Gestalten – ein offenbarender Hinweis oder ein selbst-kommunizierenden Impakt der Gedanken, Gefühle, Kräfte. Wie Sri Aurobindo erklärt:

> Durch diese Mittel erlangt das innere Wesen eine unmittelbare, intime und genaue spontane Kenntnis von Personen, Gegenständen, von den geheimen und für uns ungreifbaren Energien der Welt-Natur, die uns umgeben und in unsere eigenen Personalität, Körperlichkeit, Mental-Kraft und Lebens-Kraft eindringen.[297]

Eine noch weitere Macht des Subliminalen wird in den Umwandlungen sichtbar, die wirksam werden in unseren Handlungen mit den unpersönlichen Kräften der Welt, die uns umgibt. Mit Sri Aurobindos Worten:

> Das innere Wesen hat nicht nur einen direkten und konkreten Kontakt mit dem unmittelbaren Motiv und der Bewegung dieser universalen Kräfte und fühlt die Ergebnisse ihres gegenwärtigen Wirkens, sondern es kann auch bis zu einem gewissen Grad ihr künftiges Wirken voraussehen. In unseren subliminalen Schichten gibt es eine stärkere Macht, die Zeit-Schranken zu überwinden, das Empfinden oder Fühlen für die Schwingungen kommender Ereignisse oder entfernter Geschehnisse zu haben, sogar in die Zukunft zu schauen.[298]

Es muß jedoch bemerkt werden, daß, obwohl das subliminale Bewußtsein uns weitere Möglichkeiten des Wissens und Handelns eröffnet, viel sicherer und viel wesentlicher als unser äußeres physisches, vitales und mentales Bewußtsein, das subliminale Bewußtsein nicht weniger als unser äußeres

Bewußtsein eine Mischung aus Wissen und Unwissen ist, und es sowohl falscher wie wahrer Wahrnehmung fähig ist, so wie es eine wahre Auffassung hat. Es mag auch bemerkt werden, daß das dem subliminalen Wesen eigene Wissen nicht vollkommen ist. Nach Sri Aurobindo muß Wissen, um wahr und vollständig zu sein, ein Wissen durch Identität sein. Das subliminale Wissen ist ein Wissen durch direkten Kontakt aber kein Wissen durch Identität. Deshalb ist ein tieferes und höheres Bewußtsein nötig, um die Mängel und Mischungen aus Unwissenheit und Wissen zu heilen, das wir auf dem Niveau des subliminalen Bewußtseins erreichen.

(g)

Noch tiefer hinter dem subliminalen Bewußtsein liegt nach Sri Aurobindo die psychische Wesenheit und ihre stellvertretenden Seelen-Personalitäten, die unser individuelles Leben, Geist und Körper stützt. Die Beziehung zwischen dieser Wesenheit und anderen Teilen unseres Wesens wird von Sri Aurobindo folgendermaßen erklärt:

> Dort existiert tatsächlich eine Seelen-Personalität, die diese seelische Wesenheit repräsentiert. Sie ist in uns schon ausgestaltet. Sie läßt in unserem natürlichen Wesen ein es verfeinerndes seelisches Element hervortreten. Dieser feinere Faktor ist aber in unserer normalen äußeren Form noch nicht vorherrschend und übt nur begrenzte Wirkung aus. Unsere Seele ist noch nicht der offenkundige Lenker und Meister unseres Denkens und Handelns. Um sich ausdrücken zu können, muß sie sich auf die mentalen, vitalen und physischen Instrumente stützen. Dabei wird sie ständig von unserem Mental und unserer Lebenskraft überwältigt. Kann unsere Seele aber einmal in ständiger Kommunion mit ihrer eigenen umfassenderen verborgenen Wirklichkeit verbleiben – und das kann nur geschehen, wenn wir tief in unsere subliminalen Schichten eindringen –, dann ist sie nicht mehr abhängig, kann sie mächtig und souverän werden, ist sie mit echtem spirituellen Verständnis für die Wahrheit der Dinge und mit spontanem Unterscheidungsvermögen ausgestattet, das die Wahrheit von allem Falschen der Unwissenheit und Unbewußtheit trennt, das Göttliche in der Manifestation vom Ungöttlichen scheidet und dadurch zum erleuchteten Lenker der anderen Befähigungen unserer Natur werden kann. Erst wenn sich dies erfüllt, kann die Wende zur integralen Transformation und Erkenntnis eintreten.[299]

Die Entdeckung des psychischen Wesens, seine Erfahrung und seine Entwicklung ist ein entscheidender Schritt im Yoga Sri Aurobindos. Dadurch geschieht es, daß wir von unserer kleinen Individualität und unserem Ego-Empfinden befreit werden, das uns an die normalen Runden unserer Begierden-Seele bindet, die keine wirkliche Seele ist, aber sich irrtümlicherweise als das Zentrum und die Einheit unserer Individualität betrachtet. Auf der anderen Seite ist die psychische Wesenheit, Sri Aurobindo zufolge, das, durch das wir bestehen und andauern als ein individuelles Wesen in der Natur. Während andere Teile unserer natürlichen Zusammensetzung nicht nur veränderlich sind, sondern auch vergänglich, bleibt die psychische Wesenheit in uns bestehen und ist fundamental immer dieselbe. Sie enthält alle wesentlichen Möglichkeiten unserer Manifestation aber ist nicht durch sie konstituiert. Es ist eine immer reine Flamme der Göttlichkeit in den Dingen, und nichts, das auf es zukommt, nichts, was in unsere Erfahrung eintritt, kann seine Reinheit beschmutzen oder die Flamme auslöschen.

Die psychische Wesenheit ist keine Entwicklung des Unbewußten, obwohl es die Evolution unseres Wesens begleitet und entsteht und sich entwickelt wie ein Funke wächst und sich zum Feuer entwickelt. Mit Sri Aurobindos Worten:

> Sie ist eine aus dem Göttlichen Wesen geborene Flamme, die als lichtvoller Bewohner der Unwissenheit in dieser so lange wächst, bis er sie in Wissen verwandeln kann. Sie ist der verborgene Zeuge, die Aufsicht, der geheime Lenker, der Dämon des Sokrates, das innere Licht oder die innere Stimme des Mystikers. Dieses psychische Wesen überdauert uns unzerstörbar von Geburt zu Geburt, unberührt durch Tod, Verfall oder Verderben, ein unauslöschlicher Funke Göttlichen Wesens.[300]

In seinem unentwickelten Stadium wird das psychische Wesen Seele genannt. Die entwickelte Seele wird angemessen psychisches Wesen genannt. Das psychische Wesen wird auch zentrales Wesen genannt für die Zwecke der Evolution, denn es wächst und entwickelt sich, und gerade es kann eine harmonische Integration der mentalen, vitalen und physischen Persönlichkeit bewirken. Die Bezeichnung „zentrales Wesen" wird auch für Jivatman, das individuelle Selbst, gebraucht, der ungesehen der Evolution vorsteht und dessen Stellvertreter das psychische Wesen in der manifestierten Natur ist. Der Jivatman wurde von Sri Aurobindo beschrieben als „das vielfältige Göttliche, hier manifestiert als das individualisierte Selbst oder der Geist des geschaffenen Wesens." Der Jivatman verrändert sich nicht oder entwickelt sich nicht in seiner Essenz, sondern steht oberhalb der persönlichen Evolution. Innerhalb der Evolution selbst, wie oben erwähnt, wird er durch das sich entwickelnde psychische Wesen repräsentiert, das den ganzen Rest der Natur unterstützt. Der Jivatman wird vom Atman oder Paramatman unterschieden. Atman oder das Selbst ist transzendental und universal (Paramatman, Atman). Wenn es individualisiert ist und ein zentrales Wesen wird, dann ist es der Jivatman. Der Jivatman fühlt seine Einheit mit dem Universalen, aber wird gleichzeitig zentral erfahren als ein Teil des Göttlichen.

Mit anderen Worten ist das zentrale Wesen der Jivatman, das selbst ungeboren ist, aber der individuellen Evolution vorsteht. Die Seele ist der Repräsentant des zentralen Wesens. Sie ist ein Funke des Göttlichen, die individuelle Existenz in der Natur unterstützend. Als bewußte Form der Seele wächst das psychische Wesen im Evolutionsprozeß. Die Seele unterstützt die Natur in ihrer Evolution durch aufsteigende Grade, aber ist selbst keines dieser Dinge. Wenn das innerste Wissen sich zu entwikkeln beginnt, werden wir uns des psychischen Wesens in uns gewahr, und es tritt als Führer unseres Yoga hervor. Wir werden auch den Jivatman gewahr, das ungeteilte Selbst oder der Geist oberhalb der Manifestation, dessen Repräsentant hier das psychische Wesen ist.[301]

Nach Sri Aurobindo hat das psychische Wesen (auch bekannt als Chaitya Purusha) eine spontane Aspiration zur Öffnung der ganzen niedrigen Natur, des Mental, Vitals und des Körpers zum Göttlichen, für die Liebe und Vereinigung mit dem Göttlichen, für seine Gegenwart und Macht im Herz, für die Transformation des Mentals, Lebens und Körpers, durch den Herabstieg des höheren Bewußtseins in unsere Natur. Diese Aspiration des psychischen Wesens ist essentiell und unabkömmlich für die Fülle des integralen Yoga. Wenn das Psychische seine Aspiration dem Mental, Vital und Körper auferlegt, dann streben auch sie, und das wird als Aspiration vom Niveau des niedrigeren Wesens empfunden. Das Suchen des niedrigeren Wesens ist notwendigerweise zuerst vermischt und unterdrückt vom gewöhnlichen Bewußtsein; es wird jedoch durch die Praktik des Yoga klar, beständig, stark und ausdauernd.

Im integralen Yoga ist es nötig eine klare Idee und Wahrnehmung der verschiedenen Ebenen und Teile des Wesens zu haben, und jeder Teil muß in sich die Wahrheit vom Psychischen oder von oben bekommen. Über dem mentalen Bewußtsein liegt das Überbewußtsein, das auch verschiedene Grade hat, die bis zum Supramentalen Bewußtsein und höchsten integralen Göttlichen führen. Die vom Psychischen her wirkende und ins Überbewußtsein herabsteigende Wahrheit wird immer mehr die Aktion der verschiedenen Teile unseres Wesens harmonisieren, obwohl die vollkommene Harmonie nur durch die supramentale Erfüllung kommen kann.

(h)

In der yogischen Psychologie von Sri Aurobindo und der Mutter wird das Wort „superconscient" (überbewußt) benützt, um die Ebenen oberhalb unserer gegenwärtigen Ebene der Wahrnehmung, namentlich derer des höheren Mentals, erleuchteten Mentals, intuitiven Mentals, Übermentals, Supramentals und die anderen Höhen des reinen spirituellen Wesens miteinzuschließen. Ein grundlegendes Empfinden und Wissen der Einheit ist die allgemeine Charakteristik aller Grade des Überbewußten. Sie sind nicht nur Bewußtseinszustände, sondern auch Grade des Seins und der Macht. In Sri Aurobindos Worten:

> In sich selbst sind diese Stufen Stufen der Energie-Substanz des Spirits: Weil wir sie nach ihrem besonders hervortretenden Charakter, ihren Mitteln und der Macht an Wissen unterscheiden, dürfen wir nicht annehmen, sie seien nur eine Methode oder ein Weg des Wissens oder eine Befähigung, eine Macht der Erkenntnis. Sie sind Bereiche des Wesens, Grade von Substanz und Energie des spirituellen Wesens, Felder des Seins. Jede ist eine Ebene der universalen Bewußtseins-Macht, die sich in

einem höheren Zustand konstituiert und organisiert. Sobald die Mächte eines Grades vollständig in uns herabkommen, wird davon nicht nur unser Denken und Wissen beeinflußt, sie berühren und durchdringen die Substanz und den eigentlichen Kern unseres Wesens und Bewußtseins, alle seiner Zustände und Aktivitäten; diese können umgeformt und völlig neu gestaltet werden. Jede neue Stufe dieses Aufstiegs bedeutet darum allgemeine, wenn nicht totale Umwandlung des Wesens in ein neues Licht und in das Vermögen höheren Seins.[302]

Das höhere Mental ist ein Mental, das nicht länger einer Mischung aus Licht und Dunkelheit oder Halblicht unterworfen ist. Seine Grundsubstanz ist ein einheitliches Empfinden des Seins mit einer machtvollen vielfältigen Dynamisierung, fähig zu der Formation vielfältiger Aspekte des Wissens, Handlungsweisen, Formen und Bedeutungen des Werdens, und in all diesen ist ein spontan angelegtes Wissen. Sein spezieller Charakter, seine Aktivität des Bewußtseins, wird vom Denken beherrscht. Es ist, Sri Aurobindo zufolge, ein leuchtendes Gedanken-Mental, „ein Mental des geistgeborenen Begriffs-Wissens". Es kann sich frei in einzelnen Ideen ausdrücken, aber seine charakteristischste Bewegung ist eine ganzheitliche Ideenbildung, ein System oder eine Totalität der Wahrheitssuche mit einer einzigen Anschauung, die Beziehungen von Idee zu Idee, von Wahrheit zu Wahrheit, sind nicht durch Logik etabliert, sondern bestehen vorher und tauchen schon selbstgesehen im integralen Ganzen auf. Große Aspekte der Wahrheit kommen in den Blick des höheren Mental, und die Strukturen der Sicht können sich ständig ausdehnen in größere Strukturen, oder einige von ihnen verbinden sich zu einem provisorischen größeren Ganzen auf dem Weg zu einer noch nicht erreichten Integralität. Am Ende steht eine große Totalität der erkannten und erfahrenen Wahrheit, aber dennoch immer noch eine Totalität, die einer unbegrenzten Vergrößerung fähig ist, denn die Aspekte des Wissens sind unbegrenzt.

Wenn wir über das höhere Mental hinausgehen – es mag auch Wahrheits-Gedanke genannt werden – gibt es nach Sri Aurobindo, einen Erleuchtungsinstinkt, mit einer angewachsenen Macht und Intensität und treibenden Kraft, ein Leuchten der Natur der Wahrheits-Sicht mit Gedankenformulierung als eine geringere und abhängige Aktivität. Wenn wir, wie Sri Aurobindo darlegt, die Aktion des höheren Mental mit einem stetigen Sonnenschein vergleichen, kann das Wissen des darüber befindlichen erleuchteten Mentals als ein Ausgießen von massiven Blitzen einer flammenden Sonnensubstanz angesehen werden.

Oberhalb des erleuchteten Mentals liegt das intuitive Mental. Es hat noch eine größere Macht der Wahrheits-Kraft, eine intime und genaue Wahrheits-Vision, Wahrheits-Gedanke, Wahrheits-Empfinden, Wahrheits-Aktion. Das erleuchtete Mental arbeitet nicht vorrangig durch Denken, sondern durch Vision, und das intuitive Mental ist mehr als Sicht, mehr als Konzeption. Intuition ist eine Macht des Bewußtseins, die dem ursprünglichen Wissen durch Identität näher und intimer ist; wenn das Bewußtsein des Subjekts das Bewußtsein des Objekts trifft, es durchdringt und sieht, fühlt oder mit der Wahrheit dessen, was es kontaktiert, vibriert, springt die Intuition wie ein Funke oder Blitzstrahl heraus durch den Schock des Treffens. Die intuitive Wahrnehmung ist das Ergebnis eines durchdringenden und offenbarenden Berührens, das in sich Sicht und Konzeption als Teil seiner selbst trägt oder als seine natürliche Konsequenz. Nach Sri Aurobindo hat Intuition eine vierfache Macht. Um seine eigenen Worte zu gebrauchen:

> Intuition besitzt eine vierfache Macht: eine Macht offenbarender Wahrheits-Schau; eine Macht der Inspiration oder des Wahrheits-Vernehmens; die Macht die Wahrheit zu ergreifen oder unmittelbar ihre Bedeutung zu erfassen, die der gewöhnlichen Art verwandt ist, wie sie in unsere mentale Intelligenz eingreift; schließlich das Vermögen, die geordnete, exakte Beziehung von einer Wahrheit zur anderen wahrhaft und automatisch zu unterscheiden, – das sind die vier wirksamen Mächte der Intuition.[303]

Aber das intuitive Licht und die intuitive Macht sind dennoch nur der Rand eines abgesandten und modifizierten Supramentals, und bringt nicht die ganze Masse oder den ganzen Körper des Identitäts-Wissens hinein.

Am Ursprung des intuitiven Mentals steht, nach Sri Aurobindo, ein überbewußtes kosmisches Mental in direktem Kontakt mit dem Supramental. Dieses kosmische Mental, ist kein Mental wie wir es kennen, sondern mit den Worten Sri Aurobindos:

> ... ein Übermental, das wie mit den weiten Schwingen einer schöpferischen Überseele diese ganze niedere Hemisphäre von Wissen-Unwissenheit bedeckt, sie mit jenem größeren Wahrheits-Bewußtsein verbindet, wobei es jedoch zugleich mit seinem brillanten goldenen Lid das Antlitz der noch höheren Wahrheit vor unserem Blick verbirgt. Mit seiner Flut unendlicher Möglichkeiten wirkt es zwischen beiden Hemisphären zugleich als Hindernis gegen und als Übergang für unser Suchen nach dem spirituellen Gesetz unseres Daseins, seinem höchsten Ziel, seiner geheimen Wirklichkeit.[304]

Das Übermental ist das okkulte Verbindungsglied. Es ist die Kraft, die gleichzeitig das höchste Wissen und die kosmische Unwissenheit trennt und verbindet.

Nach Sri Aurobindo übermittelt das Supramental dem Übermental alle seine Wirklichkeiten, aber überläßt es ihm, sie in einer Bewegung zu formulieren. Aber diese Formulierung wird durch das Übermental vollbracht durch ein Gewahrsein der Dinge, das nach Sri Aurobindo, noch eine Wahrheits-Vision ist, zur selben Zeit jedoch ein erster Erzeuger der Unwissenheit.

Die Aktion des Supramentals mit der des Übermentals vergleichend, sagt Sri Aurobindo:

Die Vollständigkeit des Supramentals hält immer an der wesenhaften Wahrheit der Dinge fest, wobei die totale Wahrheit und die Wahrheit ihrer individuellen Selbst-Beziehung deutlich miteinander verknüpft sind. Diese supramentale Vollständigkeit bewahrt in ihnen eine untrennbare Einheit und läßt sie einander völlig durchdringen, wobei alle ein freies und volles Bewußtsein voneinander haben. Im Übermental hingegen ist diese Vollständigkeit nicht mehr vorhanden. Dennoch ist sich das Übermental der wesenhaften Wahrheit der Dinge wohl bewußt. Es umfaßt die Totalität, es verwendet die individuellen Selbstbestimmungen, ohne durch sie eingeengt zu sein. Aber obwohl es ihre Einheit kennt und diese in spiritueller Erkenntnis realisieren kann, wird es in seiner dynamischen Bewegung nicht unmittelbar von ihr festgelegt, während es sich um seiner Sicherheit willen zugleich auf sie verläßt. Die Übermental-Energie wirkt sich aus durch eine unbegrenzte Fähigkeit, die Mächte und Aspekte der integralen, unteilbaren, alles umgreifenden Einheit von einander zu trennen und wieder miteinander zu verbinden. Sie nimmt jeden Aspekt, jede Macht an und gibt ihnen ein unabhängiges Wirken, in dem sie volle gesonderte Bedeutung zu erwerben und sozusagen ihre eigene Schöpfungswelt herauszuarbeiten fähig sind. ... Im Übermental ist diese Gesondertheit zugleich noch auf die Basis einer inbegriffenen, zugrundeliegenden Einheit gestellt. Alle Möglichkeiten von Verbindungen und Beziehungen zwischen den getrennten Mächten und Aspekten, jeder Austausch und alle gegenseitigen Einwirkungen ihrer Energien sind frei organisiert, und ihre Verwirklichung ist immer möglich.[305]

Oberhalb des Übermentals liegt das vollständige supramentale Bewußtsein. Wenn das übermentale Bewußtsein global im Charakter ist, ist das supramentale Bewußtsein integral. Das übermentale Bewußtsein wird von Sri Aurobindo mit einer Sonne verglichen, und ihr System leuchtet in einer ursprünglichen Dunkelheit des Raumes und erhellt alles so weit seine Strahlen reichen können, so daß alles, was im Licht wohnt, fühlt als gäbe es gar keine Dunkelheit in seiner Existenz-Erfahrung. Aber außerhalb dieser Sphäre oder Ausdehnung der Erfahrung wäre die ursprüngliche Dunkelheit noch da. Im supramentalen Bewußtsein gibt es andrerseits eine Fülle von Licht und es kann, wenn es so will, alles integral erleuchten. Das supramentale Wissen wird von Sri Aurobindo auch als Wahrheits-Bewußtsein bezeichnet, denn es ist gleichzeitig die Selbst-Wahrnehmung des Unendlichen und Ewigen und eine Macht der Selbst-Bestimmung, die der Selbst-Wahrnehmung innewohnt. Wie Sri Aurobindo sagt:

Im Supramental sind Wesen, Bewußtsein des Wissens und Bewußtsein des Willens nicht so voneinander getrennt, wie sie in unseren mentalen Prozessen erscheinen. Dort sind sie eine Dreieinigkeit, eine einzige Bewegung mit drei wirksamen Aspekten. Jeder von ihnen hat seine eigene Wirkung: Wesen wirkt sich als Substanz aus. Bewußtsein hat den Effekt von Wissen, der selbstlenkenden und gestaltenden Idee, von innerem und äußerem Wahrnehmen. Wille bringt die sich selbst erfüllenden Kraft hervor. Die Idee ist aber nur das Licht der Wirklichkeit, die sich selbst erleuchtet; sie ist weder mentales Denken noch Phantasie, sondern wirksames Selbst-Innesein. Sie ist Real-Idee.[306]

Nach Sri Aurobindo beginnt das Supramental mit Einheit nicht mit Trennung. Es ist vor allem umfassend, Unterscheidung ist nur eine sekundäre Aktion. Deshalb zeigt Sri Aurobindo, daß, was immer auch die ausgedrückte Wahrheit des Wesens ist, die Idee genau zu ihr korrespondiert, die Willenskraft zur Idee, und das Ergebnis zum Willen. Im Supramental stößt sich die Idee nicht an anderen Ideen, der Wille oder die Kraft nicht an anderen Willen oder Kräften wie im Menschen und seiner Welt. Das Supramental ist mit den Worten Sri Aurobindos:

> Es gibt nur ein einziges unermeßlich weites Bewußtsein, das alle Ideen als seine eigenen in sich enthält und miteinander in Beziehung setzt. Es gibt nur den einen ungeheuer starken Willen, der alle Energien als seine eigenen in sich enthält und zueinander in Beziehung setzt. Er hemmt diese Energien und treibt jene vorwärts, jedoch im Einklang mit seinem eigenen im voraus konzipierenden Ideen-Willen.[307]

Das supramentale Bewußtsein ist nach Sri Aurobindo auf das höchste Bewußtsein des zeitlosen Unendlichen gegründet, aber besitzt auch das Geheimnis der Entfaltung der unendlichen Energie in der Zeit. Mit Sri Aurobindos Worten:

> Es kann seinen Stand entweder im Zeitbewußtsein einnehmen und das zeitlose Unendliche als Hintergrund höchsten ursprünglichen Seins festhalten, aus dem es sein organisierendes Wissen, Wollen und Handeln empfängt. Es kann auch, in seinem wesenhaften Sein zentriert, zwar im Zeitlosen, aber auch in zeitlicher Manifestation leben; diese empfindet und sieht es als unendlich und als dasselbe Unendliche. So kann es in dem einen Zustand das hervorbringen, fördern und entfalten, was es im anderen in höchster Vollkommenheit festhält.[308]

Aber dieses geeinte und unendliche Zeit-Bewußtsein und diese Vision und dieses Wissen sind, nach Sri Aurobindo, der Besitz des supramentalen Wesens in seiner eigenen höchsten Licht-Region und sind nur vollkommen auf den höheren Ebenen der supramentalen Natur. Aber das menschliche Mental, das sich in das Supra-Mental entwickelt, muß durch verschiedene Ebenen gehen, und in seinem Anstieg und seiner Ausdehnung mag es viele Veränderungen und verschiedene Arten der Kräfte und Möglichkeiten seines Zeit-Bewußtseins und Zeit-Wissens erfahren.

(i)

Der Übergang vom Niedrigen zum Höheren ist das Ziel des Yoga. Dieser Übergang mag stattfinden durch das Abweisen des Niedrigen und eine Flucht zum Höheren. Diese Flucht ist die gewöhnliche Anschauung. Aber der Übergang durch die Transformation des Niedrigen und seine Entwicklung zur höheren Natur ist das Ziel des integralen Yoga Sri Aurobindos und der Mutter. Dieser Übergang und diese Transformation sind ein komplexer Prozeß, eine tiefgreifende Evolution und Revolution des Wesens beinhaltend.

Zuerst vollzieht sich ein Anstieg zur nächst höheren Entwicklungsstufe. Dem folgt ein Herabstieg der Kräfte von der höheren Stufe zur niedrigeren, wodurch die niedrigere gereinigt und entwickelt und aufwärtsgehoben wird. Gleichzeitig vollzieht sich eine Erweiterung der Fähigkeiten und Kräfte des schon erreichten höheren Niveaus, das wieder vorbereitend ist für einen noch höheren Entwicklungszustand. Und dieser Prozeß ist eine lange und immer fortschreitende Kurve, sich auf und abbewegend, von Stufe zu Stufe fortschreitend bis unsere menschliche Natur supramentalisiert ist, in einem schnellen und leuchtenden göttlichen Fortschreiten kulminierend. In dem folgenden Abschnitt Sri Aurobindos haben wir eine kurze Beschreibung des ganzen Prozesses:

> Erst muß sich eine Wandlung nach innen vollziehen, ein nach Innengehen, um das innerste psychische Wesen zu finden und es nach vorne zu bringen, gleichzeitig das innere Mental, innere Vital, die inneren physischen Teile der Natur entschlüsselnd. Als nächstes ist ein Aufstieg nötig, eine Serie von Umwandlungen nach oben und ein nach unten Wenden zu den niedrigeren Teilen. Wenn man die innere Wandlung durchgemacht hat, beseelt man die ganze niedere Natur, um sie vorzubereiten für die göttliche Wandlung. Wenn man nach oben geht, übersteigt man das menschliche Mental, und bei jeder Stufe des Aufstiegs vollzieht sich eine Umwandlung in ein neues Bewußtsein und ein Eindringen dieses neuen Bewußtseins in die ganze Natur. Indem wir so über den Intellekt hinausgeht, durch das illuminierte Mental zum intuitiven Bewußtsein, beginnen wir auf alles nicht mit dem Intellekt oder durch den Intellekt als Instrument zu sehen, sondern aus einer größeren intuitiven Höhe und durch einen intuitiven Willen, Gefühl, Empfindung, Fühlen und physischen Kontakt. Indem wir so von Intuition zu einer größeren übermentalen Höhe gelangen, vollzieht sich eine neue Wandlung, und wir sehen und erfahren alles vom übermentalen Bewußtsein und durch das Mental, Herz, Vital und Körper, aufgeladen mit dem übermentalen Gedanken, Sicht, Wille, Fühlen, Empfinden, Kräftespiel und Kontakt. Aber die letzte Umwandlung ist die supramentale, denn wenn einmal – wenn einmal die Natur supramentalisiert ist, sind wir jenseits der Unwissenheit und eine Bewußtseinsumwandlung ist nicht mehr nötig, wenn auch ein weiterer göttlicher Fortschritt, sogar eine unbegrenzte Entwicklung noch möglich sind.[309]

(j)

Das Ziel des integralen Yoga ist integrale Perfektion. Diese Perfektion schließt eine integrale Realisation des Göttlichen ein, nicht nur in seiner ununterscheidbaren Einheit, sondern auch in seiner Vielfalt der Aspekte. Es beinhaltet auch eine integrale Befreiung und die vollkommene Harmonie der Ergebnisse von Wissen, Liebe und Arbeit. Es muß auch eine integrale Reinheit und integrale Schönheit vorhanden sein. Perfektion beinhaltet Perfektion des Mentals und des Körpers, so daß die höheren Ergebnisse von Raja Yoga und Hatha Yoga in der weitesten Formulierung der Synthese, die schließlich bewirkt werden soll, enthalten sind.

Nach Sri Aurobindo und der Mutter gibt es verschiedene Elemente der Perfektion. Das erste ist eine perfekte Ausgeglichenheit, *Samata*. Es ist ein grundlegendes Gleichgewicht der Seele, während man dem Einfluß und dem Wirken der Natur begegnet. Gleichmut ist ein Bewußtseinsbegriff, der in das Ganze unseres Wesens und unserer Natur die ewige Ruhe des Unendlichen bringt.

Aber Gleichmut bedeutet nicht, wie Sri Aurobindo zeigt, eine frische Unwissenheit oder Blindheit. Es ruft nicht nach oder benötigt keine Grauheit der Vision und kein Auslöschen aller Schattierungen.

> Verschiedenheit und Abwechslung in den Ausdrucksformen bleiben bestehen. Wir werden diese Unterschiedlichkeit wertschätzen und sind dazu nun um so mehr befähigt als früher, da unser Blick noch parteiisch und irrend, durch Liebe und Haß, Bewunderung und Hohn, Sympathie und Antipathie, Hinneigung und Ablehnung getrübt war. Wir werden hinter der Verschiedenheit immer den Allumfassenden, Unveränderlichen, Einen schauen, der darin wohnt. Wir werden die weise Absicht und göttliche Notwendigkeit der besonderen Manifestation fühlen und erkennen. Zumindest werden wir, wenn sie vor unserem Blick verborgen ist, auf sie vertrauen, einerlei ob sie nach unseren menschlichen Maßstäben als harmonisch und vollkommen oder als roh, unvollendet, ja sogar als falsch und böse erscheint. [310]

Gleichzeitig müssen wir bemerken, daß tatsächlich in dieser unvollkommenen Welt alles geändert werden muß. Wir sollen Unvollkommenheit nicht als unser Ruhekissen nehmen. Wir müssen nach Perfektion streben, und wir sollen nicht das Schlechte, sondern das höchste Gut als unser universales Ziel nehmen.

> Doch sollen wir alles, was wir tun mit geistigem Verstehen und Wissen vollbringen. Wir sollen nach einem göttlichen Guten, nach der Schönheit, Vollkommenheit und der göttlichen Freude streben, nicht nach menschlichen Maßstäben in diesen Dingen.[311]

Es gibt gewisse Ähnlichkeiten von Gleichmut, die nicht fälschlicherweise für tiefe und weite spirituelle Ausgeglichenheit gehalten werden darf. Wie Sri Aurobindo zeigt:

> Dazu gehört die gleichmütige Haltung einer enttäuschten Resignation, ein Gleichmut des Stolzes oder eine unbewegten Haltung der Härte und Gleichgültigkeit. Das alles ist seiner Natur nach egoistisch. Diese Haltungen stellen sich im Laufe der Sadhana unvermeidlich ein. Sie müssen aber zurückgewiesen oder in die wahre innere Stille transformiert werden. Auf einer höheren Ebene gibt es auch den Gleichmut des Stoikers, die Ausgeglichenheit einer frommen Resignation oder eine weise Abgeschiedenheit, den Gleichmut der Seele, die über die Welt erhaben und ihrem Treiben gegenüber gleichgültig ist. Auch diese Haltungen sind unzureichend. Sie können die ersten Zugänge zum *Karma*-Yoga sein. Bestenfalls sind sie aber nur frühe Phasen der Seele oder unvollkommene mentale Vorbereitungen für unser Eingehen in das wahre, absolute Einssein des Geistes, das aus dem Selbst existiert, weit und gelassen ist.[312]

Die zweite Notwendigkeit für die Perfektion ist, alle aktiven Teile der menschlichen Natur zu dieser höheren Bedingung der Arbeitsleistung ihrer Macht und Fähigkeit (shakti) zu erheben, wodurch sie fähig werden zu wahren Instrumenten der freien, perfekten, spirituellen und göttlichen Aktion vergöttlicht zu werden. Das würde die Perfektion der Mächte und Fähigkeiten des Geistes, des Vitalen und des Physischen bedeuten. Gleichzeitig besteht die Notwendigkeit in uns die dynamische Kraft (*virya*) des Temperamentes, des Charakters und unserer innersten Seelen-Natur in uns zu vervollkommnen. Das trägt zur Macht unserer Bestandteile in Aktion bei und gibt ihnen Typ und Richtung. Unser Temperament, Charakter und Natur müssen von ihren Begrenzungen befreit werden, sie müssen erweitert und abgerundet werden, so daß die ganze Menschheit in uns die Basis einer göttlichen Menschheit werden möge. In konkreteren Ausdrücken würde es die Perfektion der vierfältigen Personalität bedeuten, die Persönlichkeit des Wissens, der Stärke, der Harmonie und Liebe und Geschicklichkeit des Dienstes. Diese Persönlichkeiten werden fortschreitend vereinigt, eine der anderen beistehend und Ineinanderübergehend, und alle eins werdend. Mit Sri Aurobindos Worten:

> Die höchste Vollendung geschieht in der größten Seele, die am meisten der Vollkommenheit fähig sind. Aber alle, die den integralen Yoga praktizieren, müssen eine weite Manifestation der vierfältigen Seelen-Macht erstreben und können sie auch erlangen.[313]

Die Vergöttlichung der perfekten Natur kann jedoch zustandekommen, indem die göttliche Macht angerufen wird, oder die shakti, um unsere begrenzte menschliche Energie zu ersetzen, so daß sie in das Bild einer größeren unendlichen Energie (*daivi prakriti, bhagavati shakti*) geformt werden kann und mit ihrer Kraft erfüllt wird. Wieder wird diese

Perfektion in dem Maße wachsen, in dem wir uns hingeben können, erst der Führung und dann der direkten Aktion dieser Macht und dem Meister unseres Seins und unserer Werke, zu dem es gehört. Für diesen Zweck ist ein Glaube wesentlich, der die große Macht unseres Wesens ist in unserem Streben nach Perfektion.

Diese vier Dinge sind die wesentlichsten Teile dieses zweiten Elementes der Vervollkommnung, die Kräfte aller Schichten unserer instrumentalen Natur voll zu entfalten, die dynamische Macht der Seelen-Natur zu vervollkommnen, sie in die Aktion der Göttlichen Macht zu erheben und in allen Bereichen unseres Wesens vollkommenen Glauben zu haben, um diesen Aufstieg unserer Natur herbeirufen und fördern zu können, shakti, virya, daivi prakrti, shaddha.[314]

Das dritte Element der Perfektion ist, nach Sri Aurobindo und der Mutter, die Entwicklung des Mental in das supramentale gnostische Wesen. Denn es ist die supramentale Gnosis, die, sobald einmal wirkungsvoll zur Aktion gerufen, fortschreitend alle Arten der Intelligenz, des Willens, des Sinnen-Mentals, Herzens, des Vitalen und Empfindungs-Wesens aufnehmen wird und sie durch eine leuchtende und harmonisierende Umwandlung in eine Einheit von Wahrheit, Macht und Entzücken einer lebenden Existenz umwandeln wird. Es ist auch die Macht des Überwindens physischer Begrenzungen und des Entwickelns eines perfekteren und eines göttlicheren instrumentalen Körpers.

Das nächste Element der Perfektion ist das einer gnostischen Perfektion im physischen Körper. Der physische Körper ist eine Basis der Aktion, die nicht vernachlässigt oder ausgeschlossen werden darf von der spirituellen Evolution. Eine Perfektion des Körpers als das äußere Instrument eines vollkommenen göttlichen Wesens, auf der Erde lebend, wird notwendigerweise ein Teil der supramentalen Transformation sein. „Zu seiner höchsten Schlußfolgerung getrieben", sagt Sri Aurobindo, „bringt diese Bewegung die Spiritualisierung und Erleuchtung des ganzen physischen Bewußtseins und eine Vergöttlichung des Gesetzes des Körpers."[315]

Das nächste Element ist das des perfekten Handelns und die Freude des Seins auf gnostischer Basis. Und dieses letzte Element, das das höchste ist, ist nach Sri Aurobindo und der Mutter, sich immererweiterndes Leben und Handeln in Einheit mit dem höchsten, erleuchtesten und bewußten selbstbestehenden Wesen, Purushottama. Das individuelle Wille wird bewußt sein im Höchsten, der Alles ist, im Höchsten, unendlich im Sein und unendlich in Qualität, im Höchsten als selbst-bestehendes Bewußtsein und universales Wissen, im Höchsten als selbst-bestehende Seligkeit und universales Entzücken des Seins. Und jede Erfahrung wird in jedem Teil seines Wesens sein. Mit Sri Aurobindos Worten:

> Sein physisches Wesen wird eins sein mit der ganzen materiellen Natur, sein Vitales Wesen mit dem Leben des Universums, sein Mental mit dem kosmischen Mental, sein spirituelles Wissen und sein spiritueller Wille mit dem göttlichen Wissen und Willen, sowohl in sich selbst, als

sich auch durch diese Kanäle ausgießend, sein Geist mit dem einen Geist in allen Wesen. Die ganze Vielfalt der kosmischen Existenz wird für ihn gewandelt in diese Einheit und offenbart in dem Geheimnis ihrer spirituellen Bedeutung. Denn in dieser spirituellen Glückseligkeit und diesem spirituellen Sein wird er eins mit Dem sein, das der Ursprung und Träger und Bewohner und Geist und zusammensetzende Macht aller Existenz ist. Dies wird die Vollendung der Selbstvervollkommnung sein.[316]

Nach Sri Aurobindo und der Mutter kann die Integralität der Perfektion nicht wirklich werden, wenn sie auf das Individuum beschränkt bliebe. Da unsere Perfektion die Realisierung des Selbst im Sein, im Leben und in der Liebe durch andere, so wie durch uns selbst umschließt, wäre die Ausdehnung unserer Freiheit und aller ihre Ergebnisse auf andere das unvermeidliche Ergebnis, als auch die weiteste Nützlichkeit unserer Freiheit und Perfektion. Mit Sri Aurobindos Worten:

> So würde es also die Krönung unseres individuellen wie auch unseres kollektiven Bemühens sein, daß das normale materielle Leben des Menschen und sein großartiger säkularer Versuch einer mentalen und moralischen Selbstkultivierung im Individuum und in der ganzen Menschheit durch diese Integralisierung eines weithin vollkommenen spirituellen Daseins vergöttlicht wird.[317]

Anmerkungen

[1] Satprem wurde 1923 in Paris geboren. Nach intensiven Erfahrungen in Konzentrationslagern und Abenteuern in Guyana, Brasilien und Afrika, kam er 1953 nach Indien, wurde Sanyasin und übte Tantra Yoga aus. Dann verließ er diese Pfade, um Mutter zu dienen und begann Sri Aurobindos integralen Yoga. Neunzehn Jahre lang lebte er in Mutters Nähe, wurde ihr Vertrauter und Zeuge. Er nahm unzählige persönliche Unterhaltungen auf, die *Mutters Agenda* bilden. Er hat eine Biographie über Sri Aurobindo geschrieben, *Sri Aurobindo und das Abenteuer des Bewußtseins*. Er schrieb auch eine Biographie in drei Bänden über Mutter mit dem Titel *Mutter oder der Göttliche Materialismus*, *Mutter oder die neue Spezies*, und *Mutter oder die Mutation des Todes*.

[2] Sri Aurobindo, sämtliche Gedichte, Sri Aurobindo Ashram Trust, 1974, deutsche Übersetzung Peter Steiger

[3] Sri Aurobindo, Collected Poems, Centenary Library, Vol. 5, S. 138

[4] Sri Aurobindo, On Yoga II, Tome I, S. 216.

[5] Sri Aurobindo, sämtliche Gedichte, S. 74, Sri Aurobindo Ashram Press, Übersetzung Peter Steiger

[6] Sri Aurobindo, Collected Poems, Centenary Library, Vol. 5, S. 139.

[7] Sri Aurobindo sämtliche Gedichte, S. 102

[8] Sri Aurobindo, Collected Poems, Centenary Library, Vol. 5, S. 153

[9] Sri Aurobindo, On Himself, Centenary Library, Vol. 26, S. 77

[10] Ibid., S. 78-9

[11] Ibid., S. 90

[12] Ibid., S. 83-4

[13] Ibid., S. 85-6

[14] Sri Aurobindo, sämtliche Gedichte, S. 114

[15] Sri Aurobindo, Collected Poems, Centenary Library, Vol. 5, S. 161

[16] Lehre der Advaita-Philosophie, daß die Welt Illusion ist.

[17] Einige dieser Erfahrungen und Verwirklichungen wurden von Sri Aurobindo in seinen Gedichten beschrieben. Einige von ihnen wurden im Appendix 1.1 bis 1.7 abgedruckt.

[18] Tatsächlich ist es nicht eine Illusion in dem Sinn, daß etwas Unfundiertes und Unwirkliches dem Bewußtsein auferlegt wird, sondern eine Fehlinterpretation seitens des bewußten Mentals und Sinnes und ein verfälschender Mißbrauch manifestierter Existenz

[19] Sri Aurobindo, On Himself, Centenary Library, Vol. 26, S.101-2.

[20] Sri Aurobindo, Karmayogin, Uttapara Speech, Centenary Library, Vol. 2, S. 4-5. Deutsche Übersetzung Theodora Karnasch, Tagebuch einer Gefangenschaft, S. 88, 89. Edition Sawitri,

[21] Sri Aurobindo, *On Himself*, Centenary Library, Vol. 26, S.226-7

[22] Reported by A.B.Purani in *The Life of Sri Aurobindo*, 1964, S.128-9

[23] Ibid., S. 129, Tagebuch einer Gefangenschaft, S. 85

[24] Sri Aurobindo, *On Himself*, Centenary Library, Vol, 26, S.423-4

[25] Das Göttliche Leben, erstes Buch, S. 146, 147

[26] Geschrieben 1949

[27] Sri Aurobindo, Die Offenbarung des Supramentalen, S. 81
[28] Sri Aurobindo gab einen Bericht seiner eigenen Yoga Praktik in einer Serie von Tagebüchern. Die frühesten Eintragungen in diese Tagebücher begannen 1909 und endeten 1927. Aber datierte Eintragungen gibt es nur für 12 von diesen neunzehn Jahren (Siehe „Records of Yoga" in Sri Aurobindo: Archives and Research, Vol. 10, Nos.1 und 2, 1986)
[29] Diese Höhepunkte sind: Shuddhi, Mukti, Bhukti, Siddhi – sich beziehend auf Siddhi Chatushthaya; Sarvam Brahma, Anantam Brahma, Inanam Brahma, Anandam Brahma – sich beziehend auf Brahma Chatushthaya; Krishna, Kali, Karma, Kama – sich beziehend auf Karma Chatushthaya; Samata, Shanti, Sukha, Hasya – sich beziehend auf Shanti Chatushthaya; Virya, Shakti, Chandibhava, Sraddha – sich beziehend auf Shakti Chatushthaya; Inana, Trikaldrishti, Ashtasiddhi, Samadhi – sich beziehend auf Vijnana Chatushthaya; Arogya, Utthapana, Saundarya Vividananda – sich beziehend auf Sharira Chatushthaya.
Eine kurze Erklärung dieser Ausdrücke wird in Anhang II gegeben.
Eine ausführliche aber unvollständige Erklärung des Sapta Chatushthaya ist im letzten Teil von Sri Aurobindos *Synthesis of Yoga* zu finden.
[30] Sri Aurobindo, *Supplement*, Centenary Library, Vol. 27, S.428-9.
[31] Mutters Agenda, Band 2, S. 310
[32] 22.2.1914, Gebete und Meditationen
[33] Mutters Agenda, Band 2, S. 197
[34] Mutters Agenda, Band 2, S. 198
[35] Mutters Agenda, Band 1, S. 47
[36] Themanlys
[37] Mutters Agenda, Band 2, S. 410
[38] Mutters Agenda, Band 2, S. 411
[39] Mutters Agenda, Band 2, S. 229
[40] Mutters Agenda, Band 2, S. 62, 63
[41] Mutters Agenda, Band 2, S. 420
[42] Mutters Agenda, Band 2, S. 131, 132
[43] Mutters Agenda, Band 2, S. 383, 384
[44] Mutters Agenda, Band 2, S. 61
[45] Mutters Agenda, Band 2, S. 280. Für den Text dieser Vision siehe Ibid., S. 286-288
[46] Mutters Agenda, Band 2, S. 282
[47] In der Tat der böse Willen von Theon.
[48] Mutters Agenda, Band 2, S. 307, 308, 309
[49] Kein physischer Ort.
[50] Mutters Agenda, Band 2, S. 371, 372
[51] Die indische Überlieferung unterscheidet zwischen einer direkten „Inkarnation" (avatar) und einer einfachen „Emanation" (vibhuti), die aus dem Bewußtsein eines Gottes (oder eines Teufels) hervorgeht
[52] Mutters Agenda, Band 2, S. 371
[53] „Einige Gespräche Sri Aurobindos" in *Mother India*, Mai, 1974
[54] Pondicherry war damals noch eine französische Kolonie.
[55] Mutters Agenda, Band 2, S. 372, 373

⁵⁶ Einige Ausschnitte dieser „Zeitschrift" wurden unter dem Titel *Prayers and Meditations* veröffentlicht. Viel später, als Mutter über diese Zeitschrift sprach, sagte sie: Die *Gebete und Meditationen* kamen direkt, jedesmal wurde es mir gleichsam diktiert. Am Ende meiner Konzentration schrieb ich, und es ging nicht durch das Denken, es kam direkt. Es kam offensichtlich von jemandem, der sich um eine hübsche Form bemühte. Ich hatte es immer unter Verschluß gehalten, damit niemand es sah. Erst hier fragte mich Sri Aurobindo danach, also zeigte ich ihm einige Blätter, und er wollte den Rest sehen. Sonst hätte ich es weiter verschlossen gehalten. Den Rest zerstörte ich. Ich hatte fünf dicke Bände, jeden Tag schrieb ich (natürlich gab es Wiederholungen), es war das Ergebnis der Konzentrationen. Ich traf eine Auswahl, was veröffentlicht werden sollte (Sri Aurobindo half dabei), kopierte alles, dann schnitt ich die Blätter heraus und verbrannte den Rest.
Es war für niemanden bestimmt. Es sollte nicht gelesen werden. Ich zeigte es Sri Aurobindo, weil er über gewisse Dinge sprach – da sagte ich ihm: „Ja, diese Erfahrung hatte ich am ...", dann zeigte ich ihm mein Heft mit dem Datum (an jedem Tag war etwas eingetragen).
Fünf dicke Hefte, während vieler Jahre. Selbst hier setzte ich es für einige Zeit fort.
In Japan schrieb ich viel.
Jedenfalls bewahrte ich alles auf, was von allgemeinem Interesse war. Deshalb gibt es einige Lücken in den Daten, sonst wären sie fortlaufend – das war beeindruckend!
⁵⁷ Gebete und Meditationen
⁵⁸ Ibid.
⁵⁹ Ibid.
⁶⁰ Ibid.
⁶¹ Mutter präzisierte: „In der Tat war das Lernstadium auch noch eine Entwicklung des Bewußtseins: Ich lernte nicht auswendig, sondern wollte verstehen, und wenn ich etwas verstand, wußte ich es. Das heißt, das gesamte Lernstadium fällt in die Kategorie der Entwicklung des Bewußtseins, denn es war noch nicht intellektuell."
⁶² Mutters Agenda, Band 3, S. 267, 268, 269, 270
⁶³ Mutters Agenda, Band 2, S. 411, 412
⁶⁴ Mutters Agenda, Band 1, S. 382
⁶⁵ Mutters Agenda, Band 1, S.158, 159
⁶⁶ Prayers and Meditations of the Mother, S.90-91
⁶⁷ Prayers and Meditations of the Mother, S.90-91
⁶⁸ Prayers and Meditations of the Mother, S.92-3
⁶⁹ Prayers and Meditations, S.95
⁷⁰ Ibid., S.97-98
⁷¹ Ibid., S. 115
⁷² Ibid., S. 125-6
⁷³ Ibid., S. 137-8
⁷⁴ Conversations with Pavitra, S. 156
⁷⁵ Sri Aurobindo, Centenary Library, Vol. 27. S. 434

[76] Zu gegebener Zeit, als sich die Forschungsarbeit erweiterte, wuchs auch das Labor, und Mutter entwickelte den Sri Aurobindo Ashram und viel später, 1968, ein anderes Labor in der Form von „Auroville".
[77] Gebete und Meditationen, 3. März, 1915.
[78] Ibid. 7. März, 1915.
[79] Mutters Agenda, Band 4, S. 110, 111, 112
[80] Eine Ansprache an die Frauen in Japan, 1917
[81] Gebete und Meditationen, 1. April, 1917
[82] Gebete und Meditationen
[83] Satprem, Mutter oder der Göttliche Materialismus, S. 270.
[84] Mutters Agenda, Band 2, S. 412, 413
[85] Mutters Agenda, Band 2, S. 411, 412
[86] Das Göttliche Leben, zweites Buch, 2. Teil, S. 481, 482, 483
[87] Sri Aurobindo on Himself, Centenary Library, Vol 26, S. 459
[88] Ibid., S. 109
[89] Ibid., S. 464
[90] Die Synthese des Yoga, S. 17
[91] *Sadhana*, die Praktik durch die Vervollkommnung, *Siddhi*, erlangt wird; *Sadhaka*, der Yogi, der durch diese Praktik *Siddhi* sucht.
[92] Die Synthese des Yoga, S. 55
[93] Die Synthese des Yoga, S. 57
[94] Sri Aurobindo On Himself, Centenary Library, Vol. 26, S. 109-110
[95] The Mother, Entretiens, 21.12.1955
[96] Ibid.
[97] Mutters Agenda, Band 1, S. 278
[98] Mutters Agenda, Band 2, S. 384
[99] Das Göttliche Leben, erstes Buch, S. 258
[100] Das Göttliche Leben, zweites Buch, Teil 2, S. 320
[101] Das Göttliche Leben, erstes Buch, S. 259
[102] Einige ausgewählte Passagen über dieses Thema werden im Anhang III wiedergegeben.
[103] Letters on Yoga, Centenary Library, Vol. 24. S. 1154
[104] Das Göttliche Leben, zweites Buch, Teil 2, S. 370, 371
[105] Das Göttliche Leben, zweites Buch, Teil 2, S. 331
[106] Pearson kam im April 1923 nach Pondicherry.
[107] Im Januar 1925 hatte Mutter eine Entzündung am Knie. Am 25. Mai vermerkte Sri Aurobindo in einem Brief: „Die Zustände hier sind nicht sehr gut. Gegenwärtig kämpfe ich gegen die Schwierigkeiten auf der physischen Ebene." (Zitiert von A.B. Purani in „The Life of Sri Aurobindo, S. 203. Erinnern wir noch daran, daß 1925 die National-Sozialistische Partei gegründet wurde.
[108] Mutters Agenda, Band 2, S. 384-387
[109] Von 1926 an stellte Sri Aurobindo Mutter seinen Schülern offiziell als „Die Mutter" vor. Zuvor nannte er sie oft „Mirra".
[110] Mutters Agenda, Band 2, S. 300-303
[111] Mutters Agenda, Band 3, S. 442
[112] Sri Aurobindo, On Yoga, Centenary Library, Vol 22, S. 149

Anmerkungen

[113] Sri Aurobindo, On Yoga, Vol. 22, S. 823
[114] Sri Aurobindo On Himself, Centenary Library, Vol. 26, S. 378
[115] A.B. Purani, Evening Talks, II, S. 317
[116] Nirodbaran: Correspondence 25.11.35, S. 72
[117] Sri Aurobindo, On Himself, Centenary Library, Vol. 26. S. 450.
[118] Nirodbaran, correspondence, 16.8.35, S. 70.
[119] Ibid., 25.11.35, S. 72.
[120] Das Göttliche Leben, zweites Buch, Teil 2, S. 498, 499
[121] Sri Aurobindo on Himself, Centenary Library, Vol. 26, S. 396
[122] Mutters Agenda, Band 2, S. 377, 378
[123] Briefe an Dilip, 17.7.48
[124] Der 15. August, Sri Aurobindos Geburtstag, nahm eine weitere Bedeutung an, als Indien an diesem Tag, 1947, frei wurde. Diese Bedeutung in Betracht ziehend, sagte Sri Aurobindo zu dieser Gelegenheit Folgendes in einer Botschaft an die Nation:

15. August 1947 ist der Geburtstag des freien Indiens. Es bezeichnet für es das Ende der alten Ära und den Beginn eines neuen Zeitalters. Aber wir können es auch durch unser Leben und Handeln als eine freie Nation zu einem wichtigen Datum in einem neuen Zeitalter machen, das sich für die ganze Welt, für die politische, soziale, kulturelle und spirituelle Zukunft der Menschheit öffnet.

Der 15. August ist mein eigener Geburtstag, und natürlich ist es erfreulich für mich, daß es diese weite Bedeutung erlangt hat. Ich nehme dieses Zusammentreffen nicht als ein zufälliges Geschehen, sondern als Gutheißung und Siegel der Göttlichen Kraft, die meine Schritte bei der Arbeit leitet, mit der ich das Leben begann, der Beginn seines vollen Ertrages.

In der selben Botschaft sprach Sri Aurobindo von der unglückseligen Teilung des Landes und machte folgende Feststellung:

… Indien ist heutzutage frei, aber es hat keine Einheit erlangt … Die alte Trennung der Gemeinschaft in Hindus und Moslem scheint sich jetzt zu einer beständige Trennung des Landes verhärtet zu haben. Es muß erhofft werden, daß diese festgelegte Tatsache nicht als für immer geregelt oder als mehr als ein zeitweiliger Notbehelf angenommen wird. Denn wenn es andauert, mag Indien ernsthaft geschwächt, sogar verkrüppelt werden: Bürgerkrieg bleibt immer möglich, sogar eine neue Invasion und Fremdherrschaft ist möglich. Indiens innere Entwicklung und sein Wohlstand mag gehindert werden, seine Stellung zwischen den Nationen geschwächt, seine Bestimmung beeinträchtigt oder sogar vereitelt werden. Das darf nicht sein; die Teilung muß verschwinden. Laßt uns hoffen, daß es natürlich zustandekommt, durch eine anwachsende Erkenntnis der Notwendigkeit, nicht nur des Frieden und der Übereinstimmung, sondern aufgrund einer gemeinsamen Aktion, durch die Anwendung einer gemeinsamen Aktion und die Schaffung von Mitteln für diesen Zweck. Auf diese Weise mag endlich Einheit zustande kommen unter welcher Form auch immer – die genaue Form mag eine praktische aber keine grundlegende Bedeutung haben. Aber durch welche Mittel, in welcher Weise, die Teilung muß verschwinden; Einheit muß und wird erreicht

werden, denn sie ist nötig für die Größe der Zukunft Indiens. (Sri Aurobindo on Himself, Centenary Library, Vol. 26, S. 404-5.)
[125] Mother, Entretiens, 8.3.51, 25.11.53
[126] Sri Aurobindo, The Supramental Manifestation Upon Earth. Centenary Library, Vol 16, S. 24
[127] Ibid., S. 34
[128] Ibid., S. 39-40
[129] Mutters Agenda, Band 1, S. 442, 443
[130] Mutters Agenda, Band 2, S. 263, 264
[131] Nirodbharan, „I am here, I am here!" S. 8
[132] Mutter hatte Sri Aurobindo gebeten, etwas für das Ashram Bulletin zu schreiben. Diese Schriften erschienen später als „Offenbarung des Supramentalen auf der Erde."
[133] Mutters Agenda, Band 2, S. 337, 338
[134] Savitri, Centenary Library, Vol. 29, S. 461
[135] Mutters Agenda, Band 3, S. 418, 419
[136] Mutters Agenda, Band 3, S. 421, 422
[137] Mutters Agenda, Band 3, S. 425, 426
[138] Siehe Kapitel 7 und 8 der „Supramental Manifestation Upon Earth", Centenary Library, Vol. 16, S. 67-74, das von dem Mental des Lichtes handelt
[139] In einer „offiziellen" Fassung hatte Mutter „und das Verhalten von Sri Aurobindos Schülern" ausgelassen
[140] Während zwölf Tagen nach Sri Aurobindos Abschied am 5. Dezember 1950 unterbrach Mutter alle Tätigkeiten
[141] Mutters Agenda, Band 1, S. 397, 398
[142] Mutters Agenda, Band 3, S. 140, 141
[143] Mutters Agenda, Band 3, S. 18, 19
[144] Mutters Agenda, Band 1, S. 70
[145] Mutters Agenda, Band 1, S. 75
[146] Mutters Agenda, Band 1, S. 75, 76
[147] Mutters Agenda, Band 1, S. 84
[148] Mutters Agenda, Band 1, S. 85, 86
[149] The Mother, Questions and Answers, 10.7.57
[150] Mutters Agenda, Band 1, S. 129
[151] Mutters Agenda, Band 1, S. 129-131
[152] Mutters Agenda Band 1, S. 278
[153] Mutters Agenda, Band 1, S. 187
[154] Tatsächlich kam eine der Personen aus Mutters Umgebung und zog sie aus der Erfahrung.
[155] 3. Februar 1958
[156] Mutters Agenda, Band 1, S. 151
[157] Später präzisierte Mutter: „Wenn man sich exteriorisiert, bewahrt dieser Geist des Körpers eine Verbindung mit dem exteriorisierten Wesen, und das exteriorisierte Wesen hat eine Macht über ihn – das ist ja gerade, was bewirkt, daß man nicht ganz tot ist! Das hervorgegangene Wesen hat die Macht, den Körper zu bewegen."

¹⁵⁸ Hinterher erläuterte Mutter noch: „Er hat keinen unabhängigen Willen (das herausgetretene Wesen hat die Macht, den Körper zu bewegen), er hat einzig, durch eine Ausbildung, die Fähigkeit, den Willen des Wesens auszudrücken, mit dem er über dieses Band verbunden bleibt, das erst beim Tod zerreißt, den Geist des Körpers."
¹⁵⁹ Mutters Agenda, Band 1, S. 218-214
¹⁶⁰ Mutters Agenda, Band 1, S. 300, 301
¹⁶¹ Mutters Agenda, Band 5, S. 224, 223
¹⁶² Mutters Agenda, Band 1, S. 381
¹⁶³ Mutter schreitet beim Japa in ihrem Zimmer im ersten Stock auf und ab.
¹⁶⁴ Später fragte Satprem, was diese „Dinge" bedeuteten. Mutter antwortet: „Das war zum Beispiel die Haltung eines Mannes gegenüber dem Leben und Gott, was er von sich hält, usw. Verstehst du, es kam eine Ansammlung von Wesenszügen und einer Handlung dieses Mannes, danach kam etwas anderes. Wie kann ich das beschreiben? Das sind ARBEITSPUNKTE, die so zu mir kommen: Dinge erscheinen in der Atmosphäre, damit ich sie sehe – ich sehe diese Dinge, und sie sind zu bearbeiten."
¹⁶⁵ Drei Tage später berichtigte sich Mutter: „Ich habe die Erfahrung nochmals betrachtet, und erkannte, daß es nicht vedisch sondern prä-vedisch ist. Die Erfahrung brachte mich in Verbindung mit einer älteren Zivilisation als der Veda: die Rishis und der Veda repräsentieren einen Übergang zwischen dieser verschwundenen Zivilisation und der indischen Zivilisation, die der vedischen entsprang. Gestern wurde mir das klar – sehr interessant.
¹⁶⁶ In den Veden personifizieren die Dasyus und Panis Wesen und Kräfte, die die Reichtümer und Lichter (symbolisiert durch Kuhherden) geraubt haben und sich in unterirdischen Höhlen verstecken. Der arische Krieger muß diese verlorenen Schätze, „die Sonne in der Dunkelheit", zurückholen – mit der Hilfe der Götter, indem er die Opferflamme entfacht. Das ist der Weg des unterirdischen Hinabstiegs.
¹⁶⁷ Indra ist in der indischen Mythologie der König der Götter, er ist Herr über die intellektuelle Kraft, befreit von allen Einschränkungen und Schatten des physischen Bewußtseins.
¹⁶⁸ Später erklärte Mutter: „Alle Erfahrungen kamen nacheinander, aber jede neue löschte die vorhergehende nicht aus. Das Bewußtsein, diese Höchste Einigkeit, blieb die ganze Zeit bis zum Ende, auch als die anderen Zentren wieder wach wurden. Jedes erwachende Zentrum brachte etwas hinzu, aber nahm dem vorhergehenden nichts weg. Also war am Ende alles gleichzeitig: eine Art globales, totales und gleichzeitiges Bewußtsein von allem ... Siehst du, beim Aufstieg (ich muß „aufsteigen" und „herabsteigen" sagen, sonst können wir uns nicht verständigen), beim „Aufstieg" zu diesem Höchsten Bewußtsein wurde alles andere aufgehoben: das alleine blieb; nachdem das Höchste Bewußtsein erreicht war, BLIEB ES DIE GANZE ZEIT, ununterbrochen, bis zum Ende – es rührte sich nicht –, aber während dem erwachten die anderen Zentren, eines nach dem anderen. Jedes erwachende Zentrum nahm seinen Platz ein, ohne irgend etwas vom vorhergehenden oder vom folgenden wegzunehmen – als ich

zum Ende kam, war auf diese Weise das Ganze zusammen und gleichzeitig: das Höchste Bewußtsein." Als Satprem fragte, ob dieses Höchste Bewußtsein das „neue Bewußtsein" sei, antwortete Mutter: „Nicht ‚neu'! Man kann nicht ‚neu' sagen: ‚das Höchste Bewußtsein'."

[169] Diese ganze Erfahrung und Mutters Betonung, daß all das im Gegensatz zur Erfahrung des Aufstiegs der Kundalini, „ohne eine Bewegung" geschah, führt uns zur Ansicht, daß in dieser Erfahrung das supramentale Bewußtsein in der Tiefe der Zellen irgendwie aus seiner Verborgenheit zutage trat, alle Schichten durchquerte und sich mit dem materiellsten Körperbewußtsein vereinigte.

[170] Mutter wiederholte später nochmals: „Die Macht, die jetzt wirkte, war eine ganz andere als vorher."

[171] Mutters Agenda, Band 2, S. 35-40

[172] „Damit" mit der Erkenntnis, wie nahezu vollkommen unwichtig die äußere, materielle Erscheinung ist, die das körperliche Befinden ausdrückt.

[173] Mutters Agenda, Band 2, S. 48-50

[174] Mutters Agenda, Band 2, S. 88, 89

[175] Hier beginnt Mutter französisch zu sprechen.

[176] Ruhm sei Dir, Herr, erhabener Triumphator!

[177] Mutters Agenda, Band 3, S. 125, 126

[178] Das Wort „Abstieg" ist nicht das richtige Wort, wie man nachher sehen wird

[179] Mutter sollte noch beinahe zwölf Jahre an dieser selben Wunde leiden.

[180] Später betonte Mutter: „Es handelt sich nicht um eine Entdeckung von allgemeiner Bedeutung: sie betraf nur meinen Körper. Ich sage nicht, daß alle Körper so sind, sondern daß *mein* Körper so ist – das, was aus meinem Körper geworden ist.

[181] Mutters Agenda, Band 3, S. 131, 132, 133

[182] Siehe die Bemerkung am Ende dieser Unterhaltung.

[183] Als Beispiel fügte Mutter hinzu: „Ich wurde fortwährend in die Atmosphäre der mich umgebenden Leute GETAUCHT: in ihre Gedanken, ihre Art zu empfinden, zu sehen, zu verstehen …"

[184] Am 3. April sagte Mutter: *I am no more in my body* [ich bin nicht mehr in meinem Körper].

[185] Die Erfahrung vom 13. April, die Satprem irrtümlich als „den Abstieg" ins Körperbewußtsein beschrieb.

[186] Mutters Agenda, Band 3, S. 137-140

[187] Mutters Agenda, Band 3, S. 143-147

[188] Nacht vom 12. auf den 13. April

[189] Mutters Agenda, Band 3, S. 201, 202

[190] Mutters Agenda, Band 3, S. 307-309

[191] Als Mutter im März 1962 beinahe nicht in ihren Körper zurückkehrte.

[192] Mutters Agenda, Band 4, S. 72

[193] Der Kontakt mit den anderen Körpern (die nicht „andere" sind).

[194] Siehe das Gespräch vom 16. März.

[195] Mutters Agenda, Band 4, S. 103-105

[196] Einige Tage später fügte Mutter hinzu: Etwas habe ich noch nicht erwähnt: ein dringendes Bedürfnis, alle materiellen Aktivitäten einzustellen, damit der Körper die göttliche Kraft, die das ersetzen soll, was entfernt wurde, möglichst vollständig empfangen kann. Dies wird zu einem absoluten Bedürfnis, vollkommen unbewegt und ruhig zu bleiben, die Kraft herabkommen und eindringen zu lassen. Alle körperliche Aktivität muß irgendwie gestoppt werden. Und wenn die materielle Organisation oder Gewohnheit darauf beharren, sie fortzusetzen, stellt sich eine materielle Unmöglichkeit ein, eine übermäßige Müdigkeit oder ein Unwohlsein, um den Körper zur Ruhe zu zwingen. Denn es genügt nicht, das zu entfernen oder zu ändern, was nicht da sein soll. Das, was entfernt wurde, muß auch durch etwas ersetzt werden, sonst würden die Schrumpfung und der progressive Abbau der Substanz zur Auflösung führen. Was verfeinert oder entfernt wurde, muß durch die wahre Schwingung ersetzt werden, die direkt vom Höchsten kommt.
[197] An diesem Morgen empfing Mutter ihre Sekretäre nicht.
[198] Mutter will sagen: zwischen der individuell agglomerierten Aktion und der in viele Wesen ausgebreiteten Aktion.
[199] Mutters Agenda, Band 4, S. 235-239
[200] Als Satprem vorschlug, diesen Absatz im *Bulletin* zu veröffentlichen, bemerkte Mutter: „Darüber will ich jetzt nicht sprechen, der rechte Augenblick ist noch nicht gekommen. Man darf ihnen nicht all zu deutlich nahelegen, daß die Arbeit für sie getan wird, sie verlassen sich schon jetzt zu sehr darauf. (*Lachend*) Das sollte man lieber nicht betonen!"
[201] Mutters Agenda, Band 4, S. 257-259
[202] Der Wendepunkt am 16. März 1962, der zur Erfahrung vom 13. April 1962 führte: die großen Pulsationen.
[203] Mutters Agenda, Band 8, S. 367, 368
[204] Mutters Agenda, Band 8, S. 371, 372
[205] Mutters Agenda, Band 6, S. 177
[206] Mutters Agenda, Band 5, S. 199
[207] Mutters Agenda, Band 5, S. 226, 227
[208] Mutters Agenda, Band 6, S. 212, 213
[209] Mutters Agenda, Band 6, S. 219
[210] Mutters Agenda, Band 6, S. 104, 105
[211] Mutters Agenda, Band 7, S. 22
[212] Mutters Agenda, Band 7, S. 195
[213] Das Göttliche Leben, erstes Buch, S. 16
[214] Mutters Agenda, Band 2, S., 272, 273
[215] Mutters Agenda, Band 2, S. 274
[216] Mutters Agenda, Band 9, S. 223
[217] Mutters Agenda, Band 9, S. 227
[218] Mutters Agenda, Band 9, S. 226
[219] Mutters Agenda, Band 9, S. 226
[220] Mutters Agenda, Band 9, S. 230
[221] Mutters Agenda, Band 9, S. 230, 234
[222] Mutter hatte eine durch einen Zahnabszeß geschwollene Wange.

[223] Mutters Agenda, Band 9, S. 323, 324
[224] Mutters Agenda, Band 10, S. 16-18
[225] Mutters Agenda, Band 10, S. 23, 24
[226] Mutters Agenda, Band 10, 19.3.69, 19.4.69, 7.5.69, 23.8.69
[227] Mutters Agenda, Band 5, 175, 176
[228] Mutters Agenda, Band 10, S. 61, 62
[229] Mutters Agenda, Band 10, S. 83, 84
[230] Mutters Agenda, Band 10, S. 93
[231] Am 24. November 1938.
[232] Das „Bewußtsein des Übermenschen": 1. Januar 1969.
[233] Mutters Agenda, Band 11, S. 101-106
[234] Mutters Agenda, Band 11, S. 178
[235] Mutters Agenda, Band 10, S. 435-441
[236] Mutters Agenda, Band 11, S. 86, 87
[237] Mutters Agenda, Band 11, 18. 4. 1970
[238] Mutters Agenda, Band 11, S. 190
[239] Mutters Agenda, Band 11, S. 306
[240] Mutters Agenda, Band 11, S. 309, 310
[241] Siehe Mutters Agenda, Band 12, S. 85, wo Mutter sagt: „Für mich ist der Sieg sicher, aber ich weiß nicht ... ob es morgen ist oder ... *(Geste in die Ferne)* Ich weiß nicht, welchen Weg wir einschlagen, um dorthin zu gelangen. Der Sieg ist sicher, das ist offensichtlich, aber welchen Weg schlagen wir ein, dorthin zu gelangen?..."
[242] Mutters Agenda, Band 12, S. 163
[243] Mutters Agenda, Band 12, S. 171
[244] Mutters Agenda, Band 12, S. 257, 258
[245] Mutters Agenda, Band 12, S. 312
[246] Mutters Agenda, Band 12, S. 302
[247] Mutters Agenda, Band 12, S. 339
[248] Tatsächlich will Mutter sagen: das körperliche Mental.
[249] Mutters Agenda, Band 12, 361, 362
[250] Mutters Agenda, Band 12, S. 366, 367
[251] Mutters Agenda, Band 12, S. 257
[252] Mutters Agenda, Band 12, S. 359
[253] Mutters Agenda, Band 12, S. 369
[254] Mutters Agenda, Band 12, S. 371
[255] Mutters Agenda, Band 13, S. 97
[256] Das war am 14. Januar 1967. Zum ersten Mal hatte Mutter von der Möglichkeit dieser kataleptischen Trance gesprochen – vor fünf Jahren.
[257] Dieser letzte Satz wurde absichtlich gesagt für die, die lauschten und es nicht sollten.
[258] Mutters Agenda, Band 13, S. 128-9
[259] Mutters Agenda, Band 13, S. 128-9
[260] Mutters Agenda, Band 13, S. 389-90
[261] Siehe den vollständigen Bericht, Mutters Agenda, Band 13, S. 389-97

Anmerkungen

²⁶² Mutter mag diesen Ausdruck in seiner original griechischen Wurzelbedeutung gebraucht haben: „kraftlose Nerven". Es sei denn sie meinte „Neuralgie" im weiteren Sinn.
²⁶³ Mutters Agenda, Band 13, S. 399
²⁶⁴ „Almighty powers are shut in Nature's cells." (IV.III.370)
²⁶⁵ Mutters Agenda, Band 13, S. 417-30
²⁶⁶ Mutter oder die Mutation des Todes, S. 262
²⁶⁷ Savitri, 1.2.17
²⁶⁸ Mutter oder die Mutation des Todes, S. 262
²⁶⁹ Satprem bezieht sich auf die zahlreichen Meditationen, die er mit Mutter hatte, als Mutter häufig seine Hand hielt, um innere Brücken der Kommunikation aufzubauen und ihm die Erfahrung des neuen Bewußtseins zuteil werden zu lassen.
²⁷⁰ Mutter oder die Mutation des Todes, S. 259
²⁷¹ Mutter oder die Mutation des Todes, S. 261
²⁷² Mutter hatte Satprem 1968 gesagt: „Aber die neue Seinsweise wird nur für den sichtbar sein, der selbst eine supramentale Vision hat ... Ich sehe materiell allerlei Dinge, aber sie sind für die anderen nicht sichtbar. *(Mutter schaut in die Umgebung des Schülers)* aber es ist materiell ..." (Mutters Agenda, Band 9, 15.6.1968)
²⁷³ Collected Poems (Centenary Library, Vol. 5, S. 134)
²⁷⁴ Die späten Sonette, Übersetzung Carlo Schüller, Auropublication, S. 24
²⁷⁵ Ibid., S. 142
²⁷⁶ Die späten Sonette, Übersetzung Carlo Schüller, S. 39
²⁷⁷ Ibid., S. 143
²⁷⁸ Späte Sonette, Übersetzung Carlo Schüller, S. 42
²⁷⁹ Ibid., S. 143
²⁸⁰ Späte Sonette, Übersetzung Carlo Schüller, S. 43
²⁸¹ Ibid., S. 134
²⁸² Die späten Sonette, Übersetzung Carlo Schüller, S. 28
²⁸³ Ibid., S. 161
²⁸⁴ Die späten Sonette, Übersetzung Carlo Schüller, S. 1
²⁸⁵ Ibid., pp. 99-102
²⁸⁶ Sri Aurobindo, Gedichte, Sri Aurobindo Ashram Trust, Übersetzung Peter Steiger
²⁸⁷ Das Göttliche Leben, zweites Buch, Teil 2, S. 355
²⁸⁸ Das Göttliche Leben, zweites Buch, Teil 2, S. 360, 361
²⁸⁹ Das Göttliche Leben, zweites Buch, Teil 2, S. 363
²⁹⁰ Das Göttliche Leben, zweites Buch, Teil 2, S. 365-370
²⁹¹ Das Göttliche Leben, erstes Buch, S. 146, 147
²⁹² Die Synthese des Yoga, S. 79
²⁹³ Ibid., S. 80
²⁹⁴ Ibid., S. 86
²⁹⁵ Das Göttliche Leben, erstes Buch, zweiter Teil, S. 292, 293
²⁹⁶ Das Göttliche Leben, zweites Buch, erster Teil, S. 152
²⁹⁷ Das Göttliche Leben, zweites Buch, erster Teil, S. 277
²⁹⁸ Das Göttliche Leben, zweites Buch, erster Teil, S. 279

299 Das Göttliche Leben, zweites Buch, erster Teil, S. 280
300 Ibid., S. 257
301 Für eine metaphysische Diskussion über den Jivatman, siehe das Kapitel mit der Überschrift "Das Ewige und das Individuum", in The Life Divine, Vol. 18. Für einen psychologischen Bericht über Atman und Jivatman und das psychische Wesen, siehe Letters on Yoga, Vol. 22, S. 265-307
302 Das Göttliche Leben, zweites Buch, erster Teil, S. 354
303 Das Göttliche Leben, zweites Buch, erster Teil, S. 365, 366
304 Das Göttliche Leben, erstes Buch, S. 315
305 Das Göttliche Leben, erstes Buch, S. 317
306 Das Göttliche Leben, erstes Buch, S. 153
307 Das Göttliche Leben, erstes Buch, S. 155
308 Die Synthese des Yoga, S. 889
309 Sri Aurobindo, *Letters on Yoga*, Part 1, Centenary Library, Vol. 22, S. 251
310 Die Synthese des Yoga, S. 239
311 Die Synthese des Yoga, S. 238
312 Die Synthese des Yoga, S. 114
313 Die Synthese des Yoga, S. 760
314 Die Synthese des Yoga, S. 703
315 The Synthesis of Yoga, S. 212
316 The Synthesis of Yoga, S. 669-70
317 Die Synthese des Yoga, S. 59, 60

Ausführliche deutsche Literaturangaben und Such-Indexe gibt es im Internet bei

www.evolutionsforschung.org

Bibliographie

Auf deutsch erhältliche Werke von und über Mutter und Sri Aurobindo:

Beim Verlag Hinder + Deelmann erhältlich:

Sri Aurobindo:
- **Das Göttliche Leben**
- **Die Synthese des Yoga**
- **Essays über die Gita**
- **Savitri: Legende und Sinnbild** (deutsche Übersetzung von Heinz Kappes)
- **Das Geheimnis des Veda**
- **Die Grundlagen der indischen Kultur**
- **Das Ideal einer geeinten Menschheit**
- **Über sich selbst**
- **Licht auf Yoga**
- **Bhagavadgita** (aus dem Sanskrit übersetzt von Sri Aurobindo)

Die Mutter:
- **Mutters Agenda** (13 Bände): siehe www.evolutionsforschung.org

Satprem:
- **Das Abenteuer des Bewußtseins**
- **Mutter – Der Göttliche Materialismus**
- **Mutter – Die neue Spezies**
- **Mutter – Die Mutation des Todes**
- **Der Aufstand der Erde**
- **Evolution 2**
- **Das Mental der Zellen**
- **Der Sonnenweg**
- **Gringo**

Beim Verlag W. Huchzermeyer erhältlich:

Sri Aurobindo:
- **Die Dichtung der Zukunft**
- **Zyklus der menschlichen Entwicklung**
- **Briefe über den Yoga**
- **Gedanken und Aphorismen, mit Erläuterungen der Mutter**
- **Sawitri – Eine Sage und ein Gleichnis** (zweisprachige Ausgabe, deutsche Übersetzung von Peter Steiger)

Die Mutter: **Gespräche 1950-1958**
Sri Aurobindo: **Briefwechsel mit Nirodbaran**
Nirodbaran: **Gespräche mit Sri Aurobindo**
Nirodbaran: **Zwölf Jahre mit Sri Aurobindo**
Satprem: **Vom Körper der Erde oder der Sannyasin**

Beim Aquamarin Verlag:

A. B. Purani: **Abendgespräche mit Sri Aurobindo**

www.ingramcontent.com/pod-product-compliance
Lightning Source LLC
Chambersburg PA
CBHW061424040426
42450CB00007B/892